NOMOSSTUDIUM

Prof. Dr. Volker Mayer
Technische Hochschule Köln

Prof. Dr. Petra Oesterwinter
Fachhochschule Dortmund

Die BGB-Klausur –
eine Schreibwerkstatt

3. Auflage

Die Deutsche Nationalbibliothek verzeichnet diese Publikation in
der Deutschen Nationalbibliografie; detaillierte bibliografische
Daten sind im Internet über http://dnb.d-nb.de abrufbar.

ISBN 978-3-8487-7896-6 (Print)
ISBN 978-3-7489-2297-1 (ePDF)

3. Auflage 2022
© Nomos Verlagsgesellschaft, Baden-Baden 2022. Gesamtverantwortung für Druck
und Herstellung bei der Nomos Verlagsgesellschaft mbH & Co. KG. Alle Rechte, auch die
des Nachdrucks von Auszügen, der fotomechanischen Wiedergabe und der Übersetzung,
vorbehalten.

Vorwort

Der Erfolg dieses in seiner Art einmaligen Werks sowie zahlreiche Gesetzesänderungen machten eine stark überarbeitete Neuauflage erforderlich. Gerade das pandemiebedingt notwendige distance learning während der vergangenen Semester hat den Bedarf an zusätzlicher Hilfestellung beim Einüben des juristischen Lernens, Denkens und Schreibens verstärkt. Konzeption und Didaktik der Schreibwerkstatt blieben unverändert und haben sich bewährt.

Die Schreibwerkstatt will gemeinsam mit dem Leser erarbeiten, worauf es beim Lernen und Anwenden des Zivilrechts, insbesondere beim Schreiben von Klausuren, ankommt. Richtig lesen lernen, juristisches Denken lernen, überhaupt richtig lernen zu lernen. Sie richtet sich an Studienanfänger wie Examenskandidaten gleichermaßen. Die Schreibwerkstatt ist ein Arbeitsbuch, das mehrmals und immer wieder neu durchgearbeitet werden will.

Fachlich-inhaltlich nimmt die Schreibwerkstatt Bezug auf das didaktisch vergleichbar aufgebaute Lehrbuch des Autors *Mayer* zum gesamten Wirtschaftsrecht: *Mayer/Haarmeyer/Hillebrand/Kleinert*, Handbuch Wirtschaftsprüfungsexamen, Wirtschaftsrecht, 2. Aufl., Heidelberg, 2020.

Im zweiten Teil hat Autorin *Oesterwinter* als Vorschlag einer methodischen Umsetzung der Schreibwerkstatt in akademischen Übungen das aktuelle Thema digitale Lehre ergänzt.

Besonderen Dank schulden wir Frau Mag. iur. (Univ. zu Köln) Marina Jovita Krey, Köln, für die Einarbeitung der Gesetzesänderungen und die umsichtige und wertvolle Durchsicht des Manuskripts in inhaltlicher und sprachlicher Hinsicht. Anregungen und Kritik sind weiterhin willkommen: volker.mayer@th-koeln.de.

Köln / Bielefeld, September 2021

Volker Mayer
Petra Oesterwinter

Aus dem Vorwort der ersten Auflage

Die Idee zu einer Schreibwerkstatt stammt noch aus eigenen Studienzeiten des Autors *Mayer*. Ist es möglich, die geforderte Struktur juristischer Arbeiten zu bemustern? Und wenn schon kein Algorithmus möglich ist (weil der Individualität des Einzelfalls nicht gerecht werdend), kann dann nicht die Arbeitstechnik klarer herausgestellt werden? Übungsbücher und Fallbeispiele bieten durchaus das notwendige Handwerkszeug, aber sie streben notwendigerweise der Lösung eines bestimmten Problems zu. Wenn das Lernziel nicht die Lösung des konkreten Problems ist, sondern das Lösen juristischer Probleme an sich, bleibt der Student in jeder Übung beim dann zuletzt noch notwendigen induktiven Schluss sich selbst überlassen.

Die juristische Arbeitstechnik beruht auf dem juristischen Denken. Dazu existieren hervorragende Werke. Erwähnt seien exemplarisch, durchaus als Leseempfehlung und weil sie die Schreibwerkstatt stark beeinflusst haben, *Canaris/Larenz*, Methodenlehre der Rechtswissenschaft, 4. Aufl. 2014, *Engisch/Würtenberger/Otto*, Einführung in das juristische Denken, 11. Aufl. 2010, und *Haft*, Juristische Rhetorik, 8. Aufl. 2009. Wirklich an die Hand nehmen (wollen) diese Autoren den Anfänger nicht. Unterschiedliche Skripten behaupten, die Fallbearbeitung teilweise sehr leichtgemacht zu haben. Viele sind durchaus bewährte Hilfen für den Einstieg, nehmen teils aber stark den Charakter von Fallübungen an oder lassen den – irrigen – Eindruck entstehen, die Fallbearbeitung vermittels von Checklisten vereinfachen zu können. Diesem Eindruck leisten auch Tutorien Vorschub, die, nur zu diesem Zweck mit dem Grundtatbestand des Deliktsrechts beginnend, Erstsemester bisweilen eher in euklidischer Geometrie (manchmal gar in einer Art Malen nach Zahlen) als in juristischer Methode zu schulen scheinen.

Wertvolle Ideen – gerade für die Schreibwerkstatt – liefern *Diederichsen/Wagner*, Die BGB-Klausur, 9. Aufl. 1997, deren Werk den Anfänger jedoch fachlich überfordert und durch die Schuldrechtsreform zum Jahresbeginn 2002 in vielen Beispielen überholt ist.

Die Schreibwerkstatt ist ein Tutorium und aus der Betreuung zahlreicher Tutoren entstanden. Sie will den Leser zur Mitarbeit bei der Fallbearbeitung anregen. Die Schreibwerkstatt zeigt zwar auch fertige Lösungen, aber mehr noch geht es bei ihr darum zu verstehen, wie Lösungen entstehen, und noch mehr darum, bei der Lösung aktiv mitzuarbeiten. Auf wissenschaftliche Nachweise konnte verzichtet werden. Die ausgewählten Beispiele erheben keinerlei Anspruch auf die umfassende Darstellung von Streitständen zu einzelnen Rechtsfragen. Sie dienen nur dazu, die Herangehensweise an die Fallbearbeitung und Überlegungen zum Aufbau von Lösungen zu veranschaulichen.

Im zweiten Teil zeigt die Autorin *Oesterwinter*, wie die Anliegen der Schreibwerkstatt didaktisch in der akademischen Lehre und vor allem für das Lernen umgesetzt werden können.

Besonders herzlicher Dank gilt Frau Susanne *Grochtdreis*, Düsseldorf, für die bewährte Betreuung des Manuskripts.

Inhaltsübersicht

1. Teil   Schreibwerkstatt   13

A. Einleitung   13
B. Juristisches Denken lernen – die Arbeitstechnik   14
    I. Den Überblick bewahren!   17
    II. Lernen mit Beispielen   20
    III. Schreibwerkstatt ist eine Kunstlehre   22
    IV. Anspruchsaufbau   23
    V. Aufbauschemata   29
    VI. Aufbau einer Anspruchsprüfung auf die vertragliche Primärleistung   44
    VII. Anspruchsnormen   77
C. Auffinden der Anspruchsgrundlagen und Normsuche   127
    I. Normsuche durch Sachverhaltsinterpretation   128
    II. Auswahl nach Anspruchsinhalten aus der Fallfrage   137
D. Strukturieren der Lösung   147
    I. Vorgehensweise – die Arbeitsgliederung   150
    II. Ausarbeiten der Lösung in der Arbeitsgliederung   165
    III. Best practice Beispiel einer Arbeitsgliederung   194
E. Niederschrift des Gutachtens   197
    I. Gutachtenstil   198
    II. Das eigene Schreiben   203
F. Best practice Beispiel: Merkzettel und Arbeitsgliederung   205

2. Teil   Methodische Umsetzung der Schreibwerkstatt   211

A. Kompetenzvermittlung der Schreibwerkstatt   211
    I. Kompetenzvermittlung im Studium   211
    II. Kompetenzorientiert prüfen in der BGB-Klausur   212
B. Lehr- und Lernmethoden der Schreibwerkstatt in der Präsenzlehre und der digitalen Lehre   214
    I. Das Lehrbare lernbar machen   214
    II. Nachvollziehendes aufnehmendes Lernen mit Fällen   216
    III. Aktivierendes entdeckendes Lernen mit Fallstudien   225
    IV. Lernen durch Lehren   242

Autorenportrait   247

Stichwortverzeichnis   249

Inhalt

1. Teil Schreibwerkstatt 13

A. Einleitung 13
B. Juristisches Denken lernen – die Arbeitstechnik 14
    I. Den Überblick bewahren! 17
    II. Lernen mit Beispielen 20
    III. Schreibwerkstatt ist eine Kunstlehre 22
    IV. Anspruchsaufbau 23
        1. Aufbau des BGB und Bedeutung des Allgemeinen Teils 24
        2. Verweisungstechnik: Die Allgemeinen Teile 26
    V. Aufbauschemata 29
        1. Struktur durch Prüfungsschemata 32
        2. Entstehung eines Anspruchs 34
            a) Vertragliche Primäransprüche 35
            b) Primäre Haupt- und Nebenpflichten von Sekundäransprüchen unterscheiden 35
        3. Rechtsvernichtende Einwendungen 41
        4. Einreden (Durchsetzbarkeit eines Anspruchs) 42
        5. Kritik des Schemas 43
    VI. Aufbau einer Anspruchsprüfung auf die vertragliche Primärleistung 44
        1. Struktur der Anspruchsentstehung 47
        2. Unterscheidung von Vertragsschluss und Vertragswirksamkeit 51
            a) Wirkungsproblematik: Geschäftsfähigkeit 53
            b) Keine Wirkungsproblematik ist die Inhaltsbestimmung 55
            c) Weitere Wirksamkeitsprobleme: Stellvertretung, Anfechtung 55
        3. Juristische Denkfehler im Aufbau 57
            a) Unterschiedliche Ebenen: Beispiel Vertragsschluss trotz fehlender Vertretungsmacht 57
            b) Vertragsschluss und Wirksamkeit trotz Willensmangel – das anfechtbare Rechtsgeschäft 59
            c) Nicht lernen, sondern verstehen: Beispiel Dissens 64
            d) Unterschiedliche Ebenen: Beispiel Formmängel 66
        4. Rechtsvernichtende Einwendungen 69
            a) Klausurprobleme mit rechtsvernichtenden Einwendungen 71
            b) Doppelwirkung von Einwendungen: Beispiel Unmöglichkeit 72
        5. Anspruch durchsetzbar? (rechtshemmende Einreden) 75
            a) Zurückbehaltungsrechte 75
            b) Verjährung 77
    VII. Anspruchsnormen 77
        1. Schematische Darstellung der häufigsten Anspruchsgrundlagen 79
        2. Vertragliche Leistungsansprüche 80
            a) Nacherfüllung bei Schlechtleistung 83
            b) Schema zur Nacherfüllung, §§ 634 Nr. 1, 635 84
        3. Dingliche Ansprüche auf Herausgabe einer Sache 86
            a) Vindikation 87
            b) Grundbuchberichtigungsanspruch 88

4.	Schuldrechtliche Ansprüche auf Herausgabe und Ausgleich	90
	a) Vertraglich begründete Herausgabeansprüche	90
	b) Vorbemerkung zu gesetzlichen Schuldverhältnissen	91
	c) Vertragliche und quasi-vertragliche Herausgabe- und Ausgleichsansprüche	91
	d) Bereicherungsausgleich	93
	aa) Schema zur Leistungskondiktion, § 812 I 1 1. Alt.	95
	bb) Schema zu Nichtleistungskondiktionen, § 812 I 1 2. Alt.	96
	cc) Weitere Ausgleichsansprüche	96
	e) Ansprüche auf Nutzungsersatz	96
	aa) Schema: Nutzungsersatz gem. §§ 987 Abs. 1, 990 Abs. 1	97
	bb) Schema: Nutzungsersatz gem. §§ 987 Abs. 2	97
	cc) Schema: Nutzungsersatz gem. § 991 Abs. 1 (Dreipersonenverhältnis)	97
	dd) Schema: Nutzungsersatz gem. §§ 988, 812 ff.	98
5.	Surrogationsansprüche	99
	a) Aufwendungsersatzansprüche	102
	aa) Schema zum Aufwendungsersatz des Geschäftsführers, §§ 683, 677, 670	103
	bb) Weitere Aufwendungsersatzansprüche	104
	b) Verwendungsersatzansprüche	104
	aa) Schema: Verwendungsersatz gem. § 994 Abs. 1	105
	bb) Schema: Verwendungsersatz gem. § 994 Abs. 2, 683, 670	105
	cc) Schema: Verwendungsersatz gem. § 996	105
	c) Gesetzliche Forderungsübergänge	106
6.	Schadensersatzansprüche	107
	a) Schadensersatz aufgrund Garantievertrages	108
	b) Vertragliche Sekundäransprüche auf Schadensersatz	109
	aa) Schema zum Schadensersatz wegen Mangelschäden, § 437 Nr. 3 (Kauf) bzw. § 634 Nr. 4 (Werkvertrag)	110
	bb) Schadensersatz neben der Leistung, § 280 I (culpa in contrahendo oder Nebenpflichtverletzung)	111
	cc) Berechnungsweisen des Schadensersatzes	111
	dd) Verschuldenserfordernis	112
	ee) Verschuldensunabhängige Schadensersatzpflichten	116
	ff) Schema zum Schadensersatzanspruch, § 536 a	116
	c) Schadensersatzansprüche aus vertragsähnlichen Verhältnissen	117
	aa) Überblick zu versteckten, aber wichtigen Anspruchsgrundlagen	117
	bb) Schema zum Schadensersatz, § 678	118
	d) Schadensersatzansprüche aus dem Eigentümer-Besitzer-Verhältnis	118
	aa) § 989 bzw. §§ 989, 990 Abs. 1	119
	bb) Schema: Schadensersatz gem. §§ 989, 990 Abs. 1	120
	cc) §§ 992, 823 ff.	120
	dd) Schema: Schadensersatz gem. §§ 992, 823	120
	ee) §§ 989, 991 Abs. 2	120
	ff) Schema: Schadensersatz gem. §§ 991 Abs. 2, 989	121
	gg) Fremdbesitzerexzess	121

		e)	Schadensersatzansprüche aus unerlaubter Handlung	121
			aa) § 823 Abs. 1	122
			bb) Schema zu Schadensersatz, § 823 I	123
			cc) § 823 Abs. 2	124
			dd) Haftung für Verrichtungsgehilfen nach § 831	124
			ee) Weitere Deliktstatbestände	124
			ff) Schema zu Schadensersatz, § 1 Abs. 1 ProdHaftG	125
	7.	Unterlassungsansprüche		126
	8.	Zusammenfassung		126
C.	Auffinden der Anspruchsgrundlagen und Normsuche			127
	I.	Normsuche durch Sachverhaltsinterpretation		128
		1. Richtige Arbeit mit dem Sachverhalt		129
		2. Merkzettel erstellen		131
		3. Sachziele in Rechtsziele umformulieren		135
	II.	Auswahl nach Anspruchsinhalten aus der Fallfrage		137
		1. „Das Klausurproblem" – Erkennen rechtlicher Schwerpunkte		140
		2. Denken in Gegensatzpaaren		143
		3. Assoziatives Erkennen		146
D.	Strukturieren der Lösung			147
	I.	Vorgehensweise – die Arbeitsgliederung		150
		1. Konstruktion des Lösungswegs		151
			a) Zweipersonenverhältnisse und Anspruchsinhalte	152
			b) Besondere Aufbauprobleme	153
		2. Abhängigkeiten von Anspruchsgrundlagen		155
			a) Vertrag	156
			b) Vertragsähnliche Ansprüche	157
			c) Geschäftsführung ohne Auftrag	158
			d) „Dingliche" Ansprüche	159
			e) Delikt und ungerechtfertigte Bereicherung	161
		3. Aufbau einzelner Anspruchsnormen sowie der Verfügungsgeschäfte		161
			a) Schema zu Forderungsrechten nach Rücktritt	162
			b) Schema zum Eigentumserwerb an beweglichen Sachen, §§ 929 ff.	163
		4. Prüfungsreihenfolge von Einwendungen		165
	II.	Ausarbeiten der Lösung in der Arbeitsgliederung		165
		1. Normanwendung		167
		2. Notwendige Differenzierung		176
		3. Anwendung der Norm und Subsumtion		177
			a) Gesetzesauslegung	181
			b) Subsumtion	187
			c) Analogie	191
		4. Meinungsstreite in der Normanwendung		192
	III.	Best practice Beispiel einer Arbeitsgliederung		194
E.	Niederschrift des Gutachtens			197
	I.	Gutachtenstil		198
		1. Hypothese als Obersatz der Anspruchsprüfung		200
		2. Obersatz bilden		201
		3. Definition, Subsumtion und Ergebnis		201
		4. Sprachliche Gliederung		202

		5. Präzision in der Sprache	203
	II.	Das eigene Schreiben	203
F.		Best practice Beispiel: Merkzettel und Arbeitsgliederung	205

2. Teil Methodische Umsetzung der Schreibwerkstatt 211

- A. Kompetenzvermittlung der Schreibwerkstatt — 211
  - I. Kompetenzvermittlung im Studium — 211
  - II. Kompetenzorientiert prüfen in der BGB-Klausur — 212
- B. Lehr- und Lernmethoden der Schreibwerkstatt in der Präsenzlehre und der digitalen Lehre — 214
  - I. Das Lehrbare lernbar machen — 214
  - II. Nachvollziehendes aufnehmendes Lernen mit Fällen — 216
    1. Die Rolle von Fällen — 216
    2. Der unterstützende Einsatz digitaler Lehre — 217
    3. Stärken und Schwächen — 218
    4. Umsetzung der Schreibwerkstatt — 219
        a) Wie lassen sich Fälle konkret einsetzen? — 219
        b) Wie lässt sich theoretisches Wissen lernfördernd vermitteln? — 222
    5. Tipps und Lernstrategien — 222
  - III. Aktivierendes entdeckendes Lernen mit Fallstudien — 225
    1. Die Fallstudienarbeit — 225
        a) Die Gestaltung von Fallstudien — 225
        b) Der Einsatz von Fallstudien — 226
        c) Phasen der klassischen Fallstudienarbeit — 227
        d) Rechtsprechung als Fallstudie — 228
    2. Problemorientierte Lehre als Weiterentwicklung der Fallstudie — 229
        a) Abweichende Gestaltung der Fallstudien — 229
        b) Vorgehen bei der problemorientierten Lehre — 230
        c) Phasen der problemorientierten Lehre („Siebensprung") — 232
    3. Digitale Umsetzung der aktivierenden entdeckenden Lehre in Anlehnung an das Inverted Classroom Konzept — 236
    4. Stärken und Schwächen — 237
    5. Umsetzung der Schreibwerkstatt — 238
        a) Wie lassen sich Fallstudien und problemorientierte Lehre einsetzen? — 238
        b) Welche organisatorischen Konsequenzen ergeben sich? — 240
    6. Tipps und Lernstrategien — 240
  - IV. Lernen durch Lehren — 242
    1. Abgrenzung einer Lerngruppe von Tutorium und Übung — 242
    2. Gestaltung von Lerngruppen und Tutorien / Übungen — 243

Autorenportrait 247

Stichwortverzeichnis 249

1. Teil Schreibwerkstatt

A. Einleitung

Das Ziel der Schreibwerkstatt ist es, BGB-Klausuren schreiben zu können. Wie jeder Text braucht die Fallbearbeitung in der Klausur einen roten Faden. Dann läuft das Schreiben „wie am Schnürchen". Ihn in der Aufgabenstellung zu finden und richtig aufzunehmen, ist lernbar. Wie das geht, zeigt die Schreibwerkstatt.

Der Rat lautet, erst einmal alle Lehrbücher beiseite zu legen. Am Anfang muss die Überlegung stehen, welcher Nutzen aus einer Lektüre überhaupt gezogen werden soll. „Ich muss das können", sagt gar nichts und motiviert nur wenig. Überspitzt formuliert, musst Du „das" auch gar nicht „können", sondern lediglich *herleiten können*. Natürlich gilt es, komplexe Zusammenhänge zu bewältigen und wir dürfen es uns nicht zu einfach machen, denn es geht um eine wissenschaftliche Beschäftigung mit dem Fach. Trotzdem und gerade deswegen ist nicht das Wissen das Entscheidende, sondern das **Herstellen** von Wissen. Für die Rechtswissenschaft heißt das in erster Linie, eine schlüssig begründete Lösung einer Rechtsfrage ableiten zu können.

Es geht daher in der Schreibwerkstatt darum, die juristische Methode in der klausurmäßigen Lösung von Fällen richtig anwenden zu können, sie bereits beim Lesen der Studienliteratur in den Vordergrund zu stellen:

Juristisches Denken will geübt werden. Daher ist es ratsam, Du übst es bereits beim Lernen („richtig lesen"), das heißt: Juristisch denken bei der Informationsgewinnung aus Gesetz und Aufgabensachverhalt (die juristische Methode) und anschließend das Ergebnis juristischen Denkens nachvollziehbar machen (das juristische Schreiben). Damit sind Zielsetzung und Aufbau dieser Schreibwerkstatt umrissen. In Klausuren werden heute vornehmlich Wirkungsmechanismen geprüft, die exakt herausgearbeitet und verortet werden müssen.

Der herkömmliche Rat für gelingende Klausuren lautet „üben, üben, üben". Leider ist dieser mühsame Weg ebenso unvermeidlich, wie auch das Erlernen des Stoffes mit dem Verständnis und der Anwendung einhergehen muss. Umgekehrt ist aber oft gar nicht mangelnder Fleiß, unzureichende Mitarbeit in den angebotenen Übungen oder das Vernachlässigen von Klausurenkursen Ursache von Misserfolgen. Alles Lernen fachlicher Inhalte ist „für die Katz", wenn deren Bedeutungen nicht erschlossen werden. Von Bedeutung sind aber in erster Linie die möglichen Verortungen in der Lösungskonstruktion von Fällen. „Recht" befasst sich nicht mit dem „Ist", sondern mit dem „Sollen". Anders ausgedrückt: Recht beschreibt nicht, es *bestimmt*. Diesen Zweck kann „Recht" nur über die Anordnung von Rechtsfolgen erreichen. Es gibt ganz viele Rechtsfolgen auf ganz unterschiedlichen Ebenen, aber es sind immer nur die Rechtsfolgen, die uns in der Lösung weiterbringen. Sie sind der rote Faden.

Die juristische Fallbearbeitung in einer BGB-Klausur setzt eine bestimmte, die juristische Denkweise voraus. Sie ist geprägt von einem **System aus Recht und Gegenrecht**. Sie baut eine Rechtsposition auf und sucht danach, sie durch eine andere wieder zu zerstören, ohne diese beiden Positionen dabei zu vermischen. Die juristische Denkweise deduziert konkrete Rechtspositionen aus allgemein formulierten (abstrakten) Normtatbeständen. Aufgabe und Ziel der Fallbearbeitung ist es, einen konkreten Sachverhalt zu beurteilen. **Die juristische Denkweise entwickelt die Lösung nicht aus dem Sachverhalt selbst heraus, sondern ordnet den Sachverhalt unter die Tatbestandsvoraussetzun-**

gen von Normen. Sie orientiert sich ausschließlich an Rechtsfolgen und fragt, ob die abstrakten Voraussetzungen einer Rechtsfolge im konkreten Sachverhalt verwirklicht sind. Sie „vergleicht" abstrakte Tatbestandsvoraussetzungen mit konkreten Sachverhaltsumständen und ist gezwungen, eine Entscheidung darüber zu treffen, ob das Konkrete im Allgemeinen aufgeht, mithin von ihm umfasst ist. Die juristische Denkweise muss dafür geschult sein, exakte Differenzierungen treffen zu können.

7   Die Schreibwerkstatt beginnt beim *juristischen Denken Lernen*. Bevor wir in der Schreibwerkstatt anschließend die Methode auch anwenden, nachvollziehbar begründete Entscheidungen zu finden, üben wir das juristische Denken beim Lesen juristischer Texte. Juristisches Lernen muss die Inhalte nach der Art und Weise ihrer geforderten Wiedergabe ordnen: juristische Fallbearbeitungen sind Transferaufgaben. Die Falllösung ist kein Themenaufsatz, worin einzelne aus Lehrbüchern gelernte Kapitel wiedergegeben werden sollen. Auch zeichnet sie sich nicht durch den Vergleich des zu bearbeitenden Sachverhalts mit bereits entschiedenen Fällen aus (case-method des anglo-amerikanischen Rechtskreises). *Juristisches Denken lernen* heißt, das Gesetz, hier das Bürgerliche Gesetzbuch, im Hinblick auf seine Anwendung zu verstehen. Die Gesetzesanwendung orientiert sich ausschließlich *an den Rechtsfolgen*, die sich aus Rechtsinstituten in ganz unterschiedliche Richtung ergeben können. Auf den Zusammenhang mit Rechtsfolgen gerichtet müssen juristische Texte, auch Lehrbücher, *durchgearbeitet* werden. Der Erkenntnisgewinn – Dein Lernerfolg – ist hierdurch wesentlich größer, als wenn Du sie nur auf Inhalt durchliest.

Was sagt Dir das??

Du lernst falsch. – Weil Du falsch liest.

Diese Erkenntnis soll Dich motivieren, Dein Lernen von nun an effizienter zu gestalten. Nur wenn Du weißt, zu welchem Zweck Du einen juristischen Text liest, kannst Du die Erkenntnisse daraus effektiv verwerten.

B. Juristisches Denken lernen – die Arbeitstechnik

8   Ganz gleich, ob es sich etwa um das Zustandekommen eines Vertrages durch zwei übereinstimmende Willenserklärungen (§§ 145 ff.[1]) handelt, um die Problematik der Zugangsvereitelung einer Willenserklärung oder um die Vernehmungstheorien beim Zugang nichtverkörperter Willenserklärungen unter Anwesenden: Der Einstieg in die Fallbearbeitung gelingt nicht durch detaillierte Kenntnis der Streitstände und gerichtlich ausgeurteilter Einzelfälle.. Werden im Sachverhalt der Aufgabenstellung (dem Falltext) möglicherweise auch Hinweise auf ebendiese Probleme gefunden und glaubt der Bearbeiter, „die Klausurprobleme erkannt" zu haben, wird trotzdem die „Klausur unter'm Strich" bleiben, wenn und weil das einschlägige Wissen nicht an der richtigen Stelle im *Aufbau der Bearbeitung* dargestellt wird. Es fehlt dann am *logischen Zusammenhang mit der Lösung* und die Bewertung wird „trotz guter Ansätze wegen schwerwiegender Aufbaufehler mangelhaft" ausfallen.

9   Die Theorien und Probleme wurden nicht erfunden, um den juristischen Prüfungsstoff zu erweitern. Sie sind nicht Selbstzweck und bräuchten nur auswendig gelernt zu werden, um sie in der Klausur wiedergeben zu können. Theorien und Probleme betreffen die Folgen gesetzlicher juristischer Prämissen. Nur, wenn Du dir diesen logischen Zu-

---

1 §§ ohne Angabe eines Gesetzes sind solche des BGB.

B. Juristisches Denken lernen – die Arbeitstechnik

sammenhang vor Augen führst, haben sie für die Fallbearbeitung einen Wert und für Dich einen greifbaren Sinn. Die hauptsächliche Schwierigkeit von juristischen Klausuren liegt darin, die Lösung richtig *„durchzukonstruieren"*.

Worauf solltest Du also beim Lernen achten?

Auf die Rechtsfolgen.

Unterteile die Normen, die eine Rechtsfolge enthalten in Anspruchsgrundlagen und Wirknormen. Rechtsfolge einer Anspruchsgrundlage ist es, einen Anspruch auf etwas zu geben. Rechtsfolgen von Wirknormen bestehen in Tatbestandsmerkmalen, rechtshindernden oder rechtsvernichtenden Einwendungen, die wiederum im Rahmen einer Anspruchsgrundlage zu prüfen sind. Die Anspruchsgrundlagen und Wirknormen greifen ineinander wie Zahnräder. Sie geben Dir die spätere Struktur für Deine Falllösung vor. Die Komplexität und Menge des Faktenwissens sowie der Theoriekenntnisse darf nie dazu führen, dass Du die Einsicht in die möglichen Zusammenhänge verlierst.

Aber nicht die Lehrbücher sind unzulänglich, sondern der Umgang mit ihnen. Immer wieder während der Lektüre eines Kapitels und jedes Textabschnittes eines Lehrbuchs musst Du Dich aktiv und vor allem anderen fragen, ob Dir der der *Anwendungsbereich* des soeben Gelesenen klar ist. 10

„Wo gehört das hin, was ich in meinem Lehrbuch soeben gelesen habe?"

Die hier beispielhaft und völlig beliebig aufgegriffenen Themen des Zustandekommens eines Vertrages durch zwei übereinstimmende Willenserklärungen, der Zugangsvereitelung bei Willenserklärungen und die Vernehmungstheorien beim Verhören einer gesprochenen Willenserklärung sind typische Gegenstände von Anfängerklausuren. Solche Probleme werden in den meisten Lehrbüchern der Einführungsliteratur zum Bürgerlichen Recht auf den ersten dreißig bis vierzig Seiten besprochen. Bereits *nach dem erstmaligen Lesen* bleibt wohl bei jedem Studenten hängen, dass für Verträge das Konsensprinzip gilt, das durch Angebot und Annahme und ihre inhaltliche Übereinstimmung ausgedrückt wird. Jeder kann anschließend auf die genaue Uhrzeit hin sagen, wann von einer in den Briefkasten eingeworfenen Erklärung Kenntnis erlangt wird und wie sich ein Urlaub des Empfängers hierauf auswirkt. Auch spricht sich schnell herum, dass es regelmäßig keine rechtlich nachteilhaften Auswirkungen für denjenigen hat, der einen eingeschriebenen Brief nicht bei der Post abholt. Schließlich wird man sich auch noch merken können, dass es *„nach herrschender Meinung"* für den Zugang einer Willenserklärung genügt, wenn der Hörer des gesprochenen Wortes sie nach den Umständen vernehmen konnte und jedenfalls keine Anzeichen macht, die zu Zweifeln am richtigen Verständnis Anlass geben würden. Symptomatisch ist in Klausurbearbeitungen dann zu lesen, eine „Erklärung sei nach(!) der eingeschränkten Vernehmungstheorie zugegangen" (Korrekturbemerkung am Rand: „Quatsch"). Bitte merke Dir, dass die Sprache das Wiedergabemedium der juristischen Fallbearbeitung ist. Achte daher auf sprachliche Präzision und trainiere diese Präzision im Ausdruck stetig.[2] 11

---

2 Wie jede Wissenschaft, hat auch die Rechtswissenschaft ihre eigene Fachsprache. Der Experte zeigt sich in der richtigen Verwendung der Fachtermini: So sprichst Du vom Mietwagen, wenn andere „Leihwagen" sagen und bei demjenigen, der zurecht im Grundbuch eingetragen ist, vom Grundstückseigentümer, wenn andere den Hausbesitzer bemühen.

Das alles wurde beim Lesen säuberlich mit Textmarker hervorgehoben. Weil sonst alles gelb wäre, wurde sicherlich abwechselnd auch in anderen Farben markiert. Solches „Lesen" war dann mit ziemlicher Sicherheit vertane Zeit! So wirst Du das niemals in einer juristischen Klausur abgefragt werden.

Noch gefährlicher ist die trügerische Sicherheit: Du hast Dir den Inhalt des Gelesenen gemerkt und meinst, es damit verstanden zu haben. Mitnichten. Hast Du Dir bloß ein beispielhaftes Ergebnis, bestenfalls ein in sich abgeschlossenes Thema gemerkt? Du hast gelernt, das steht fest. Die viel entscheidendere Frage für Deinen Lernerfolg ist aber: Hast Du verstanden?

Was sollst Du tun?

12 Wer intensiv und erfolgreich lernen will, sollte beim Lesen die jeweils tragenden *Argumente* für die jeweiligen Ergebnisse und Meinungen stichwortartig auf Karteikarten *exzerpieren (herausschreiben)*. Das Wissen, dass etwas „nach h.M." so oder anders behandelt wird, bringt für die Benotung nahezu nichts. Brauchbar ist nur ein nachvollziehbares (argumentativ begründetes) Ergebnis.

Aber auch das ist es nicht, was beim Lesen falsch angegangen wird.

Was ist es dann?

13 Ohne Frage ist es wichtig, „natürliche und juristische Personen" oder „die Rechts- und Geschäftsfähigkeit" als Themenkomplex zu verstehen. Oder das Kapitel „Willenserklärungen" usw. durchzuarbeiten. Von Anfang an darf der Text aber nicht essayistisch gelesen werden, als mehr oder weniger spannende Denkanstöße. Normales Lesen zielt darauf ab, den Stoff zusammenfassen und wiedergeben zu können. Der Extremfall ist das Auswendiglernen. Ab sofort sollst Du Dir bereits im Vorfeld der Lehrbuchlektüre folgende Fragen stellen:

Worüber möchte ich jetzt etwas lesen?

Was weiß ich zu diesem Thema bereits?

Was ist mir hier noch unklar?

Mit diesen Fragen ebnest Du Dir den Weg weg von dem „reinen Konsum" eines Lehrbuches zu einem zielgerichteten effizienten Lesen und Lernen.

14 Juristisches Lernen darf nicht nur inhaltlich-thematisch vorangehen. Keine Rechtsanwendung und deshalb auch keine Klausur fragt z. B. nach „dem Recht der Stellvertretung". Erfolgreiches juristisches Lernen orientiert sich auch nicht systematisch am Gesetzesaufbau. Die analysierende Darstellung eines Regelungsbereichs im Lehrbuch ist nicht Rechtsanwendung.

Sondern?

15 Juristisches Denken geht im Schuldrecht von § 241 Abs. 1 aus: pacta sunt servanda, Verträge sind einzuhalten. Das gilt nicht nur für Verträge, sondern für die Wahrung aller rechtlichen Verhältnisse.

Und das heißt?

Wir interessieren uns strukturell nur für drei Fragen:

(1) Besteht ein Anspruch auf Erfüllung einer bestimmten Pflicht?
(2) Besteht ein Anspruch, wenn eine Pflicht nicht erfüllt wurde?
(3) Wie *entsteht* diese „Pflicht", von der in (1) und (2) die Rede ist?

Alle juristischen Themen, insbesondere die der allgemeinen Teile müssen sich diesen Fragen unterordnen. Das tun sie aber nicht thematisch geordnet „im Ganzen", sondern sehr eklektisch, also „stückchenweise". Und diese Struktur müssen wir uns erarbeiten.

Was musst Du Dich beim Lesen also fragen?
Wo im Anspruchsaufbau ist was zu behandeln?
und
Warum ist es an dieser Stelle zu behandeln?

Erst anschließend stellt sich die Frage nach der inneren Struktur des einzelnen Prüfungsgegenstandes. „Das richtige Ergebnis" (materielle Gerechtigkeit) gibt nicht die Lösungsschritte vor, sondern es entsteht erst durch die richtige Konstruktion des Lösungsaufbaus und die Erörterung (Auslegung und Subsumtion) der relevanten Tatbestandsmerkmale auf diesem Lösungsweg.

I. Den Überblick bewahren!

Genau jetzt stehst Du an der Wegscheide zum Klausurerfolg oder Klausurversagen. Wichtiger als die exzerpierten Einzelheiten (einschließlich der Begründungen) zu kennen, ist es, sich die fortschreitende Gliederung des gelesenen Lehrbuchs zu vergegenwärtigen. Und da sich gerade am Anfang des Studiums niemand alles merken kann, ist es noch wichtiger, *die Entwicklung des Stoffes in der Abfolge der Gliederung zu lernen als der ausgebreitete Inhalt.*

Sehr gute Dienste leisten auch in dieser Hinsicht die Gesetzeskommentare. Die Arbeit mit dem „Palandt" (es genügt für zuhause ein kostengünstiges Exemplar der (Vor-)Vorauflage, mit dem dann noch lange gearbeitet werden kann) sollte parallel zu den Einführungsvorlesungen begonnen werden: nicht die Einzelfälle der Kommentierung, sondern v.a. die Vorbemerkungen und Einleitungen sollten durchgearbeitet werden.

Der erste Satz oder Absatz jeder neuen Gliederungsziffer oder eines Abschnittes erläutert die so wichtige systematische Stellung und damit den **Anwendungsbereich** der nachfolgenden Details. Was nach einer Selbstverständlichkeit klingt, hat in einem juristischen Lehrbuch eine unvergleichlich größere Bedeutung als in einem Roman oder bei der Zeitungslektüre.

Alles klar? Drei Fragen (aus Rn. 16) kannst Du Dir merken – sagst Du.

Gut, aber Auswendiglernen war ja das, was Dich nicht recht weiterbringt – sagten wir. Deshalb gleich die Probe:

Wie stehen die drei Fragen von eben zueinander, wie ist ihr Verhältnis?

20 Es geht in juristischen Texten nicht darum, einen Szenenwechsel erscheinen zu lassen oder irgendwohin überzuleiten. Das Lehrbuch will den *Bauplan* offenlegen. Zu Beginn des Studiums ist dieser Bauplan nicht nur wichtiger als die schöne Ausführung inhaltlicher Details, sondern sogar ausreichend. Dies will ich anhand der vorhin aufgegriffenen Themen kurz darstellen.

Der Umgang mit einem Lehrbuch ist ein anderer als mit einem Lesebuch. Die Einleitungen zu jeder Gliederungsziffer müssen unbedingt ernst genommen und verstanden werden.

21 ▶ Beispiel:
Der Vertragsschluss aus zwei übereinstimmenden Willenserklärungen ist nicht lediglich eine Einleitung zur Behandlung von Angebot und Annahme -den beiden Bestandteilen einer Willenserklärung und ihrem Wirksamwerden durch Zugang. Vielmehr findet sich überall, gleichsam als Überschrift, etwa folgender Einleitungssatz: „Der Vertrag begründet ein Schuldverhältnis. Aufgrund eines Schuldverhältnisses kann eine Person von einer anderen ein Tun oder Unterlassen verlangen." Diese Aussage ist so in § 241 Abs. 1 definiert. Sie besagt etwas, das leider viele bis zum Ende des Studiums nicht zur Kenntnis nehmen. Nämlich: Das Schuldverhältnis **enthält** die Forderungsrechte. Z. B. umfasst *der Kauf* den Anspruch auf die Kaufpreiszahlung (§ 433 Abs. 2), nicht (irgendwie) der Vertrag. Ein Schuldverhältnis ist überhaupt nur deswegen Kauf, weil sich der Verkäufer und der Käufer gegenseitig kaufvertragstypische Leistungen versprochen haben: Der Verkäufer hat Übergabe und Übereignung einer Sache oder eines anderen Kaufgegenstandes und der Käufer dafür als Gegenleistung die Zahlung eines Kaufpreises versprochen.
Ist der Kauf vorgegeben (im Falltext steht dann bspw.: „K kauft von V"), sind deshalb jedenfalls die Primäransprüche des § 433 per definitionem entstanden. Die Erwähnung eines Vertrages, insbesondere seines Zustandekommens durch Willenserklärungen bedarf es an dieser Stelle deshalb nicht. Ja, sie wäre sogar schädlich (dazu später unter Rn. 93).
Der Vertragsschluss liegt nämlich auf ganz anderer Ebene. Die Abschlusstechnik ist nur das technische Hilfsmittel zur Begründung eines Schuldverhältnisses, wobei Begründung hier Schaffung, Herstellung bedeutet. Die Ansprüche folgen nicht aus dem Vertrag, sondern „kraft eines Schuldverhältnisses" (§ 241 Abs. 1). Der Vertrag ist der rechtstechnische Begriff für einen von den Beteiligten gefundenen Konsens, an den sie sich gebunden zu fühlen verpflichtet haben. Der Inhalt dieser verpflichtenden Einigung ist ein bestimmter Gegenstand zum Kauf und ein bestimmter Betrag als Kaufpreis.
Zustande kommt das Vertragsverhältnis in technischer Hinsicht folgendermaßen: Eine Person äußert ein entsprechendes Ansinnen (Angebot) in Richtung einer anderen Person und dort kommt es so an, dass von Gehört- oder Gelesenwerden ausgegangen werden kann. Der Empfänger seinerseits äußert rechtzeitig eine bejahende Antwort (Annahme) und lässt diese zum anderen zurückgelangen. Aus vernünftigen, praktischen Gründen ist in § 130 Abs. 1 bestimmt, dass eine Willenserklärung erst mit Zugang beim Empfänger wirksam wird. Das Angebot kann also erst nach seinem Zugang angenommen werden und der Konsens gilt erst mit Zugang der Annahmeerklärung als getroffen.
Erst durch diese Regelung in § 130 Abs. 1 können die Detailprobleme entstehen, welche den Vernehmungstheorien und der Zugangsvereitelung zugrunde liegen. § 130 Abs. 1 sagt nämlich bei genauem Lesen des Wortlauts nichts darüber aus, ob eine unter Anwesenden abgegebene Willenserklärung (dazu gehört nach § 147 Abs. 1 S. 2 auch eine telefonische abgegebene) zugeht, wenn sie exakt richtig zu Gehör gekommen ist. Denn zugegangen kann sie schließlich auch sein, wenn durch irgendeine Störung unbemerkt ein Teil der Aussage verloren gegangen oder verändert worden ist (z. B. 10,- Euro statt 110,- Euro). – Würde dabei das nur bruchstückhaft oder sonst falsch übertragene Angebot als gar nicht zugegangen gelten, könnte es auch durch ein Ja des Empfängers nicht angenommen worden sein. Ohne Zugang kein wirksames Angebot und damit nichts, was angenommen werden könnte. Der Konsens scheiterte bereits auf der formalen Ebene. Die Antwort des Verhandlungspartners wäre für den Vertragsschluss bedeutungslos. Weitere Ausführungen dazu, ob inhaltliche Einigkeit etwa als Ergebnis einer Auslegung besteht, wären fehl am Platz.

Ähnliches gilt für die Zugangsvereitelung. Entstünde der Konsens erst mit der tatsächlichen Kenntnisnahme der Annahmeerklärung beim Empfänger, bräuchte dieser nur Augen und Ohren zu verschließen oder seinen Briefkasten abzuhängen und könnte sich so jeder Bindungswirkung entziehen, falls er es sich nach Abgabe seines Angebots inzwischen etwa anders überlegt haben sollte.
Kommt der juristische Bearbeiter nun zu der Überlegung, ob das wirklich richtig sein könne oder meint er gar, das sei „eindeutig unbillig und rechtsmissbräuchlich", dann erst – mithin nach einer solchen **Entwicklung des Problems** – ist es hier angemessen und richtig, gelernte Argumente und Detailkenntnisse anzubringen.
Wenn Bearbeiter stattdessen ihre Ausführungen mit Formulierungen wie „der Vertrag könnte nach der strengen Vernehmungstheorie unwirksam sein" einleiten, stimmt dies schlicht in mehrfacher Hinsicht nicht und zeugt von fehlendem Verständnis. Denn es sind die gesetzlichen Tatbestandsmerkmale und nicht eine Theorie, welche über die Wirksamkeit rechtlicher Verhältnisse bestimmen. Außerdem können Fragen des richtigen Vernehmens nur beim Zugang und zwar nur beim Zugang einer unverkörperten Willenserklärung oder bei der inhaltlichen Interpretation einer daraufhin ergangenen etwa mündlichen Antwort relevant werden. Dass dies dann Auswirkungen auf den Vertragsschluss und ggf. auch auf den Inhalt des Schuldverhältnisses haben kann, ist nur eine konsequente Folge daraus. ◀

Also, nochmals: Wie stehen die drei Hauptfragen von oben zueinander? Die Beispiele haben die Struktur erläutert. Du brauchst für die Antwort kein juristisches Wissen. Aber Du stehst hier am Scheideweg zum juristischen Denken. – Beinahe hätte ich gesagt: „ob die Juristerei etwas für Dich ist, oder nicht". Also?

Das Interesse wird beim Lernen / Lesen vor allem durch die Antworten auf konkrete (Lebens-) Beispiele geweckt und nur was interessiert, wird auch behalten. In der Klausur ist solches *„case law"* - Wissen ziemlich wertlos und oftmals sogar schädlich. Vielmehr ist nur das WARUM der Lösung merkenswert – und zwar nicht nur das inhaltliche, sondern das systematische Argument, das die Lösung trägt (nur darauf beruht auch das Harvard-Konzept, vgl. Rn. 700, wie auch das anglo-amerikanische case law Falllösungen ähnlich systematisch gewinnt). Frage Dich also: An welchem Tatbestandsmerkmal genau scheitert etwas? Wo fügt sich dieses Tatbestandsmerkmal in den Lösungsaufbau ein?

So, jetzt brauchen wir endlich die Antwort auf die Struktur der drei Fragen. Frage (3) hat die Antwort für sich bereits ausgesprochen. Sie steht eine Ebene unter den beiden anderen. Sie betrifft eine Voraussetzung von (1) und (2). Ist bereits keine „Pflicht" entstanden, braucht keine erfüllt zu werden und kann auch keine verletzt werden.

Und (1) und (2)? Auf den ersten Blick spricht viel dafür, sie hintereinander stehend zu sehen. Erst soll erfüllt werden (1). Wird dann aber nicht wie geschuldet erfüllt, stellt sich die Frage nach der Folge (2). Dann wäre wieder (1) die Voraussetzung für (2), wobei für (2) ein weiteres Merkmal hinzutreten würde, nämlich die Nichterfüllung. – Klingt gut, ist aber nicht logisch, sondern würde dazu führen, dass Frage (1) überflüssig wäre und auf jede Pflichterfüllung ein Anspruch bestünde. (1) ginge also in (3) auf. Wo ist der Fehler?

Nicht die Frage (1) geht in Frage (2) auf, sondern nur deren Tatbestandsmerkmal der zu erfüllenden Pflicht. Denn es kann Pflichten geben, die zwar zu erfüllen sind, worauf aber kein Anspruch besteht. Also enthält Frage (2) allenfalls alle Merkmale von Frage (1) plus ein zusätzliches. Damit wäre (2) spezieller als (1). Aber das ist jetzt gemogelt, nämlich im Zahlwort alle. Es ist nur ein gemeinsames Merkmal von vielleicht mehreren. Das lässt sich der Frage nicht entnehmen. Also: (1) und (2) stehen nebeneinander. Ob ihre Antworten dabei alternativ oder kumulativ sind, kann aus den Fragen nicht abgeleitet werden.

Die Aufzählung von drei Fragen ist also an sich falsch, oder? Es sind vier, müsste man konsequent sagen. Das stimmt! Allerdings sind zwei davon identisch, denn Frage (3) kommt doppelt vor. Also sind es doch drei Fragen, die aber auf zwei unterschiedlichen Ebenen liegen. Die Aufzählung ist keine Gliederung! – Und die logische Gliederung zu verstehen, ist der Kern dessen, was juristisches Denken bedeutet.

II. Lernen mit Beispielen

23 Ohne Beispiele wäre kaum ein Text lesbar und verständlich. Auch die gesetzlich geregelten Typen vertraglicher Schuldverhältnisse wie Kauf, Miete etc. sind nur Beispiele. Es sind auch nur Beispiele und niemals Abstraktionen oder Theorien, welche in der Welt konkret vorhanden sind. Jede Fallbearbeitung ist notwendigerweise ein konkretes Beispiel. Das widerspricht zwar nicht der Existenz abstrakter Dinge, Naturgesetzlichkeiten oder Prinzipien bis hin zur Metaphysik, aber angefasst, gesehen und gehört, das heißt unmittelbar wahrgenommen und begriffen werden, können nur konkrete Erscheinungen.

24 ▶ **Beispiel:**
Wir sehen nicht eine Röte, sondern das konkrete Rot etwa eines Lippenstifts. Ist die Farbe Rot Deine Lieblingsfarbe, so findest Du zwar den passenden Nagellack im Regal. Dass er aber wirklich rot ist, weißt Du, weil Du ihn mit Deinem abstrakten Begriff von Rot (das ist die Röte) identifizierst (na ja, und weil es draufsteht). Nun steht leider im Sachverhalt nicht dabei, was für ihn juristisch gilt. Deshalb ist Aufgabe der Fallbearbeitung genau dieses Wiedererkennen des Konkreten im Allgemeinen (Subsumtion). Dabei ist rot nicht gleich rot, sondern es muss zu jedem Anlass das passende Rot gefunden werden und es soll außerdem aus verantwortungsvoller Herstellung stammen. Schließlich entscheiden Marke und Preis ebenso mit, wie der Umstand, dass Abwechslung zum jetzt schon so lange verwendeten Produkt gesucht wird. – Das Beispiel ist natürlich nicht ganz ernst gemeint, aber leider zeigen Klausuren sehr oft einen undifferenzierten Umgang mit der Subsumtion von Gesetzesbegriffen, wo Punkte zu holen wären, würde man sich eben gerade nicht im dem erstbesten Produkt/Gefühl (Zwischenergebnis) zufriedengeben, sondern nochmals oder überhaupt erstmals differenziert prüfen.
Das ist in etwa der Komplexitätsgrad, mit dem wir uns beschäftigen müssen. Das BGB besteht weitestgehend aus abstrakten Rechtssätzen, die auf konkrete Lebenssachverhalte anzuwenden sind. Deshalb zurück zum juristischen Denken Lernen mit Beispielen. ◀

25 Die bereits erwähnte Zugangsvereitelung bei Willenserklärungen tritt sehr gut nachvollziehbar beim Versuch auf, eine Kündigung etwa eines Miet- oder Arbeitsverhältnisses auszusprechen. Nämlich dann, wenn der zu Kündigende sich dem Zugang dadurch entzieht, dass er entweder schlicht urlaubsabwesend ist oder aber, den Inhalt ahnend, die Annahme des Briefes gegenüber dem Postboten ablehnt und die Sendung zurückgehen lässt. Insbesondere zur zweiten Fallgestaltung existiert eine umfangreiche und bisweilen auch entgegengesetzte Rechtsprechung, die sich heute jedoch darin einig ist, dass in diesem Zeitpunkt der Zugang als bewirkt gilt. Der Erklärende muss aber dennoch einen Zustellungsversuch unverzüglich wiederholen, um dem Empfänger auch faktisch die Kenntnis dessen zu ermöglichen, was rechtlich als bereits zugegangen gilt.

26 ▶ **Beispiel:**
So viel, so gut. Was bedeutet das aber für ein postlagerndes Einschreiben mit Rückschein, worin das Kündigungsschreiben enthalten ist? Auch dieses Beispiel mag man in seinen Unterlagen aus-

gebreitet finden und man kann sich merken, dass mangels Abholung in diesem Beispiel doch kein Zugang erfolgt. Weitere Fallgestaltungen und insbesondere Ausnahmen in der rechtlichen Bewertung ergänzt (was, wenn Einschreiben mit Rückschein die vertraglich vereinbarte Form für die Kündigung ist?), wird der Lernende zum wandelnden Lexikon der Zugangsprobleme. Dies jedenfalls auf seinen exzerpierten Karteikarten, die Reproduktionschancen in der Klausur seien dahingestellt. *Solche Wissensanhäufung hat nichts mit Rechtsklugheit (Jurisprudenz), nichts mit juristischer Arbeitsweise und auch nichts mit guter Klausurvorbereitung zu tun.* ◄

Lernen anhand von Beispielen heißt demgegenüber, **die Abstraktionsebene begreiflich zu machen**. Nur deshalb werden solche Fälle dem Studienmaterial beigefügt. 27

Übungsbücher und Fallsammlungen sind sehr gute Übungsmöglichkeiten und geben Anschauungsmaterial. Völlig verfehlt wäre ihr Sinn aber, wenn die jeweiligen Fälle gelernt würden („Ist das nicht wie in dem anderen, wo…"). Lernen aus Fällen kann sich nur auf die Gliederung und die Darstellungsform beziehen. Inhaltlich erhellen Beispiele immer nur einen kleinen, meist sehr speziellen Ausschnitt und es ist unmöglich, viele solche Ausschnitte quasi als Puzzle zu einem vollständigen Bild zusammenzusetzen.

Für den Zugang von Willenserklärungen lautet die Abstraktion: der Zeitpunkt, in dem der Absender *regelmäßig mit Kenntnisnahme rechnen kann*. Bezogen auf den Zeitpunkt stecken darin zwei Aussagen, nämlich zum einen der normale Lauf der Dinge („regelmäßig") und zweitens ein qualitatives Vertrauenselement („mit etwas rechnen"), welches sich nicht lediglich auf die Zuverlässigkeit der Post richtet, sondern eben auch auf Obliegenheiten und Pflichten des Empfängers. Hier kommt zum Tragen, ob der Empfänger sich möglicherweise für eine bestimmte Sendung empfangsbereit halten musste, z. B. weil gerade die Form des eingeschriebenen Briefes in einem Mietvertrag (zu Beweiszwecken) von den Parteien vereinbart und vorgeschrieben worden war. Das ist anders als mit Beispielen kaum verständlich zu machen und auch kaum zu merken, aber es ist unsinnig, die Beispiele zu lernen. Leider interessiert sich der Leser zunächst nur dafür, wie wohl der Beispielsfall „ausgehen" möge. 28

Zielführendes Lernen kann immer nur darin bestehen, den Zusammenhang zu erfassen, in dem das Gelesene steht. Das gilt für die nur illustrativen Beispiele deshalb ganz genauso, wie für die zuvor erwähnten Tatbestandsvoraussetzungen etwa auf den Ebenen des Vertragsschlusses und von Schuldverhältnissen. 29

Die im Studium zu erlernende Rechtsanwendung besteht weder darin, auf rein abstrakter oder theoretischer Ebene die dem Gesetz zugrundeliegenden Prinzipien und seine von ihm verfolgten Zwecke zu analysieren und zu bewerten (so die Rechtsphilosophie), noch besteht sie im rein betrachtenden und damit praktischen Vergleich von Sachverhalten (so mittelalterliche Volksrechte und auch neuzeitliche Ideen von Volksrechtsbüchern). Rechtsanwendung bedeutet beim deutschen Bürgerlichen Gesetzbuch, den *Abgleich zwischen abstraktem Rechtssatz bzw. seinen abstrakten Tatbestandsmerkmalen mit einem konkreten Lebenssachverhalt* herzustellen. 30

Juristisch zu arbeiten, auch eine Klausur zu schreiben, heißt, für ein konkretes rechtliches Verhältnis, das in einem konkreten Lebenssachverhalt verwirklicht ist, eine konkrete Rechtsfolge zu bestimmen. Die Rechtsfolge bestimmst Du folgendermaßen: Du legst dar, dass der konkrete Lebenssachverhalt eine Teilmenge derjenigen Möglichkeiten ist, welche die abstrakten Tatbestandsvoraussetzungen erfüllen, bei deren Vorliegen das Gesetz von der Wirksamkeit eines solchen rechtlichen Ver- 31 hältnisses ausgeht, für das wiederum allgemein eine Rechtsfolge vorgesehen ist, wie sie der konkret gewünschten entspricht.

III. Schreibwerkstatt ist eine Kunstlehre

32 Diesen Weg werden wir uns nun gemeinsam erschließen. Der Weg besteht nicht darin, möglichst viele Materien oder Paragrafen des BGB angesprochen oder gar ausführlich behandelt zu haben. Der Weg wird auch nicht dadurch erschlossen, dass wenigstens die angesprochenen Materien umfassend bearbeitet würden. Die Schreibwerkstatt will erst recht kein Kommentar sein. Sie kann und soll aber auch kein Lehrbuch ersetzen und noch weniger vom Besuch der Vorlesungen und anderer Lehrveranstaltungen abhalten, in denen die einzelnen Gebiete ausgebreitet und eingeübt werden sollen.

33 Die Schreibwerkstatt ersetzt auch kein Klausurentraining, sondern will dazu anleiten, *Klausuraufgaben* zu *entschlüsseln*. Die zusätzlich für den Klausurerfolg notwendige **Routine** wird nur **durch Selbermachen** erlangt. Aber es gibt einen dafür notwendigen oder jedenfalls hilfreichen „Klausurenblick" auf das Zivilrecht, der jetzt hergestellt und geschärft werden soll.

34 Jurisprudenz (Rechtsklugheit), und nichts anderes ist auch erfolgreiches Klausurenschreiben, wird durch Nachahmen hergestellt. Das Subsumieren des konkreten Lebenssachverhalts unter die abstrakten Tatbestandsvoraussetzungen einer Norm ist Nachahmen des Allgemeinen im Konkreten. Das Herausarbeiten der jeweiligen Tatbestandsmerkmale als Arbeit des Organisierens und Sortierens ist Nachahmung der in einer Norm (Anspruchsgrundlage) vorgegebenen Ordnung. Nachahmung ist aber immer Ausdruck eines Schauspiels. Rechtsanwendung ist in gewisser Weise Schauspielkunst.

35 Ein Schauspieler ist gut, wenn er in seiner Rolle ganz aufgeht. Dann wird nicht mehr er selbst wahrgenommen, sondern nur noch der von ihm Dargestellte. Eine Klausur ist dann gut, wenn der Bearbeiter in seinen Gedankengängen und Formulierungen ganz hinter dem Gesetz zurücktritt. Das hat nichts Automatisiertes und nicht Geringschätziges – wie wir viele historische Figuren nur durch die Rolle von Schauspielern und Filmhelden kennen und letztlich also doch der Schauspieler nicht nur eine Rolle spielt, sondern den Charakter vertritt.

> Alle juristischen Theorien und Du, als Du Dich in der Fallbearbeitung für die eine oder andere – natürlich mit guter Begründung – entscheidest, vertreten in der Nachahmung den Gesetzgeber und das Gesetz. Aber dem guten Juristen merkt man das nicht an, vielmehr erscheint das Ergebnis geradewegs vom Gesetz so bestimmt zu sein – obwohl ein anderer, nicht minder guter Jurist zu einem diametral entgegengesetzten Ergebnis kommen mag.

36 Diese institutionelle Machtstellung nicht nur eines Richters, sondern kraft des Arguments genauso jedes Juristen verlangt einerseits danach, durch die Nachahmung des Gesetzes eingehegt zu werden, um nicht Willkür zu sein, wie sie aber andererseits gerade daraus erst in der Überzeugungskraft eines so gefundenen Arguments erwächst. Das übt der Student in der Klausur. Und zu Recht werden hieran höchste Anforderungen gestellt. Diese Waffe des Juristen lässt Existenzen erstehen oder kann sie vernichten.

37 Die Schreibwerkstatt ist eine juristische Kunstlehre. Sie versucht, eine Anleitung zu geben, **Rechtsfälle in einem regelhaften, praktischen Verfahren** gleichmäßig **zu lösen**. Da-

mit ihr Ergebnis zugleich vom Standpunkt des geltenden Rechts rational nachprüfbar ist, muss die Systematik des Verfahrens, seine Methode, aus dem Gesetz abgeleitet sein. Ziel ist, das Lehrbare lernbar zu machen und das Gelernte in der Fallbearbeitung umsetzen zu können.

IV. Anspruchsaufbau

Der gravierendste Mangel zivilrechtlicher Klausuren liegt in aller Regel beim sog. Anspruchsaufbau. Der Anspruchsaufbau kann auf die Elementarfrage „Wer will was von wem woraus?" zurückgeführt werden. Damit ist insbesondere für umfangreiche Klausuren ein zwingend notwendiges Ordnungssystem vorgezeichnet, als jedes Recht stets *einen* Berechtigten hat, der es allein oder mit anderen gemeinsam geltend machen kann, und *einen* Verpflichteten, der allein oder mit anderen zusammen, darauf haftet.

Gerade Klausuren mit mehreren Beteiligten müssen immer in *Zwei-Personen-Verhältnisse* gegliedert werden und was der eine im einen Verhältnis schuldet, dafür mag er im anderen Verhältnis zu einem Dritten Regress nehmen können. Selbst hier nicht weiter zu verfolgende Ausnahmen gemeinschaftlicher Berechtigung oder Verpflichtung haben bildlich gesprochen dennoch einen eindimensionalen Anspruch entsprechend der eben erwähnten Elementarfrage. Diese erinnert sodann auch daran, dass stets nur ein ganz konkretes Rechtsziel mit einem vollstreckungsfähigen Inhalt begehrt werden kann (z. B. die „Zahlung von 5000,- Euro"; „Rückübertragung des Eigentums am Auto" oder „Herausgabe des Pkw"). Außerdem zwingt sie dazu anzugeben, „woraus" die Rechtsfolge abgeleitet werden soll (z. B. als Kaufpreis nach § 433 Abs. 2; aus ungerechtfertigter Bereicherung nach § 812 Abs. 1 S. 1 1. Alt.; aus Eigentum nach §§ 985, 986).

Beim juristischen Denken muss dieser Elementarsatz wie eine Schablone über das Gelesene gelegt und mit bedacht werden. Wie schon früher angemerkt, verfolgen die meisten Lehrbücher nicht primär das Ziel einer Klausurvorbereitung, sondern ordnen ihren Inhalt nach der gesetzlichen Systematik, also nach rechtlichen Institutionen. Das ist aus praktischen Gründen im Interesse einer vollständigen Aufbereitung des Zivilrechts kaum anders möglich.

> Vgl. aber *Schellhammer*, Schuldrecht nach Anspruchsgrundlagen, 11. Aufl. 2021, *ders.* Sachenrecht nach Anspruchsgrundlagen, 6. Aufl. 2021, und insbesondere für Fortgeschrittene sehr empfehlenswert: *Medicus/Petersen*, Bürgerliches Recht – Eine nach Anspruchsgrundlagen geordnete Darstellung zur Examensvorbereitung, 28. Aufl. 2021. Das Schuld- und Sachenrecht des BGB und HGB anhand greifbarer Lebenstypen und daraus abgeleiteter Gefahrtragungs- und Risikoverteilungsregeln erläutert das Lehrbuch des Autors (*Mayer/Haarmeyer/Hillebrand/Kleinert*, Handbuch Wirtschaftsprüfungsexamen, 2. Aufl. 2020; nicht nur für WP-Kandidaten, sondern auch für's Jurastudium geschrieben).

Jedoch liegt gerade in dieser *unterschiedlichen Ordnung* von Gesetz und Lehrbüchern *einerseits* und dem in der **Fallbearbeitung** und damit in Klausuren *andererseits* geforderten „Anspruchsaufbau" die wesentliche Schwierigkeit und Hürde begründet.

Wer will was von wem woraus?

Für die erfolgreiche Klausur vergleichen wir nun zuerst den Aufbau des BGB, welchem das vertiefende Lernen aus praktischen Gründen immer wird folgen müssen, mit dem für die Fallbearbeitung in der Klausur zwingenden Anspruchsaufbau. Als Ergebnis werden wir feststellen, dass beide zueinander in einem spiegelverkehrten Verhältnis stehen.

43 Das BGB bestimmt Rechtsinstitute nach ihren Voraussetzungen (im Schuldrecht z. B. vertragliche und gesetzliche Schuldverhältnisse, aber auch die Irrtumsanfechtung, Verjährung etc.). Es geht bei den Schuldverhältnissen von *Lebenstypen* aus, überlegt die *Risikoverteilung* in verschiedenen Situationen, formuliert die Risikotragung als konkrete Pflichten und klärt, was gelten soll (als *Rechtsfolge*), wenn sich in einem Pflichtenverstoß ein Risiko realisiert. So behandelt das Schuldrecht zuerst vertragliche Schuldverhältnisse wie z. B. den Kauf mit je den primären Leistungsrechten, Forderungen, ab. Es überlegt, wer das Risiko einer Sachverschlechterung (Güte-Risiko) tragen soll, bestimmt dazu die Pflicht zu einer bestimmten Erfüllungsqualität und knüpft daran z. B. Gewährleistungsrechte oder Unmöglichkeitsfolgen. Ähnlich regelt es gesetzliche Schuldverhältnisse (z. B. der ungerechtfertigten Bereicherung oder der unerlaubten Handlung) und gibt Ausgleichsansprüche. Auch im Allgemeinen Teil greift das BGB Rechtsfiguren auf (z. B. Irrtümer, allgemeiner: Willensmängel) und knüpft daran Rechtsfolgen an (z. B. die Anfechtbarkeit und die Nichtigkeitsfolge der Anfechtung).

44 Reflektiert und abgebildet werden **in der Fallbearbeitung** dagegen (nur) die Rechtsfolgen. Von diesen ausgehend müssen die Institute und ihre Tatbestands*voraussetzungen* geprüft werden. Aufgabe des Klausurbearbeiters ist dabei, die jeweils richtigen Rechtsfolgen und ihre jeweilige Zusammensetzung aus einzelnen Bausteinen zu erkennen. Die Bausteine sind die Anspruchsgrundlage mit den in ihr bestimmten Tatbestandsmerkmalen. Die Tatbestände sind im Gesetz abstrakt (nämlich für eine Vielzahl von Fällen) formuliert und wir müssen in der Klausur die konkrete Tatbestands*verwirklichung* aus dem allgemeinen Spektrum filtern. Dieser Vorgang ist die Subsumtion, sie fasst das Konkrete unter das Allgemeine und will feststellen, inwieweit das möglich ist.

Die Falllösung ist, vereinfacht gesagt, umgekehrt aufgebaut wie das BGB. Sie stellt und beantwortet stets vom Ergebnis nacheinander folgende Fragen:

„*Welches ist das konkrete (wirtschaftlich passende) Recht?*" – Dann: „*Was braucht es dafür?*" Und: „*Gibt der Sachverhalt das her?*"

1. Aufbau des BGB und Bedeutung des Allgemeinen Teils

45 Das BGB ist in fünf Bücher gegliedert. Das erste Buch des BGB ist mit Allgemeiner Teil betitelt und enthält ausschließlich Regelungen, die für die anderen Bücher des BGB gelten sollen. Um dort nicht wiederholt vergleichbare Rechtssätze auszuführen, wurden bestimmte Materien in diesem Allgemeinen Teil gleichsam vor die Klammer gezogen. So wird vorab geregelt, welche Rechtssubjekte (§§ 1 ff.) und Rechtsobjekte (§§ 90 ff.) von Gesetzes wegen anerkannt sind und welche Wesensmerkmale diesen anhaften. Anschließend wird als rechtliche Handlungsform, welche auf die Bewirkung von Rechtsfolgen gerichtet ist, das Rechtsgeschäft bestimmt. Es handelt sich um eine rein technische Abstraktion, um z. B. Kündigungen und andere einseitige Gestaltungserklärungen, aber auch auf Konsens beruhende, also zwei- oder mehrseitige Verträge und ebenso alle Verfügungsgeschäfte („dingliche Einigung" z. B. in § 398 oder §§ 929 ff.) unter *einem Oberbegriff* zusammenfassen zu können.

46 Entsprechend schreitet auch die gesetzliche Ordnung voran und bestimmt, dass zwingender Bestandteil jedes Rechtsgeschäfts die Willenserklärung des handelnden Subjekts

ist. Dabei wird die Anerkennung solcher geschäftlicher Handlungsweisen für bestimmte Rechtssubjekte, nämlich natürliche Personen, in §§ 105 ff. altersabhängig eingeschränkt (Geschäftsfähigkeit). Außerdem werden akribisch die denkbaren Mängel im Zustandekommen und in der Äußerung des rechtserheblichen Willens hinsichtlich ihrer Auswirkungen behandelt. Manche Willenserklärungen sind danach nichtig, also einfach unwirksam, andere werden trotz solcher Mängel wirksam. Diesen wird regelmäßig derjenige Inhalt beigelegt, der äußerlich betrachtet naheliegend scheint (objektiver Empfängerhorizont) und das Rechtsgeschäft, insbesondere ein Vertrag, kann mit diesem Inhalt wirksam zustande kommen. Allerdings sehen die §§ 119 ff. für bestimmte Fälle sogleich wieder vor, dass die Wirksamkeit mit dem mangelhaften Inhalt nicht dauerhaft bestehen zu bleiben braucht, sondern in bestimmten Formen und Fristen von interessierter Seite wieder beseitigt werden kann.

Soweit eine Willenserklärung danach nicht bereits von vornherein unwirksam ist, erlangt sie nach §§ 130 ff. Wirksamkeit und damit Rechtserheblichkeit mit Zugang beim Empfänger. Da, wie gesehen, Rechtsgeschäfte nicht nur einseitige sind, deren Rechtsfolgen durch eine wirksam zugegangene Willenserklärung unmittelbar bewirkt werden, sondern – sogar meistens – zweiseitige sind, fügt das Gesetz nunmehr zwei besondere Willenserklärungen an. Es sind dies Angebot und Annahme (§§ 145 ff.). Ihr Inhalt ist auf das Zustandekommen eines Vertrages, also das Erzielen eines Konsenses gerichtet. Ein solcher Konsens ist zuerst ein ganz formaler, insbesondere zeitgebundener. Insofern spielen hierbei Fristen und Bedingungen eine Rolle.

47

Angebot und Annahme enthalten *daneben* aber auch einen *materiellen Inhalt* und sind so etwa ein Kaufangebot oder die Annahme eines Darlehnsangebots. Der Konsens ist also auch ein materiell-inhaltlicher. Diesbezüglich schweigt der Allgemeine Teil jedoch, denn diese inhaltlichen Typen sind den weiteren Büchern vorbehalten. Der Allgemeine Teil begnügt sich mit der Feststellung des zustande gekommenen Vertrages – und behandelt ihn als inhaltsleeren Konsens, was eigentlich ein Widerspruch in sich ist.

48

Schließlich eröffnen die §§ 164 ff. die Möglichkeit, als rechtsgeschäftlicher Vertreter Rechtsfolgen unmittelbar für einen anderen zu bewirken, indem die Willenserklärung im Namen des Vertretenen abgegeben wird. Mit den §§ 195 ff. endet der Allgemeine Teil schließlich mit Verjährungsvorschriften für alle Ansprüche. Spätestens damit verliert der Allgemeine Teil, aber genauso auch der erst in den weiteren Büchern des BGB relevante Begriff des Anspruchs, jede Kontur. Die Verjährung betrifft die prozessuale Durchsetzbarkeit des materiellen Rechts, wird aber von diesen Vorschriften zu einer materiellrechtlichen Kategorie gemacht. Strenggenommen ist ein verjährter Anspruch kein materielles Recht, keine Forderung, und damit aber auch kein Anspruch mehr, weil es gerade das Wesen des Anspruchs ist, von einem anderen etwas fordern zu können, also ein materielles Recht zu sein (so die Legaldefinition in § 195). Er wird vom BGB aber trotzdem so behandelt.

49

Wir werden nun erst einmal mit diesen Begriffen des Allgemeinen Teils weiterarbeiten, als diese insbesondere für Anfängerklausuren zumeist der hauptsächliche Prüfungsgegenstand sind. Die weiteren Bücher des BGB seien deshalb im Folgenden nur kurz skizziert.

50

Das zweite Buch des BGB enthält Bestimmungen über das Recht der Schuldverhältnisse. Kraft eines Schuldverhältnisses bestehen Forderungsrechte (§ 241 Abs. 1) als eine Kategorie von Ansprüchen. Das Schuldrecht ist wiederum in einen Allgemeinen Teil und einen Besonderen Teil untergliedert. Ersterer enthält Regelungen, die grundsätzlich

51

für alle Schuldverhältnisse Anwendung finden, z. B. Leistungsstörungen in §§ 280 ff., den Rücktritt vom Vertrag in § 346, die Erfüllung in §§ 362 ff. und die Aufrechnung in §§ 387 ff. Im Besonderen Teil des Schuldrechts werden schließlich die *vertraglichen* Schuldverhältnisse von den *gesetzlichen* unterschieden. Durch Vertragschluss kommen etwa Kauf, Miete, Pacht, Darlehen, Dienst- und Werkverhältnis sowie der Maklervertrag und die Geschäftsbesorgung zustande. Gesetzliche Schuldverhältnisse sind im Schuldrecht die Geschäftsführung ohne Auftrag, die ungerechtfertigte Bereicherung und die unerlaubten Handlungen.

52 Das dritte Buch des BGB enthält das Sachenrecht, insbesondere Besitz und Eigentum und beschränkte dingliche Rechte. Auf das vierte Buch, Familienrecht, und das fünfte Buch des BGB, Erbrecht, wird hier nicht eingegangen.

2. Verweisungstechnik: Die Allgemeinen Teile

53 Der Allgemeine Teil des BGB („AT") regelt also ganz zentral *die Rechtsgeschäfte*. Dabei definiert das Gesetz den Begriff des Rechtsgeschäfts gar nicht, sondern verwendet ihn lediglich vor § 104 als Überschrift des Abschnitts. Für die klausurmäßige Bedeutung des Rechtsgeschäfts müssen wir uns zwei Vorschriften aus dem – wiederum Allgemeinen Teil – des Schuldrechts, dem zweiten Buch des BGB, bewusst machen:

§ 311 Abs. 1: „Zur Begründung eines Schuldverhältnisses durch Rechtsgeschäft (…) ist ein Vertrag zwischen den Beteiligten erforderlich (…)".

54 Jetzt erinnern wir uns, dass auch der Begriff *Vertrag* zwar nirgends definiert ist, jedoch in der Unterüberschrift des Abschnitts zu den Rechtsgeschäften, nämlich vor § 145 verwendet wird. Aus den §§ 145 ff. ergibt sich, dass der Vertrag ein zweiseitiges Rechtsgeschäft ist, das durch Angebot und Annahme, also durch zwei übereinstimmende Willenserklärungen, geschlossen wird. Mithin geht es beim **Vertrag** um eine **Ab**schluss*technik*. § 311 Abs. 1 greift dies dann auf und besagt, dass *durch Vertrag* (deutlicher: durch Vertragschluss) ein Schuldverhältnis begründet werden kann. Wo das BGB „Vertrag" sagt, meint es den Vertragschluss; Wo es von Kaufvertrag, Mietvertrag etc. spricht, hingegen das Schuldverhältnis Kauf, Miete.

55 Hier lauert bereits eine **Gefahr: Vertragschluss und Schuldverhältnis gleich zu setzen**. Das wäre ein grundlegendes Missverständnis. Vielmehr kann ein Schuldverhältnis *zum Beispiel* durch Vertrag begründet werden (gesetzliche Schuldverhältnisse entstehen demgegenüber aus der Erfüllung des gesetzlichen Tatbestandes). Und umgekehrt schafft nicht jeder Vertrag ein Schuldverhältnis. Der „dingliche Vertrag" (z. B. die Einigung in § 929 S. 1 oder in § 873 Abs. 1, aber ebenso der Vertrag in § 398) ist ein Verfügungsgeschäft, kein Schuldverhältnis (synonym: Verpflichtungsgeschäft). Das „Rechtsgeschäft" ist eben nur eine inhaltsleere Abschlusstechnik; erst der individuell beigelegte Inhalt lässt auf dieser rechtsgeschäftlichen Basis zum Beispiel ein Verpflichtungs- oder Verfügungsgeschäft (oder auch anderes) zustande kommen.

§ 241 Abs. 1: Kraft des Schuldverhältnisses ist der Gläubiger berechtigt, von dem Schuldner eine Leistung zu fordern. Die Leistung kann auch in einem Unterlassen bestehen.

56 Das Schuldverhältnis umfasst die Forderungsrechte. Das sind subjektive Rechte und als solche eine Art von Ansprüchen (schuldrechtliche Ansprüche). Auch hier dürfen wir nicht Schuldverhältnis und Anspruch in eins setzen. Das Schuldverhältnis ist um-

fassender und enthält neben den subjektiven Rechten auch objektives Recht (objektiver Pflichtenbegriff). Das objektive Recht kann zwar nicht unmittelbar eingefordert, aber gleichwohl doch verletzt werden und begründet dann ebenfalls wieder subjektive Rechte, Ansprüche, etwa auf Schadensersatz.

Konkretisieren können wir das z. B. durch § 433:

(1) Durch den Kaufvertrag wird der Verkäufer einer Sache verpflichtet, dem Käufer die Sache zu übergeben und das Eigentum an der Sache zu verschaffen. Der Verkäufer hat dem Käufer die Sache frei von Sach- und Rechtsmängeln zu verschaffen.

(2) Der Käufer ist verpflichtet, dem Verkäufer den vereinbarten Kaufpreis zu zahlen und die gekaufte Sache abzunehmen.

Die Formulierung ist unsauber, als der eine durch Kaufvertrag verpflichtet „wird", der andere dagegen (und richtiger) verpflichtet „ist" – beides meint identisches. Die Verwendung des Wortes „Kaufvertrag" dürfte im Übrigen Auslöser der weit verbreiteten Aufbaufehler in Klausuren sein. Gemeint ist, dass durch *den Kauf* Verkäufer und Käufer verpflichtet sind. Der Kauf ist ein Schuldverhältnis und zwar ein rechtsgeschäftliches, also vertragliches (vgl. § 311 Abs. 1). Der Ausdruck Kaufvertrag ist nur ein Synonym für das kaufrechtliche Schuldverhältnis. Aber hier und jetzt ist die letzte, entscheidende Präzision für den Anspruchsaufbau, für den Transfer in der Klausur vonnöten! 57

Du betrachtest daher nicht „das Schuldverhältnis", sondern den konkreten Kauf einer individualisierten Sache (Stückkauf) oder jedenfalls gattungsmäßig bezeichneten Sache (Gattungskauf) zum konkret vereinbarten Preis zwischen einem bestimmten Verkäufer und Käufer.. Gegenstand einer Fallbearbeitung kann niemals ein Kauf an sich sein, sondern nur ein solcher mit ganz bestimmtem Inhalt. Jetzt schließt sich der Anspruchsaufbau zum ersten Mal. Klausurmäßig wäre das folgendermaßen darzustellen (als fiktives Beispiel im Juwelierladen): 58

▶ Anspruch des V gegen K auf Zahlung von 5.000,-- Euro als Kaufpreis nach § 433 Abs. 2
Der Verkäufer V könnte gegen den Käufer K eine Forderung auf 5.000,-- Euro aus dem Kauf der Uhr Marke ... Modell ... haben. Dazu müsste dieser(!) Kauf wirksam zustande gekommen sein. Nach § 311 Abs. 1 wird ein vertragliches Schuldverhältnis durch Vertrag begründet. Dies setzt nach §§ 145 ff. zwei übereinstimmende Willenserklärungen des Inhalts dieses Kaufes voraus. Zwar könnte V ein Angebot dieses Inhalts abgegeben haben, als er die Uhr mit entsprechender Preisauszeichnung im Schaufenster platzierte. Allerdings richtete er sich damit nicht an eine konkrete Person, sondern an die Allgemeinheit und es ist weder zahlenmäßig noch nach der geforderten Bonität anzunehmen, dass er sich gegenüber jedermann und allen rechtlich binden wollte (invitatio ad offerendum, Aufforderung zur Abgabe eines Angebots – arg.: fehlender Rechtsbindungswille). Allerdings könnte K, nachdem er die Uhr anprobiert hatte, seinerseits ein Angebot zum Erwerb abgegeben haben. Zwar nickte er dem V nur zu. Dies war von V nach den Umständen jedoch dahin zu verstehen, dass K die Uhr kaufen wolle. Damit hat K ein Angebot abgegeben, das von V wahrgenommen und damit wirksam geworden ist.
V müsste dieses Angebot angenommen haben. Dazu müsste er seine Zustimmung zum Kauf durch K gegeben haben. Indem er den Preis in sein Kassensystem eintippte, brachte er zum Ausdruck, ein entsprechendes Schuldverhältnis begründen zu wollen. Im Ergebnis kann V deshalb von K Zahlung von 5.000,-- Euro als Kaufpreis verlangen. – (**Anm.:** Der Kaufvertrag kommt zustande, sobald beide sich über die essentialia negotii des Kaufs, also den Kaufgegenstand, die Beteiligten und den Preis, einig sind. Dass der Preis noch nicht gezahlt wurde, ist für den schuldrechtlichen Vertragsschluss irrelevant. Die Zahlung des Kaufpreises würde vielmehr bereits die eine Erfüllungshandlung darstellen. Das gilt ganz genauso beim Eigentumsvorbehaltskauf, § 449 Abs. 1!) ◀

59 Zu diesem Musterfall nun einige Bemerkungen: Mit dieser Formulierung wird der Anspruchsaufbau im Gutachtenstil präsentiert. Auf sprachliche Details soll hier noch nicht weiter eingegangen werden. Die Formulierung solltest Du Dir merken, sie vielleicht sogar auswendig lernen, um sie bei vielen Gelegenheiten nachahmen zu können. Besonderes Augenmerk gilt den verwendeten Begründungen.

60 Wenig glücklich wäre folgende Formulierung:
▶ V könnte das Angebot des K angenommen haben, [*indem er den Preis in seine Kasse eintippte*]. Dann müsste er damit zum Ausdruck gebracht haben, zu diesem Preis an K verkaufen zu wollen. Dies ist der Fall, da K das Bedienen der Kasse nicht anders verstehen konnte. ◀

61 Damit hättest Du Dich ohne Not um das im Einbuchen des Preises liegende Argument für die Subsumtion gebracht, weil es bereits in die Fragestellung einbezogen wurde. Das verleitet am Schluss (in der Subsumtion) dazu zu schreiben: „das ist offensichtlich/eindeutig/zweifelsfrei der Fall". Solche apodiktischen Aussagen können jedoch kein Argument ersetzen und werden in der Korrektur als Ausdrucksfehler oder gar als unsaubere Subsumtion angestrichen. Das sind im Hinblick auf die Note verschenkte „Fußgängerpunkte".

Im Sachverhalt liegt die Begründung, nicht die geforderte Voraussetzung. Bitte mache Dir das an diesem Beispiel ein- für allemal klar. Das meint Subsumtion. Wir werden darauf zurückkommen.

Gerade solche Satzstrukturen und Begründungslinien sollten jedenfalls zu Anfang des Studiums der hauptsächliche, wenn nicht sogar der einzige Gegenstand der Betrachtung von „Musterlösungen" in Fallübungsbüchern sein. Lerne die Herangehensweise, Struktur und Formulierungen der Lösungen. Stelle die fachlichen Details hinten an, auch wenn natürlich sie es sind, die später die Meisterschaft bringen. Aber wer gar nicht Auto fahren kann, dem bringt der technisch vollendete Sportwagen kein Fahrvergnügen.

62 Sodann ist dem aufmerksamen Leser sicher nicht entgangen, dass der Beispielsfall im Zusammenhang mit dem Angebot zwei weitere Tatbestandselemente erwähnt. Es sind dies der *Wille, sich rechtlich zu binden*, welcher das Angebot von der invitatio ad offerendum abgrenzt und der bereits früher erwähnte *Zugang* als Wirksamkeitsvoraussetzung jeder Willenserklärung. Machen wir uns an dieser Stelle zuerst klar, dass beide Voraussetzungen die Willenserklärung betreffen – aber auf unterschiedlichen Ebenen.

63 Die Willenserklärung ist die vom Gesetz angenommene Handlungsweise zur Erzielung einer vom Handelnden beabsichtigten Rechtsfolge durch Rechtsgeschäft. Der Wille zur rechtlichen Bindung ist deshalb innere Voraussetzung dafür, dass überhaupt eine Willenserklärung vorliegt. Später werden wir noch sehen, dass der fahrlässig gesetzte Anschein rechtlichen Bindungswillens ebenfalls genügen mag. Jedenfalls geht es aber um die Voraussetzungen, unter denen eine Willenserklärung erst *vorliegt*. Das Zugangserfordernis setzt dagegen eine bereits vorliegende, tatbestandlich vollständige Willenserklärung voraus. Es besteht im Hinblick darauf, dass die mit der Willenserklärung beabsichtigte Rechtsfolge eintreten kann, die Willenserklärung also *wirksam wird*. Der Zugang ist nicht Voraussetzung der Willenserklärung, sondern des Rechtsgeschäfts.

64 Dies führt uns zu der wichtigen Erkenntnis vom Bestehen **logischer Hierarchien im Recht**.

V. Aufbauschemata

Wir haben inzwischen folgendes gestuftes Aufbauschema kennengelernt: Forderungsrechte als primäre vertragliche Ansprüche (z. B. nach § 433) entstehen kraft eines Schuldverhältnisses (§ 241 Abs. 1), das als rechtsgeschäftliches Schuldverhältnis durch Vertragsschluss zustande kommt (§ 311 Abs. 1). Der Vertrag wird durch Angebot und übereinstimmende Annahme geschlossen (§§ 145 ff.). Es muss sich jeweils tatbestandlich um eine Willenserklärung handeln und sie muss zugehen. Der Tatbestand einer Willenserklärung untergliedert sich wiederum in einen äußeren Erklärungsakt (mündliche, schriftliche oder konkludente Aussage, z. B. Kopf nicken) und ein subjektives Bewusstsein von dieser Erklärung, ihrer Bedeutung und ihrem Inhalt. Die Willenserklärung besteht also aus einer äußeren Erklärung und dem geäußerten inneren Willen.

Schema zum Vertragsschluss (Abschlusstechnik)

I. Angebot, § 145
 1. Angebot = empfangsbedürftige Willenserklärung
    a) objektiver und
    b) subjektiver Tatbestand der Willenserklärung
       – entscheidend: Rechtsbindungswille
 2. Wirksamkeit
    a) Abgabe
       – unter Anwesenden:
         mit der mündlichen Erklärung bzw. Übergabe der schriftlichen Erklärung
       – unter Abwesenden:
         Willentliches Inverkehrbringen, so dass Zugang ohne Weiteres Zutun eintreten kann
    b) Zugang, § 130
       – unter Anwesenden:
         eingeschränkte Vernehmungstheorie
       – unter Abwesenden:
         Erklärung muss in den Machtbereich des Empfängers gelangen, damit Möglichkeit der Kenntnisnahme besteht (relevanter Zeitpunkt: wann mit Kenntnisnahme zu rechnen ist)

II. Annahme
 1. Annahme = empfangsbedürftige Willenserklärung
    – a) und b) s.o. (wie beim Angebot)
    – Bei Abweichen vom Angebot: § 150 II

2. Wirksamkeit
      - a) und b) s.o. (wie beim Angebot)
      - Ausnahmen: §§ 151, 152
   3. Annahmefrist
      - Bei Fristbestimmung nur innerhalb dieser Frist, § 148
      - Ohne Fristbestimmung:
         - unter Anwesenden: § 147 I
         - unter Abwesenden: § 147 II
      - Verspätete Annahme = neuer Antrag, § 150 I

67 Jede Rechtsfolge ist an Voraussetzungen (Tatbestandselemente) geknüpft. Ein Tatbestandselement kann wiederum seinerseits eine Rechtsfolge sein, die von weiteren Voraussetzungen abhängig ist. Dadurch entsteht eine **gegliederte Struktur** mit **mehreren Ebenen**. Ein leicht zu verstehendes Beispiel sind vertragliche Sekundäransprüche bei Leistungsstörungen (z. B. auf Schadensersatz, § 280 Abs. 1). Der Anspruch setzt als erstes Tatbestandselement ein wirksam zustande gekommenes Schuldverhältnis voraus, als zweites eine Pflichtverletzung betreffend dieses Schuldverhältnisses und drittens ein Vertretenmüssen dieser Pflichtverletzung. Jede der drei Voraussetzungen ist ihrerseits eine Rechtsfolge verschiedener anderer Tatbestandsmerkmale.

68 Exemplarisch ergibt sich für den Anspruchsaufbau folgende – vielfach zu variierende – logische Gliederung, die so dargestellt werden kann, dass ihre Ebenen optisch eingerückt sind und gleiche Ebenen auf selber vertikaler Stufe stehen. Das gewählte Nummerierungssystem unterstützt die Optik:

69 Anspruchsgrundlage nach §§...
   I. 1. a)
          b)
          c)
       2.
       3.
   II.
   III.

70 Die Zahl der Ebenen wie die Zahl der auf jeweils gleicher Ebene vorausgesetzten Tatbestandselemente hängen von der jeweils auf der nächsthöheren Ebene geltend gemachten Rechtsfolge ab. Je nach Anspruch ist das Gliederungsschema unterschiedlich tief und unterschiedlich breit. Für die konkrete einzelne Rechtsfolge ist das Schema jedoch immer identisch, die Voraussetzungen (Tatbestandselemente) sind insoweit dieselben.

71 Es handelt sich stets um lineare Zusammenhänge. Die Tatbestandselemente „bestehen" nur im Hinblick auf die direkt übergeordnete Rechtsfolge. Zwar können mehrere solcher Elemente auf gleicher Ebene vorausgesetzt werden, das heißt eine bestimmte Rechtsfolge kann mehrere kumulative Voraussetzungen haben. Dennoch bestehen diese Voraussetzungen **nur im Hinblick auf die Rechtsfolge** und hängen in keiner Weise gegenseitig voneinander ab.

Chemische Stoffe bilden mehrdimensionale Molekularstrukturen, woraus neue Stoffe mit anderen Eigenschaften entstehen. Auch physikalische Kräfte wirken gegenseitig aufeinander ein, woraus etwa Energie entsteht. Zivilrechtliche Tatbestandselemente stehen dagegen nur in einem Bezug zur nächsthöheren Ebene, von welcher sie vorausgesetzt werden. *Die Rechtsfolge hat keine neue Eigenschaft, sondern nur die in ihren Elementen bedungene.*

Dieser lineare Bedingungszusammenhang muss in der Fallbearbeitung nicht nur zum Ausdruck kommen, sondern ist das zwingende Gerüst Deiner Fallbearbeitung in der Anspruchsklausur.

72

Sprachlich ausgedrückt wird die Voraussetzung, Bedingung (lat. conditio) durch Konditionalsätze. Diese haben einen sog. Obersatz (die Konsequenz – z. B. „Es könnte eine Eigentumsverletzung vorliegen") und einen Untersatz („Das wäre der Fall, wenn…", „Dafür müsste…").

Für den Konditionalsatz stehen nach deutscher Grammatik der „Realis" im Modus des Indikativs („A hat einen Anspruch, wenn die Voraussetzungen dafür erfüllt *sind*.") und der „Potentialis" im Konjunktiv II („*A hätte einen Anspruch, wenn die Voraussetzungen dafür erfüllt wären.*") zur Verfügung. Der Realis gibt an, dass die Aussage überwiegend wahrscheinlich ist, der Potentialis, dass sie möglicherweise zutreffend ist. Die Neutralität des Gutachtens verbietet eine Festlegung auf eine Wahrscheinlichkeit und zwingt deshalb zum Potentialis.

Allerdings kann (und sollte insbesondere im Untersatz) der übermäßige Gebrauch des Konjunktivs dadurch vermieden werden, dass die Möglichkeitsform auch auf andere sprachliche Weise ausgedrückt wird. Varianten sind: „A *könnte* wirksam zurückgetreten sein / wirksam angefochten haben. *Fraglich ist aber*, ob ein Rücktritts- / Anfechtungsrecht *bestand*". Oder: „… *Möglicherweise bestand* nämlich ein…".

Der **Gutachtenstil** ist einfach **nur ein sprachlicher Ausdruck dieser Linearstruktur zwischen zwei Ebenen.** Es ist Charakteristikum des Gutachtens, dass es nach der Lösung erst sucht / fragt. Es beginnt deshalb immer mit einer Hypothese als Möglichkeit („V könnte einen Kaufpreisanspruch i.H.v. 500,-- Euro gegen K haben, § 433 Abs. 2."). Dieser Hypothese folgen so viele Konditionalsätze (Obersätze), wie Tatbestandselemente für diese Rechtsfolge vorausgesetzt sind („Dazu müsste zwischen V und K ein Kauf vorliegen."). Diese drücken den Bedingungszusammenhang der beiden ersten Ebenen aus. Da der Kauf als Schuldverhältnis wiederum seinerseits Voraussetzungen stellt, muss ein weiterer Bedingungszusammenhang zwischen der zweiten und einer dritten Ebene dargestellt werden. Dies geschieht in identischer Weise („Der Kauf als vertragliches Schuldverhältnis kommt durch Vertragsschluss zustande, § 311 Abs. 1. Dafür *müssten* ein wirksames Angebot und eine wirksame Annahme vorliegen."). Da Angebot und Annahme nochmals tatbestandliche Voraussetzungen haben (Handlungswille, Erklärungsbewusstsein und Geschäftswille), ist in gleicher Weise eine konditionale Verknüpfung der dritten zu einer vierten Ebene darzustellen.

73

Anschließend beantwortet die Subsumtion auf jeder Ebene, ob die allgemein gestellten Bedingungen im konkreten Sachverhalt erfüllt sind. Dies erfolgt zwingend logisch in umgekehrter Reihenfolge, also rückwärts, von unten nach oben. Die jeweils untere Ebene wird durch die Feststellung hinreichender Tatsachen, welche die gestellten Voraussetzungen erfüllen, in der direkt darüber liegenden Ebene mit dem Zwischenergeb-

74

nis, dass die einzelne Rechtsfolge eintritt, abgeschlossen. So werden nun alle Ebenen von unten nach oben jeweils in die nächsthöhere hinein abgeschlossen, bis die Ausgangsfrage als Gesamtergebnis beantwortet ist.

Ein erstes Formulierungsbeispiel findest Du zum Kaufpreisanspruch bereits weiter oben (Rn. 58). Bitte arbeite dies im Hinblick hierauf nochmals durch.

75 Soweit auf einer Ebene ein Tatbestandselement im konkret zur Entscheidung gestellten Klausursachverhalt nicht gegeben ist, endet die Subsumtion an dieser Stelle mit dem Gesamtergebnis, das – ggf. auch ebenenübergreifend – die in der einleitenden Hypothese aufgeworfene Frage verneint. Fehlt ein Element, gleich an welcher Stelle, „reißt" die lineare Struktur endgültig ab.

Nicht der Konjunktiv ist für die Fallbearbeitung und den Gutachtenstil entscheidend, sondern die konditionale Struktur, die sich im Lösungsaufbau wiederfinden muss. Dazu gehört auch, wie wir später noch sehen werden, dass Tatbestandsvoraussetzungen nicht nur benannt, sondern definiert werden. Erst dann sind sie fassbar und der Sachverhalt kann im nächsten Schritt unter sie gefasst (dt. für „subsumiert") werden.

Schlechte Arbeiten wimmeln vor Konjunktiven und „fraglich ist" – bloß an den falschen Stellen und ohne dann wirklich eine rechtliche Prüfung der aufgeworfenen Frage anzuschließen.

1. Struktur durch Prüfungsschemata

76 Die lineare Struktur der konditionalen Rechtssätze („wenn ... – dann ...") ermöglichte dem Gesetzgeber des BGB, mit Rechtsbegriffen statt mit konkreten Sachverhalten zu arbeiten. Dadurch konnten bestimmte und immer wiederkehrende „allgemeine Teile" im ersten Buch des BGB (Allgemeiner Teil) und ebenso anschließend ein spezifisch schuldrechtlicher allgemeiner Teil im zweiten Buch des BGB (Schuldrecht AT) vorweggestellt werden. Die derart vor die Klammer gezogenen Rechtssätze stehen für Bezugnahmen in den anschließenden Vorschriften bereit. Wir haben diese Verweisungstechnik bereits kennengelernt: Der Kauf (§ 433 – Schuldrecht BT) ist ein besonderer Typ eines rechtsgeschäftlichen Schuldverhältnisses und kommt, wie allgemein rechtsgeschäftliche Schuldverhältnisse, durch Vertragsschluss zustande (§ 311 Abs. 1 – Schuldrecht AT). Und noch allgemeiner, nämlich wie alle Schuldverhältnisse, gleich ob rechtsgeschäftliche oder gesetzliche, enthält er Forderungsrechte und sonstige Pflichten (§ 241 – Schuldrecht AT). Ganz allgemein wird schließlich für den Vertragsschluss auf Angebot und Annahme (§§ 145 ff.) und damit auf die Vorschriften über die Willenserklärungen im Allgemeinen Teil (§§ 104 ff.) Bezug genommen und verwiesen.

77 Bedeutung hat das insbesondere für Rechtsgeschäfte. Das Rechtsgeschäft haben wir bislang kennengelernt als eine Art, wie Schuldverhältnisse zustandekommen, nämlich durch Vertragsschluss. Rechtsgeschäft bedeutet jedoch in der Sprache des Allgemeinen Teils nichts anderes, als dass Rechtsfolgen vom erklärten Willen des oder der Handelnden abhängen. Ist der Wille auf die Begründung eines Schuldverhältnisses gerichtet, bedarf es zweier übereinstimmender Willenserklärungen, nämlich des Vertragsschlusses. Das ist vielleicht einer der häufigsten Anwendungsfälle des Rechtsgeschäfts, keinesfalls aber der einzige, denke z.B. an einseitige Rechtsgeschäfte wie Anfechtung, Kündigung oder Widerruf.

Ein Rechtsgeschäft, also der vom erklärten Willen abhängige Eintritt einer Rechtsfolge, kann auch auf die Übertragung z. B. dinglicher Rechte wie das Eigentum gerichtet sein. Die Übereignung einer beweglichen Sache nach § 929 S. 1, ebenso die Übertragung des Eigentums an Grundstücken nach §§ 873 Abs. 1, 925 Abs. 1, aber auch die Abtretung von Forderungsrechten nach § 398 u.v.m. sind jeweils eine Rechtsfolge, welche durch Rechtsgeschäft – konkret: durch ein Verfügungsgeschäft – eintritt (wobei jeweils noch unterschiedliche weitere Voraussetzungen hinzutreten). Das Rechtsgeschäft wird in diesem Zusammenhang (dingliche) „Einigung" genannt, ist der Sache nach aber nichts anderes als ein Vertragsschluss durch zwei übereinstimmende Willenserklärungen. Wo das BGB davon spricht, dass Beteiligte sich einig sein müssen, verweist es auf die §§ 145 ff. und dadurch wiederum auf die §§ 104 ff. bezüglich Willenserklärungen.

78

Einseitige Rechtsgeschäfte kennt das BGB ebenfalls. Wo eine Rechtsfolge durch Willenserklärung(en) hervorgerufen werden kann, handelt es sich um ein Rechtsgeschäft. Ein einseitiges Rechtsgeschäft liegt vor, wenn die Rechtsfolge bereits durch die Willenserklärung nur eines Einzelnen eintreten kann. Beispiele hierfür sind die rechtsgeschäftliche Bevollmächtigung eines anderen (§§ 164 ff., vgl. insbesondere die Definition der Vollmacht in § 166 Abs. 2 S. 1), die Erklärung der Kündigung eines rechtlichen Verhältnisses (etwa eines Miet- oder Arbeitsverhältnisses), ebenso die Anfechtungserklärung (§§ 143, 142 Abs. 1) oder die Erklärung eines Rücktritts (§§ 349, 346 Abs. 1) und des Widerrufs bei Verbraucherverträgen (§ 355 Abs. 1 S. 2). Die Rechtsfolgen treten durch eine darauf gerichtete empfangsbedürftige Willenserklärung i.S.d. §§ 104 ff., 145 ein. Die einseitigen Gestaltungsrechte (Kündigung, Rücktritt, Anfechtung oder Widerruf) haben daneben noch weitere Voraussetzungen, insbesondere muss neben der Erklärung auch ein Anfechtungs-, Rücktritts- oder Kündigungs*grund* vorliegen bzw. der Widerruf z. B. nach §§ 312 g, 485, 495, 510 oder 512 gesetzlich zugelassen sein.

79

Juristisch denken! Es geht hier nicht um das Erlernen materiellrechtlicher Inhalte, sondern um das **Erkennen** derjenigen *Struktur*, welche die Fallbearbeitung in der Klausur vorgibt. Einige grundlegende (anfangs am besten auswendig zu lernende) Aufbauschemata erleichtern Dir die Arbeit sehr.

Was als „Rechtsgeschäftslehre" mühevolle und für eine anwendungsorientierte Denkweise ungewohnte Arbeit verspricht, ist die Grundlage fast jeder Fallbearbeitung. Du musst Dir deshalb zumindest die Struktur rechtsgeschäftlicher Herbeiführung von Rechtsfolgen präzise klarmachen. Dazu gehören eben nicht nur Verträge, sondern auch einseitige Rechtsgeschäfte und Verfügungsgeschäfte. Sie alle haben weitgehend identische Voraussetzungen (und „Klausurprobleme"), aber eben auch entscheidende Unterschiede.

▶ **Beispiel:**

80

Das **Trennungs- und Abstraktionsprinzip** zwischen Verpflichtungs- und Verfügungsgeschäft wird nur verstehbar und anwendbar, wenn es am Tatbestand der Willenserklärung festgemacht wird. So werden wir gleich sehen, dass die auf ein **Verpflichtungsgeschäft** gerichtete Willenserklärung (z. B. Kaufangebot und -annahme) **eine zusätzliche Voraussetzung** hat: nämlich die **Inhaltsbestimmung** nach den essentialia negotii des jeweiligen Vertragsverhältnisses. § 433 verweist – gedanklich – auf § 311 Abs. 1 und diese Vorschrift wiederum auf § 241 Abs. 1. Dieser Inhalt ist innerer Rechtsgrund der Willenserklärung und führt bei Willensmängeln zur deren Anfechtbarkeit. **Beim Verfügungsgeschäft dagegen** fehlt dieser Inhalt. Das Verfügungsgeschäft ist vom Rechtsgrund „abstrakt" gültig (§§ 398, 929 S. 1 und 873 Abs. 1 verweisen nur auf §§ 145 ff). Es ist nicht – wie das Verpflichtungsgeschäft – auf Begründung einer Leistungspflicht gerichtet, sondern darauf, ein Recht unmittelbar zu übertragen, zu belasten, zu ändern oder aufzuheben: Der *dingliche Vertrag* ist kein Schuldverhältnis. Hier liegt der **Rechtsgrund außerhalb der Willenserklärungen und des Rechtsgeschäfts** mit der Folge, dass bei Mängeln im Rechtsgrund nicht die Anfechtung wegen eines Willensmangels (mit Nichtigkeitsfolge) greift, sondern Bereicherungsrecht gilt. – Durchdenke das bitte nochmals ganz genau: Was ist Rechtsgrund beim Verpflichtungs-, was beim Verfügungsgeschäft, und wie hängen deshalb auch Anfechtung etwa eines Kaufs (= Schuldverhältnis) und bereicherungsrechtliche Rückabwicklung des Leistungsaustausches (= ebenfalls Schuldverhältnis) zusammen?[3] ◄

„Rechtsgeschäft", egal ob einseitiges oder zweiseitiges, Verpflichtungs- oder Verfügungsgeschäft, sagt also nur etwas über **die Abschlusstechnik durch Willenserklärung(en)** aus. Welche **Voraussetzungen** eine Willenserklärung (zusätzlich zum Grundtatbestand) hat, bestimmt sich **erst aus der** – rechtsgeschäftlich zu erreichenden – **Rechtsfolge**. Ist sie ein vertragliches Schuldverhältnis, muss der Inhalt der Willenserklärungen die Bestimmung der wesentlichen Bestandteile dieses Verpflichtungsgeschäftes ermöglichen (Inhaltsbestimmung der essentialia negotii als Tatbestandsvoraussetzung).

2. Entstehung eines Anspruchs

81 Die *Rechtsanwendung* vollzieht sich, wie gesehen, zumeist durch die Frage, ob eine Person von einer anderen *etwas Bestimmtes* verlangen könne, oder allgemeiner gefragt, *was genau* sie verlangen könne. Es geht also um die Feststellung eines bestimmten Anspruchs bzw. die Feststellung, welche Ansprüche nach Grund und Höhe bestehen.

82 Wir hatten das in den vorangegangenen Beispielen ebenso behandelt, als dort die Frage nach einem konkreten Kaufpreis leitend war. Diese Eingangsfrage hatten wir aber bereits auch in allgemeinerer Form für das gesamte Schuldrecht kennengelernt: § 241 Abs. 1 beschreibt das Fordern-Können einer Leistung als charakteristischen Inhalt jedes Schuldverhältnisses. § 194 Abs. 1 definiert als Anspruch das Recht, ein Tun oder Unterlassen zu verlangen. Das Forderungsrecht ist folglich eine Art von Anspruch.

83 Wir haben uns bislang mit dem Zusammenhang von Schuldverhältnis und Vertrags**schluss** beschäftigt und festgestellt, dass der Vertragsschluss lediglich das technische Hilfsmittel (Abschlusstechnik) u.a. zur Begründung vertraglicher Schuldverhältnisse ist. Die parallelen *gesetzlichen* Schuldverhältnisse werden dagegen durch Erfüllung der jeweiligen gesetzlichen Tatbestände, z. B. in § 677 (Geschäftsführung ohne Auftrag), § 812 (die verschiedenen Tatbestände ungerechtfertigter Bereicherungen) oder §§ 823 ff. (unerlaubte Handlungen), begründet. Wir beschränken uns zuerst weiterhin auf vertragliche Schuldverhältnisse.

84 Ergebnis unseres Überblicks ist, dass die juristische Fallbearbeitung vom Schuldverhältnis ausgehen muss, niemals vom Vertragsschluss. Das Schuldverhältnis ist der Anspruchsgrund, nicht „der Vertrag" (allerdings kann z. B. „Kaufvertrag", „Dienstvertrag", „Mietvertrag" synonym für den Kauf, das Dienstverhältnis oder die Miete etc. als Schuldverhältnisse gesetzt werden). In der Arbeitshypothese, die für die gutachtliche Niederschrift voranzustellen ist, konkretisiert sich das Schuldverhältnis sodann zumeist auf eine Norm als *Anspruchsgrundlage* (z. B. § 433 Abs. 1 für den Anspruch *aus*

---

[3] Beim Kauf und den darauf gerichteten Willenserklärungen ist der Rechtsgrund immanent, sonst ist es unwirksam; das gesetzliche Schuldverhältnis der Leistungskondiktion knüpft gerade an das Fehlen des Rechtsgrundes als Tatbestandsmerkmal an.

Kauf auf Übergabe und Übereignung einer Kaufsache). Dieser Anspruch ist Teil und Inhalt des Schuldverhältnisses und wir finden die Anspruchsgrundlagen, indem wir den Sachverhalt nach Schuldverhältnissen systematisieren. Diese Herangehensweise gilt nicht nur für die vertraglichen Schuldverhältnisse, sondern für alle zivilrechtlichen Ansprüche. Wir bleiben dennoch vorerst bei vertraglichen Schuldverhältnissen und exemplifizieren die Systematik für den Kauf.

a) Vertragliche Primäransprüche

Es handelt sich im Schuldrecht zuerst um sog. *Primäransprüche*. Primäransprüche sind auf dasjenige gerichtet, um dessentwillen ein Schuldverhältnis begründet wurde. Sie bestehen auf die für das Schuldverhältnis charakteristische Leistung und zumeist auf eine dafür einzusetzende Gegenleistung. So schuldet der Vermieter nach § 535 die Nutzungsüberlassung der Mietsache, der Mieter die Zahlung der Miete. Manche Schuldverhältnisse enthalten einen solchen Primäranspruch auch nur in eine Richtung, ohne Gegenleistungsanspruch. So z. B. die Schenkung nach § 516, die zwar ein zweiseitiges Rechtsgeschäft ist, das durch Vertragsschluss zustande kommt, deren Inhalt jedoch auf unentgeltliche Leistung nur des Schenkers gerichtet ist. Ähnliches gilt für die Leihe, § 598. Auch die später noch zu behandelnden gesetzlichen Schuldverhältnisse der ungerechtfertigten Bereicherung und der unerlaubten Handlung geben Ansprüche nur in eine Richtung, nämlich auf Herausgabe der Bereicherung bzw. auf Schadensersatz. Das ebenfalls gesetzliche Schuldverhältnis der Geschäftsführung ohne Auftrag gibt dagegen Primäransprüche in beide Richtungen der Beteiligten.

85

> Ein systematisches Lehrbuch würde an dieser Stelle die jeweiligen Primäransprüche nach den einzelnen rechtlichen Verhältnissen, denen sie entstammen, inhaltlich ausführen. Es müsste dabei darauf eingehen, dass solche Primäransprüche mit wenigen Ausnahmen in einem gegenseitigen Abhängigkeitsverhältnis stehen, als die eine verweigert werden kann, solange die andere nicht erbracht wird (Synallagma), §§ 320 ff.
>
> Für die klausurmäßige Fallbearbeitung gilt ein anderer Aufbau. Wir fragen ausschließlich danach, ob dieser oder jener bestimmte Anspruch entstanden ist und von welchen Voraussetzungen das abhängt. Ob korrespondierende Gegenleistungsansprüche bestehen und welche das sind, ist für diese Frage gänzlich irrelevant. Erst am Ende aller Prüfungsschritte unseres Anspruchsaufbaus mag sich je nach Hinweisen im Sachverhalt die Frage stellen, ob der Anspruchsgegner sich mit **Gegenrechten** gegen den wirksam entstandenen und noch fortbestehenden Anspruch verteidigen kann.
>
> Das meint juristisches Lernen mit dem Blick auf die „richtige Stelle im Prüfungsaufbau".

b) Primäre Haupt- und Nebenpflichten von Sekundäransprüchen unterscheiden

Wir haben eben die Primäransprüche aufgegriffen, die z. B. auf Übergabe und Übereignung der Kaufsache (§ 433 Abs. 1), Übergabe und Übereignung einer Darlehensvaluta (§ 488 Abs. 1 für Gelddarlehen, § 607 Abs. 1 S. 1 für Sachdarlehen), Erbringen der Arbeitsleistung (§ 611 a) oder Herstellen eines Werkes (§ 631) und meist auf Zahlung als Gegenleistung gerichtet sind.

86

87 Das Schuldverhältnis umfasst aber nicht bloß primäre Hauptpflichten. Wer eine Ware kauft, möchte diese bekommen (Hauptpflicht). Zur Hauptpflicht gehört selbstverständlich, dass die Kaufsache die vereinbarte oder vorausgesetzte Beschaffenheit aufweist, mithin mangelfrei ist. Ist der Käufer ein Wiederverkäufer, treibt er also mit der Ware Handel, so ist er womöglich auch darauf angewiesen, dass sie ordnungsgemäß verpackt ist. Gehen von ihr schließlich bestimmte Gefahren aus, etwa weil sie leicht entflammbar ist, muss er davor durch Piktogramme auf dem Gegenstand gewarnt werden.

Du merkst, dass der Bezug solcher weiterer Erwartungen zur eigentlichen Sachleistung weniger eng ist, nicht aber ihre Bedeutung geringer sein muss. Es handelt sich entweder um Nebenleistungspflichten oder um Nebenpflichten und Schutzpflichten. Nimm etwa die Verpackung beim Distanzgeschäft (Versendungskauf). Sie dient v.a. dem sicheren Transport. Kommt die Ware trotz schlechter Verpackung gut an, wäre es normalerweise merkwürdig, wenn der Käufer Ersatzansprüche geltend machen könnte. Anders der Wiederverkäufer: Auch er hat nicht direkt die vielleicht in der Angebotsbeschreibung genannte Verpackung gekauft, ist aber für den Weitertransport an seine Kunden auf sie angewiesen. Fehlt sie oder ist sie beschädigt, will er Rechte geltend machen können. Aus seiner Sicht handelt es sich um eine Neben**leistungs**pflicht, während der Verbraucher nur von einer Nebenpflicht ausging (vgl. § 241 Abs. 1 im Unterschied zu Abs. 2).

88 Für den Anspruchsaufbau ist die Unterscheidung der verschiedenen Primärpflichten besonders wichtig. Nur die Hauptleistungspflichten und die Neben**leistungs**pflichten geben einen klagbaren Erfüllungsanspruch („**Primär*ansprüche***"). Die anderen Nebenpflichten und die Schutzpflichten haben eine ganz andere Bedeutung. Bei ihnen geht es um sog. **Sekundäransprüche**, also klagbare Rechte auf etwas anderes, als das ursprünglich Vereinbarte. Sekundäransprüche sind auf eine Kompensation für Nachteile aus der Pflichtverletzung gerichtet.

89 Auch die Verletzung einer Hauptpflicht kann zu Sekundäransprüchen führen, es muss aber zuerst versucht werden, den Vertragspartner zur Hauptpflicht anzuhalten. Dazu dient z. B. der Nacherfüllungsanspruch, vgl. für den Kauf §§ 439, 437 Nr. 1, bevor (sekundäre) Gewährleistungsrechte geltend gemacht werden können. Die dem Vertragspartner hierdurch gegebene „zweite Chance" zur mangelfreien Erfüllung der Hauptleistungspflicht, bezeichnet man daher einprägsam als das Recht zur zweiten Andienung. Auch die Fristsetzung in § 281 Abs. 1 dient dem Ziel, die Erbringung der Hauptleistungspflicht zu erwirken, bevor die Leistung dann abgelehnt und (im zweiten Schritt, „sekundär") Schadensersatz statt der Leistung verlangt werden kann.

Merke also:

Primäre Leistungspflichten (Haupt- und Nebenleistungsansprüche) haben eine selbstständige Bedeutung für die Fallbearbeitung (Primäransprüche). Die bloßen Neben- und Schutzpflichten haben das nicht, sondern bestehen lediglich im Hinblick auf Sekundäransprüche im Falle ihrer Verletzung.[4]

---

[4] Sei es, dass der allgemeine Ersatzanspruch nach §§ 280 Abs. 1, 241 Abs. 2 (ggf. auch §§ 282, 241 Abs. 2) auf der Verletzung von Nebenpflichten beruht. Sei es, dass bezüglich leistungsbezogener Nebenpflichten (z. B. Untersuchungspflichten des Gebrauchtwagenhändlers) ihre Verletzung das Tatbestandsmerkmal des Verschuldens (Vertretenmüssen) ausfüllt. Lies bitte § 276 Abs. 2: *„Fahrlässig handelt, wer die im Verkehr erforderliche Sorgfalt außer Acht lässt".* Sorgfaltswidrig meint insbesondere pflichtwidrig. Entsteht z. B. ein Mangel-

Natürlich widerspricht diese Aussage jedem Zweck von Recht. Pflichten sind stets dazu da, erfüllt zu werden, andere zu schützen, das Zusammenleben einer Gemeinschaft zu ermöglichen. Für die Schreibwerkstatt kann die Aussage aber helfen zu verstehen, dass hier von rechtstechnisch sehr unterschiedlichen Ebenen die Rede ist. Und genau auf diese Technik kommt es in der Klausur an.

Bevor wir uns Einzelheiten widmen, nimm bitte zweierlei mit:

(1) Ansprüche folgen inhaltlich aus den Vereinbarungen, die dem Schuldverhältnis zugrunde liegen (Primäransprüche). Sie entstehen aber ebenso aus dem Hinzutreten von Störungen in der ordnungsgemäßen Erfüllung (Sekundäransprüche wegen Leistungsstörungen oder wegen Verletzung von Neben- bzw. Schutzpflichten).

(2) Nicht jeder Pflicht entspricht komplementär ein subjektives Recht (Anspruch). Vielmehr sind manche Pflichten nur objektives Recht. Jede Rechtsverletzung ist zwar „rechtswidrig", aber sowohl die Sekundäransprüche als auch gerade alle Ausgleichsansprüche haben stets noch weitere Voraussetzungen.

Der im BGB formalistisch ausgestaltete Vertragsschluss ist für vertragliche Primär- und für Sekundäransprüche eine notwendige, nicht jedoch hinreichende Voraussetzung. Notwendig ist vielmehr immer ein *wirksames Schuldverhältnis*. 90

Unabhängig von der konkreten Fallfrage empfiehlt es sich, zuerst die vertraglichen Beziehungen der Beteiligten zu skizzieren. Das ist durchaus graphisch gemeint (vgl. späterer Vorschlag zur Erstellung einer Zeichnung). Keinesfalls meint es, damit die Niederschrift zu beginnen! Diese Vorgehensweise ist keine Zeitvergeudung, weil beispielsweise gar nicht nach den vertraglichen Primärpflichten gefragt wäre, sondern es vielmehr um eine Rückabwicklung oder Schadensersatz gehen sollte. Diese Überlegungen sind erst zu berücksichtigen, wenn es darum geht, *die Klausur zu gliedern*. Wirft der Sachverhalt Probleme beim Abschluss und in der Durchführung des Kaufs auf, *müssen* diese behandelt werden. Im Rahmen der Gliederung wird zu klären sein, an welcher Stelle des Anspruchsaufbaus der systematisch richtige Ort dafür ist. Erst aus den in dieser Vorgehensweise zu treffenden Feststellungen folgen die ggf. weiteren Anspruchsziele auf vertraglichen Schadensausgleich, Gewährleistung oder auch eine Rückforderung.

Es gibt selbstverständlich ebenso viele Fälle ohne vertragliche Bindung zwischen den Beteiligten. Anstelle einer vertraglichen Bindung besteht dann ein gesetzliches Schuldverhältnis oder ein Eigentümer-Besitzer-Verhältnis. Bei diesen ist es aber erforderlich, zuvorderst ein Vertragsverhältnis nach gewissenhaftem Ausschöpfen aller Sachverhaltsumstände auszuschließen.

Wir gehen also vom Schuldverhältnis und insoweit von den primären Leistungspflichten aus (1). Hieraus ist in der Niederschrift die Gutachtenhypothese zu bilden, wenn die Fragestellung auf dieses Forderungsrecht zielt. Die Hypothese bereits bei der hier vorgeschlagenen skizzenhaften Annäherung auszuformulieren, wäre jedoch unsinnig. 91

Gedanklich abzuhandeln ist entsprechend dem obigen Prüfungsschema nun, ob der Anspruch (2) wirksam entstanden ist, er auch nicht inzwischen (3) erloschen ist (was vorrangig voraussetzt, dass er entstanden war) und zuletzt, ob sich Hinweise finden 92

---

oder Mangelfolgeschaden, so ist die Pflichtverletzung der Haftungsgrund („Vertretenmüssen") für den Ersatzanspruch (§§ 280 Abs. 1, 3, 281/283, 437 Nr. 3 i.V.m. 276).

lassen, dass (4) seiner Durchsetzung Gegenrechte, sog. Einreden entgegenstehen (was wiederum nur für wirksam entstandene und noch fortbestehende Ansprüche bedeutsam ist). Diese drei *gedanklichen Schritte* bestimmen also nun unsere Annäherung an die Lösung.

Dieses „Prüfungsschema" ist nur eine Gedankenstütze und hilft zu strukturieren. Wo der Sachverhalt keine Anhaltspunkte für Einwendungen und Einreden bietet, fallen diese Gliederungsschritte ersatzlos weg und werden in der Niederschrift auch gar nicht erwähnt.

93 Da wir im ersten Schritt stets vom Schuldverhältnis und damit den primären Leistungspflichten ausgehen, ist die erste Voraussetzung jedes schuldrechtlichen Anspruchs das wirksame Zustandekommen des Schuldverhältnisses (sei es ein gesetzliches oder ein vertragliches). Entsprechend der hier getroffenen Beschränkung auf vertragliche Schuldverhältnisse sind an dieser Stelle folglich der Vertragsschluss und seine Wirksamkeit zu klären.

Insbesondere der Vertragsschluss kann – auch in der späteren Niederschrift – auf einen knappen Satz zu beschränken sein oder ganz entfallen, wenn der Aufgabensachverhalt nur berichtet, jemand habe etwas „gekauft" und zur Begründung des Schuldverhältnisses und zum Vertragsschluss ansonsten keinerlei weitere Angaben macht. In einem solchen Fall wäre jedes Eingehen auf den Vertragsschluss durch den Klausurbearbeiter verfehlt und unsinnig. **Bedenke:** Das vertragliche Schuldverhältnis ist eine Folge des Vertragsschlusses. Steht also das Schuldverhältnis bereits fest, weil der Falltext vorgibt, dass etwas gekauft wurde, muss logisch zwingend ein Vertragsschluss erfolgt sein. Jede weitere Auseinandersetzung mit dem Vertragsschluss würde deshalb dahin aufgefasst werden müssen, dass der Bearbeiter diesen Zusammenhang nicht verstanden habe.

Erst wenn der Sachverhalt Anlass gibt, über Willenserklärungen, ihren Zugang und die inhaltliche Übereinstimmung, über Stellvertretung oder Irrtum zu verhandeln, darf und muss dieses ausgeführt werden. Selbstverständlich können Hinweise zu Besonderheiten des Vertragsschlusses auch versteckt gegeben werden, so z. B., wenn ein Geschäftsführer oder Prokurist kauft und daher zumindest ein kurzer Hinweis auf deren Vertretungsmacht für die Wirksamkeit des Vertrages gegenüber dem Vertretenen angezeigt ist.

94 Fällt die Feststellung bereits an dieser Stelle negativ aus, ist die Prüfung des ersten Anspruchs hier abzubrechen. Das Zwischenergebnis lautet dann, dass kein vertragliches Schuldverhältnis besteht. Ohne vertragliches Schuldverhältnis ist allen Ansprüchen (etwa aus Leistungsstörungen wie Unmöglichkeit, Verzug oder Gewährleistung), die ein vertragliches Schuldverhältnis voraussetzen, der Boden entzogen.

95 „Ohne Vertrag" wäre sodann an Ansprüche aus Verschulden beim Vertragsschluss (§ 311 Abs. 2, sog. culpa in contrahendo – c.i.c.) zu denken, woraus zwar keine Leistung, wohl aber Schadensersatz verlangt werden kann, §§ 280 Abs. 1, 241 Abs. 2, 311 Abs. 2.

Selbstverständlich gibt es zivilrechtliche Klausuren, in welchen die hier vorgeschlagene Herangehensweise und ein Beginn mit vertraglichen Schuldverhältnissen – jedenfalls dem geübten Bearbeiter – überflüssig erscheinen kann. Dies mag zum Beispiel der Fall sein, wenn ersichtlich keinerlei Leistungsaustausch in Rede steht, sondern unerlaubte Handlungen oder wenn nach der sachenrechtlichen Eigentumszuordnung gefragt ist. Aber auch dann ist der gedanklich erste Schritt mit der Frage nach dem Inhalt eines vertraglichen Schuldverhältnisses immer noch kein unsinniges Unterfangen, sondern schließt zumindest aus, dass etwas übersehen würde.

Gerade Anfänger neigen bei Fragen nach finanziellen Ersatzansprüchen aus unübersichtlichen Sachverhalten vorschnell zum deliktischen Schadensersatz nach §§ 823 ff. Dabei mag in einzelnen Beziehungen durchaus parallel ein vertragliches Schuldverhältnis vorliegen: Etwa wenn bei einem Unfall eines Taxifahrers nicht nur der Unfallgegner, sondern auch der eigene Fahrgast verletzt wird; oder dass Gewährleistungsrechte z.B. einer gebraucht gekauften Sache aus dem Recht des Erstkäufers gegen dessen Verkäufer abgeleitet und geltend gemacht werden können (sog. derivative Rechte), wobei sich die Abtretung als Nebenpflicht durch ergänzende Vertragsauslegung des Zweitkaufs ergeben wird. Außerdem werden oftmals Garantieverträge übersehen (dazu später).

▶ **BEISPIEL:**
B reserviert telefonisch im Restaurant des K einen Tisch für zwei Personen mehrere Tage im Voraus. K, der Tische nur gegen Reservierung vergibt, hat für diesen Tag nur noch einen Vierertisch frei. Da er B als großzügigen Gast kennt, sieht er ihn für B vor.
Als B am bestellten Abend nicht erscheint, verlangt K von B die Zahlung von 140.- Euro. Er rechnet vor, dass der Durchschnittsverzehr seiner Gäste bei 75 Euro liege. Davon bleibe ihm ein Gewinn von 35 Euro. Nachweislich hätte der Tisch bei rechtzeitiger Absage des B an vier andere Gäste vergeben werden können. ◀

Mache Dir bitte an dieser Stelle nochmals Folgendes klar: Ein Vertrag ist nie irgendein Vertrag, sondern hat neben der Abschlusstechnik einen konkreten Inhalt. Die Inhaltsbestimmung der Willenserklärungen macht ihn beispielsweise zum Kaufvertrag oder zum Werkvertrag. Es gibt auch nicht allgemein z. B. „den Kaufvertrag", sondern nur einen ganz bestimmten Kaufvertrag mit einem ganz bestimmten Inhalt.

▶ I. Primärer Leistungsanspruch nach § 311 Abs. 1
Ein Zahlungsanspruch des K gegen B in Höhe von 140.- Euro könnte sich als Erfüllungsanspruch aus einem Bewirtungsvertrag gem. § 311 Abs. 1 ergeben.
Dazu müssten beide einen Bewirtungsvertrag vereinbart haben. Ein Bewirtungsvertrag ist ein gemischt-typischer Vertrag aus Elementen des Kaufs, des Werk- und Dienstvertrages und von Miete und Verwahrung. Wesentlicher Inhalt ist der Verzehr von Speisen und Getränken gegen Entgelt. Die Reservierungsvereinbarung dient hingegen lediglich der Vorbereitung einer Bewirtung, enthält aber selbst noch keine Abrede über die Art und Menge des Verzehrs. Es fehlt also an einer Einigung über die wesentlichen Vertragsbestandteile des Bewirtungsvertrages. Damit ist ein Bewirtungsvertrag nicht zustande gekommen.
Ein Erfüllungsanspruch auf Zahlung besteht daher nicht. ◀

Bevor das Bestehen eines vertraglichen Schuldverhältnisses womöglich vorschnell bejaht wird, muss das Charakteristikum des (technischen) Vertragsschlusses ausdrücklich bedacht werden: der Rechtsbindungswille (das Erklärungsbewusstsein). Rechtlich muss wirklich ein Vertrag zustande gekommen sein und nicht etwa ein rein tatsächliches *Gefälligkeitsverhältnis vorliegen*. Ferner darf es nicht bei einer bloßen *invitatio ad offerendum* geblieben sein.

▶ II. Anspruch auf Schadensersatz nach §§ 283, 280 Abs. 1, 3, 311 Abs. 1, 249 S. 1
Möglicherweise könnte K von B 140 Euro als Schadensersatz gemäß §§ 283, 280 Abs. 1, 3, 311 Abs. 1 wegen Unmöglichkeit der Erfüllung eines Vorvertrages verlangen.
Dazu müsste ein Vorvertrag vereinbart worden sein. Sein Inhalt ist die Pflicht zum Abschluss eines bestimmten, in Einzelheiten noch zu konkretisierenden Hauptvertrages. Da die Bewirtung als

Fixgeschäft inzwischen durch Zeitablauf unmöglich geworden wäre, könnte auch die Pflicht aus dem Vorvertrag nicht mehr sinnvoll erfüllt werden, § 275 Abs. 1. Fraglich ist aber, ob die Beteiligten bereits eine rechtliche Bindung gewollt haben. Die Tischreservierung eröffnet nur die Möglichkeit einer Bewirtung. Fehlt es wie hier an jeder Konkretisierung der zu erbringenden Leistungen, spricht das gegen einen Vorvertrag.
Ein Anspruch aus vertraglicher Leistungsstörung scheidet mithin aus. ◄

99 Inhaltlich muss dem Schuldverhältnis auch wirklich die in der skizzierten Hypothese begehrte Rechtsfolge zu entnehmen sein. Zum Beispiel:

- Aus einem <u>Vorvertrag</u> kann der Anspruch *auf* Abschluss des Hauptvertrages hergeleitet werden, nicht aber der Erfüllungsanspruch *aus* dem Hauptvertrag.

- Einem <u>vorvertraglichen Schuldverhältnis nach § 311 Abs. 2</u> lassen sich nur Sekundäransprüche entnehmen.

▶ III. Anspruch auf Schadensersatz nach §§ 280 Abs. 1, 311 Abs. 2 Nr. 2, 241 Abs. 2, 249 S. 1
Der Anspruch könnte sich aus der Verletzung einer vorvertraglichen Rücksichtnahmepflicht ergeben.
§ 311 Abs. 2 Nr. 2 bestimmt, dass ein Schuldverhältnis mit Rücksichtnahmepflichten nach § 241 Abs. 2 bereits durch die Aufnahme von Vertragsverhandlungen entsteht. Die Tischreservierung bereitet eine Bewirtung vor und dient damit der Vertragsanbahnung. Durch die Reservierungsvereinbarung ist also ein vorvertragliches Schuldverhältnis im Sinne des § 311 Abs. 2 entstanden.
Fraglich ist nun, ob B eine hieraus resultierende Pflicht verletzt hat. Wichtige Fallgruppe ist der grundlose Abbruch von Vertragsverhandlungen, wenn der andere auf den Vertragsschluss vertrauen durfte. Ob eine Tischreservierung immer geeignet ist, einen solchen Vertrauenstatbestand zu schaffen, ist bereits zweifelhaft. Jedenfalls wäre aber die Stornierung zulässig, wenn der Gast dafür sachliche Gründe hätte.
Allerdings könnte B gegen seine Pflicht verstoßen haben, auf die Interessen des K angemessen Rücksicht zu nehmen. So muss dem Verhandlungspartner rechtzeitig Gelegenheit gegeben werden, erkennbar bereits getroffene angemessene Dispositionen ändern zu können. Dafür genügt normalerweise der Hinweis auf zufällige Laufkundschaft. Werden Tische dagegen nur auf Vorbestellung vergeben und weiß der Gast das, muss bei Verhinderung so rechtzeitig abgesagt werden, dass der Platz noch anderweitig vergeben werden könnte. Damit verletzt jedenfalls das unentschuldigte Fernbleiben des B die Rücksichtspflicht. Mangels besonderer Umstände handelte B dabei mindestens fahrlässig i.S.d. § 276 Abs. 2.
Dem Grunde nach ist daher ein Schadensersatzanspruch gegeben. Der Schadensersatz nach § 311 Abs. 2 richtet sich der Höhe nach auf das sogenannte negative Interesse (sog. Vertrauensschaden). Der Geschädigte ist so zu stellen, wie er stünde, wenn er nicht auf das Zustandekommen des geplanten Geschäfts vertraut hätte. Dazu gehört nach § 252 auch ein entgangener anderweitiger Gewinn. Eine Begrenzung des Schadensersatzes auf die Höhe des Erfüllungsinteresses wie in §§ 122 Abs. 1, 179 Abs. 2 ist in § 311 Abs. 2 nicht vorgesehen. Hätte K also den Tisch bei rechtzeitiger Absage sogar noch auslasten können, spricht das für die Schadensberechnung des K.
Allerdings soll Schadensersatz nur eine Vermögensdifferenz ausgleichen und den Geschädigten nicht besser stellen als ohne das schädigende Ereignis. Der entgangene Gewinn muss deshalb bei der c.i.c. auf die Höhe des Gewinns aus dem nicht erteilten Auftrag begrenzt sein. Daher kann K nur 70 Euro (2 x 35 Euro) von B verlangen. ◄

100 Vertraglicher Schadensersatz verlangt einen gedanklich zweiten Schritt hin zur Feststellung der Verletzung einer Haupt- oder Nebenpflicht. Es handelt sich um einen Sekundäranspruch, *nicht* um die in einem Schuldverhältnis *vereinbarte Gegenleistung*.

101 Erst anschließend sollte an gesetzliche Schuldverhältnisse und dingliche Ansprüche gedacht werden.

3. Rechtsvernichtende Einwendungen

Konnte der gedanklich erste Schritt mit der positiven Feststellung eines entstandenen Schuldverhältnisses abgeschlossen werden, ist also ein Vertragsschluss erfolgt und hat zu einem wirksamen Schuldverhältnis mit genau dem Inhalt des in Rede stehenden Primäranspruchs geführt, so schließt sich der *zweite Schritt* an: Der Anspruch kann untergegangen sein.

Zur Klarstellung (vgl. später ausführlich unter Rn. 137 ff. mit Beispielen ab Rn. 143 ff.): Der Wirksamkeit eines Schuldverhältnisses können sog. *rechtshindernde Einwendungen* entgegenstehen (Sittenwidrigkeit, beschränkte Geschäftsfähigkeit, Formmangel). Solche rechtshindernden Einwendungen machen ein formal durch technischen Vertragsschluss zustande gekommenes Schuldverhältnis nichtig (besser: lassen es nicht wirksam werden, lies z.B. §§ 138, 105/108 Abs. 1, 125). Das bedeutet aber nicht, dass es inexistent wäre, nur ist es eben nicht wirksam. – Aber Achtung: Nicht jeder Mangel beim Vertragsschluss verhindert das Wirksamwerden eines Schuldverhältnisses. sondern Mängel irrelevant sind, solange[5] sie die Entstehung des Rechts nicht (ausnahmsweise) von vornherein verhindern. Ein anfechtbares Rechtsgeschäft etwa ist tatbestandlich zustande gekommen und erstmal (der Jurist sagt: schwebend) wirksam. Erst seine rückwirkende Vernichtung infolge der Anfechtung (*rechtsvernichtende Einwendung*) entzieht dem Schuldverhältnis und damit den Primär- und Sekundäransprüchen aus dem Schuldverhältnis „in einem zweiten Schritt" den Boden (lies z.B. § 142 Abs. 1).

Eine solche rechtsvernichtende Einwendung ist auch die Erfüllung (§§ 362 ff.) oder die Unmöglichkeit der geschuldeten Leistung (§ 275). Stets bleibt hierbei das Schuldverhältnis als solches bestehen, die als Anspruch geltend gemachte Forderung kann aber nicht mehr verlangt werden. Im Fall der Erfüllung wurde sie bereits erhalten und kann nicht nochmals verlangt werden (auch das Nacherfüllungsverlangen des Gewährleistungsrechts setzt die Ablehnung bzw. Rückgabe der zur Erfüllung angebotenen Leistung voraus). Im Fall der Unmöglichkeit ist der Untergang des auf eine solche Leistung gerichteten Anspruchs ohne Weiteres einsichtig (§ 275 Abs. 1 und 2).

Ist der skizzierte Anspruch untergegangen, endet die Prüfung an dieser Stelle ebenfalls. Allerdings ist im Unterschied zum erst gar nicht entstandenen Anspruch hier nun ggf. der *Übergang vom primären Leistungsanspruch zu den vertraglichen Sekundäransprüchen* möglich (vgl. z. B. § 275 Abs. 4 bei Unmöglichkeit; §§ 434, 437 bei Erfüllung der kaufrechtlichen Leistungspflicht mit einer mangelhaften Sache). Zusätzlich mag neben die zwar nicht untergegangene, wohl aber nicht mehr rückwirkend, sondern nur für die Zukunft nachholbare Leistung ein sekundärer Anspruch auf Ersatz des Verspätungsschadens nach §§ 280 Abs. 2, 286 treten. All dieses sind jedoch *selbständige neue Ansprüche*. Die ursprünglich geforderte Leistung kann nicht mehr beansprucht werden, was als Zwischenergebnis dann auch so festzustellen wäre.

Die Sekundäransprüche folgen nicht etwa fließend aus den Primäransprüchen. Auch die Prüfung in der Klausur muss hier eine klare Zäsur machen und setzt für

---

[5] Bei der Gelegenheit: „Solange" und „soweit" werden umgangssprachlich oft unspezifisch und als bloße Füllwörter verwendet (z. B.: „etwas ist insoweit kein Problem"). Ganz anders in der **Rechtssprache**, eine beliebte Falle für Anfänger. „Solange" heißt, dass sich mit Zeitablauf etwas ändern kann, „soweit" bezeichnet einen scharf begrenzten sachlichen Umfang bzw. ein Maß – beidesmal gilt jenseits der zeitlichen bzw. sachlichen Grenze das genaue Gegenteil! Darin liegt also ein zu prüfendes Tatbestandsmerkmal (lies beispielsweise § 166 Abs. 1, § 181 und § 249 Abs. 2 S. 2).

jeden Sekundäranspruch mit einer selbstständigen Hypothese neu an. Der im ersten Prüfungsschritt abgelehnte primäre Leistungsanspruch wird bei der Prüfung des Sekundäranspruchs wieder aufzugreifen sein und stellt dort regelmäßig das erste Tatbestandsmerkmal dar.

War die Prüfung des Primäranspruchs im ersten Schritt eine selbstständige Anspruchsprüfung, so wird sie im Rahmen der Prüfung von Sekundäransprüchen zu deren bloßem (ersten) Tatbestandselement und steht deshalb dann auf einer anderen Gliederungsebene. Inhaltlich braucht insoweit selbstverständlich nichts wiederholend ausgeführt zu werden, vielmehr genügt der einfache Hinweis auf die zuvor bereits abgeschlossene Prüfung.

Wichtig zu verstehen ist hierbei jedoch, dass der Sekundäranspruch stets *mindestens zwei Voraussetzungen* hat, nämlich den entstanden Primäranspruch und zweitens dessen Störung oder Verletzung.

4. Einreden (Durchsetzbarkeit eines Anspruchs)

105 Liegen schließlich keine rechtsvernichtenden Einwendungen vor und besteht somit der zu prüfende Primäranspruch unverändert fort, sind schließlich *Einreden* gegen ihn auszuschließen, die seine Durchsetzbarkeit hemmen würden. Es sind dies insbesondere die dauerhafte (peremptorische) Einrede der Verjährung (§ 214 Abs. 1) oder lediglich vorübergehende (dilatorische) Einreden wie die Zurückbehaltungsrechte nach §§ 273, 320 oder die Abrede einer Stundung.

Die Zurückbehaltungsrechte sind für den Klausurersteller eine einfache Möglichkeit, einen weiteren Anspruch zwischen denselben Personen, der jedoch in die umgekehrte Richtung geltend zu machen ist, einzubinden. Dabei lässt sich das Verständnis vom Schuldverhältnis, insbesondere das Synallagma (§ 320), weiter vertiefen oder ein weiteres Schuldverhältnis, das jedoch im Zusammenhang mit dem ersten steht (§ 273), einbauen.

Auch der einredeweise geltend gemachte Gegenanspruch ist wiederum ganz parallel zum Hauptanspruch aufzubauen: Ausgehend vom Schuldverhältnis ist das konkrete Anspruchsziel zu bestimmen und sodann festzustellen, ob der Anspruch entstanden ist, fortbesteht und seinerseits noch durchsetzbar ist. Ggf. wird dann der Hauptanspruch durch den Gegenanspruch gehemmt (§§ 274 bzw. 322).

106 Das hier besprochene grundsätzliche Schema muss nun wie eine Folie behandelt werden, welche das Grundgerüst beschreibt. Durch Darauflegen weiterer durchsichtiger Folien wird das Grundkonzept nicht verändert, wohl aber ergänzt. In diesem Sinne haben wir jetzt bereits zwei übereinanderliegende Folien behandelt. Das Grundschema besteht aus der Hypothese mit dem konkreten Anspruchsziel und fragt danach, ob der Anspruch (1) entstanden ist, (2) fortbesteht und (3) durchsetzbar ist.

107 Darüber hatten wir bereits die Folie für vertragliche Primäransprüche gelegt. Diese *entstehen* durch ein Schuldverhältnis und können nur den vereinbarten Inhalt haben. Rechtshindernde Einwendungen sind deshalb insbesondere solche an Willenserklärungen geknüpfte, wie die Nichtigkeit oder der Widerruf. Gegen das *Fortbestehen vertraglicher Primäransprüche* kann spezifisch die Anfechtbarkeit oder Unmöglichkeit (§ 275) rechtsvernichtend eingewendet werden. Spezifische Einrede gegen die *Durchsetzbarkeit* aller vertraglichen Ansprüche ist insbesondere § 320.

5. Kritik des Schemas

Dieses Schema ist Klausurhilfe und daher Lernhilfe. Es zwingt zur juristischen Denkweise, wonach das Recht eine Ordnungsaufgabe erfüllt und es deshalb auf Wirkungszusammenhänge ankommt. Die juristische Denkweise muss immer von der Rechtsfolge ausgehen.

108

Das gilt für die Anspruchsgrundlagen, welche die subjektiven Rechte – mithin etwas von einem anderen verlangen zu können – gewähren.. Die Orientierung an der Rechtsfolge gilt aber auch für Einwendungen und Einreden. Daher ist auch das Vorgehen bei Einwendungen und Einreden, soweit sie vom Sachverhaltsgeschehen her relevant sind, gleich: Mit Blick auf die mögliche Rechtsfolge wird die Hypothese gebildet und anschließend werden die Tatbestandsmerkmale als Voraussetzungen auf der tieferliegenden Gliederungsebene nacheinander mittels Obersatz, Definition und Subsumtion abgehandelt.

109

Für die *Anspruchsentstehung* sind – positiv – die notwendigen Tatbestandselemente der Anspruchsgrundlage festzustellen. Zugleich sind – negativ – rechtshindernde Einwendungen auszuschließen. Die Prüfung der rechtshindernden Einwendungen erfolgt auf dieser Gliederungsebene wiederum durch einen an der Rechtsfolge (z. B. Nichtigkeit) orientierten Obersatz, der aus einer entsprechenden Wirk- oder Gestaltungsnorm (z. B. § 138) gebildet wird. Die Tatbestandelemente dieser Prüfung erfolgen gliederungstechnisch nochmals eine Ebene tiefer. Sie gehören als Voraussetzungen unmittelbar zu dem Einwendungs-Obersatz. Zum Anspruchs-Obersatz (einleitende Hypothese) gehören sie dagegen nur mittelbar, nämlich vermittelt durch die Gegennorm.

110

Daraus ergeben sich hier drei Gliederungsebenen, wobei jede tiefere Gliederungsebene als Bezugspunkt einen aus einer Rechtsfolge gebildeten Obersatz der darüber liegenden Ebene hat. Für die rechtsvernichtenden Einwendungen und die Einreden gilt gleiches.

111

Dieses dreiteilige Grundschema, welches für alle Ansprüche gilt, und ebenso alle übrigen Schemata helfen, juristisches Wissen zu strukturieren und es auf eine Fallbearbeitung anzuwenden. Die Schemata fördern so das Verständnis für die Rechtsordnung und zwingen zur juristischen Denkweise. Zudem helfen die Schemata ganz pragmatisch, wichtige Punkte nicht zu übersehen.

112

Den Sinn der Schemata würdest Du völlig verfehlen, wenn Du alle Punkte eines Schemas auch ohne entsprechende inhaltliche Hinweise in der Aufgabenstellung oder der Sachverhaltsbeschreibung in die Lösung einbautest. Das gedankenlose Nachahmen jedes Schemas verkennt, dass die Aufgabenstellung eine konkrete Fallbearbeitung zum Gegenstand hat und nur auf alle aufgeworfenen Rechtsfragen einzugehen ist – und gerade nicht auch auf solche, welche bloß bei anderer Sachverhaltsgestaltung hätten aufgeworfen worden sein können. Das Schema hilft, zu systematisieren, jedem Problem den richtigen Platz im Anspruchsaufbau zuzuweisen und nichts zu vergessen. Es taugt nicht als leeres Klipp-Klapp.

Nicht die Kenntnis des Schemas, sondern nur, dass der den Schemata und v.a. dem BGB zugrunde liegende Anspruchsaufbau verstanden wurde, angewandt und ggf. auf unbekannte rechtliche Verhältnisse übertragen und angepasst werden kann, ist Bewertungsgegenstand der Fallbearbeitung. Es geht um **Verständnis**, **Problembewusstsein** und **Gewichtung**.

113 Die Schemata geben Orientierung, indem sie zu einer an den Rechtsfolgen orientierten Denkweise zwingen. Sie geben insofern Hilfestellung, als wer das Schema im Kopf oder zur Hand hat, relevante Voraussetzungen und Abhängigkeiten nicht übersehen kann. Schemata sparen besonders in der Klausur Zeit, als durch sie der Aufbau der Falllösung vorbereitet ist. Ein ohne Sachverhaltszusammenhang erfolgendes „Abklappern" eines Schemas würde jede Zeitersparnis zunichtemachen, wenn es sich in der Klausurniederschrift wiederfände.

114 ▶ **Beispiel:**
Rechtshindernde und rechtsvernichtende Einwendungen und mögliche Einreden ergeben sich aus Gegennormen zu einem Recht. Ist für ihr Vorliegen nach dem Sachverhaltsgeschehen nichts ersichtlich, bleibt die Gegennorm unbeachtet und unerwähnt. Es wäre falsch, Gegennormen als Tatbestandsmerkmal des Fehlens rechtshindernder Einwendungen etc. zur negativen Voraussetzung von Anspruchsgrundlagen zu machen. Gegennormen müssen nicht ausgeschlossen werden, sondern dürfen bloß nicht erfüllt sein. – Ist Dir dies klar? Bitte verinnerliche das wirklich. ◀

115 Das lediglich gedankliche Durchgehen einschlägiger Schemata und ihrer Unterpunkte und die daran geknüpfte *Suche*, ob sich Hinweise im Klausursachverhalt auf entsprechende Problemstellungen erkennen lassen, ist genau die Hilfe, welche das Schema bieten soll.

Juristisches Lernen ist daher auch das Arbeiten *mit* Schemata und *an* Schemata. Was in Lehrbüchern als selbstständige Kapitel behandelt wird, gewinnt erst im Zusammenhang mit seiner Rechtsfolge die zutreffende Bedeutung für die Fallbearbeitung und den richtigen Platz im Prüfungsaufbau. Das jeweilige Schema des Prüfungsaufbaus hat dafür den Charakter einer Visualisierung. Zum notwendigen Verständnis führen Lehrbuch und Schema zusammengenommen. Nicht gemeint sind hier – teilweise sogar dem Titel nach – sog. „Aufbauschemata" aus dem (ansonsten meist sogar sehr hilfreichen) Skripten-Handel, die gleichsam einer Checkliste, vermeintlich jeden Spezialfall abdecken wollen, in Konsequenz aber unübersichtlich sind.

116 Das BGB für die Anwendung in der Fallbearbeitung lernbar zu machen und zwar es gerade durch die Fallbearbeitung lernbar zu machen, ist das Ziel dieser Schreibwerkstatt.

VI. Aufbau einer Anspruchsprüfung auf die vertragliche Primärleistung

117 Ausgehend vom Anspruchsaufbau soll nun die gutachtliche Fallbearbeitung dargestellt werden. Wir bleiben dabei im Bereich vertraglicher Ansprüche auf die vereinbarte Primärleistung und konzentrieren uns auf die Abarbeitung und Darstellung von Problemen des Allgemeinen Teils des BGB.

118 Die juristische Denkweise geht immer von der Rechtsfolge aus. Die Anspruchsgrundlage formuliert die gewünschte und zu prüfende Rechtsfolge. Ihre Tatbestandsvoraussetzungen sind sodann entweder deskriptive Merkmale, die der realen Natur entnommen werden können („Mensch", „Vollendung des siebten Lebensjahres" u.s.w.), oder es sind normative (z.B. „sittenwidrig", „schuldhaft" u.s.w.).

119 Normative Tatbestandsmerkmale bedürfen stets eines (Wert-)Urteils. Die Beurteilung erfolgt entweder aufgrund einer Begriffsdefinition oder es handelt sich wiederum um eine Rechtsfolge, die an dieser Stelle inzident abgeleitet werden muss.

B. Juristisches Denken lernen – die Arbeitstechnik

▶ **Beispiel:**

(1) Ein anhand der Definition zu beurteilendes Tatbestandsmerkmal ist etwa der *Mangel* einer Kaufsache im Rahmen der Gewährleistungsrechte des Käufers nach § 437. Der Mangel ist definiert in § 434 und muss nach den dortigen (drei möglichen) Begriffsdefinitionen festgestellt werden.
Ein Tatbestandsmerkmal, das seinerseits eine Rechtsfolge ist, besteht im Erfordernis eines *Vertragsschlusses* für jeden primären oder sekundären Anspruch aus einem vertraglichen Schuldverhältnis. Sein Vorliegen ist Folge rechtlicher Gestaltungserklärungen (§§ 145 ff.).
(2) Die *Nichtigkeit* eines Rechtsgeschäfts ist eine Rechtsfolge, sei es, dass das Rechtsgeschäft bereits gar nicht wirksam zustande kommt (rechtshindernde Einwendung; z. B. wegen Sittenwidrigkeit nach § 138) oder später durch Anfechtung rückwirkend vernichtet werden kann (rechtsvernichtende Einwendung; z. B. § 142 mit § 119 oder § 123). Für die Fallbearbeitung ist die Nichtigkeit eine wichtige Einwendung (vgl. oben Rn. 102). Ihr Tatbestand setzt sich aus dem Begriff der Sittenwidrigkeit oder des Irrtums und der Anfechtungserklärung als Voraussetzungen zusammen. ◄

▶ **Folgen für die Fallbearbeitung:**

(zu 2) Da die Fallbearbeitung von der Rechtsfolge her aufzubauen ist, wird die Prüfung einer solchen Einwendung mit der Frage nach der Nichtigkeit eingeleitet. Sittenwidrigkeit oder die Erklärung der Anfechtung aufgrund eines Irrtums, einer Täuschung oder Drohung beantworten sodann diese Frage. (zu 1) Da dagegen der Sachmangel beim Kauf keine Rechtsfolge ist, kann er keine Einwendung sein. Er ist vielmehr Voraussetzung eines Gegenrechts aus § 437, das ggf. seinerseits eine Einrede ist. ◄

Die Prüfung eines Rechtsbegriffs erfolgt immer gleich, sei es eine Rechtsfolge oder (bloß) ein Tatbestandsmerkmal einer Rechtsfolge: Obersatz – Definition – Subsumtion – Ergebnis. Allerdings sind Tatbestandsmerkmale immer direkt oder zumindest mittelbar Rechtsfolgen zugeordnet, wodurch dann eine mehrstufige, „verschachtelte" Prüfung entsteht. Den Prüfungsaufbau bestimmen die Rechtsfolgen.

Daraus entsteht eine zwingende Gliederung der Lösung in verschiedene Ebenen. Zum Beispiel:

I. Kaufpreisanspruch nach § 433 II?
   1. Voraussetzung: Wirksamer Kauf (Schuldverhältnis)
      a) Zustandekommen des Vertrages (Vertragschluss)
         (1) Wirksames Angebot?
         (2) Wirksame Annahme?
         (3) Inhaltliche Übereinstimmung von Angebot und Annahme? – ggf. auf Basis des objektiven Erklärungswertes (bei Irrtum eines Erklärenden)
         (4) Zwischenergebnis
      b) Rechtshindernde Einwendungen: (z. B.) Nichtigkeit wegen Sittenwidrigkeit?
         (1) Tatbestand des § 138
         (2) Zwischenergebnis
      c) Zwischenergebnis: wirksamer Kaufvertrag (Schuldverhältnis)
   2. Rechtsvernichtende Einwendung: Nichtigkeit wegen Anfechtung des wirksam geschlossenen Kaufvertrags (§ 142)

(1) Wirksame Anfechtungserklärung (§ 143)
   (2) Anfechtungsgrund (z. B. Irrtum i.S.d. § 119 II)
   (3) Zwischenergebnis
   3. Rechtsvernichtende Einwendung: (z. B.) Unmöglichkeit, §§ 326 I, 275 IV
   4. Rechtsvernichtende Einwendung: (z. B.) Rücktritt, §§ 346 I, 349, 326 V
      a) Rücktrittsgrund
      b) Rücktrittserklärung
      c) Zwischenergebnis
   5. Endergebnis zum Kaufpreisanspruch
II. Anspruch wegen Unmöglichkeit, §§ 283, 280 I, 311 a II, 275 I, IV (§ 325)?
III. Anspruch aus Rücktritt, §§ 346 I, 349, 326 V?

124 Dieser schematischen Lösungsskizze mit beliebig herausgegriffenen Einwendungen ist bewusst kein Fall unterlegt. Es soll Dir das Prüfungsschema und die korrekte Gliederung einer Lösung allgemein verdeutlichen: die verschiedenen Ebenen und das Verhältnis von Einwendungen zu Sekundäransprüchen.

▶ Passender Fall könnte dazu sein, dass eine Sache verkauft wird, die in der Art gar nicht existiert, etwa ein Perpetuum Mobile, auf das der Käufer aber hereingefallen ist. Übertragen auf einen Entgeltanspruch aus § 311 Abs. 1 würden dieselben Fragen zu stellen sein bei Verträgen z. B. über Wahrsagerei. – Was in diesen Beispielen im Einzelnen an Tatbestandsvoraussetzungen zu bejahen oder zu verneinen wäre, soll hier offenbleiben und hinge sehr vom Einzelfall ab (Unkenntnis, Notsituation, konkludent zu unterstellende Zusatzabreden). ◀

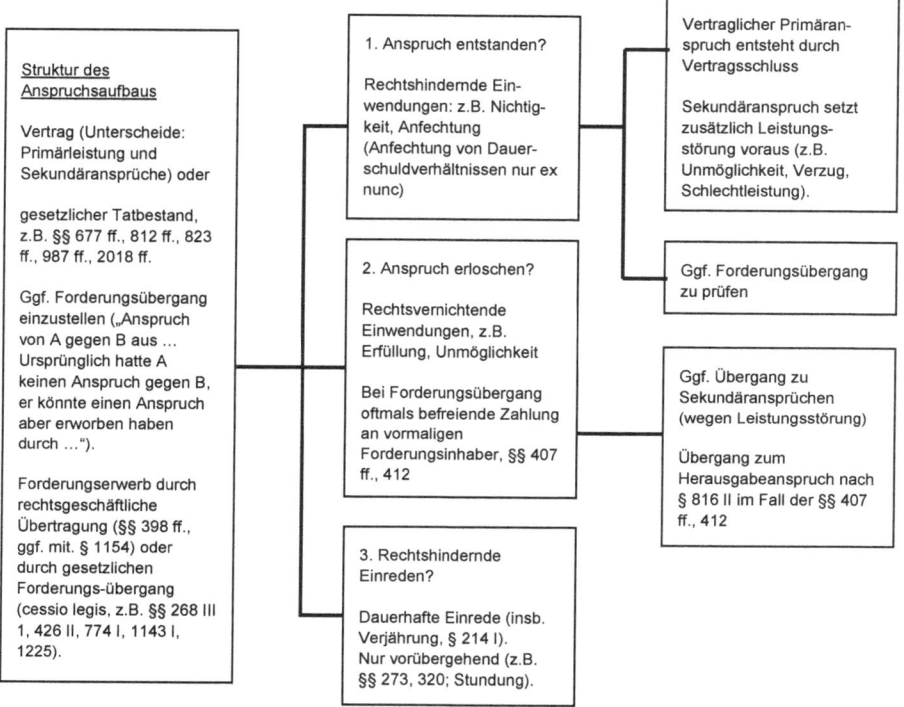

1. Struktur der Anspruchsentstehung

Die Arbeitshypothesen der gutachtlichen Fallbearbeitung werfen die begehrten Rechtsfolgen aus einer jeweils genau zu bezeichnenden Anspruchsgrundlage als – indirekt gestellte – Frage in der Möglichkeitsform auf (nach dem Schema: Wer will was von wem woraus?). Nachdem die Hypothese formuliert ist, müssen im Folgenden die einzelnen Tatbestandsmerkmale der Anspruchsgrundlage (das „woraus") geprüft werden. Sie sind die Voraussetzungen dafür, dass der Anspruch rechtlich entstanden ist.

125

> Wir bleiben bei vertraglichen Primäransprüchen. Die Probleme der Anspruchsentstehung können deshalb hier auf solche des Allgemeinen Teils des BGB beschränkt werden. Das ist die formale Seite des Zustandekommens des Rechtsgeschäfts. Zusätzlich muss ein verpflichtender Charakter (inhaltliche Seite des Rechtsgeschäfts) vorhanden sein, der sich am Schuldrecht orientiert. Als Schuldverhältnisse dienen uns die Typenverträge des Besonderen Schuldrechts des BGB (Kauf, Miete, Werkvertrag etc.). Die inhaltliche Frage nach den bestimmenden Wesensmerkmalen des Schuldverhältnisses (essentialia negotii) brauchen wir deshalb nicht besonders zu problematisieren.

Wir gehen von folgendem Sachverhalt aus, den wir nachfolgend weiter ausbauen werden:

126

> *Clara sieht in einer bekannten Markenkette-Boutique ein zauberhaftes Oberteil, das ihr sehr gut steht und perfekt passt. Sie bittet den Verkäufer, es zurückzulegen, um es nach*

anderweitigen Besorgungen „auf dem Rückweg abzuholen". Nachdem Clara bis Geschäftsschluss nicht wieder vorbeigekommen war, fragt sich der Verkäufer, ob er das Teil einer anderen Kundin verkaufen kann oder von Clara den ausgezeichneten Preis zu fordern hat.

127 Wir bilden nun zuerst den Obersatz mit dem konkreten Begehren entsprechend der zu prüfenden Anspruchsgrundlage:

Der Verkäufer könnte von Clara Zahlung von 500,-- Euro als Kaufpreis nach § 433 Abs. 2 beanspruchen.

128 Die Formulierung macht die beteiligten Personen deutlich.

Bemerkst Du eine etwas versteckte Oberflächlichkeit, die in der weiteren Prüfung dazu führen wird, dass „Punkte verschenkt" werden? – Überlege anhand der Details des Falltextes!

129 Die Formulierung „als Kaufpreis nach § 433 Abs. 2" macht ebenfalls deutlich, dass der Kauf die Grundlage des Anspruchs ist (lies § 241 Abs. 1 S. 1), während § 433 Abs. 2 nur die ihn tragende äußere Form ist, welche ggf. ergänzende Tatbestandsvoraussetzungen aufstellen könnte (im Fall des § 433 dies aber nicht tut). Die Entstehung des Anspruchs hängt also nur vom Zustandekommen des Kaufvertrages ab.

130 Im Anschluss an den Obersatz kann diese einzige Voraussetzung, nämlich der wirksame Kaufvertrag, folgendermaßen formuliert werden: *Dazu müsste ein wirksamer Kauf zwischen Verkäufer und Clara vorliegen. Ein Kauf ist ein vertragliches Austauschschuldverhältnis, bei welchem sich der Verkäufer zur Übergabe und Übereignung der Kaufsache gegen Zahlung des Kaufpreises durch den Käufer verpflichtet.* – Wir haben hier das (einzige) Tatbestandsmerkmal der Anspruchsgrundlage als Konditionalsatz aufgeworfen und dieses im Indikativ sogleich definiert. Solche Definitionen geben den eigentlichen Inhalt jedes Prüfungsschrittes vor und müssen deshalb besonders sorgfältig gelernt werden. Während sich nämlich die Tatbestandsvoraussetzungen der Anspruchsnormen zumeist und weitgehend aus dem Gesetz herauslesen lassen, ist das für die Definitionen dieser Merkmale kaum zuverlässig möglich.

Das exakte (Auswendig)Lernen von Definitionen ist der Schlüssel zu der ganz überwiegenden Mehrzahl von Klausurproblemen. Denn es geht bei der Definition nicht darum, eine grobe Richtung einzuschlagen, sondern präzise die erforderlichen Bausteine zusammenzutragen. Daher solltest Du Dir die Mühe machen und mindestens die Definitionen der Tatbestandsmerkmale der häufig gebrauchten Vorschriften auswendig lernen (oder wie man bildhaft im Englischen sagt: „learn them by heart").

131 Die im Beispielsfall verwendete Definition zeigt an, dass eine wechselseitige Verpflichtung gewollt sein musste und gibt zugleich deren Inhalt an. Die rechtsgeschäftliche Verpflichtung kommt durch zwei übereinstimmende Willenserklärungen zustande, deren Inhalt der konkrete Kauf (und seine essentialia negotii) ist. Wir bewegen uns dabei gedanklich-logisch auf einer Gliederungsebene eine Stufe tiefer.

132 Wir könnten also formulieren:

Fraglich ist, ob sich die Beteiligten hierauf geeinigt haben und diese Einigung wirksam ist. Eine solche Einigung setzt voraus, dass sich der Verkäufer verbindlich verpflichten wollte, den konkreten Kaufgegenstand zum geforderten Preis an Clara abzugeben. Ein solches Angebot könnte bereits im Darbieten des Kleidungsstücks mit dem Preisaushang liegen. Indem der Verkäufer eine solche Gelegenheit zum Kauf für eine unbestimmte Vielzahl an Kunden schafft, kann ihm noch nicht unterstellt werden, für eine beliebige Zahl von Fällen daran gebunden sein zu wollen. Vielmehr muss anerkannt werden, dass der Verkäufer das Angebot auf die vorhandene Stückzahl begrenzen will.

Es handelt sich hier um das Standardproblem der Abgrenzung eines Angebots von der Aufforderung zur Abgabe eines Angebots durch den Kaufinteressenten (sog. invitatio ad offerendum). Es fehlt dem Verkäufer der Rechtsbindungswille, denn es könnten zwei Kundinnen parallel das womöglich letzte Teil erwerben wollen. Um dann nicht allfälligen Schadensersatzansprüchen wegen Nichterfüllung des einen oder anderen Kaufvertrags ausgesetzt zu sein, muss der Verkäufer es in der Hand behalten, mit wem er kontrahiert. Also muss er derjenige sein, der das Käuferangebot annimmt.

Die Formulierung sollte daher etwa wie folgt weitergehen:

▶ Der Kauf könnte dadurch zustande gekommen sein, dass der Verkäufer der Bitte der Clara nachgekommen ist, das Bekleidungsstück zurückzuhängen, auf dass sie es später „abholen" könne. Dazu müsste Clara beabsichtigt haben, mit der Bitte eine rechtserhebliche und damit verbindliche Verpflichtung zu schaffen, was dem Verkäufer zudem erkennbar gewesen sein müsste. Aufgrund der Verwendung des Wortes „abzuholen" war beiden klar, dass zumindest eine verbindliche Reservierung gewollt war. Die Bitte ist daher als Willenserklärung i.S.d. § 145 aufzufassen. (*) Fraglich ist jedoch, ob die Willenserklärung der Clara ein Kaufangebot ist (konkreter Geschäftswille). Die Absicht der Clara müsste dahin zu verstehen gewesen sein, bereits jetzt die Verpflichtung einzugehen, den Kaufpreis zahlen zu müssen, sei es auch, dass die Zahlungspflicht erst später, nämlich bei Abholung zu erfüllen wäre. Dafür spricht, dass man nur etwas „abholen" kann, worauf man ein Anrecht hat. Sollte lediglich eine verbindliche Reservierung gemeint gewesen sein, hätte nähergelegen, nur den Wunsch zu formulieren, das Teil zurückzuhängen. Daher könnte vom wirksamen Abschluss eines Kaufvertrages über das Kleidungsstück ausgegangen werden. Der Vertrag scheiterte auch nicht an der fehlenden Verständigung über den Preis, der durch die Etikettierung feststand. Auf das gegenteilige Ergebnis weist allerdings ein beiderseitiges Interesse hin, einen Kauf an der Ladentheke als sog. Bargeschäft auszuführen. Beim Bargeschäft fällt die schuldrechtliche Verpflichtung mit dem davon rechtlich an sich zu trennenden Vollzug der Erfüllungshandlung zusammen. Dadurch behält der Kunde bis zur Bezahlung die Möglichkeit, es sich noch anders zu überlegen. Der Verkäufer bleibt dann ebenfalls frei, falls z. B. der Kunde an der Kasse feststellen sollte, nicht genügend Geld dabei zu haben. Eine solche Geschäftseinheit von Kauf (Verpflichtungsgeschäft) und Erfüllungsgeschäft ist überzeugender. Zwar entgeht dem Verkäufer so womöglich ein Umsatzgeschäft. Das Risiko einer anderenfalls aber womöglich erforderlichen Rechtsverfolgung stünde – jedenfalls bei Gegenständen des alltäglichen Bedarfs – außer Verhältnis zum entgehenden Gewinn. Ein Kaufvertrag war damit noch nicht geschlossen. Ergebnis: Das Zahlungsverlangen des Verkäufers ist nicht berechtigt. ◀

Letztlich sind hier beide Ergebnisse vertretbar. Auch bei Ablehnung des Kaufvertrags darf aber nicht ausgelassen werden, auf die im Beispiel vorliegende Stellvertretung hinzuweisen. Es muss zwischen dem im Sachverhalt angesprochenen Verkäuferbegriff als Berufsbezeichnung und dem in der Lösungsskizze verwendeten Verkäuferbegriff als Partei eines Kaufvertrages differenziert werden. Beides ist meist nicht deckungsgleich. Vertragspartner des Kaufvertrages ist nicht der angestellte Verkäufer, sondern der Rechtsträger des Ladengeschäfts. Vermutlich ist das im Beispielsfall der Ladeninhaber als Franchisenehmer der erwähnten „Modekette". An der (*) gekennzeichneten Stelle müsste folgender Einschub ergänzt werden:

▶ Zu klären ist, an wen Clara die Bitte richtete, wer also im rechtlichen Sinne Verkäufer ist und ob die Bitte rechtlich ein Kaufangebot darstellte. So könnte der im Ladengeschäft tätige Verkäufer die Annahme nicht im eigenen Namen, sondern als Vertreter in fremdem Namen abgegeben haben (§ 164 Abs. 1). Dieser Umstand müsste aber nach außen deutlich geworden sein (Offenkundigkeitsprinzip der Stellvertretung). Dabei genügt die Erkennbarkeit nach den Umständen (§ 164 Abs. 1 S. 2). Als Ladenangestellter ist das hinreichend deutlich gemacht. Außerdem müsste sich der Verkauf im Rahmen der ihm zustehenden Vertretungsmacht erfolgt sein. Zwar ist nicht davon auszugehen, dass der Ladeninhaber ihn zu dem konkreten Verkaufsgeschäft bevollmächtigt hatte, allerdings könnte hier die Vollmacht von Ladenangestellten nach § 56 HGB greifen. Es handelt sich dabei um eine Anscheinsvollmacht bzw. Fiktion („gilt als ermächtigt"). Sie greift nur, wenn keine rechtsgeschäftliche Vertretungsmacht erteilt wurde. Angestellte Verkäufer sind aber vielmehr tatsächlich und nicht nur scheinbar zur Vornahme geschäftstypischer Arten von Verkäufen ermächtigt. Der Verkäufer hatte daher nach § 54 Abs. 1 HGB Handlungsvollmacht (in Form der sog. Arthandlungsvollmacht). Damit ist seine Willenserklärung dem Vollmachtgeber als Vertretenen zuzurechnen. Zwar mag die Person des Vertretenen vorliegend unklar sein *(die Modekette? Oder der Ladeninhaber als Franchisenehmer? Eine natürliche oder juristische Person?).* Dies kann bei Bargeschäften des täglichen Lebens dahinstehen, weil die genaue Identifikation für den Käufer nicht von Interesse ist (sog. Geschäft für den, den es angeht). In diesem Sinne war auch bereits die Bitte der Clara nicht an den anwesenden Angestellten persönlich, sondern an diesen als Vertreter gerichtet gewesen und dadurch wirksam geworden, dass sie ihm als Empfangsvertreter zugegangen ist (§ 164 Abs. 3). ◄

Der vermeintlich einfache Fall enthält doch einige rechtliche Besonderheiten, welche es für die Lösung zu erkennen gilt. Eben dieses Erkennen soll hier geübt werden. Die Schemata helfen beim Erkennen, indem sie dazu zwingen, den Rechtsstoff zu systematisieren und zum Nachdenken bringen, ob der Sachverhalt für den nächsten Prüfungsschritt hinreichende Anhaltspunkte bietet.

136 Der Anspruch auf eine vertragliche Primärleistung setzt also zuerst ein Schuldverhältnis voraus. Dieses wird durch einen Vertrag, also ein Rechtsgeschäft, begründet. Ein solcher Vertrag wiederum muss erstens wirksam zustande kommen (formale Abschlusstechnik) und zweitens (inhaltlich) auf eine oder mehrere konkrete Verpflichtungen gerichtet sein, um dann Kaufvertrag, Werkvertrag, Mietvertrag etc. zu sein. Die Willenserklärung ist das Mittel zur formalen wie auch inhaltlichen Gestaltung der Rechtsverhältnisse. Das Recht der Willenserklärungen ist ein Kern des „Allgemeinen Teils". Für das Zustandekommen des Vertrages, also den Vertragsschluss, gilt folgendes Prüfungsschema (vgl. bereits oben):

I. Angebot einer Partei
  1. Abgabe und Zugang bei der anderen Partei
  2. Inhaltsbestimmung durch Auslegung (essentialia negotii des konkreten Kaufs, Werkvertrages etc.)
  3. Keine *auf die Willenserklärung bezogenen* Wirksamkeitshindernisse, z. B. Nichtigkeit wegen Minderjährigkeit
II. Annahmeerklärung
  1. Annahme durch zugangsbedürftige Willenserklärung (Prüfung wie beim Angebot Ziff. 1.-3.)
  2. Annahme nach § 151 (nur Zugangsverzicht)
  3. Annahme durch Schweigen (enge Ausnahmetatbestände nach Handelsrecht)
III. Angebotsbindung bei Annahme
  1. Kein Ablauf der Annahmefrist (§§ 147–149)
  2. Kein Erlöschen des Angebots aus anderen Gründen

IV. Kein Dissens (§§ 154, 155, vorrangig zum Dissens ist die inhaltliche Auslegung der Willenserklärung nach ihrem objektiven Erklärungswert; kein Dissens bei bloßer Falschbezeichnung – „falsa demonstratio non nocet")
V. Ergebnis: Vertragsschluss eines Kauf-, Werkvertrages etc.

Nur zur Unterscheidung: Weitere Wirksamkeitshindernisse wie die Nichtigkeit wegen Irrtumsanfechtung oder Sittenwidrigkeit gehören nicht zum „Vertragsschluss", sondern erst (anschließend) zur *Vertragswirksamkeit*. Ebenso etwa die Vertragswirkung für und gegen den Vertretenen (Stellvertretung).

2. Unterscheidung von Vertragsschluss und Vertragswirksamkeit

Dieses Schema zum Vertragsschluss steht nicht selbstständig, sondern ist in den gutachtlichen Fallaufbau einzufügen. Das Schema beantwortet nicht die Frage, ob ein Anspruch gegeben ist. Deshalb kann und darf nicht mit diesem Schema begonnen werden. Auszugehen ist vielmehr stets von einer Norm, die auf eine unmittelbare *Rechtsfolge* gerichtet ist. Setzt eine solche Anspruchsgrundlage das Bestehen eines Vertrages voraus (z. B. der Anspruch aus Kauf nach § 433 Abs. 1), dann erst ist der Vertragsschluss nach dem hier dargestellten Schema der erste Prüfungspunkt innerhalb dieser Anspruchsgrundlage. Der Vertragsschluss ist lediglich eine formale Technik nach den Vorschriften der §§ 145 ff. Die §§ 145 ff. enthalten keine Anspruchsgrundlagen. Daher darf ein Einleitungssatz *niemals* – außer es geht höchst ausnahmsweise um einen Kontrahierungszwang wie aktuell beim „Bankkonto für jedermann" – lauten: „… könnte einen Anspruch auf Abschluss eines Vertrages haben". Ist zwischen den Beteiligten das Zustandekommen eines Schuldverhältnisses unstreitig, weil der Aufgabensachverhalt beispielsweise ohne weitere Erläuterungen angibt, „A kauft bei B" (oder ähnliche Formulierungen), dann darf auch die Fallbearbeitung diesen Prüfungspunkt nur durch die Feststellung abhandeln, dass „vom Bestehen eines Schuldverhältnisses auszugehen ist". 137

Vom Zustandekommen des Vertrages, also dem technischen Vertragsschluss durch Einigung, ist die Wirkung eines geschlossenen Vertrages, seine Wirksamkeit, zu trennen. Diese inhaltliche Komponente ist der zweite Prüfungspunkt bei der Frage, ob ein (vertraglicher) Anspruch entstanden ist. Wir verweilen vorerst beim technischen Vertragsschluss. 138

Wie wir gesehen haben, kommen Verträge durch wirksames Angebot und eine rechtzeitige, inhaltliche übereinstimmende wirksame Annahme zustande. Angebot und Annahme sind Willenserklärungen, die durch Abgabe entstehen, anschließend durch Zugang beim Empfänger wirksam werden und ggf. der Inhaltsbestimmung durch Auslegung bedürfen. Was beim Schema zum Vertragsschluss bereits angedeutet wurde, lässt sich als eigenständiges Prüfungsschema einer Willenserklärung weiter ausbreiten: 139

Wirksame Willenserklärung 140

I. Abgabe (Willensäußerung)
   1. Objektiver Tatbestand (Erklärungsakt)
   2. Handlungswille des Erklärenden
II. Zugang als Wirksamkeitserfordernis
   1. Nur bei empfangsbedürftiger Willenserklärung
   2. Bei Abgabe unter Abwesenden (§ 130)
      Insbesondere Problem der Zugangsvereitelung

3. Bei Abgabe unter Anwesenden
   Insbesondere Verständnisprobleme (Vernehmungstheorien)
4. Zugangsvermittlung durch Dritte
   Ggf. Empfangsvertreter (§ 164 Abs. 3) oder Empfangsbote (§ 120 betrifft dagegen nur den Erklärungsboten)
5. Besonderes Zugangserfordernis bei geschäftsunfähigem (§ 131 Abs. 1) oder bei beschränkt geschäftsfähigem (§ 131 Abs. 2) Empfänger

III. Auslegung der Willenserklärung (Inhaltsbestimmung)
1. Bei empfangsbedürftiger Willenserklärung: Auslegung nach objektivem Erklärungswert.
   Grundsatz der „falsa demonstratio non nocet". Fallen aber subjektiver Wille und Auslegungsergebnis nach dem objektiven Erklärungswert auseinander, gilt die Erklärung mit dem nach §§ 133, 157 ermittelten objektiven Inhalt. Ein solcher Willensmangel hindert nicht den Vertragsschluss.
2. Erklärungswert des Schweigens
   Grundsatz: Schweigen als Ablehnung (§§ 108 Abs. 2 S. 2, 177 Abs. 2 S. 2, 415 Abs. 2 S. 2); Ausnahme z. B. § 362 Abs. 1 HGB.

IV. Nichtigkeitsgründe der Willenserklärung
1. § 105 Abs. 1 (Geschäftsunfähigkeit)
2. § 105 Abs. 2 (vorübergehende Geistesstörungen)
3. „Abhandengekommene" Willenserklärung (schuldlos fehlendes Erklärungsbewusstsein)

Bitte vergegenwärtige Dir nochmals Folgendes: Es geht hier um die Systematisierung des Rechtsstoffes, nicht um inhaltliche Vollständigkeit. Da das vertragliche Rechtsgeschäft durch zwei inhaltlich übereinstimmende und aufeinander bezogene Willenserklärungen zustande kommt, ist das Schema zur Prüfung der Willenserklärung sowohl zur Feststellung des Angebots als auch zur Feststellung der Annahme – mithin zweimal – anzuwenden. Es liegt eine Gliederungsebene tiefer, denn es enthält ja die *Voraussetzungen* des Angebots bzw. der Annahme.

141 Das vertragliche Rechtsgeschäft ist folglich zustande gekommen, wenn tatbestandlich zwei Willenserklärungen vorliegen, die inhaltlich, das heißt hinsichtlich der vertragswesentlichen Bestandteile, übereinstimmen. Diese Übereinstimmung in den essentialia negotii (beabsichtigte Vertragsparteien, gewünschte Leistung und Gegenleistung) ist entweder dem direkt erklärten Inhalt zu entnehmen oder durch Auslegung zu ermitteln.. In der Fallbearbeitung ist dieses Zustandekommen des vertraglichen Rechtsgeschäfts als Zwischenergebnis ausdrücklich festzustellen.

142 Wichtig ist diese Feststellung im Hinblick darauf, dass Probleme der Anfechtung, der Geschäftsfähigkeit, wie auch der Formbedürftigkeit von Willenserklärungen und ebenso die Widerrufsmöglichkeiten in Verbraucherverträgen nicht das Zustandekommen des Vertrages hindern, sondern erst anschließend zu problematisieren sind. Im nächsten Schritt ist nämlich zu prüfen, ob der zustande gekommene Vertrag die mit ihm inhaltlich beabsichtigten Rechtsfolgen auch tatsächlich bewirkt. Die Nichtigkeit eines Vertrages beispielsweise infolge berechtigter Anfechtung (§ 142 Abs. 1) oder infolge Geschäftsunfähigkeit bei der Abgabe einer Willenserklärung (§ 105 Abs. 1) sowie weitere an der Rechtsfolge anknüpfende Tatbestände sind deutlich vom Zustandekommen des Vertrages zu unterscheiden.

a) Wirkungsproblematik: Geschäftsfähigkeit

Das lässt sich für den Vertragsschluss eines Erstklässlers (vgl. Altersgrenze in § 104 Nr. 1) besonders deutlich zeigen. Die *an ihn* gerichtete Willenserklärung wird, wie in dem Prüfungsschema eben ausgeführt, nach § 131 Abs. 1 erst wirksam, wenn sie dem gesetzlichen Vertreter zugeht. Ohne Zugang der Willenserklärung kann bereits rein formal kein Vertragsschluss erfolgen. Dagegen ist die *vom* Geschäftsunfähigen abzugebende Willenserklärung, sofern das Kind zu einer bewussten Handlung und nach seiner Urteilsfähigkeit zu einer hinreichenden Willensbildung fähig ist, durchaus eine tatbestandliche Willenserklärung, die einen formalen Vertragsschluss bewirken kann: Ihre Unwirksamkeit nach § 105 Abs. 1 steht nicht im Zusammenhang mit der Abschlusstechnik, sondern mit materiellen Wirksamkeitshindernissen.

▶ **Beispiel:**

Bietet ein Zuckerwatteverkäufer dem an der Hand seiner Mutter gehenden sechsjährigen Jungen eine Portion zum Kauf an, so ist dieses Angebot mit Zugang bei der Mutter nach §§ 131 Abs. 1, 1629 Abs. 1 S. 2 wirksam. Beratschlagen sich Mutter und Sohn nun kurz untereinander und geht die Mutter dann weiter, während der Junge vielleicht mit innerem Zorn zurückbleibt, könnte folgender Sachverhalt zur Prüfung gestellt werden: der Sechsjährige kramt blitzschnell ein Geldstück aus seiner Tasche und erklärt von der Mutter unbemerkt und gegen ihren Willen die Annahme. Der Verkäufer, der vom Disput der beiden nichts mitbekommen hat, kassiert und der Bub isst zufrieden die Zuckerwatte. Als die Mutter sich anschließend umdreht, gerät sie außer sich.
Der Kaufvertrag könnte durch die wirksame Annahme zustande gekommen sein. Dazu müsste die Erklärung des Kindes nach dem äußeren Erklärungswert auf einen diesbezüglichen Willen haben schließen lassen und der äußere Erklärungstatbestand müsste dem Kind als innerer, subjektiver Wille zuzurechnen sein. Objektiv ist das wortlose Hinstrecken einer Geldmünze als Kaufwille zu verstehen. Fraglich ist jedoch, ob dem Jungen innerlich die Tragweite seines Handelns bewusst war, insbesondere er die Bedeutung rechtsgeschäftlichen Tätigwerdens erkennen konnte (Erklärungsbewusstsein) und er genau dieses Geschäft wollte (Geschäftswille). Aufgrund der Zielstrebigkeit seines Handelns und der entschlossenen Hingabe des Taschengeldes kann davon ausgegangen werden, dass der Sechsjährige den verpflichtenden Charakter seines Handelns verstand und ihm klar war, dass das Geld weg sein würde. Das Alter lässt außerdem auf eine entsprechende Urteilskraft schließen, als Kinder durchaus so frühzeitig zur Selbständigkeit hin erzogen werden. Die Einsicht in die rechtliche Verbindlichkeit seines Handelns kann bei dem Buben daher unterstellt werden. Die so abgegebene Willenserklärung ist dem Vertragspartner zugegangen und damit formal wirksam geworden. Zwar regelt § 130 Abs. 1 S. 1 nur das Zugangserfordernis bei Willenserklärungen gegenüber Abwesenden, unter Anwesenden kann jedoch nichts anderes gelten. Zwischenergebnis: Der Kaufvertrag mit dem Kind ist zustande gekommen.
Die Willenserklärung könnte jedoch rechtlich folgenlos sein. § 105 Nr. 1 bestimmt die Willenserklärung eines Geschäftsunfähigen als nichtig. Nichtigkeit bedeutet, dass an die tatbestandlich durchaus vorhandene Erklärung keine Rechtswirkungen geknüpft werden können. Kinder unter sieben Jahren sind nach § 104 Nr. 1 stets geschäftsunfähig. Damit fehlt der Willenserklärung des Sechsjährigen die rechtliche Verbindlichkeit. Die weitere Folge daraus ist die Nichtigkeit auch des geschlossenen Kaufvertrages. Aus ihm können ebenfalls keine Rechtsfolgen abgeleitet werden.
Ergebnis: Der mit dem Jungen geschlossene Kaufvertrag ist rechtlich ohne Wirkung (unwirksam). ◀

Als Klausurfall hätte nahegelegen, die Fallfrage auf die Rückforderung des Geldes zu richten. Von dieser begehrten Rechtsfolge hätte die Fallbearbeitung dann ausgehen müssen. Für die hiesige Darstellung soll es aber auf die Systematik der Rechtsgeschäftslehre ankommen. Daher sei dazu an dieser Stelle nur der oberflächliche Hinweis gegeben, dass die Rückforderung der Geldmünze (sofern sie noch individuell unterscheidbar vorhanden ist) nach §§ 985, 986 zu erfolgen hätte, weil sich der Minderjährige nicht wirksam seines Eigentums begeben konnte. Die dingliche Einigung nach

§ 929 S. 1 ist ihrerseits ein Rechtsgeschäft, welches aufgrund der Geschäftsunfähigkeit ebenfalls ohne Rechtswirkungen bliebe. Die Prüfung des Kaufvertrages hätte dagegen als mögliche Einwendung nach § 986 zu erfolgen. Sowohl bei der Übereignung als auch beim Kaufvertrag wäre außerdem auf § 105 a hinzuweisen gewesen, wonach aber nur volljährige Geschäftsunfähige Geschäfte des täglichen Lebens rechtlich wirksam durchführen können. Da diese Ausnahme vorliegend nicht einschlägig ist, hätte als weitere Einwendung gegen den Herausgabeanspruch geprüft werden müssen, ob der Verkäufer ein Zurückbehaltungsrecht nach § 273 hat, bis ihm seinerseits die Zuckerwatte zurückgegeben bzw. Schadensersatz dafür geleistet wird. Es müssten also Gegenansprüche auf Herausgabe und Schadensersatz inzident geprüft (und im Ergebnis natürlich abgelehnt) werden. Darauf soll hier nun nicht weiter eingegangen werden.

146 Handelte es sich statt um ein Kind um einen Jugendlichen, läge nicht Geschäftsunfähigkeit, sondern beschränkte Geschäftsfähigkeit (§ 106) vor. Das Zustandekommen des Vertrages wäre davon weitgehend unberührt mit der Erleichterung, dass sich der Zugang einer dem Jugendlichen gegenüber abzugebenden Willenserklärung statt nach § 131 Abs. 1 nach § 131 Abs. 2 richtet. Diese Vorschrift sieht in Satz 2 für *Angebote* zum Abschluss von Rechtsgeschäften vor, dass der Zugang beim beschränkt Geschäftsfähigen genügt, da er lediglich einen rechtlichen Vorteil, nämlich eine rechtliche Gelegenheit gibt. *Für die Annahme* würde es hingegen bei der Notwendigkeit des Zugangs beim gesetzlichen Vertreter verbleiben (Abs. 2 S. 1). Die Annahme setzt das Rechtsgeschäft in Kraft und bringt daher nicht lediglich einen rechtlichen Vorteil. Allerdings wird insoweit § 131 Abs. 2 durch §§ 108, 109 verdrängt, der Vertragsschluss scheitert also nicht an der Zugangsproblematik.

147 Die *Rechtswirkungen* eines so zustande gekommenen Vertrages sind gegenüber dem Geschäft eines Geschäftsunfähigen differenzierter ausgestaltet. Unter den Voraussetzungen der §§ 110, 112 oder 113 ist das vom Jugendlichen geschlossene Geschäft von Anfang an wirksam. Gleiches gilt nach § 107 für Geschäfte, welche dem Jugendlichen lediglich rechtliche Vorteile bringen (womit also keine Verpflichtungen verbunden sind; bloß wirtschaftliche Vorteilhaftigkeit genügt nicht). Außerdem sind Geschäfte mit Einwilligung des gesetzlichen Vertreters nach § 107 stets wirksam.

148 Ist das Rechtsgeschäft nach diesen Vorschriften nicht wirksam und handelt es sich um ein zweiseitiges Rechtsgeschäft, also einen Vertrag, so liegt schwebende Unwirksamkeit vor (§ 108 Abs. 1). Die Rechtswirkungen des Vertrages richten sich dann nach den in §§ 108 und 109 geregelten Varianten. – Ein einseitiges Rechtsgeschäft eines beschränkt Geschäftsfähigen, etwa die Kündigung, ist dagegen ohne Einwilligung des gesetzlichen Vertreters stets unwirksam (§ 111).

▶ **Formulierungsbeispiel**
(Im Rahmen eines Anspruchs auf Kaufpreiszahlung) Dieser Kaufvertrag könnte jedoch unwirksam sein.
Als 15-jährige ist Lena minderjährig, § 2, und somit nach § 106 beschränkt geschäftsfähig. Der Kaufvertragsschluss bringt ihr auch nicht nur rechtliche Vorteile, § 107, da Lena nicht nur den Anspruch auf Übereignung der Kaufsache nach § 433 Abs. 1 erhält. Nach § 433 Abs. 2 trifft sie auch die Zahlungspflicht hinsichtlich des Kaufpreises. Da eine (vorherige) Einwilligung der Eltern fehlte, war der Vertrag zunächst gem. § 108 Abs. 1 schwebend unwirksam. Aufgrund der Verweigerung einer Genehmigung durch den Vater gegenüber dem Verkäufer ist der Vertrag endgültig unwirksam geworden.
Endergebnis: Ein Anspruch nach § 433 Abs. 2 besteht nicht. ◀

b) Keine Wirkungsproblematik ist die Inhaltsbestimmung

Der bestimmbare Inhalt einer Willenserklärung ist notwendige Tatbestandsvoraussetzung, ohne sie also schon kein Vertragschluss; zur Problematik der Wirksamkeit kommt man dann also gar nicht erst. Wir haben festgestellt, dass es durchaus für Geschäftsunfähige und beschränkt Geschäftsfähige möglich ist, ein Rechtsgeschäft zustande zu bringen. Ohne die Mitwirkung des gesetzlichen Vertreters fehlt diesem Rechtsgeschäft allerdings regelmäßig die Rechtswirkung, weil bereits die Willenserklärung Defizite hat: Zwar hat sie keine tatbestandlichen Defizite, ihr fehlt es aber an der Bindungswirkung. Wichtig für die hiesige Darstellung des Aufbaus ist, diese beiden Seiten auseinander zu halten. Zum *Tatbestand der Willenserklärung* gehören, wie im Prüfungsschema ausgeführt, die nach ihrem objektiven und subjektiven Erklärungswert zu beurteilende Abgabe einer Erklärung, der Zugang dieser Erklärung und schließlich ein bestimmbarer Inhalt mit allen vertragswesentlichen Bestandteilen. Nur darauf baut der Vertragsschluss auf.

149

Das zweiseitige Rechtsgeschäft kommt dann zustande durch kongruente Annahmeerklärung. Auch an diese Willenserklärung sind lediglich die Voraussetzungen der Abgabe, des Zugangs und der (übereinstimmenden) Inhaltsbestimmung gestellt.

150

Die *Feststellung von Rechtswirkungen* eines solchen Rechtsgeschäfts ist in einem gesonderten (zweiten) Prüfungsschritt nach dem Vertragsschluss vorzunehmen. Hierbei muss erneut auf die Willenserklärungen des Angebots und der Annahme eingegangen werden, weil die Rechtswirkungen des Vertrages von den Rechtswirkungen der Willenserklärungen abhängen. Für die Problematik der (beschränkten) Geschäftsfähigkeit *greift dieser zweite Prüfungsschritt den Aspekt des handelnden Akteurs auf*, der im Zusammenhang mit der Abgabe der Willenserklärung steht. Dieser Aspekt ist zugleich auch ein Aspekt des Zugangs der jeweils anderen Willenserklärung. Mit jeweils unterschiedlicher Bedeutung ist die fehlende oder beschränkte Geschäftsfähigkeit an allen drei Stellen anzusprechen – keinesfalls dürfen diese drei Schritte vermischt werden.

151

c) Weitere Wirksamkeitsprobleme: Stellvertretung, Anfechtung

In ähnlicher Weise sind auch die Probleme der Stellvertretung und der Anfechtung in einer Fallbearbeitung darzustellen. Jedoch greifen beide Institute nicht Aspekte aus Abgabe und Zugang, sondern aus der Inhaltsbestimmung auf. Allerdings gilt auch insoweit, dass sich die Darstellung nach den Rechtsfolgen von Stellvertretung und Willensmangel (Anfechtung) zu richten hat. Stellvertretung und Willensmangel wiederum sind in dem Prüfungsschritt die Rechtswirkungen von Willenserklärungen und Rechtsgeschäft betreffend und damit zwingend erst nach Bejahen des Vertragsschlusses und des Tatbestandes der Willenserklärung zu erörtern.

152

▶ **Beispiel:**

153

Die Kassiererin im Supermarkt hat durch Scannen des Barcodes der Ware wirksam die Offerte des Kunden angenommen, welche dieser durch Auflegen der Ware auf das Fließband an der Kasse abgegeben hatte. Die Inhaltsbestimmung beider Willenserklärungen ergibt eine Übereinstimmung hinsichtlich der vertragswesentlichen Bestandteile des Kaufs. Die Auslegung beider Erklärungen ergibt, dass der Vertrag nicht mit der angestellten Verkäuferin, sondern dem Rechtsträger des Supermarkts zustande kommen soll. Zwar verlangt § 164 Abs. 1, dass der Vertreter eine eigene Willenserklärung (also in der Ich-Form) abgibt und zur Inhaltsbestimmung dieser Erklärung klarstellen muss, dass diese im Namen des Vertretenen abgegeben wird. Nach § 164 Abs. 1 S. 2 genügt dafür aber, dass „die Umstände ergeben, dass sie in dessen Namen erfolgen soll". Diesem Erfordernis ist an der Supermarktkasse genügt (unternehmensbezogenes Geschäft). Somit ist der Kaufvertrag zwischen dem Kunden und dem Supermarktinhaber zustande gekommen. Fraglich ist, ob dieser Kaufvertrag auch *Rechtswirkungen für und gegen den vertretenen* Supermarktinhaber hat. Das ist nur der Fall, wenn der Vertreter „innerhalb der ihm zustehenden Vertretungsmacht" gehandelt hat (§ 164 Abs. 1 S. 1). Die Vertretungsmacht bestimmt das rechtliche Können des Vertretenen; sie entscheidet, was der Vertreter mit Wirkungen gegenüber Dritten für und gegen den Vertretenen tun kann (ob er es – im Innenverhältnis zum Vertretenen – tun darf, mag je nach Art der erteilten Vollmacht eine davon unabhängige Frage des rechtlichen Dürfens sein). Der Kassiererin könnte Handlungsvollmacht i.S.d. § 54 Abs. 1 HGB erteilt worden sein. Aufgrund ihrer Anstellung als Kassiererin ist davon auszugehen, dass sie zu den geschäftsüblichen Verkäufen im Rahmen des Geschäftsbetriebs ermächtigt wurde. Sie wäre danach Arthandlungsbevollmächtigte. Voraussetzung für die Erteilung jeder Handlungsvollmacht ist nach § 54 HGB der Betrieb eines Handelsgewerbes. Das ist nach § 1 Abs. 2 HGB jeder Gewerbebetrieb mit Ausnahme der Kleingewerbetreibenden. Mangels Angaben im Sachverhalt soll dies hier als lebensnahe Annahme unterstellt werden. Die Kassiererin war folglich zu Verkäufen solcher Art ermächtigt. Anhaltspunkte für ein Überschreiten dieser Handlungsvollmacht sind nicht ersichtlich, zumal nach § 54 Abs. 3 HGB andere Beschränkungen als die in § 54 Abs. 2 HGB genannten nur sehr eingeschränkt beachtlich wären. Der Verkauf ist folglich auch für und gegen den Geschäftsinhaber rechtlich wirksam. ◄

154 Hätte nämlich die Kassiererin im Beispiel vollmachtlos gehandelt, etwa weil sie eine andere Art von Geschäften als normale Warenverkäufe[6] tätigte, so wären dennoch auch diese Geschäfte (soweit sie noch unternehmensbezogenen Charakter aufweisen) zwischen dem Kunden und dem Geschäftsinhaber zustande gekommen. Die rechtliche Wirkung zwischen beiden würde aber nach § 177 Abs. 1 „von der Genehmigung des Vertretenen abhängen". Verweigert dieser die Genehmigung oder erklärt er die Genehmigung nach Aufforderung nicht fristgerecht (§ 177 Abs. 2), bleibt der Kaufvertrag zwischen dem Kunden und dem Geschäftsinhaber zwar *bestehen, er hat aber keine Rechtswirkungen zwischen diesen beiden.* Vielmehr kann der Geschäftspartner nach § 179 Abs. 1, 2 sodann den vollmachtlosen Vertreter auf Erfüllung oder Schadensersatz in Anspruch nehmen. Ein solcher Haftungsanspruch wäre in der Fallbearbeitung als Hypothese neu anzusetzen. Bei dieser Prüfung wäre sodann § 179 Abs. 3 zu beachten.

Hier geht es nach wie vor um Dein Lernen. Die bisherigen Ausführungen sollen den Rechtsstoff für die Fallbearbeitung systematisieren. Bloße Methodenkompetenz genügt für das Bestehen von Klausuren selbstverständlich nicht, weshalb nochmals die Lektüre der Kapitel zum Vertragsschluss, zu den Willenserklärungen, der Geschäftsfähigkeit und Stellvertretung in einschlägigen Lehrbüchern zum Allgemeinen Teil des BGB dringend nahegelegt werden muss.

Lege Dir dabei parallel unbedingt entsprechende Aufbau- bzw. Prüfungsschemata zurecht. Durch ihre stichwortartige Zusammenfassung und vor allem durch die strukturierte Gliederung helfen sie dem Verständnis enorm. Idealerweise entwickelst Du aus den Ausführungen der Lehrbücher, den vorgefertigt gefundenen Schemata und der in dieser Schreibwerkstatt dargestellten Systematik eigenständige Exzerpte zur Schematisierung der Anspruchsprüfung. Damit diese übersichtlich bleiben, empfiehlt sich die Erstellung mehrerer Schemata. Jeweils separate Schemata beispielsweise zum vertraglichen Anspruch bei Geschäftsfähigkeitsproblemen,

---

6 § 54 HGB enthält eine Vermutung für den Umfang der Handlungsvollmacht („gewöhnlich mit sich bringt"). In Grenzfällen ist also Raum für Differenzierungen: Auch das Schuldanerkenntnis des Tankwarts, der versehentlich die falsche Treibstoffart beim Kunden eingefüllt hat, dürfte wohl davon umfasst sein. Bei der Kassiererin im Supermarkt ist die Vollmacht dagegen ziemlich eng umrissen.

bei Stellvertretungsproblemen, betreffend das Scheingeschäft und das verdeckte Geschäft sowie zur Anfechtung etc. sind besser als all-in-one Lösungen. Zur eigenen Kontrolle sollte die Gliederung von Musterbearbeitungen aus Fallübungsbüchern herangezogen werden. Jeder Übungsfall betrifft zwar nur einen kleinen Ausschnitt des jeweiligen Problemkreises, zeigt aber für diesen die allgemeine Grundstruktur auf. Zugleich wird Dir dadurch der Zusammenhang des übergreifenden Aufbauschemas und der in der Klausur erforderlichen *Lösungsskizze* deutlich. Darauf kommen wir später noch zu sprechen.

Zu Eingang dieses Kapitels hatte ich Dich davor gewarnt, dass sich der Gang der Darstellung in Lehrbüchern nach anderen Kriterien richtet als der in der Klausur geforderte Anspruchsaufbau. Leider gilt das auch für die meisten Schemata. Dieses Problem will ich nun zeigen, um daraus nochmals die Folgerung nahezulegen, dringend eigene Schemata zu exzerpieren.

3. Juristische Denkfehler im Aufbau

a) Unterschiedliche Ebenen: Beispiel Vertragsschluss trotz fehlender Vertretungsmacht

Wir haben die Struktur der Stellvertretung im Zusammenhang mit dem Vertragsschluss behandelt. Bei der Inhaltsbestimmung von Angebot und Annahme ging es um die Erkennbarkeit und das gemeinsame Verständnis die Vertragsbeteiligten betreffend. Bei der Frage, ob ein so unter Einbeziehung des Vertretenen zustande gekommener Vertrag auch Rechtswirkungen für und gegen den Vertretenen erzeugt, kam es auf die Vertretungsmacht des handelnden Vertreters an. Schauen wir uns nun das gängige Aufbauschema zur Stellvertretung (§§ 164 ff.) an, ist dies folgendermaßen gegliedert:

1. Zulässigkeit der Stellvertretung
   Nur bei Willenserklärungen und geschäftsähnlichen Handlungen, nicht bei Realakten oder, soweit gesetzlich Vertretung ausgeschlossen ist
2. Eigene Willenserklärung des Vertreters
   Abgrenzung zum Boten; bedeutsam z. B. für §§ 165, 166, 131
3. In fremdem Namen (Offenkundigkeitsprinzip)
   Auch bei unternehmensbezogenen Geschäften; anerkannte Ausnahmen: Geschäft für den, den es angeht, Handeln unter fremdem Namen
4. Innerhalb zustehender Vertretungsmacht
   Rechtsgeschäftlich erteilte Vollmacht, gesetzliche Vertretungsmacht, Organvertretung, Rechtsscheinvollmachten

Dieses Aufbauschema ist durchaus zutreffend, wenn es unter der pauschalen Fragestellung betrachtet wird, dass eine Willenserklärung für und gegen den Vertretenen wirkt, wenn diese Voraussetzungen erfüllt sind. Bei einem einseitigen Rechtsgeschäft wie etwa einer Kündigung oder der Erklärung der Anfechtung wird man dieses Schema in der Fallbearbeitung gleichsam als Checkliste abhandeln können. Auch die Kündigung oder Anfechtungserklärung ist eine Willenserklärung, welche tatbestandlich vorliegen muss und für die sich anschließend die Frage der Rechtswirkungen stellt. Dabei können die Probleme hintereinander abgearbeitet werden. Prüft man jedoch einen Vertragsschluss, besteht der Unterschied darin, dass eine zweite Willenserklärung tatbestandlich auf die erste Willenserklärung Bezug nehmen muss.

157 Daher ist für den Vertragsschluss ist nicht vom Schema der Stellvertretung, sondern von dem der Willenserklärungen auszugehen, was grob skizziert für die Stellvertretung folgendermaßen aussieht (vgl. Beispiel oben):

I. Angebot des Kunden
   1. Abgabe einer Willenserklärung durch Auflegen der Ware auf das Band
   2. Zugang der Willenserklärung bei der Kassiererin als *Empfangsvertreterin* (§ 164 Abs. 3)
   3. Inhaltsbestimmung als Kauf *vom vertretenen* Inhaber des Supermarkts
II. Annahme
   1. Abgabe dieser Willenserklärung als eigene durch die Kassiererin als Vertreterin (konkludent durch Einscannen des Barcodes)
   2. Zugang beim Kunden
   3. Inhaltsbestimmung als Verkauf *für den Vertretenen*, nämlich als *unternehmensbezogenes* Geschäft konkludent in seinem Namen
III. Zwischenergebnis: Vertragschluss zwischen Vertreter(!) und Kunden zustande gekommen
IV. Wirksamkeit *für und gegen den Vertretenen*
   1. Rechtsgeschäftlich wirksame *Erteilung* der Vertretungsmacht
   2. Wirksame *Ausübung* bzw. Einhalten des Umfangs der Vertretungsmacht (im Beispiel § 54 HGB)
V. Ergebnis: rechtswirksamer Supermarkteinkauf (als Schuldverhältnis zwischen Vertretenem und Kunden)

158 Für das juristische Denken ist also festzuhalten, dass die Beschäftigung mit „*dem Recht der Stellvertretung*" oder „*dem Minderjährigenrecht*" zwar notwendig ist, um mögliche Problemstellungen argumentativ in den Griff zu bekommen. Diese Beschäftigung ist jedoch für die Fallbearbeitung keinesfalls auch nur annähernd ausreichend, weil die **systematisch richtige Einordung der Problemstellungen in den Gutachtenaufbau** entscheidend ist. Und zwar nicht als Selbstzweck, sondern weil sich „das Problem" nur aus diesem Zusammenhang stellt.

Dass jemand keine Vertretungsmacht hat, bleibt ohne Rechtsfolgen, solange er nicht rechtsgeschäftlich tätig wird. Die Besitzübertragung nach § 854 Abs. 1 durch Erlangung tatsächlicher Gewalt (anders Abs. 2) ist ein Realakt und mithin kein Problem der Stellvertretung (relevant z.B. im Rahmen der Übereignung gem. § 929 S. 1).

159 Es handelt sich dabei auch nicht um quälenden Formalismus, sondern beeinflusst das Ergebnis. Ein zustande gekommenes, aber in der Rechtswirkung nichtiges Rechtsgeschäft kann etwa durch Bestätigung (§ 141) oder Heilung (§§ 311b Abs. 1 S. 2, 518 Abs. 2, 766 S. 3) doch noch wirksam werden. Ein bereits tatbestandlich fehlerhaftes Rechtsgeschäft ist dagegen endgültig gescheitert. Ebenso können aus einem lediglich nichtigen Rechtsgeschäft oder einem Rechtsgeschäft, das infolge Vollmachtlosigkeit des Vertreters nicht für und gegen den Vertretenen wirkt, Schadensersatzansprüche erwachsen (z. B. § 122 bzw. wie bereits gesehen § 179 Abs. 1).

Gleiches soll nun für das Thema Willensmängel ausgeführt werden.

b) Vertragsschluss und Wirksamkeit trotz Willensmangel – das anfechtbare Rechtsgeschäft

Wie gesehen, setzt jedes Rechtsgeschäft bereits *tatbestandlich* eine Inhaltsbestimmung zumindest hinsichtlich der wesentlichen Bestandteile voraus. Der Vertragsschluss verlangt die inhaltliche Übereinstimmung von Angebot und Annahme in den essentialia negotii. Auch einseitige Rechtsgeschäfte wie die Kündigung müssen aber den konkreten Willen z. B. zur Beendigung des Miet- oder Arbeitsverhältnisses etc. eindeutig zum Ausdruck bringen, da anderenfalls schon *tatbestandlich* keine Kündigung vorliegt.

Erst im zweiten Schritt, wenn das Rechtsgeschäft vorgenommen wurde, also der Vertrag zustande gekommen ist oder überhaupt eine Kündigung vorliegt, stellt sich die Frage nach der *Rechtswirksamkeit*. Bei der Kündigung heißt das, dass in diesem nächsten Schritt geprüft werden muss, ob ein Kündigungsgrund vorlag. Für das Vertragsverhältnis haben wir uns in Bezug auf die Rechtswirksamkeit hier v.a. mit Nichtigkeitsgründen zu beschäftigen. Als ein solcher Nichtigkeitsgrund soll nun die Anfechtung erläutert werden. § 142 Abs. 1 besagt: „wird ein anfechtbares Rechtsgeschäft angefochten, so ist es als von Anfang an nichtig anzusehen".

Zuvor müssen wir jedoch bei der Inhaltsbestimmung bleiben. Die für den Vertragsschluss notwendige inhaltliche Übereinstimmung von Angebot und Annahme macht es erforderlich, beide Willenserklärungen inhaltlich zu bestimmen. Neben Abgabe und Zugang gehört deshalb auch die Inhaltsbestimmung zum Tatbestand jeder Willenserklärung und deshalb auch zum Tatbestand von Angebot und Annahme: Nur bei übereinstimmendem Inhalt von Angebot und Annahme ist der Vertragsschluss perfekt. Er ist dann Kauf, Miete, Arbeitsverhältnis etc., weil zumindest eine Einigung über die Parteien, sowie die Haupt- und die Gegenleistung erzielt wurde. Verinnerliche bitte an dieser Stelle *nochmals Folgendes*: Damit ist darüber, ob der Vertrag, das Schuldverhältnis mit diesem Inhalt auch wirksam ist, noch überhaupt nichts gesagt.

In der Regel kann sich eine Inhaltsbestimmung auf die Interpretation einer Äußerung anhand der Umstände beschränken. Bloßes Deuten auf einen Gegenstand unter Kopfnicken wird an einer Ladentheke oder in einem Bekleidungsgeschäft nach Anprobe verschiedener Modelle als Willenserklärung zum Kauf eindeutig genug sein. Deshalb führt oftmals auch eine Falschbezeichnung zum richtigen Auslegungsergebnis, weil das eigentlich Gemeinte klar ersichtlich ist (falsa demonstratio non nocet).

▶ **Beispiel:**

Soll ein Grundstück veräußert werden und irren sich Verkäufer und Käufer gleichermaßen über die Hausnummer oder die Flurstücknummer im Grundbuch, so ergibt die Auslegung von Angebot und Annahme nach §§ 133, 157, dass nicht die irrtümlich schriftlich fixierte, sondern die eigentlich gemeinte „Nummer" übereinstimmender Vertragsinhalt ist. Eine andere, nämlich daran anschließende Frage ist dann auf der Ebene der Rechtswirksamkeit dieses Vertrages die Formnichtigkeit. Zumindest formalistisch ist der gewollte und ja auch zustande gekommene Vertrag über das richtige Grundstück nicht nach § 311 b Abs. 1 beurkundet. Die richtige Grundstücksnummer wurde notariell nicht beurkundet. Aber diese Frage hat wiederum nichts mit der Inhaltsbestimmung der Willenserklärung zu tun, sondern mit dem Schutzzweck der Formvorschrift auf der „Wirkungsebene". Im Ergebnis wird auch diesem genügt sein, so dass hier nicht erst die Heilung nach § 311 b Abs. 1 S. 2 zur Wirksamkeit verhilft.
Beachte: die Problematik wiederholt sich bei der Erfüllung des Kaufvertrages und wird dort bei der dinglichen Einigung (Auflassung) nach §§ 873, 925 vergleichbar zu lösen sein. ◀

Anders fällt das Ergebnis der Inhaltsbestimmung in den Fällen der Willensmängel aus.

166 Damit sind Mängel in der freien Willensbildung (Täuschung oder Drohung, § 123) oder der Willensäußerung (Inhalts- oder Erklärungsirrtum, § 119 Abs. 1) gemeint. Der einzige beachtliche Motivirrtum nach § 119 Abs. 2 gehört ebenfalls hierher. Gewollt ist von dem einen Beteiligten nicht das Geäußerte, sondern etwas anderes. Der andere Beteiligte bezieht sich mit seiner Erklärung aber auf das ihm gegenüber Gesagte oder Geschriebene. Für solche Fälle hat sich das BGB dazu entschieden, dass es für die Inhaltsbestimmung einer Willenserklärung (trotz ihres Namens) nicht auf den vermeintlichen inneren Willen des Äußernden ankommen solle, sondern darauf, was ein objektiver Empfänger als Inhalt daraus erkennen muss. *So stellt das Gesetz sicher, dass trotz des Willensmangels bei der Erklärung der einen Seite das Rechtsgeschäft, der Vertrag zustande kommt!* Bei der Inhaltsbestimmung der betroffenen Willenserklärung ist deshalb (streng genommen) überhaupt nicht auf den Willensmangel, den Irrtum, die Täuschung oder Drohung, einzugehen. Schon gar nicht sind §§ 119 oder 123 an dieser Stelle anzuwenden. Die Inhaltsbestimmung geht ausschließlich von der tatsächlichen mündlichen, schriftlichen etc. Äußerung aus und richtet sich auf dieser Grundlage allein nach dem objektiven Empfängerhorizont (Auslegung). Das Rechtsgeschäft kommt also mit dem irrtümlichen Inhalt zustande.

167 ▶ **BEISPIEL:**
Der Kunde bestellt in der Metzgerei dreißig belegte Semmeln (gilt auch für Brötchen, Stullen oder Rundstücke) für seine Geburtstagsfeier zwei Tage später mit Kollegen im Büro. Der Metzger notiert dies. Zurück im Büro stellt sich im Gespräch mit einem Kollegen heraus, dass er lediglich dreißig belegte Hälften bestellen wollte. Was gilt?
Der Kunde könnte zur Zahlung der dreißig ganzen belegten Brötchen verpflichtet sein. Dazu müsste ein Kauf dieses Inhalts zustande gekommen sein. Seine Bestellung lautet denn auch auf diese Menge. Allerdings wollte er damit zum Ausdruck bringen, dreißig Hälften zu benötigen. Fraglich ist deshalb, wie seine Bestellung zu verstehen war. Dazu ist die Erklärung nach §§ 133, 157 auszulegen. Die Auslegung erfolgt nach dem objektiven Empfängerhorizont. Ein unbefangener Empfänger, der die Zahl der Gäste nicht kennt, muss bei Brötchen von ganzen Stücken ausgehen. Dieser Inhalt ist also der Bestellung beizulegen. Indem der Metzger die Bestellung so notiert, ist damit ein Vertrag über dreißig Brötchen und nicht über dreißig Hälften zustande gekommen. Fraglich ist jedoch, ob dieser Vertrag Rechtswirkungen entfaltet bzw. der Käufer sich von solchen befreien könnte. Der (überschüssige) Kauf würde durch Anfechtung nach § 142 Abs. 1 nichtig werden. Die Anfechtung ist ein einseitiges Rechtsgeschäft und erfolgt ihrerseits durch empfangsbedürftige Willenserklärung. Sie ist dem Vertragspartner gegenüber abzugeben (§ 143 Abs. 1, 2) und muss inhaltlich zum Ausdruck bringen, an dem Kauf insoweit nicht mehr festhalten zu wollen. Rechtswirkung hätte die Anfechtung sodann, wenn ein dazu berechtigender *Anfechtungsgrund* vorliegt. Anfechtungsgrund ist hier ein Inhaltsirrtum (§ 119 Abs. 1), weil der Käufer unter einem belegten Brötchen fälschlich eine Hälfte davon verstand. Tatsächlich ergab die Auslegung seiner Bestellung jedoch, dass ein ganzes Brötchen Erklärungsinhalt geworden ist. Damit hatte sich der Käufer über den Inhalt seiner Willenserklärung geirrt. Die Wirksamkeit einer Anfechtung setzt bei einem Irrtum jedoch weiterhin voraus, dass sie nach § 121 Abs. 1 unverzüglich nach dessen Feststellung erklärt wird. Diese Anfechtungsfrist könnte der Käufer, wenn er sich sputet, noch wahren.
Durch eine entsprechende Klarstellung gegenüber dem Metzger könnte also eine Anfechtung ausgesprochen werden und wäre im vorliegenden Fall auch wirksam. Ergebnis: Durch wirksame Anfechtung würde der zustande gekommene Kauf insoweit seine Rechtswirkung verlieren. Der Kunde bräuchte dann nur dreißig Hälften zu bezahlen und abzunehmen.
Beachte aber: Sofern der Metzger, was vorliegend kaum denkbar ist, bereits Aufwendungen getätigt hätte, könnte er diese in einem anschließend zu prüfenden Schadensersatzanspruch nach § 122 geltend machen (wohl einschließlich entgangenen Gewinns).

Beachte weiterhin: Wenn der Kunde nun beim Metzger anruft oder dort vorbeigeht und entschuldigend das Missverständnis aufklärt, wird der Metzger darauf schmunzelnd eingehen („kein Problem") und die Angelegenheit wäre nicht durch Anfechtung, sondern durch *Änderungsvertrag* bereinigt. Der ursprüngliche Kaufvertrag hätte dann seine Rechtswirksamkeit dadurch verloren, dass der Kunde in der Erklärung seines Missgeschicks zugleich ein Angebot zum Abschluss eines Änderungsvertrages abgegeben hatte, welches der Metzger auf seinem Bestellzettel durch Korrektur der ursprünglichen Angabe annimmt. – Dieser zusätzliche Schritt muss in der Lösung als Möglichkeit dargestellt werden, weil in der Richtigstellung durch den Kunden wiederum durch Auslegung(!) sowohl das Änderungsangebot als auch die Anfechtungserklärung gesehen werden kann und muss. – Eher stilistisch ist die Entscheidung, in welcher Reihenfolge auf die Möglichkeit der Anfechtung und des Änderungsvertrages eingegangen werden soll. Grundsätzlich gilt, dass das letztlich Entscheidende, Überzeugende oder zu Bejahende stets am Schluss erörtert wird, um einen Spannungsbogen zu erzeugen.

Abwandlung: Der Kunde hatte sich vor dem Einkauf mit seiner Frau beraten und diese insoweit falsch verstanden. Der Metzger vergewisserte sich sogar nochmals: „Doppelseitig belegt?", was der Kunde bestätigte. – Was ist dabei anders? Arbeite exakt! § 119 Abs. 1 bestimmt: „Wer bei der Abgabe einer Willenserklärung (...)". In der Abwandlung liegt der Irrtum dagegen bei der Willensbildung im Vorfeld. Das ist kein relevanter Irrtumsfall, denn im Zeitpunkt der Willensäußerung wollte der Kunde genau das Verlangte. Ganz gleich verhält es sich z. B. bei falschen Preisauszeichnungen, wenn die Verkäuferin den „Irrtum" nicht bemerkt und den etikettierten Preis abkassiert: Sie irrt nicht! Aber auf sie kommt es in diesem Moment an (lies § 166 Abs. 1). ◀

Wie im Beispiel ausgeführt, sind Willensmängel (Irrtum, Täuschung oder Drohung) erst im Zusammenhang mit der Rechtswirkung eines zustande gekommenen Geschäftes relevant und auch dort nicht unmittelbar und direkt zu prüfen. Vielmehr ist bei der Rechtswirksamkeit des Geschäfts wiederum von der *Nichtigkeitswirkung als Rechtsfolge* einer Vorschrift auszugehen. Vorliegend war dies § 142 Abs. 1 im Hinblick auf die Anfechtung. Die Anfechtung selbst ist ihrerseits wieder ein (diesmal einseitiges) Rechtsgeschäft, welches durch die Anfechtungserklärung (§ 143) zustande kommt und dessen Rechtswirksamkeit anschließend zu prüfen ist. Die Rechtswirksamkeit der Anfechtung hängt vom „anfechtbaren Rechtsgeschäft" (so § 142 Abs. 1) ab. § 119 Abs. 1 bestimmt dafür die Anfechtbarkeit wegen Irrtums (vergleichbar § 123 Abs. 1 für die Anfechtbarkeit wegen Täuschung oder Drohung). *An dieser Stelle* ist der Willensmangel gutachtlich zu bestimmen. Mit rechtswirksamer Anfechtung verliert das Schuldverhältnis, z. B. der Kauf, seine Rechtswirkung. Dies ist jedoch keine Frage seines Zustandekommens, sondern nur eine solche der Rechtswirkungen aus dem zustande gekommenen Vertrag.

168

Das übliche Aufbauschema zur Anfechtung sieht wie folgt aus:

169

I. Zulässigkeit der Anfechtung
Anfechtbar sind nur Willenserklärungen (und geschäftsähnliche Handlungen); Ausnahmen und Besonderheiten zur Anfechtbarkeit bestehen z.T. im Gesellschaftsrecht, Erb- und Familienrecht

*** Tatbestand der Anfechtung als einseitiges Rechtsgeschäft: ***
II. Anfechtungserklärung
1. Empfangsbedürftige Willenserklärung (Abgabe, Zugang und Inhalt, der auf die Lösung vom Vertrag etc. wegen Willensmangels gerichtet sein muss)
2. Richtiger Anfechtungsgegner (§ 143)

*** Rechtswirksamkeit der Anfechtung: ***
III. Anfechtungsgrund
   1. § 119 Abs. 1 wegen Inhalts- oder Erklärungsirrtums (nicht so aber im Fall des § 164 Abs. 2 oder hinsichtlich der Rechtsfolgen des Schweigens oder von Rechtsscheintatbeständen)
   2. § 119 Abs. 2 wegen Eigenschaftsirrtums
   3. § 120
   4. § 123 wegen Täuschung oder Drohung
   5. Anfechtungsfrist
      § 121 (bezüglich §§ 119, 120); § 124 (bezüglich § 123)
IV. Kein Ausschluss der Anfechtung (z. B. § 144)

170 Wichtig ist, dieses Schema innerhalb der gutachtlichen Prüfung an der richtigen Stelle anzuwenden. Die Anfechtung ist ein Gestaltungsrecht, das einem anderen Rechtsgeschäft, beispielsweise dem früher geschlossenen Kaufvertrag, die Rechtswirksamkeit nimmt. Obwohl Gegenstand der Anfechtung an sich die Willenserklärung ist, welche mit dem Willensmangel behaftet ist, richtet sich die Rechtsfolge der Anfechtung zuvorderst auf die Loslösung von der Bindungswirkung des gesamten zuvor zustande gekommenen Geschäfts. Das zu Fall bringen der einen Willenserklärung (besser: ihrer rechtlichen Wirksamkeit) ist wiederum nur Spiegelbild der Abschlusstechnik der Rechtsgeschäftslehre. Im Übrigen differenziert der Sprachgebrauch des BGB hier nicht klar zwischen Rechtsgeschäft und Willenserklärung (vgl. den Wortlaut von § 142 Abs. 1 einerseits und § 119 Abs. 1 andererseits). Es empfiehlt sich daher, in der Fallbearbeitung von der Anfechtung des Rechtsgeschäfts, also z. B. des Vertrages, auszugehen – aber eben auf der „Ebene" der Rechtswirkung eines Vertrages, nicht bereits bei seinem Zustandekommen.

Zur Verständniskontrolle: Lies bitte an dieser Stelle § 174.

Beispiel für die Vorschrift ist die Anfechtungserklärung durch einen beauftragten Rechtsanwalt des Irrenden. Spricht der Anwalt die Anfechtung aus, ohne eine Vollmachtsurkunde vorzulegen und weist der Anfechtungsgegner „das Rechtsgeschäft aus diesem Grund unverzüglich zurück", ist es (die Anfechtung) unwirksam.

An welcher Stelle der gutachtlichen Prüfung ist hierauf einzugehen? –

Nicht weiterlesen, sondern nachdenken!

Das Gesetz spricht als Rechtsfolge von der Unwirksamkeit des einseitigen Rechtsgeschäfts. § 174 ergänzt insoweit § 180, wonach das von einem Vertreter ohne Vertretungsmacht vorgenommene einseitige Rechtsgeschäft nichtig ist. Da der Erklärungsgegner anders als durch Vorlegen einer Vollmachtsurkunde das Vorliegen ordnungsgemäßer Vollmacht nicht beurteilen kann, verpflichtet § 174 den Vertreter indirekt genau dazu. § 174 erweitert also den Anwendungsbereich der Nichtigkeitsfolge. Daher ist § 174 bei der Rechtswirkung der Anfechtung zu prüfen. Geeigneter Gliederungspunkt im obigen Schema wäre z. B. der Zusammenhang mit Ziffer IV (Ausschluss der Anfechtung).

Dagegen rücken manche Aufbauschemata die Vorschrift als Unterpunkt bei der Anfechtungserklärung ein. Dem ist zu widersprechen, weil die Anfechtung als einseitiges Rechtsgeschäft auch ohne Vorlage der Vollmachtsurkunde, ja sogar ohne

Vollmacht, durchaus tatbestandlich existent ist. Sie bleibt aber ohne Rechtswirkung.

Beachte sodann: Eine weitsichtige Fallbearbeitung könnte an dieser Stelle nicht bei der Feststellung der Unwirksamkeit der Anfechtung stehen bleiben. Vielmehr würde sich die Frage aufdrängen, die Anfechtung – diesmal formwirksam – unter Vorlage der Vollmachtsurkunde zu wiederholen.
Was ist davon zu halten?
Eine Genehmigungsfähigkeit des vollmachtlosen einseitigen Rechtsgeschäfts sehen weder § 174 noch § 180 vor. Nur eine solche Genehmigung würde auf den Zeitpunkt der Abgabe der ersten Anfechtungserklärung zurückwirken (vgl. § 184 Abs. 1). Da die Genehmigung gesetzlich nicht vorgesehen ist, käme nur eine wiederholte Anfechtungserklärung in Frage, die zeitlich später und für den Fall der Irrtumsanfechtung nicht mehr unverzüglich i.S.d. § 121 wäre. Dies gilt jedenfalls, sofern die Zurückweisung durch den Anfechtungsgegner und die Neuvornahme z. B. vom Postlauf abhängig sind.

Durchdenke das Zustandekommen des Vertrages, seine Wirksamkeit und eine Anfechtbarkeit nun für die folgenden beiden Beispiele:
▶ Eine Verkäuferin preist Waren in einem Ladengeschäft irrtümlich zu billig aus. Später nimmt ein Kunde ein Teil aus dem Regal und zahlt bei der Kassiererin den etikettierten Preis. Der Inhaber bemerkt den viel zu billigen Verkauf und will den Kunden so nicht gehen lassen.
Anderer Fall: Die Ladeninhaberin eines Antiquitätengeschäfts ist in der Mittagspause. Die Kassiererin kann das handschriftliche Preisetikett nicht entziffern. Sie nimmt an, die erste Ziffer sei eine 1 und verkauft einem Kunden den Gegenstand für 100 Euro. Wie der Kunde bezahlt, kommt die Chefin zurück und wundert sich, denn gemeint war von ihr eine 7. Auch sie will den Kunden so nicht gehen lassen.
Bitte skizziere die Lösung selbst. – Erst anschließend als Hilfestellung stellst Du Dir folgende Fragen:
Worin unterscheiden sich beide Fälle? Der Irrtum *wobei* ist relevant? *Wer* muss sich dabei irren? Lies die §§ 165 ff. genau durch. Irrte die Kassiererin(!) im ersten Fall wirklich? ◀

Die Anfechtung ist ein Gestaltungsrecht. Das bedeutet, dass sie ihrerseits ein (einseitiges) Rechtsgeschäft ist, welches zustande kommen muss (durch die Anfechtungserklärung) und für das die rechtliche Wirksamkeit festgestellt werden muss (Vorhandensein eines Anfechtungsgrundes etc.). Als Rechtsgeschäft kommt die Anfechtung durch eine Willenserklärung zustande, welche (so wie wir das bei Angebot und Annahme für den Vertrag als zweiseitiges Rechtsgeschäft gesehen haben) der Abgabe bedarf, zugehen muss und deren Inhalt ggf. durch Auslegung zu bestimmen ist. Ihr Inhalt ist darauf gerichtet, sich von einem geschlossenen und rechtswirksamen Vertrag bzw. einer entsprechenden zuvor abgegebenen Willenserklärung zu lösen. Der Inhalt muss zum Ausdruck bringen, dass der Erklärende aufgrund eines bestimmten, konkret zu benennenden Willensmangels Abstand vom früheren Geschäft nehmen möchte.

Ob die Anfechtung sodann berechtigt ist, ist keine Frage der Inhaltsbestimmung, sondern der Rechtswirksamkeit der Anfechtung. Wie bei jeder Willenserklärung können für die Rechtswirksamkeit der Anfechtung Probleme der Geschäftsfähigkeit des Anfechtenden, der Vertretungsmacht im Falle der Anfechtung durch einen Bevollmächtigen und andere Wirksamkeitshindernisse von Willenserklärungen relevant werden. Etwas kurios ließe sich sogar ein Fall der Anfechtung einer Anfechtung konstruieren; allerdings ist die Anwendung eines Gestaltungsrechts auf ein anderes Gestaltungsrecht grundsätzlich unzulässig (vgl. im Schema oben unter Ziffer I).

Die Anfechtung als „Gestaltungsrecht" hat nicht deshalb besondere Klausurbedeutung, weil solche Fälle besonders praxisrelevant wären (dem steht der Schadensersatzanspruch nach § 122 entgegen, wonach der Anfechtende die Kosten einschließlich des entgangenen Gewinns meist dennoch tragen muss).

Vielmehr lassen sich bei der Anfechtung der systematische Aufbau mit dem Ineinandergreifen zweier Rechtsgeschäfte, beispielsweise des ursprünglichen vertraglichen mit dem einseitigen der Anfechtung, sowie der Aufbau von Willenserklärungen hinsichtlich ihres Zustandekommens und ihrer Wirksamkeit, übersichtlicher „abprüfen" als bei anderen Gestaltungsrechten. Wir haben auch schon andere Gestaltungsrechte kennengelernt: die Möglichkeit des gesetzlichen Vertreters zur Genehmigung schwebend unwirksamer Geschäfte eines Minderjährigen nach § 108, ebenso die Genehmigung des schwebend unwirksamen Geschäfts eines vollmachtlosen Vertreters nach § 177. Weitere Gestaltungsrechte sind bei Dauerschuldverhältnissen die Kündigung, also z. B. eines Miet-, Arbeits- oder Gesellschaftsverhältnisses. Ein weiteres Gestaltungsrecht ist überdies der Rücktritt (§ 346), zu welchem z. B. der Käufer einer mangelhaften Sache nach § 437 Nr. 2 berechtigt sein kann. Schließlich gehört hierher auch der Widerruf (§ 355), der Verbrauchern bei bestimmten Verbraucherverträgen nach §§ 312 g, 485, 495, 510 oder 512 eingeräumt wird. Mit letzterem werden wir uns später noch beschäftigen.

c) Nicht lernen, sondern verstehen: Beispiel Dissens

174 Die §§ 154, 155 betreffen den Einigungsmangel (Dissens). Daran lässt sich die bisherige Darstellung zum Vertragsschluss und den Hinderungsgründen der Rechtswirksamkeit (rechtshindernde Einwendungen) wiederholen. Damit schließen wir dann die Darstellung zur Anspruchsentstehung ab.

175 Da die Einigung Geltungsgrund des vertraglichen Rechtsgeschäfts ist, folgt daraus ohne Weiteres, dass der Einigungsmangel bereits das Zustandekommen des Rechtsgeschäfts vereitelt. Die §§ 154, 155 haben Fälle zum Gegenstand, in denen die Parteien durchaus bereits über Teilregelungen eine Verständigung erzielt haben, aber mindestens ein zu regelnder Punkt noch in Verhandlung ist (§ 154) oder von beiden Seiten unbemerkt nicht geregelt worden war (§ 155).

176 Ein offen zu Tage liegender Einigungsmangel entsteht regelmäßig während des Aushandelns von Verträgen. Zwar gilt hierbei § 150 Abs. 2, wonach eine Annahme unter Erweiterungen, Einschränkungen oder sonstigen Änderungen als Ablehnung verbunden mit einem neuen Antrag gilt. Insoweit liegt kein Einigungsmangel vor, sondern es fehlt insgesamt an der Annahme. Allerdings ist eben auch denkbar, dass die Parteien einen Vertrag „Punkt für Punkt" verhandeln und auf diesem Weg schrittweise zu einer Einigung kommen. Eine solche Verständigung über einzelne, aber nicht alle Punkte, getragen vom beiderseitigen Bewusstsein der noch offenen Punkte meint § 154 und bestimmt, dass „im Zweifel der Vertrag nicht geschlossen" ist. Die Vorschrift ist im Hinblick auf den Vorgang des Aushandelns mehr klarstellender Natur und in Parallelität zu § 150 Abs. 2 zu verstehen. Ob einzelne Verhandlungsschritte dabei schriftlich fixiert werden oder keine Aufzeichnung stattfindet, ist konsequenterweise ohne Belang (§ 154 Abs. 1 S. 2).

177 Bemerkenswert ist vielmehr, dass der Einigungsmangel nur „im Zweifel" nicht zum Vertragsschluss führt. Fehlt eine Einigung über vertragswesentliche Bestandteile, kann kein Vertrag zustande gekommen sein. Diese sind notwendiger Mindestinhalt einer Einigung. Grundsätzlich müssen sich die Parteien aber nicht nur über die vertragswesentlichen Bestandteile, sondern über alle Punkte eines Vertrages geeinigt haben, über die nach der Erklärung auch nur einer Partei eine Vereinbarung getroffen werden soll. Handelt es sich daher bei den noch offenen Punkten um Nebenbestimmungen nicht vertragswesentlichen Inhalts, kann die Auslegung des beiderseitigen Parteiwillens trotzdem einen bereits vollzogenen Vertragsschluss ergeben.

178 § 154 Abs. 1 bestimmt folglich weniger, dass ohne vollständige Einigung kein Vertrag zustande gekommen ist (was eigentlich eine Selbstverständlichkeit ist), sondern vielmehr, dass je nach Auslegungsergebnis *trotzdem* vom Zustandekommen eines Vertrages auszugehen sein kann.

179 In vergleichbarer Weise „rettet" § 155 für den von den Parteien nicht erkannten, versteckten Einigungsmangel den Vertragsschluss. Voraussetzung auch hierfür ist wiederum, dass der z. B. übersehene oder vergessene Regelungspunkt bei der Einigung beiden Parteien weniger bedeutsam erscheint. Auch § 155 kann deshalb nicht für die essentialia negotii, sondern nur für Nebenabreden nicht vertragswesentlichen Inhalts (accidentialia negotii) gelten.

Eine lediglich vermeintliche Einigung (versteckter Dissens) kann auch daher rühren, dass man aneinander vorbeigeredet hatte (Scheinkonsens). Hierin liegt eine Tücke für die Fallbearbeitung in der Klausur: *Die Auslegung nach dem objektiven Empfängerhorizont geht vor!*

180 Hat sich eine Seite oder haben sich beide Seiten unklar oder mehrdeutig ausgedrückt, ist durch Auslegung nach §§ 133, 157 im Rahmen der Inhaltsbestimmung der betroffenen Willenserklärung zu ermitteln, wie der Empfänger nach objektiven Kriterien die Äußerung verstehen durfte und musste. Hat der Erklärungsempfänger die missverständliche Erklärung so verstanden, wie der Erklärende sie (subjektiv) gemeint hatte, liegt in Wahrheit eine Einigung dieses Inhalts vor (falsa demonstratio non nocet). Hat der Erklärungsempfänger die missverständliche Aussage zwar nicht so verstanden, wie der Erklärende sie meinte, aber doch nach ihrem objektiven Erklärungswert zutreffend erfasst und erklärte er sich auf dieser Grundlage einverstanden, liegt ebenfalls kein Einigungsmangel vor. Vielmehr handelt es sich um einen Irrtumsfall nach § 119 Abs. 1 auf Seiten des sich unklar Erklärenden, der deshalb das zustande gekommene Rechtsgeschäft möglicherweise anfechten kann (rechtsvernichtende Einwendung gegen die Wirksamkeit des Vertrages). – Erst wenn eine Einigung weder subjektiv noch nach dem objektiven Erklärungswert beider auf einen Vertragsschluss gerichteten Willenserklärungen festzustellen ist, handelt es sich um einen (versteckten) Einigungsmangel. Erst dann darf § 155 angewandt werden.

181 Ein Fall des § 155 liegt also nur vor, wenn sehr explizit aneinander vorbeigeredet worden ist.

182 ▶ **Beispiel:**
Der Kunde bittet um ein Angebot für ein genau spezifiziertes „Originalersatzteil eines bestimmten Herstellers". Der angefragte Händler bietet ein solches an, versteht die Definition des Begriffes Originalersatzteil aber auf Grundlage der Teilequalität und nicht der Teileherkunft. Sein Angebot lautet deshalb nicht auf den ursprünglichen Hersteller (OEM – Original Equipment Manufac-

turer). Tatsächlich dürfen etwa im Kfz-Aftermarket solche Komponenten als Originalteile bezeichnet werden, die exakt nach den Normen und Spezifikationen des OEM gefertigt werden. Der Kunde akzeptiert den genannten Preis und bittet um Lieferung des „Originalersatzteils des Herstellers". Mit Eintreffen der Ware rügt der Kunde unverzüglich die Provenienz von einem anderen als dem ursprünglichen Hersteller.

Ein Zahlungsanspruch setzt das Zustandekommen eines Kaufvertrages zwischen dem Kunden und dem Händler voraus (§ 433 Abs. 2). Voraussetzung dafür sind zwei inhaltlich übereinstimmende Willenserklärungen.

Die Kundenanfrage bezog sich explizit auf Originalteile, und zwar einschränkend auf einen bestimmten Hersteller. Es handelt sich um eine invitatio ad offerendum. Das vom Händler daraufhin abgegebene Angebot weicht inhaltlich davon ab, als der von ihm verwendete Begriff des Originalteils branchenüblich gerade nicht die Teileherkunft vom OEM umfasst.

Dieses Händlerangebot hat der Kunde nicht angenommen. Seine Lieferbitte war erneut eindeutig auf die Teileherkunft „vom OEM" eingeschränkt. Durch Auslegung nach § 133, 157 ergibt sich deshalb, dass eine Abweichung vom Angebot gewollt war. Nach § 150 Abs. 2 handelt es sich damit um eine Ablehnung des Angebots, verbunden mit einem neuen Antrag.

Ein solches neues Angebot hat sodann der Händler wiederum nicht ausdrücklich angenommen. Zwar könnte er die Annahme konkludent durch die nachfolgende Auslieferung erklärt haben, allerdings nur dann, wenn tatsächlich die vom Kunden gewünschte und bezeichnete Ware geliefert worden wäre. Das ist nicht der Fall. Somit stellt auch die Lieferung durch den Händler erneut ein abgeändertes Angebot dar. Da der Kunde dieser Lieferung seinerseits widersprochen hat, ist schließlich auch insoweit keine konkludente Einigung über den Liefergegenstand zustande gekommen. Ein Kaufpreisanspruch besteht daher nicht.

Der Vertragsschluss könnte aber gem. § 155 dennoch zu bejahen sein. Danach ist das Vereinbarte gültig, wenn ein versteckter Einigungsmangel vorliegt und anzunehmen ist, dass der Vertrag auch ohne eine Einigung über diesen Punkt geschlossen sein würde. Zwar gingen die Parteien aufgrund der Lieferbitte des Kunden von einer Einigung aus und hatten nicht erkannt, dass sie aneinander vorbeigeredet haben. Ein versteckter Dissens liegt also vor. Allerdings betrifft dieser den Liefergegenstand selbst (vertragswesentlicher Bestandteil). Eine Bindung nach § 155 scheidet damit von vornherein aus. Überdies zeigt die Ablehnung des Kunden, dass ein Vertragsschluss ohne Bestimmung der Teileherkunft vom OEM nicht konsensfähig gewesen wäre.

Ergebnis: Ein Kaufpreisanspruch nach § 433 Abs. 2 ist nicht entstanden (die Frage etwaiger Mangelhaftigkeit infolge abweichender Teileherkunft kann sich mangels Kaufs also nicht stellen). ◄

183 Hätte in diesem Beispiel der Kunde bei der Lieferbitte lediglich sein „OK" signalisiert und nicht ausdrücklich die bestimmte Herstellerherkunft betont, hätte aufgrund der Auslegung nach dem objektiven Empfängerhorizont darin eine Annahme gelegen. Der Kauf wäre dann über ein Originalteil nach Maßgabe des branchenüblich weiten Begriffs zustande gekommen. Der Kunde hätte seine Erklärung jedoch wegen Irrtums (§ 119 Abs. 1 1. Alt.) anfechten können (§ 142 Abs. 1).

184 (Erst) Im Rahmen seiner Schadensersatzpflicht nach § 122 Abs. 1 wäre dann auf die Veranlassung des Missverständnisses durch den Händler einzugehen (vgl. § 122 Abs. 2).

Nicht nur im BGB AT liegt die Tücke im Detail. Die exakte Konstruktion der Lösung muss ebenso hart am Gesetz wie auch am Sachverhalt bleiben.

d) Unterschiedliche Ebenen: Beispiel Formmängel

185 Bitte lies § 154 Abs. 2. Welche Rechtsfolge hat die Nichteinhaltung der gewillkürten Form?

Nicht weiterlesen, sondern zuerst selbst nachdenken.

Der Wortlaut in § 154 Abs. 2 ist eindeutig und betrifft das Zustandekommen des Vertrages. Der Formmangel der verabredeten Beurkundung führt also nicht zur Nichtigkeit, sondern dazu, dass bereits der Vertragsschluss fehlt.
Lies jetzt bitte § 125. Wie passt das zusammen?

▶ Formmangel hinsichtlich der durch Gesetz vorgeschriebenen Form führt zur Nichtigkeit. Nach § 125 S. 2 gilt dies aber auch für den Mangel der durch Rechtsgeschäft bestimmten Form. Solcher Formmangel hindert also nicht das Zustandekommen, sondern die Wirksamkeit. *Widersprechen sich also § 154 Abs. 2 und § 125 S. 2?* – Nein, denn § 154 Abs. 2 betrifft das Aushandeln eines Vertrages und meint deshalb den Fall, dass die Verhandlungspartner beabsichtigen, das endgültige Verhandlungsergebnis in einer Urkunde zu verschriftlichen. Erst damit soll der Vertrag geschlossen sein. Die Beurkundung wird dabei also nur als ein Regelungspunkt der Verhandlung behandelt und erst wenn alle Punkte erfüllt sind, ist der Vertrag zustande gekommen. Eine „durch Rechtsgeschäft bestimmte Form" kann es in dieser Situation noch nicht geben, denn ein solches soll ja erst ausgehandelt werden.
Anders der Fall in § 125 S. 2: dort wird davon ausgegangen, dass bereits ein Rechtsgeschäft der Parteien die Form vorschreibt. Fälle nach § 125 S. 2 sind also Änderungsverträge, welche aufgrund einer Schriftformklausel im Ursprungsvertrag formbedürftig sind. Ebenso kann u.U. für Kündigungen, Rücktrittserklärungen etc. eine Formbedürftigkeit im zugrunde liegenden Rechtsverhältnis bestimmt worden sein. ◀

Das heißt, haben die Parteien vor, ihr Verhandlungsergebnis zu verschriftlichen (Fall des § 154 Abs. 2), gilt eine Einigung nur grundsätzlich als zuvor nicht zustande gekommen. Reichen sich die Parteien nach erzielter Einigung die Hand, bekräftigen den Vertragsabschluss und gehen zufrieden auseinander, haben sie von der Beurkundungsabsicht wohl Abstand genommen. Der Vertrag ist dann zustande gekommen, Zweifel daran bestehen nicht.

Selbiges gilt auch für durch Rechtsgeschäft vereinbarte Formvorschriften (Fall des § 125 S. 2). Treffen die Parteien einen Änderungsvertrag ohne Wahrung einer solchen Form, haben sie damit für diesen Fall zugleich die vorausgegangene Schriftformklausel einvernehmlich konkludent aufgehoben. Der Änderungsvertrag ist wirksam. Um die konkludente Aufhebung einer Schriftformklausel auszuschließen, hat die Rechtsprechung die Figur der qualifizierten Schriftformklausel entwickelt („Änderungen dieses Vertrages sind nur wirksam, wenn sie schriftlich vereinbart werden. Das gilt auch für die Änderung oder Aufhebung der Schriftformklausel selbst."); allerdings geht selbst dann die konkludente Aufhebung derselben gem. § 305 b einer AGB-Schriftformklausel vor.

Jede verabredete oder vereinbarte Regelung kann einvernehmlich und zwar auch konkludent wieder aufgehoben werden.

Schließlich ist bei rechtsgeschäftlich vereinbarten Formvorschriften immer auch die Frage zu stellen, ob sie wirklich zur Unwirksamkeit im Falle ihres Versäumnisses führen sollen. Oftmals dienen sie nämlich nur der Beweissicherung (z. B. im Mietvertrag: „Die Kündigung hat per Einschreibebrief zu erfolgen"). Ist der Zugang unstreitig, ist auch die formwidrige Kündigung dennoch voll wirksam.

Jede Regelung ist durch ihren Regelungszweck begrenzt. Vergleichbar ist etwa eine vertraglich zwischen den Parteien vereinbarte Frist zur Abrechnung von Kosten nicht zwingend eine Ausschlussfrist, sondern dient womöglich nur der Finanzplanung. Verspätet eingereichte Abrechnungen wären dann dennoch zu ersetzen, dürften aber eventuell um höhere Finanzierungskosten des Erstattungspflichtigen gekürzt werden.

189 Hiermit schließen wir den gedanklich[7] ersten Prüfungsschritt „Anspruch entstanden?" ab und wenden uns dem nächsten zu, „Anspruch untergegangen?". Es sei nochmals darauf hingewiesen, dass die Darstellung unzählige Erscheinungsformen, Varianten und Probleme der Anspruchsentstehung unerwähnt liegen gelassen hat. Davon gehören auch etliche zum Standardrepertoire von Anfängerklausuren.

▶ Erwähnt sei die Nichtabholung eines postlagernden eingeschriebenen Briefes oder die Urlaubsabwesenheit des Empfängers einer Willenserklärung (typischerweise eines Arbeitnehmers im Hinblick auf den Zugang einer arbeitgeberseitigen Kündigung). Auch die Notwendigkeit wiederholter Zustellungsversuche bei Annahmeverweigerung durch den Adressaten einer Willenserklärung mit der Möglichkeit der Rückwirkung ist ein typisches „Klausurproblem", das ohne eine gewisse Detailkenntnis für den Anfänger kaum zu lösen ist. ◀

190 Dennoch gilt auch hierbei, dass bereits sehr viel (im Hinblick auf die Klausurbewertung) gewonnen ist, wenn die in einer Aufgabenstellung aufgeworfene Thematik erstens überhaupt erkannt und dann zweitens in der Fallbearbeitung am systematisch richtigen Prüfungspunkt problematisiert wird. Richtiger müsste es heißen: *wenn die Problematik an der richtigen Stelle entwickelt wird*. Denn Rechtsprobleme sind kein Selbstzweck, sondern entstehen nur aus einem ganz konkreten Gesetzeszusammenhang heraus. Ohne diese Anbindung an ein bestimmtes Tatbestandsmerkmal können es keine Probleme sein.

191 Gelingt es schließlich drittens, die – meist sprachlich besonders auffällig – angebotenen Handlungsabläufe einigermaßen richtig zu analysieren, kann die mutmaßlich „richtige Lösung" sogar erahnt werden. Und damit ist nicht ein starres Ergebnis gemeint, sondern ein entscheidender Wertungsgesichtspunkt, der als Begründung dienen kann – allein darauf kommt es an.

192 ▶ **Beispiel:**

Wird im Sachverhalt die Annahmeverweigerung eines Briefes, worin eine Willenserklärung übermittelt werden soll, geschildert, muss es sich um ein Zugangsproblem handeln. Geht der Brief durch die Post an den Absender zurück, fehlt beim Empfänger die für § 130 Abs. 1 maßgebliche Möglichkeit der Kenntnisnahme. Lässt nun der Sachverhalt den Absender erneute Zustellungsversuche unternehmen, aber es läuft währenddessen eine Frist für den spätestens notwendigen Zugang ab (z. B. eine Kündigungsfrist, wenn es sich um eine briefliche Kündigung handelt), so **liegt die wahrscheinlich „richtige" Lösung, jedenfalls die Konstruktion des Lösungswegs offen auf der Hand!** Es muss eine Rückwirkungsmöglichkeit geben. Diese muss vom zumutbaren Bemühen um wiederholte Zugangsvermittlung abhängen. Die Anforderung daran sind mutmaßlich genau diejenigen, welche der fiktive Absender im Falltext unternommen hat (argumentativ ist allenfalls noch abzugleichen, was darüber hinaus oder dahinter zurückbleibend hätte getan werden können). **Denn**: nur so hat der Fortgang der Sachverhaltsbeschreibung einen Sinn, etwa wenn der auf diese Weise gekündigte Arbeitnehmer sich anschließend noch mit inhaltlichen Argumenten gegen die Kündigung wendet (ohne Zugang wäre das eher unsinnig). ◀

Solche Klausurtaktik soll Gegenstand des folgenden Kapitels C dieser Schreibwerkstatt sein. Mit etwas Spürsinn lassen sich bereits durch Textanalyse der Aufgaben-

---

7 Das Schema aus „Anspruch entstanden", „Anspruch untergegangen" und „Anspruch durchsetzbar" dient allein der Problemsuche und der gedanklichen Ordnung der Gliederung. In der Niederschrift sollte das Schema nicht erwähnt werden. Schließlich ergibt es sich dann aus der Systematik der Darstellung. Völlig verfehlt wäre es ferner, zu Einwendungen oder Einreden irgendetwas zu erwähnen, wenn der Sachverhalt dazu keinen Anlass gibt. – Erinnerst Du Dich (Rn. 114)?

stellung nicht nur Probleme, sondern auch deren Lösung aus dem Sachverhalt der Aufgabenstellung herauslesen.

4. Rechtsvernichtende Einwendungen

Ist ein Anspruch entstanden, kann er untergegangen sein oder sich inhaltlich modifiziert haben. Es kann z. B. eine zu beanspruchende Leistung nur einmal verlangt werden und deshalb erlischt mit ordnungsgemäßer Erfüllung der Anspruch auf sie (§ 362). Ganz genauso wirkt die Aufrechnung (§ 387) und führt zur wechselseitigen Erfüllung zweier gleichartiger Forderungen, welche die Beteiligten gegeneinander haben. Ein Anspruch geht ferner auch durch Rücktritt (§ 346), durch Kündigung (nur bei Dauerschuldverhältnissen wie Arbeits- oder Mietverträgen)sowie durch den Widerruf bei Verbraucherverträgen nach § 355 Abs. 1 unter.

193

Rechtsvernichtende Einwendungen gegen einen wirksamen vertraglichen Anspruch folgen weiterhin aus dem Recht der Leistungsstörungen. Am übersichtlichsten ist das für den Fall der Unmöglichkeit (§ 275 Abs. 1) darzustellen. Ist ein Anspruch wirksam entstanden, kann es passieren, dass seine Erfüllung („die Leistung") unmöglich wird. In diesem Fall hätte es wenig Sinn, könnte der Gläubiger auf das Bewirken der Leistung beharren. Der Schuldner bliebe auf ewig in Verzug (§ 286), obwohl die an den Verzug anschließende Schadensersatzpflicht (§ 280 Abs. 2, 286) keinerlei Ordnungsfunktion erfüllen könnte und damit ungerecht sein würde. Der Anspruch auf eine unmögliche oder unmöglich gewordene Leistung geht daher unter.

194

Das ist aber nur die halbe Wahrheit. Denn die Leistungsstörung der einen Leistungspflicht ist ebenso von Bedeutung für die entgegengesetzte Leistungspflicht (die Gegenleistung).

195

Achtung:

Es folgt jetzt ein gedanklicher Schritt, der unbedingt aktiv nachvollzogen werden muss. Das gesamte Verständnis der vertraglichen Haftung hängt davon ab, Dir das vertragliche Austauschverhältnis bewusst zu machen und es nicht mehr zu vergessen. Jeder Vertrag hat Pflichten in beide Richtungen. Der Kern ist das Synallagma, nämlich die direkt aufeinander bezogenen primären Hauptpflichten aus Leistung und Gegenleistung. Störungen der einen wirken sich aus diesem Grund regelmäßig doppelt aus. Nämlich (1) auf die gestörte (unmögliche, verzögerte oder mangelhafte erfüllte) Leistung selbst *und* (2) auf die Gegenleistung. Erhält der Käufer die Ware nicht (so wie versprochen), braucht er auch nicht (voll) zu bezahlen. Außerdem tritt (3) unter Umständen (also unter bestimmten rechtlichen Tatbestandsvoraussetzungen) neben die gestörte Leistung oder sogar an deren Stelle ein Schadensersatzanspruch.

Schritt 1: Die Unmöglichkeit einer Leistung führt zum Untergang des (wirksam entstandenen!) Anspruchs auf diese Leistung (§ 275 Abs. 1). Damit ist die Prüfung dieses Anspruchs abgeschlossen. **Schritt 2**: Zugleich entfällt durch die Unmöglichkeit der Leistung auch die Gegenleistungspflicht (§§ 275 Abs. 4, 326 Abs. 1: ohne Leistung keine Gegenleistung). **Schritt 3**: Allerdings weist sodann § 275 Abs. 4 auf die weiteren Konsequenzen hin: An die Stelle des untergegangenen Anspruchs tritt ein Schadensersatzanspruch „nach den §§ 280, 283 bis 285" (§ 311 a Abs. 2 gehört ebenfalls hierher, betrifft aber einen Sonderfall).

196

Ein „Unmöglichkeitsfall" bedeutet also immer die Prüfung des Anspruchs auf die unmöglich gewordene Leistung. Ausgehend von der Anspruchsgrundlage muss festgestellt werden, dass dieser Anspruch entstanden und sodann infolge Unmöglichkeit untergegangen ist. Als zweiter Anspruch ist ein Schadensersatzanspruch (vertraglicher Sekundäranspruch) zu prüfen, der an seine Stelle tritt (§§ 275 Abs. 4 i.V.m. 283). Der Sekundäranspruch ist dabei ganz neu als selbstständige Anspruchsgrundlage mit den darin vorausgesetzten Tatbestandselementen anzusetzen. Als dritter Anspruch ist derjenige auf die vertragliche Gegenleistung wiederum selbstständig anzusetzen und zu prüfen (die Anspruchsentstehung deckt sich allerdings mit dem zuerst geprüften Leistungsanspruch, so dass in der Fallbearbeitung genügt, schlicht hierauf zu verweisen). Auch dieser dritte Anspruch geht wiederum infolge der Unmöglichkeit der zuerst geprüften Leistung unter, als Gegenleistungsanspruch jedoch nach § 326 Abs. 1, nicht nach § 275 Abs. 1 (nicht die Gegenleistung ist unmöglich, sondern die Leistung). – Die eine Leistungsunmöglichkeit wirkt sich als rechtsvernichtende Einwendung also zweimal aus.[8]

Es wäre für die Fallbearbeitung nach der Anspruchsmethode völlig verfehlt, einen Unmöglichkeitsfall unmittelbar mit § 275 beginnend lösen zu wollen. Die Unmöglichkeit bildet niemals den Anfang des Gutachtens, sondern als rechtsvernichtende Einwendung vielmehr den Abschluss einer Anspruchsprüfung. Von dort aus verweist dann § 275 Abs. 4 auf die weiteren Anspruchsprüfungen.

197 Mit diesem systematischen Grundverständnis von den rechtlichen Auswirkungen der Unmöglichkeit auf die Anspruchsprüfung ist auch der Rücktritt (§ 346 Abs. 1) als rechtsvernichtende Einwendung in den Griff zu bekommen. Der Rücktritt ist ein Gestaltungsrecht, dessen Ausübung dazu führt, dass ein bislang wirksam zustande gekommenes Schuldverhältnis sich in ein Rückabwicklungsverhältnis wandelt und die ausgetauschten Leistungen zurückzugeben sind. Typischer Fall des Rücktritts ist das Recht des Käufers bei Mängeln (§ 437 Nr. 2), ebenso des Bestellers beim Werkvertrag (§ 634 Nr. 3) oder das Rücktrittsrecht nach § 323 Abs. 1, z. B. im Fall, dass ein Gläubiger im Verzug seines Schuldners nicht länger zuwarten, sondern das Vertragsverhältnis beenden möchte.

198 Wie auch bei der Unmöglichkeit, betrifft der vollzogene Rücktritt nicht nur die eine Leistung, weswegen das Rücktrittsrecht besteht, sondern das Schuldverhältnis im Ganzen und deshalb auch die Gegenleistung. Beide Ansprüche (also z. B. nach § 433 Abs. 1 einerseits und Abs. 2 andererseits) sind gesondert zu prüfen und gehen jeweils durch Ausübung des Rücktrittsrechts durch den Rücktrittsberechtigten unter. *Daneben* tritt in den Fällen des gesetzlich gewährten Rücktrittsrechts stets ein neu anzusetzender Anspruch auf Schadensersatz des Rücktrittsberechtigten gegen seinen Vertragspartner (vgl. § 325). Dieser Schadensersatzanspruch ist in der Fallbearbeitung neu anzusetzen, seine Anspruchsgrundlage findet sich regelmäßig in den §§ 280 ff.

Auch der Rücktritt, wie alle anderen rechtsvernichtenden Einwendungen, ist nicht der Einstieg in die Fallbearbeitung, sondern deren Abschluss. Wie im Falle der Unmöglichkeit führt auch nicht „der Rücktritt" zu Schadensersatzansprüchen, sondern das zum Rücktritt berechtigende Ereignis, sofern es die Voraussetzungen der vertraglichen Sekundäransprüche erfüllt. Auch insoweit beginnt die Prüfung des-

---

8 Zum Grundsatz „ohne Leistung keine Gegenleistung" gibt es natürlich Ausnahmen, z. B. in §§ 326 Abs. 2 S. 1, 447, die dann ebenfalls an dieser Stelle zu prüfen wären.

halb nicht mit dem Rücktritt, sondern mit der Anspruchsgrundlage des Sekundäranspruchs (zumeist §§ 280 ff, ggf. auch über § 437 Nr. 3 oder § 634 Nr. 4).

„Aus dem Rücktritt" folgt als Rechtsfolge sodann allerdings noch ein weiterer Anspruch, konkret der Anspruch auf Rückgewähr bereits ausgetauschter Leistungen und Herausgabe gezogener Nutzungen aus solchen Leistungen nach § 346 Abs. 1. Das entspricht dem Inhalt des Rückgewährschuldverhältnisses infolge der Ausübung des Rücktrittsrechts. Es ist auf die Vornahme derselben Verfügungsgeschäfte gerichtet, wie es bereits das ursprüngliche Rechtsverhältnis war, nur in umgekehrte Richtung. Schuldete der Verkäufer Übergabe und Übereignung der Kaufsache, so schuldet der Käufer nach Rücktritt (und unabhängig davon, wer von beiden zum Rücktritt berechtigt war und diesen deshalb ausgeübt hat) Rückgabe und Rückübereignung der Sache, wenn er diese bereits erhalten hatte. Gleiches würde umgekehrt für einen bereits gezahlten Kaufpreis gelten.

a) Klausurprobleme mit rechtsvernichtenden Einwendungen

Ein besonderer Schwierigkeitsgrad liegt meist nicht unmittelbar in den rechtsvernichtenden Einwendungen, die den Anspruch untergehen lassen. Zwar ist insoweit eine begrifflich differenzierte Darstellung nötig, welche bei Unmöglichkeit z. B. anfängliche (§ 311 a) von nachträglicher Unmöglichkeit (§ 275 Abs. 1), objektive (also für jedermann bestehende) von subjektiver (nur das Unvermögen des Schuldners betreffende) Unmöglichkeit und schließlich tatsächliche von ökonomischer und rein rechtlicher Unmöglichkeit trennt. Bedeutung hat etwa die Unterscheidung von subjektiver und objektiver Unmöglichkeit für das Untergehen des Anspruchs in den klausurmäßig wenig relevanten Fällen, in denen eine Partei eine besondere Beschaffungspflicht übernommen hätte und dann ausnahmsweise nicht frei würde, sondern bis zur Schmerzgrenze ein Deckungsgeschäft tätigen müsste.

199

Auch zum Rücktritt berechtigende Verzugsfälle sind zwar regelmäßig auf die erforderliche Nachfristsetzung (vgl. § 323 Abs. 1) bzw. deren Entbehrlichkeit (vgl. § 323 Abs. 2 bzw. die Besonderheit des kaufmännischen Fixgeschäfts nach § 376 HGB) zu untersuchen. Besondere Schwierigkeiten können sich dabei eher nur im Hinblick auf die Übersichtlichkeit der Lösung ergeben, indem die Fälligkeit des Anspruchs in Zweifel gezogen wird, wegen dessen Verzögerung das Rücktrittsrecht überhaupt erst bestehen soll. Hatte der Schuldner nämlich ein Leistungsverweigerungsrecht nach § 320 oder hatte er sich zu Recht auf ein solches nach § 273 berufen, brauchte er noch nicht zu leisten. In der Folge steht dem Gläubiger dann auch kein Rücktrittsrecht zu.

200

▶ **BEISPIEL: WENN DER VERKÄUFER PLÖTZLICH VORKASSE WILL**

201

Der Verkäufer verlangt vom Käufer Zahlung des Kaufpreises (§ 433 Abs. 2). Der Käufer meint, sich diesem Anspruch rechtsvernichtend dadurch entzogen zu haben, dass er wegen Lieferung der Sache wirksam den Rücktritt erklärt hat (§ 349). Sein Rücktrittsrecht leitet er also aus § 323 Abs. 1 ab. Voraussetzung ist Überfälligkeit der zu beanspruchenden Leistung. Demgegenüber ist aber die Einrede des § 320 Abs. 1 zu beachten: Der Verkäufer braucht mangels anderer Vereinbarung nur Zug um Zug gegen Zahlung zu leisten. Seine Leistung wäre anderenfalls nicht fällig.

Was, wenn nun der Käufer tatsächlich Zahlung angeboten hatte, der Verkäufer zwar zur Annahme des Kaufpreises, nicht aber Zug um Zug zur Übereignung der Sache bereit war? Wenn also der Verkäufer ohne entsprechende Verabredung plötzlich „Vorkasse" verlangt? Er geriete dadurch gemäß § 298 im Annahmeverzug. Dann steht § 320 der Durchsetzbarkeit und damit der Fälligkeit wegen §§ 322 Abs. 3, 274 Abs. 2 (analog) doch nicht entgegen. §§ 322 Abs. 3, 274 Abs. 2 gelten nach ihrem Wortlaut zwar nur für die Zwangsvollstreckung, wenn der Käufer nach wie vor Leistung in Natur verlangt. Die Nachfristsetzung mit anschließendem Schadensersatzverlangen (§ 281 Abs. 1) oder Rücktrittserklärung (§§ 346 Abs. 1, 323 Abs. 1) ist dem aber in der Wirkung vergleichbar. Danach wäre der Rücktritt des Käufers nach entsprechender Fristsetzung also berechtigt.

Allerdings könnte der Verkäufer aus einem früheren Geschäft zwischen beiden noch eine offene Rechnung mit dem Käufer haben, auf deren Ausgleich er jetzt besteht oder deretwegen er ausdrücklich auf Vorkasse besteht. § 273 hindert ebenfalls die Fälligkeit der Verkäuferpflicht (problematisch könnte hier aber die Konnexität beider Forderungen sein; Stichwort „einheitliches Lebensverhältnis") und so konnte der Verkäufer nicht in Annahmeverzug mit dem Kaufpreis geraten. – Ein solcher Fall kann dann noch um eine Verjährungsproblematik der früheren Forderung oder einen Ausschluss des Zurückbehaltungsrechts durch vertragliche Abrede im aktuellen Geschäft um eine Finten angereichert werden.

Hierbei ist entscheidend, die Systematik des Anspruchsaufbaus einzuhalten. Der Fall enthält eine Inzidentprüfung (ineinander verschachtelte Prüfung), aber das eben nur bei dem einen Tatbestandelement des Rücktrittsrechts nach § 323, welches die Fälligkeit der Leistung betrifft. Hier ginge die Gliederung „in die Tiefe", als ein gewisses Springen zwischen verschiedenen Forderungen und sogar zu früheren Rechtsgeschäften erforderlich würde. Aber alles eben nur in diesem einen Tatbestandelement. Damit ist ein klarer Aufbau schriftlich sowie gedanklich dennoch wieder möglich. ◄

202 Die eigentliche Herausforderung liegt in Fällen mit rechtsvernichtenden Einwendungen zumeist vielmehr darin zu erkennen, dass der Untergang des einen Anspruchs einen *Übergang* zu den sich daraus ergebenden anderen Anspruchsgrundlagen darstellt. Das gilt in erster Linie für den Übergang von vertraglichen Primäransprüchen *auf Sekundäransprüche*, insbesondere solche auf Schadensersatz nach §§ 280 ff. Das kann ein Schadensersatz statt der Leistung infolge Unmöglichkeit mit einer Hauptleistung sein (§§ 275 Abs. 4, 283, 280 Abs. 1, 3). Im Falle verzugsbedingten Rücktritts kann an die Stelle des dadurch untergegangenen Primäranspruchs ein Anspruch auf Schadensersatz statt der Leistung nach § 281 Abs. 1 und zugleich ein solcher neben der Leistung nach §§ 280 Abs. 2, 286 (als Verzugsschaden) treten.

An dieser Stelle ist die Abgrenzung beider Berechnungsarten wichtig. Schadensersatz statt der Leistung sind solche Schäden, welche entfallen wären, hätte der Pflichtige im Zeitpunkt des Ersatzverlangens noch erfüllt. Neben der Leistung sind Schäden zu ersetzen, die auch bei anschließender Leistung nicht wegfielen. Überlege das z. B. für einen Betriebsausfallschaden wegen Lieferung einer funktionsunfähigen Maschine oder für entgangenen Gewinn, wenn sich eine Weiterveräußerungsmöglichkeit zerschlägt, weil sich die Selbstbelieferung durch Verzug des Verkäufers verzögert. Beide Male ist es ein Problem der zeitlichen Abgrenzung der Schadensentstehung (vgl. *Mayer*, Rechtsgeschäftslehre, Schuldverhältnisse, Handelsgeschäfte Rn. 76).

203 Solche (und andere) Ansprüche sind dann neu anzusetzen und nach den in den Anspruchsgrundlagen genannten Tatbestandelementen zu prüfen. Einwendungen haben also eine doppelte Wirkung: Sie stehen einerseits einem Anspruch entgegen, andererseits folgt aus ihnen ggf. ein anderer Anspruch.

b) Doppelwirkung von Einwendungen: Beispiel Unmöglichkeit

204 ▶ BEISPIEL:

Verkauf eines Gebrauchtwagens, der aktuelle km-Stand laut Tacho wird festgeschrieben. Der Verkäufer stellt das Fahrzeug vor Ort abholbereit zur Verfügung, der Käufer muss bloß noch „schnell das Geld bei der Bank holen". Nachdem er nach sechs Stunden nicht zurückgekehrt war, nutzt der

Verkäufer das Auto nochmals für einen Einkauf. Dabei erleidet es aufgrund leichter Fahrlässigkeit des Fahrers einen Totalschaden. Wie ist die Rechtslage?
Der Käufer könnte gegen den Verkäufer einen Anspruch auf Übereignung des Kfz aus Kauf nach § 433 Abs. 1 haben. Der Anspruch müsste entstanden sein. Dies setzt einen wirksamen Kaufvertrag zwischen den Parteien voraus. Ein solcher ist (lt. Sachverhalt) zustande gekommen und wirksam. Der Anspruch ist damit entstanden.
Der Anspruch des Käufers könnte jedoch gem. § 275 Abs. 1 ausgeschlossen sein. Dazu müsste die geschuldete Leistung unmöglich sein. Geschuldet sind Übergabe und Übereignung des Autos (vgl. § 929 S. 1). Eine Unmöglichkeit liegt vor, wenn niemand die Leistung erbringen kann (objektive Unmöglichkeit). Aufgrund der Zerstörung des einen Fahrzeugs läge Unmöglichkeit der Leistung vor, wenn diese sich auf das konkrete Stück bezöge (als Stückschuld oder konkretisierte Gattungsschuld gem. § 243 Abs. 2). Die Vorstellung der Parteien bezog sich ausschließlich auf den Verkauf des konkreten Fahrzeugs (anders wäre dies beim Kauf neuer Sachen vom Händler oder von Massenware). Somit liegt eine Stückschuld vor, die durch Zerstörung des konkreten Stücks unmöglich geworden ist.
Ergebnis: Der Anspruch des Käufers auf Übergabe und Übereignung ist damit ausgeschlossen. Der Käufer hat gegen den Verkäufer keinen Anspruch mehr nach § 433 Abs. 1. ◄

Wer „Schuld hat", ob der Verkäufer den Wagen noch nutzen durfte oder ob er jedenfalls nicht so unvorsichtig hätte fahren dürfen (wenn er den Unfall verursacht hatte), ist bis hierher ohne Bedeutung. Erst wenn es nun um Sekundäransprüche des Käufers geht, ist hierauf einzugehen.

▶ Der Käufer könnte vom Verkäufer Schadensersatz statt der Leistung nach §§ 275 Abs. 4, 283 verlangen.
Dazu müsste die ursprünglich geschuldete Leistung nach § 275 Abs. 1 bis 3 ausgeschlossen sein. Das ist der Fall (s.o.). Weiterhin müsste der Verkäufer diese Unmöglichkeit schuldhaft herbeigeführt haben. Das Verschuldenserfordernis ergibt sich aus der Verweisung in § 283 S. 1 auf § 280 Abs. 1. Schadensersatz kann danach nur verlangt werden, wenn ein Schuldverhältnis besteht, eine Leistungsstörung eingetreten ist und der Leistungspflichtige diese Störung zu vertreten hat. Vertreten muss der Schuldner Vorsatz und Fahrlässigkeit, sofern keine strengere oder mildere Haftung besteht (§ 276 Abs. 1). Fahrlässigkeit bedeutet dabei jede objektive Sorgfaltspflichtverletzung (§ 276 Abs. 2).
Der Sachverhalt schweigt sich insoweit aus. Wäre dem Verkäufer die weitere Benutzung des Autos vereinbarungsgemäß untersagt gewesen, weil etwa ein bestimmter aktueller km-Stand auf dem Tacho vereinbart und festgeschrieben war, hätte er sogar dann dagegen zumindest fahrlässig verstoßen, wenn er die Bedeutung der Vereinbarung nicht verstanden hätte. Ohne diesen Verstoß wäre es sodann nicht zum Unfall gekommen, so dass der Verkäufer aufgrund dieses Verstoßes gegenüber dem Käufer dem Grunde nach schadensersatzpflichtig ist. Die Höhe des zu ersetzenden Schadens richtet sich nach §§ 249 ff.
Hätte der Verkäufer den Wagen jedoch weiterhin benutzen dürfen, käme es bezüglich seines Verschuldens auf die Unfallverursachung an. Fahrlässigkeit wäre ihm dann etwa bei auch geringfügigen Verstößen gegen Verkehrsvorschriften und das Rücksichtnahmegebot im Straßenverkehr vorzuwerfen. Auch dann haftete er dem Käufer auf Schadensersatz.
Allerdings könnte die Verschuldenshaftung des Verkäufers dadurch beschränkt sein, dass der Käufer den Wagen hätte bereits früher abholen müssen und der Unfall daher während des *Gläubigerverzugs* erfolgte. Nach § 300 Abs. 1 haftet der Vertragspartner während des Verzugs des anderen Teils mit der Erbringung von dessen Leistung nur für Vorsatz und grobe Fahrlässigkeit. Eine Haftung für leichte Verkehrsverstöße bestünde dann nicht. Auch ein Missverständnis der vertraglichen Vereinbarung zum km-Stand als Benutzungsverbot wäre kaum grob fahrlässig. Ein solcher Gläubigerverzug des Käufers läge nach § 293 vor, wenn er die ihm angebotene Leistung nicht angenommen hätte. Erforderlich wäre dafür ein tatsächliches Angebot zur Übereignung des Fahrzeugs an den Käufer (§ 294). Nach § 295 genügte jedoch ein bloß wörtliches Angebot des Verkäufers an den Käufer, das Auto abholen / mitnehmen zu können, weil eine Holschuld vereinbart war. Sofern die Parteien nicht von vornherein einen späteren Abholtermin vereinbart hatten, wäre der Käufer daher im Unfallzeitpunkt im Gläubigerverzug gewesen, weil der Verkäufer ihm die Abho-

lung des Autos angeboten hatte. Mangels gegenteiliger Hinweise ist davon auszugehen, dass die Parteien mit Abschluss des Kaufvertrages so verblieben waren, dass der Käufer jederzeit gegen Barzahlung des Kaufpreises den Wagen übereignet bekommen würde (lebensnahe Interpretation des Sachverhalts). Damit hätte der Verkäufer die Leistung mündlich angeboten. Der Käufer befände sich im Gläubigerverzug.
Ergebnis: Ein Schadensersatzanspruch des Käufers besteht nicht, sofern der Verkäufer das zur Unmöglichkeit führende Ereignis nur mit einfacher Fahrlässigkeit verursacht hatte. ◄

Damit ist jetzt ausgesagt, dass der Käufer nichts erhält, nicht die Primärleistung und keine Sekundärleistung. Was aber ist mit dem Kaufpreis? – Für die Gegenleistung gilt § 326!

▶ Der Verkäufer könnte einen Zahlungsanspruch gegen den Käufer nach § 433 Abs. 2 haben. Aufgrund des wirksamen Kaufs ist ein solcher Anspruch entstanden. Der Anspruch könnte jedoch nach § 326 Abs. 1 untergegangen sein. Das ist dann der Fall, wenn der Anspruch auf die Leistung des anderen nach § 275 Abs. 1 bis 3 ausgeschlossen ist. Es gilt der Grundsatz: ohne Leistung keine Gegenleistung. Da der Verkäufer aufgrund der Zerstörung des Autos von seiner Leistungspflicht frei geworden ist (s.o.), ist auch der Kaufpreisanspruch untergegangen.
Es könnte aber ein Ausnahmefall nach § 326 Abs. 2 vorliegen, weil der Umstand, aufgrund dessen der Schuldner nach § 275 Abs. 1 bis 3 nicht zu leisten braucht, vom Schuldner nicht zu vertreten war und zu einer Zeit eintrat, zu welcher der Gläubiger sich im Verzug der Annahme befand. Wie bereits festgestellt, lag Gläubigerverzug des Käufers vor. Dabei haftete der Verkäufer nur für mindestens grob fahrlässig verursachte Schäden. Vorliegend trat der Schaden jedoch aufgrund leichter Fahrlässigkeit des Verkäufers ein, weil dieser nur leicht fahrlässig sein Benutzungsverbot verkannt hatte und er auch den Unfall nur leicht fahrlässig verursacht hatte. Der Verkäufer haftet also nicht.
Ergebnis: Der Käufer schuldet weiterhin Zahlung des Kaufpreises. Allerdings muss sich der Verkäufer einen eventuellen Restwert anrechnen lassen (§ 326 Abs. 2 S. 2). ◄

Dieses Beispiel enthält eine typische Fallkonstellation des Unmöglichkeitsrechts. Nicht ungewöhnlich ist klausurtaktisch der ausgelegte „Lockvogel" des leicht fahrlässigen Unfalls, auf den es doch nur ankommt, wenn nicht schon die Benutzung an sich grob fahrlässig gewesen wäre. Das musste vom Bearbeiter „weitergedacht" werden. Wer das übersah, kam zwar auch zum richtigen Ergebnis, aber eine gute Note wäre vertan. Der Wink mit dem Tachostand musste verstanden werden.

205 Zu beachten ist im Zusammenhang mit § 275 Abs. 1 bis 3 schließlich noch § 285. Hier ist bestimmt, dass derjenige, der von der Leistung infolge Unmöglichkeit frei wird, auf Verlangen zumindest alles herauszugeben hat, was er als Ersatz für die unmöglich gewordene Leistung erhält. Ersatzansprüche hat er deshalb abzutreten. § 285 betrifft mithin Fälle, in denen ein Dritter einbezogen ist, sei es als Sachversicherung oder als der eigentliche Schädiger. § 285 stellt einen Ersatzanspruch für die untergegangene Leistung dar. Damit korrespondiert bezüglich der dann zu erbringenden Gegenleistung die Regelung in § 326 Abs. 3.

An sich ist § 285 schlicht ein neu anzusetzender und selbstständig zu prüfender Anspruch des Gläubigers der untergegangenen Leistung (vgl. Verweis in § 275 Abs. 4). Sinn hat dieser Anspruch für den Gläubiger nur in den folgenden zwei Konstellationen: Entweder hatte er die untergegangene Leistung unter Wert erworben und daher ist das Surrogat wertvoller als die zu erbringende Gegenleistung oder der Gläubiger müsste die Gegenleistung sowieso erbringen, weil die Preisgefahr bereits auf ihn übergegangen war, z. B. nach § 447 (im Fall einer Schickschuld) oder nach § 300 (im Fall seines Gläubigerverzugs).

In den Fällen von § 447 und § 300 handelt es sich um obligatorische Gefahrentlastungen und es schließt sich dann im Rahmen der nach § 285 abzutretenden Ersatzansprüche gegen den Schädiger das Problem der *Drittschadensliquidation* an. – Solche Zusammenhänge von „Problemen" müssen Dir geläufig sein. Die Strukturen zu kennen ist wichtiger als irgendwelche Details. Die Einzelheiten lassen sich aus exakter Lektüre des Gesetzes und der klausurtaktischen Interpretation des Sachverhalts finden.

Deshalb in diesem Sinne gleich noch abschließend: Der Surrogatanspruch nach § 285 stellt in diesen Fällen nicht nur einen selbstständig anzusetzenden und zu prüfenden Gegenanspruch dar, sondern es setzt sich in ihm das ursprüngliche Synallagma fort, er gibt ein Leistungsverweigerungsrecht (rechtshemmende Einrede). Der Anspruch nach § 285 hemmt also die Durchsetzbarkeit des nach § 326 Abs. 2 fortbestehenden Anspruchs auf die Gegenleistung.

▶ Im Beispiel unseres Gebrauchtwagenverkaufs kam es allerdings nicht zur Hemmung aufgrund des Surrogatanspruchs (§ 285). Dort ging es mangels Fremdverschuldens nicht um die Abtretung von Ersatzansprüchen (und deshalb stellte sich die Frage der Drittschadensliquidation auch nicht), sondern bloß um die Anrechnung des Restwertes. Erst wenn der Verkäufer den vollen Kaufpreis wollte, könnte der Käufer in Höhe des Restwertes Übergabe und Übereignung des Schrottwagens verlangen und hätte insoweit die Einrede aus § 320. ◀

5. Anspruch durchsetzbar? (rechtshemmende Einreden)

Ist ein Anspruch wirksam entstanden und auch nicht durch rechtsvernichtende Einwendung untergegangen, bedeutet das noch nicht, dass er auch jederzeit durchsetzbar wäre. Die Betonung liegt hier auf dem zeitlichen Moment. So kann der Anspruch z. B. noch nicht fällig sein, vorübergehend ein Zurückbehaltungsrecht bestehen oder er kann bereits verjährt sein.

Die Fälligkeit ist eine wesentliche Leistungsmodalität, welche durch vertragliche Abrede, sonst durch Gesetz bestimmt wird. So kann der Vertrag ein Zahlungsziel vorsehen oder die Parteien können (meist nachträglich) die Leistungszeit durch Vereinbarung einer Stundung hinausschieben.

Wird Fälligkeit einer Leistung bejaht, ist (nicht nur für die Klausurbearbeitung) an Verzug des Schuldners (vgl. § 286) zu denken. Der Schuldnerverzug gibt dem Gläubiger ergänzende Ansprüche auf Schadensersatz (§§ 280 Abs. 2, 286, 288 als Schadensersatz *neben* der Leistung) und unter der Voraussetzung von § 323 das Gestaltungsrecht des Rücktritts. Beachte aber, dass Verzug des Schuldners Überfälligkeit (durch Mahnung oder einen Umstand nach § 286 Abs. 2, 3) voraussetzt:

„Schuldnerverzug liegt vor bei Nichtleistung trotz Fälligkeit und Mahnung, es sei denn, die Mahnung ist entbehrlich".

a) Zurückbehaltungsrechte

Die Fälligkeit eines Anspruchs fehlt auch dann, wenn die Gegenleistung noch aussteht, es sei denn, dass eine Vorleistungspflicht vereinbart worden wäre (§ 320). Aus dem Synallagma ergibt sich (mangels Vorleistungspflicht), dass Ansprüche nur Zug um Zug geltend gemacht werden können.

§ 320 bedeutet im Aufbau der Fallbearbeitung also, dass an dieser Stelle Pflichtverletzungen **bezüglich der Gegenleistung** zu prüfen sein können. Wird etwa der Kaufpreis geltend gemacht, kann an dieser Stelle zu problematisieren sein, ob der Verkäufer seine Pflicht aus § 433 Abs. 1 S. 2 auf mangelfreie Lieferung erfüllt hatte bzw. eine eventuell erforderliche Nacherfüllung (§§ 437 Nr. 1, 434, 439) ordnungsgemäß erfolgt ist.

Umso wichtiger ist es, im Anspruchsaufbau darstellerisch zu verdeutlichen, dass es sich hierbei um ein Gegenrecht handelt:

„Die Durchsetzbarkeit des (bisher geprüften und bejahten) Anspruchs könnte durch die Einrede des Zurückbehaltungsrechts nach § 320 Abs. 1 gehindert sein. Dazu müsste ein fälliger Gegenanspruch bestehen. Möglicherweise kann nämlich B (Schuldner des bisher geprüften Anspruchs) von A (bislang der Gläubiger) umgekehrt … nach §§ … fordern".

209 § 320 gilt nur im Rahmen des Synallagma und daher hinsichtlich der im Gegenseitigkeitsverhältnis stehenden Hauptpflichten. Nebenpflichten eines Vertrages (vgl. § 241 Abs. 2) gehören dazu nur ganz ausnahmsweise, wenn sie von herausgehobener Bedeutung für die Abwicklung sind. Aber auch Hauptpflichten stehen nicht immer im Gegenseitigkeitsverhältnis. Leicht einzusehen ist das z. B. für die Pflicht zur Rückgabe einer Miet- oder Leihsache nach Beendigung der Überlassungszeit (vgl. §§ 546 Abs. 1, 604 Abs. 1, ebenso bei Verwahrung nach § 696). Keine Gegenseitigkeit der Hauptpflichten besteht aber auch in Treuhandverhältnissen, etwa der Geschäftsbesorgung nach § 675.

210 Die Durchsetzbarkeit eines Anspruchs kann weiterhin durch das Zurückbehaltungsrecht nach § 273 Abs. 1, 2 gehindert sein. Dieses Zurückbehaltungsrecht besteht außerhalb des Synallagma hinsichtlich solcher Gegenansprüche des Schuldners, welche demselben Gläubiger gegenüber bestehen, fällig sind und auf einem einheitlichen Lebensverhältnis mit dem geltend gemachten Anspruch beruhen. Anders als § 320 hindert das Zurückbehaltungsrecht nach § 273 die Fälligkeit jedoch erst mit Geltendmachung (vgl. § 274 Abs. 1).

§ 320 Abs. 1 ist in der Klausur deshalb tückischer als § 273 Abs. 1, 2, weil bereits die Fälligkeit einer gegengerichteten synallagmatischen Hauptpflicht genügt. Die nach § 273 erforderliche Erhebung der Einrede gibt wenigstens einen klausurtaktisch auffälligen Hinweis in diese Richtung.

Über § 273 Abs. 1 kann also Veranlassung bestehen, im Rahmen der Durchsetzbarkeit eines Anspruchs auch ein anderweitiges Rechtsverhältnis mit einem daraus entstandenen Gegenanspruch zu prüfen. Beispiel können separate Vertragsverhältnisse zwischen denselben Beteiligten bezüglich eines einheitlichen Bauvorhabens sein.

211 Das Zurückbehaltungsrecht nach § 273 ist in Vertragsverhältnissen oftmals auf unbestrittene oder rechtskräftig festgestellte Gegenansprüche beschränkt und damit im Übrigen ausgeschlossen. Ein Ausschluss des Zurückbehaltungsrechts aus § 320 erfolgt schlicht durch Bestimmung einer Vorleistungspflicht. Die Einschränkung in § 309 Nr. 2 a für den Ausschluss durch Allgemeine Geschäftsbedingungen kommt daher selten zum Tragen. Eine durch AGB begründete Vorleistungspflicht kann aber mangels sachlichen Grundes gegen § 307 verstoßen.

Weitere Zurückbehaltungsrechte und Leistungsverweigerungsrechte enthalten schließlich §§ 369 ff. HGB oder § 641 Abs. 3 (Leistungsverweigerungsrecht des Bestellers wegen Werkmängeln).

b) Verjährung

Während Zurückbehaltungsrechte nur vorübergehende (dilatorische) Einreden sind, gibt die Verjährung eine dauerhafte, endgültige (peremptorische) Einrede, § 214 Abs. 1. Zum Gegenstand und zur Dauer der Verjährung vgl. §§ 194 ff. Komplexere Fristberechnungen können sich durch verschiedene Tatbestände der Hemmung und des Neubeginns einer noch laufenden Verjährungsfrist nach §§ 203 ff. ergeben.

> Solche Fristberechnungen sind häufig Gegenstand von Anfängerklausuren und kosten überproportional zu ihrer Schwierigkeit viel Bearbeitungszeit. Da auch zahlreiche andere Rechtsgebiete auf die Fristberechnung des BGB zurückgreifen, empfiehlt sich die Übung anhand einschlägiger Fälle dringend, um dieses Thema dauerhaft zu beherrschen.

Neben der regelmäßigen Verjährungsfrist von drei Jahren (§ 195), beginnend mit dem Jahresende (vgl. § 199 Abs. 1), kennt das Gesetz abweichende Fristen z. B. in § 438 für die Gewährleistung beim Kauf, in § 634 a für die Gewährleistung im Werkvertrag oder in § 548 für bestimmte mietrechtliche Ansprüche.

Außerdem ist, von Ausnahmen abgesehen, eine vertragliche Vereinbarung über eine Verlängerung oder Verkürzung von Verjährungsfristen zulässig. Klausurrelevante Vorschriften, welche eine Verkürzung der gesetzlichen Verjährungsfrist begrenzen, bestehen z. B. in § 476 Abs. 2 für den Verbrauchsgüterkauf zum Schutz des Verbrauchers oder in § 309 Nr. 8 b) ff) als Klauselverbot in Allgemeinen Geschäftsbedingungen für Kaufverträge über Neuwaren und Werkleistungen hinsichtlich der geschuldeten Mangelgewährleistung.

VII. Anspruchsnormen

Wie wir anhand des Anspruchsschemas gesehen haben, beginnt die gutachtliche Lösung eines Falles zwingend ausgehend von einer (oder mehreren) Anspruchsgrundlagen. Aus ihnen werden die Arbeitshypothesen gebildet und ihre Tatbestandmerkmale müssen im Sachverhalt erfüllt sein, damit der geltend gemachte Anspruch, das Begehren, die Klage besteht. Ausgehend von der Fallfrage müssen also all diejenigen Rechtsnormen gefunden werden, welche nach ihrer Rechtsfolge ein entsprechendes Begehren rechtfertigen. Wie die gesamte gutachtliche Prüfung nach dem Anspruchsaufbau ergebnisorientiert ist, so gilt das auch und erst recht für den Einstieg über die Anspruchsgrundlage. Relevant sind solche Anspruchsgrundlagen, welche die Fallfrage – theoretisch – positiv beantworten können. Ob die Voraussetzungen dieser Anspruchsgrundlage im Sachverhalt erfüllt sind, ob „der Anspruch besteht", das festzustellen ist erst das Ziel der gutachtlichen Prüfung.

Die Fallbearbeitung nimmt ihren Ausgang also bei Rechtsnormen, die einem anderen „ein Tun oder Unterlassen" auferlegen (so die Legaldefinition des Anspruchs in § 194 Abs. 1). Daher auch die Bezeichnung als Anspruchsgrundlage. Sie ist die Grundlage des zur Bearbeitung gestellten Begehrens. Das BGB hält einen großen Vorrat anspruchsbegründender Normen (Anspruchsnormen) bereit, die im Einzelfall als Grundlage des konkret zu prüfenden Anspruchs heranzuziehen sind.

Wichtig ist, Dich von Anfang an daran zu gewöhnen, vom Sachverhalt her denkend die darin angesprochenen Rechtsinstitute (Vertragstypen, gesetzlichen Schuldverhältnisse, sachenrechtlichen oder erbrechtlichen etc. Verhältnisse) zu analysieren und die gesetzlichen Regelungen dieser Institute darauf durchzusehen, welche Anspruchsnormen mit der gewünschten Rechtsfolge dort jeweils speziell geregelt sind. Das „Sachenrecht" z. B. enthält neben Bestimmungen zu dinglichen Verfügungsgeschäften (etwa §§ 929 ff. zur Übertragung des Eigentums an beweglichen Sachen) vor allem Befugnisse aus dinglichen Rechten (dem Eigentumsrecht und den davon abgespaltenen beschränkten dinglichen Rechten). Darunter finden sich Anspruchsnormen auf Herausgabe und auf Schadensersatz. Zudem sind die beschränkten dinglichen Rechte zumeist als gesetzliche Schuldverhältnisse ausgestaltet, deren Verletzung Schadensersatzpflichten nach § 280 auslösen kann.

218 Nur am Rande sei hier bemerkt, dass Anspruchsgrundlage jedoch nicht mit gesetzlicher Vorschrift gleichgesetzt werden darf. Forderungsrechte entstehen kraft eines Schuldverhältnisses (§ 241 Abs. 1), das ebenfalls normativen Charakter hat und aus dem ebenfalls geklagt, also ein Anspruch geltend gemacht werden kann. Die gesetzlichen Anspruchsnormen sind deshalb im Bereich vertraglicher Schuldverhältnisse nur Konkretisierungen bestimmter Inhalte. Die Kaufpreisforderung folgt *„aus dem Kauf(vertrag)* nach § 433 Abs. 2". Und auch der „Schadensersatzanspruch *aus unerlaubter Handlung* nach § 823 Abs. 1" oder der „Herausgabeanspruch *aus Leistungskondiktion* nach § 812 Abs. 1 S. 1 1. Alt." ist Inhalt eines (gesetzlichen) Schuldverhältnisses, das Anspruchsgrundlage ist und strenggenommen (wie hier in kursiver Type erfolgt) mit genannt werden muss. Selbst der Anspruch auf „Herausgabe einer Sache aus dem Eigentum nach §§ 985, 986" beruht auf einem (dinglichen) rechtlichen Verhältnis, dem Eigentum, dessen Inhalt er ist.

Der Einstieg in die Fallbearbeitung mit einem „Zahlungsanspruch des Verkäufers nach § 433 Abs. 2" oder dem „Herausgabeanspruch des Eigentümers nach §§ 985, 986" ist insoweit nur eine – zulässige – Kurzform. Vermieden werden sollte jedoch die Formulierung eines Anspruchs „aus § ...".

Und falsch ist es, allgemeine Bemerkungen voranzustellen, seien es solche zum Anspruchsaufbau an sich, Zusammenfassungen oder Verständnisprobleme des Sachverhalts oder zu einzelnen Tatbestandsmerkmalen. Falsch ist es auch, mit dem Vertragsschluss zu beginnen (meist in der Hoffnung, anschließend klarer zu sehen, was sich daraus vielleicht „entwickeln" ließe).

Die Prüfung beginnt immer mit der Nennung der Anspruchsgrundlage! Und Anspruchsgrundlage ist eine Norm, zumeist auch aus dem Gesetz, seltener allein aus einem Vertrag: Herausgabe aus einem Besichtigungsvertrag, einem Geldwechselvertrag etc.; sehr selten aus einem gewohnheitsrechtlichen Rechtssatz.

219 Die Anspruchsgrundlage ist genau anzugeben. Dazu gehört nicht nur die Zitierung der Vorschrift (diese kann zwecks besserer Übersichtlichkeit auch als Überschrift vorangestellt werden), sondern auch ihre auf den Sachverhalt konkretisierte Rechtsfolge. In vielen Fällen verweisen erst andere Vorschriften auf eine Anspruchsnorm, vgl. § 275 Abs. 4 im Hinblick auf die darin genannten Schadensersatzsprüche, § 437 Nr. 2 über §§ 440, 323 oder über § 326 Abs. 5 mit dem Verweis auf die Anspruchsgrundlage in § 346 Abs. 1. In diesen Fällen sind alle zugehörigen Bestimmungen zu zitieren (sog. Paragrafenkette).

Regelmäßig wird das Anspruchsziel sogar aufgrund mehrerer selbstständiger Anspruchsgrundlagen erreichbar erscheinen. Aufgabe eines juristischen Gutachtens ist es dann, die Rechtslage umfassend zu erörtern und den Sachverhalt unter alle Anspruchsgrundlagen – nacheinander – zu subsumieren, welche nach ihrer Rechtsfolge geeignet sein könnten, das Begehren ganz oder etwa der Höhe nach zumindest teilweise zu tragen.

220

Du würdest die Aufgabe des Gutachtens verfehlen, wenn nicht auch solche Anspruchsgrundlagen systematisch erörtert werden, welche zwar nach dem konkreten Sachverhalt in einem bestimmten Tatbestandsmerkmal scheitern, aber grundsätzlich von ihrem Regelungsbereich und ihrer Rechtsfolge her naheliegend sind. Nur das „richtige Ergebnis" an sich zählt für die Benotung nicht. Bewertet wird der Weg der Ergebnisfindung, der systematisch folgerichtig, möglichst aus dem Gesetz heraus argumentierend begründet sein und den Sachverhalt vollständig ausschöpfen muss. Überzeugend begründet ist ein Ergebnis erst, wenn auch deutlich ist, warum andere Ergebnisse ausscheiden.

1. Schematische Darstellung der häufigsten Anspruchsgrundlagen

Die gesetzlichen Anspruchsnormen sind im BGB nach ihren Tatbeständen, also den rechtlichen Verhältnissen geordnet, aus denen sie entstehen. So finden sich die für alle vertraglichen und gesetzlichen Schuldverhältnisse geltenden Schadensersatznormen im Allgemeinen Teil des Schuldrechts. Daran schließen im Besonderen Teil des Schuldrechts vor allem Leistungs- und Gewährleistungsansprüche der dort normierten Typenverträge an, gefolgt von Ansprüchen aus gesetzlichen Schuldverhältnissen. Im dritten Buch des BGB folgen dingliche Ansprüche, im vierten familienrechtliche und im fünften Buch erbrechtliche Ansprüche. Diese Reihenfolge ist für die gutachtliche Prüfung vollkommen irrelevant und berücksichtigt nicht die gegenseitigen Abhängigkeiten.

221

Für einen systematischen Überblick wichtiger Anspruchsgrundlagen bietet sich an, von ihrer Rechtsfolgenseite auszugehen und inhaltlich zusammenhängende Gruppen zu bilden. Das führt zu einer Gliederung nach Anspruchsinhalten, welche so auch der Lösung eines Falles in der Arbeitsgliederung (Lösungsskizze) und der Niederschrift zugrunde gelegt werden kann:

222

(1) Ansprüche auf *vertragliche Primärleistung*
(2) *dingliche* Ansprüche auf *Herausgabe einer Sache*
(3) *schuldrechtliche Herausgabe und Ausgleichsansprüche*
(4) (insbesondere) Ansprüche auf *Surrogate*
(5) *Schadensersatzansprüche*
(6) *Unterlassungsansprüche*

> Diese Einteilung bietet sich praktisch an, weil sie die Lösung gut strukturiert. Außerdem lassen sich zusammenhängende Anspruchsgrundlagen so viel leichter merken und reproduzieren. Der Wert ist ein didaktischer und praktischer. Es geht um eine Kasuistik, welche die Anwendung der Anspruchsgrundlagen in der Fallbearbeitung unterstützt. Die Schreibwerkstatt weicht damit von der Darstellung in den Lehrbüchern ab. Entstehende Überschneidungen von Tatbeständen werden bewusst in Kauf genommen. Schließlich geht es darum, im richtigen Zusammenhang nichts zu übersehen.

223 Für einzelne Anspruchsgrundlagen soll dabei nachfolgend auch das Anspruchsschema weiter ausgeführt werden.

2. Vertragliche Leistungsansprüche

224 Ausgehend von typischen Verträgen, insbesondere dem Kauf, haben wir den Anspruch auf die Primärleistung eingangs erörtert. Zunächst ist dabei wichtig, von der exakten Vorschrift der einzelnen Forderungsrechte auszugehen, die das BGB für die typischen Verträge bereitstellt. Zu unterscheiden ist jeweils zwischen der Forderung auf die Leistung und der auf die Gegenleistung.

225 Die Anspruchsgrundlagen für den vertragscharakteristischen Leistungsanspruch sind in § 433 Abs. 1 S. 1 für den Kauf, in § 488 Abs. 1 S. 1 für das Gelddarlehen, in § 535 Abs. 1 S. 1 für den Mietvertrag, in § 611 Abs. 1 für den Dienstvertrag oder in § 631 Abs. 1 für den Werkvertrag (vergleichbar auch für die weiteren typischen Vertragsverhältnisse) ganz parallel formuliert.

226 Gleiches gilt für den entgegengesetzten Leistungsanspruch auf das Entgelt in §§ 433 Abs. 2, 488 Abs. 1 S. 2 1. Alt., 535 Abs. 2, 612 oder 631 Abs. 1 a.E. Der Schwerpunkt solcher Fälle, die auf die versprochene Leistung gerichtet sind, liegt dann regelmäßig im Zustandekommen des Vertrages (Vertragsschluss) oder seiner Wirksamkeit (rechtshindernde Einwendungen). In Einzelfällen kann auch die inhaltliche Abgrenzung einzelner Vertragsverhältnisse Schwierigkeiten bereiten.

227 ▶ Beispiel:
Werk- und Dienstvertrag unterscheiden sich darin, ob ein Erfolg oder die erfolgsbezogene Tätigkeit geschuldet wird. Der „Kauf" einer Kino-, Theater- oder Konzertkarte im Vorverkauf oder an der Abendkasse ist gemischt-typischer Vertrag aus Miete (des Sitzplatzes) und insbesondere Werkvertrag (für die Aufführung; Handelt es sich um eine Laiendarbietung, schulden diese allerdings kein vollendetes Werk, sondern nur „ihr Bestes" und damit eine Dienstleistung). Der Schwimmbadbesuch ist Miete, der Lizenzvertrag über die Nutzung geistigen Eigentums oder sonst geschützter Rechte ist Pacht. – Und was ist Dein neuer Handy-Vertrag (nur auf die Telefonie bezogen, ohne Gerät und ohne Internet)?[9] Vergiss übrigens auch nicht die Handelsverträge, z. B. die Vertriebsformen: Wer ist wohl Dein Vertragspartner im Handyladen in der Fußgängerzone, in Deiner Markenboutique, in der Hotelkette? ◀

228 Gibt der Sachverhalt Anlass, verschiedene Vertragstypen inhaltlich abzugrenzen oder liegt die Zuordnung zu einem Vertragstyp nicht von vornherein fest, drohen gravierende Aufbaufehler in der Prüfung. Wie wir bereits wissen, zählt nicht irgendein (zufälliges) Ergebnis, sondern allein dessen Begründung. Maßgeblich für die Zuordnung zu einem Vertragstyp ist allein die Bestimmung des Inhalts der verabredeten Leistung. Diese beschränkt sich regelmäßig auf die Bestimmung der vertragscharakteristischen Hauptleistung. Mithin entscheiden die Vorstellung und die Verabredung der Vertragsparteien sowie die juristischen Umstände.

▶ Ist z. B. nur Herstellung eines Werkes vereinbart, gilt § 631 Abs. 1. Ist für den Besteller daneben die Lieferung, also etwa die Übereignung des Werkes von Bedeutung, gilt § 650. Ein geschreinerter Tisch gehört dem Schreiner und muss deshalb dem Kunden übereignet werden, während Maler (Anstreicher) oder Klempner das Eigentum an ihren Materialien bereits nach § 946 von Gesetzes wegen verlieren und deshalb eine Lieferung des fertigen Werkes unsinnig wäre. ◀

---

[9] Gemischt-typischer Vertrag aus Miete (Rufnummer für eingehende Telefonate: Nutzungsüberlassung) und Werkvertrag (ausgehende Telefonate: Herstellung der Verbindung).

Auf solche Aspekte ist zwingend einzugehen und es wäre falsch anzunehmen, dass der Vertrag mit einem Schreiner immer ein Werkvertrag wäre (nicht nur bei Bauschreinern gilt in der Regel sogar das Gegenteil). Ist nun also vom Parteiwillen auszugehen (und nicht vom Bauchgefühl des Fallbearbeiters), muss dieses im Prüfungsaufbau an der zutreffenden Stelle erörtert werden. Wir müssen uns deshalb an das Prüfungsschema zum Vertragsschluss erinnern, das sowohl beim Antrag wie der Annahme eine Inhaltsbestimmung durch Auslegung als selbstständigen Prüfungspunkt enthält (nach Abgabe und Zugang). Das Gesetz zwingt nicht die Parteien in einen bestimmten Vertragstyp, sondern vielmehr entspricht ihr – juristisch interpretierter – Wille einem gesetzlich erfassten Vertragstyp und es ist deshalb das Recht dieses Vertragstyps anzuwenden. Die Inhaltsbestimmung des Angebots wird also regelmäßig der richtige Ort zur Bestimmung des Vertragstyps sein (die Annahme nimmt darauf dann nur noch Bezug, sofern nicht Missverständnisse beider Parteien eine Rolle spielen sollten).

229

▶ **Beispiel:**
Tibor, alleiniger Gesellschafter-Geschäftsführer der T-GmbH, nimmt bei der Hausbank einen Betriebsmittelkredit für die GmbH auf und besichert ihn (eigentlich: den Rückzahlungsanspruch nach § 488 Abs. 1 S. 2 a.E.) mit einer Grundschuld auf seinem privaten Hausgrundstück. Die Bank fordert nach Kreditkündigung wegen Vermögensverschlechterung bei der GmbH Rückzahlung.
Hier ist zwar nicht der Vertragstyp zweifelhaft und es ist im Ergebnis klar, dass Vertragspartner die von Tibor (T) nach § 35 Abs. 1 GmbHG vertretene T-GmbH ist. Im Prüfungsaufbau könnte betreffend den Rückzahlungsanspruch nach § 488 Abs. 1 S. 2 a.E. von einer Verpflichtung der GmbH ausgegangen werden. Die Abgabe der Willenserklärung zum Vertragsschluss erfolgte aber durch T als natürliche Person. Bei der Inhaltsbestimmung des Angebots müsste dargelegt werden, dass es sich um ein sog. unternehmensbezogenes Geschäft handelt und Vertragspartner deshalb die GmbH ist. Bei der Frage der rechtlichen Wirksamkeit des so mit diesem Inhalt zustande gekommenen Vertrages wäre die Vertretung durch T zu prüfen. Hierbei wäre (nochmals) die Unternehmensbezogenheit als Ausnahme vom Offenkundigkeitsgrundsatz jeder Vertretung nach § 164 Abs. 1 zu erwähnen. Die Vertretungsmacht des T folgt aus § 35 Abs. 1 GmbHG. Anschließend wären weitere Tatbestandsmerkmale des Rückzahlungsanspruchs wie die erfolgte Auszahlung der Darlehensvaluta und seine Fälligkeit infolge etwa einer berechtigten Kündigung (vgl. § 490 Abs. 1) abzuarbeiten.
Damit wäre das offensichtliche Ergebnis richtig getroffen. Der Sachverhalt wäre gutachtlich aber nur unzureichend ausgeschöpft. Das wirtschaftliche Interesse der Bank wird etwa bei Zahlungsunfähigkeit der GmbH dahin gehen, auch den Geschäftsführer persönlich (nicht nur dinglich durch Verwertung der Grundschuld, §§ 1147, 1191 Abs. 1, 1192) in Anspruch zu nehmen. Steht ein solches Interesse der Bank im Raum, wäre zu prüfen, ob nicht T als Vertragspartner Rückzahlung schuldet. So könnte er das Darlehen im eigenen Namen aufgenommen haben (es ist schließlich seine Unterschrift) mit der Abrede, die Valuta direkt an die GmbH als Dritte auszubezahlen. Ein erhebliches Eigeninteresse als Gesellschafter-Geschäftsführer hatte T durchaus, was sich auch an der Bestellung privater Sicherheiten zeigte. Auch das ist dann Thema der Inhaltsbestimmung seiner Willenserklärung in einer selbstständig anzusetzenden Prüfung des gegen T persönlich gerichteten Anspruchs nach § 488 Abs. 1 S. 2. Den Ausschlag gibt selbstverständlich auch dabei die Erkennbarkeit des unternehmensbezogenen Geschäfts und bei einem schriftlichen Vertrag sicherlich die Parteibezeichnung in seinem Rubrum.
Aufgabe der Fallbearbeitung ist nicht ein möglichst positives Ergebnis, sondern die Ausleuchtung des Sachverhalts (in den Grenzen der gestellten Fallfrage) unter Berücksichtigung aller wirtschaftlich sinnvollen Zielsetzungen. Als weitere vertragliche Anspruchsgrundlagen gegen Herrn T wären deshalb zwingend auch der Kreditauftrag nach §§ 778, 765 Abs. 1 und der gewöhnliche Auftrag, §§ 662, 670 jeweils eigenständig anzusetzen, zu prüfen und im Ergebnis abzulehnen. – Aus Gründen eines Spannungsbogens in der Darstellung sollte der hier zu Beginn skizzierte Rückzahlungsanspruch gegen die GmbH erst als letzter geprüft werden. ◀

230

Du siehst, dass auch der scheinbar klare Fall durchaus Abgrenzungsschwierigkeiten zwischen Vertragstypen bereiten und Fragen insbesondere zur Bestimmung des Vertragspartners aufwerfen kann. Dies zu sehen und darzustellen, macht die Falllösung überzeugend, nicht der von vornherein klare (aber mangels Vermögen vielleicht wirtschaftlich wertlose) Anspruch gegen die GmbH. Hätte der Bankvorstand den Fall seiner Rechtsabteilung gegeben, würde deren Stellungnahme, wenn sie nicht auf die Abgrenzungsschwierigkeiten und den Vertragspartner eingeht, zurückgereicht werden, weil das Informationsbedürfnis nicht annähernd befriedigt ist. Nach solchen Gesichtspunkten richtet sich auch die Benotung einer juristischen Klausur.

Diese Aussage muss selbstverständlich eingeschränkt werden, soweit die Fallfrage ausdrücklich eine andere ist.

231 Schwieriger sind Sachverhalte, in denen der konkrete Lebenstyp einer Vereinbarung gar nicht oder nur teilweise unter einen gesetzlichen Vertragstypus zu bringen ist. Es sind Kombinationen verschiedener Typen sowie Überlagerungen möglich. Dabei entscheidet das Ergebnis der Inhaltsbestimmung des geschlossenen Vertrags insbesondere über die anzuwendenden Normen und damit die Folgen von Vertragsverletzungen. Im einfachsten Fall handelt es sich um eine bloße Vertragszusammensetzung. Sie interessiert nur im Hinblick auf § 139 und auf die Fragen der Gültigkeits- (§§ 134, 138) und Formerstreckung auf alle Teile. – *Beispiel* ist etwa der Mietvertrag über Praxisräume, der beim Abschluss einfach mal („es kann ja nicht schaden") um ein Vorkaufsrecht der Mieter ergänzt wird (an §§ 311 b Abs. 1 S. 1, 128, 125 S. 1 denkt dabei niemand). Die Formbedürftigkeit des Mietvertrages in diesem Fall („Echt? Wieso das denn?") entscheidet sich danach, ob die Parteien beide Vertragsteile als gegenseitig voneinander abhängig betrachtet haben (rechtliche Einheit i.S.d. § 139). Dafür genügt bereits, dass das Grundstücksgeschäft nicht ohne den Mietvertrag geschlossen worden wäre. Die einseitige Abhängigkeit des Mietvertrages vom Vorkaufsrecht (etwa im Hinblick auf hohe Investitionen des Mieters) macht ihn hingegen noch nicht formbedürftig. Der Grund hierfür ist Folgender: Erst bei einer Abhängigkeit des Grundstücksgeschäfts von dem weiteren Vertrag besteht zur Wahrung der Warn- und Schutzfunktion Anlass, die Gewährsfunktion für richtige, vollständige und rechtswirksame Wiedergabe des Parteiwillens, die Beweisfunktion sowie das Formgebot des § 311 b auf den weiteren Vertrag auszudehnen.

War das Vorkaufsrecht dann hinreichend bestimmt (essentialia negotii) und nicht bloß eine Absichtserklärung, hindert allenfalls noch eine sog. salvatorische Klausel[10] die Anwendung der dispotiven Auslegungsregel aus § 139 (aber auch nicht automatisch, sondern nur, wenn sie nach dem mutmaßlichen Parteiwillen auch diesen Fall betreffen sollte).

232 Weitergehende Bedeutung haben solche Abreden, bei denen Leistung und Gegenleistung verschiedenen gesetzlichen Typen entsprechen. Dies kann im Einzelfall vorliegen, wenn sich ein Mieter zur Erbringung von Hausmeisterdiensten verpflichtet oder der Kindergartenvertrag eine Elternmitarbeit als verpflichtenden Teil der Gegenleistung vorsieht. Hier finden dann auf jeder Leistungsseite die jeweils passenden Vorschriften

---

10 Salvatorische Klauseln bestehen aus einer Erhaltungsklausel, teilweise kombiniert mit einer Ersetzungsklausel. Die Erhaltungsklausel bestimmt, dass bei Nichtigkeit einzelner Bestimmungen der Vertrag im Übrigen wirksam bleibt. Hierdurch entsteht, genau im Gegenteil zu § 139, eine Teilnichtigkeit. Ersetzungsklauseln bestimmen für den Fall einer Teilnichtigkeit Ersatzregelungen für die nichtigen Bestimmungen.

über Pflichten, Haftung und Mängelansprüche des entsprechenden Vertragstyps Anwendung. Eine solch klare Trennung zwischen den auf die jeweiligen Leistungspflichten anwendbaren Vorschriften ist hingegen nicht möglich, wenn es sich um sog. gemischt-typische Verträge (auch: Typenkombinations-verträge) handelt. Diese verbinden Leistungselemente verschiedener Vertragstypen schon auf einer Seite. Hierzu gehört etwa die gemischte Schenkung als bewusst unter Preis vereinbarte Übertragung oder Überlassung eines Gegenstandes, aber auch der Theaterbesuch, welcher die werkvertragliche Darbietung mit der mietvertraglichen Platzgewährung kombiniert (Rn. 227). Hierbei kann ein Leistungsteil von untergeordneter Bedeutung sein und sich der Vertrag nach der charakteristischen Haupttypenleistung richten oder gleich bedeutende Leistungen sind jeweils wiederum nach ihrem Vertragstyp zu behandeln. Denkbar ist aber auch, dass verschiedene Leistungen untrennbar verknüpft werden oder gar (so bei atypischen Verträgen) völlig neue Pflichten erfunden werden, für welche gesetzliche Vorschriften allenfalls analog herangezogen werden können. Moderne Vertriebsformen und die dabei erforderliche vernetzte Zusammenarbeit sind hierfür ein Beispiel. Vielfach wird eine rechtliche Behandlung in diesen Bereichen nur nach gesellschaftsrechtlichen Grundsätzen möglich sein.

▶ **Beispiel:** 233
Die Vertragsübernahme ist im BGB als solche nicht vorgesehen (vgl. dagegen die bloße Schuldübernahme nach §§ 414 ff.). Die Übertragung von Rechten aus dem übernommenen Vertrag erfolgt durch Abtretung nach § 398. Eine solche Vertragsübernahme wird des Öfteren inseriert betreffend Kaufverträge über automobile Sportwagen mit langer Lieferzeit. – Welche Ansprüche hat der Übernehmer des Vertrages, wenn der Erstkäufer ihm die Rechte aus dem Vertrag abgetreten hatte, sich das Fahrzeug aber anschließend doch vom Händler übereignen lässt?
Hier gilt es zuerst zu sehen, dass der Vertragsübernahme (als dingliche Abtretung des Lieferanspruchs) *schuldrechtlich* ein atypischer Kaufvertrag (§ 453 Abs. 1) zugrunde liegt. Seine Leistung ist auf die Abtretung des Lieferanspruchs gegen den Händler gerichtet und mit Vollzug dieser Abtretung (nicht erst mit Erhalt des Fahrzeugs) erfüllt (§§ 433 Abs. 1 analog, 362 Abs. 1, 398). Der Erstkäufer haftet dem Übernehmer des Vertrages sodann aber aus der (zumindest fahrlässigen) Verletzung *nachvertraglicher* Pflichten (§§ 241 Abs. 2, 280 Abs. 1, 278).
Daneben treten die ziemlich offensichtlichen Ansprüche aus §§ 687 Abs. 2, 667, 681 S. 2 und vor allem nach § 816 Abs. 2 (weil der Händler auch dem Übernehmer gegenüber frei geworden ist, sei es nach § 407 oder nach §§ 185 Abs. 2, 362 Abs. 2). – Z. B. entgangener Gewinn aus einem vereitelten Weiterverkauf des Pkw, § 252, wäre aber eben nur aufgrund des vertraglichen Schadensersatzanspruchs zu erlangen. ◀

Nicht vergessen werden dürfen in diesem Zusammenhang die kaufmännischen Handelsgeschäfte des HGB, welche ihrerseits Schuldverhältnisse sind (z. B. der Handelsvertreter- und der Kommissionsvertrag, Lager-, Fracht- oder Speditionsvertrag), welche auch außerhalb ihres Anwendungsbereichs (vgl. §§ 343, 345 HGB) Anhaltspunkte für die Interessen- und Risikoverteilung in Schuldverhältnissen mit ähnlichem Inhalt geben können. 234

a) Nacherfüllung bei Schlechtleistung

Wir haben jetzt die Erfüllungsklage auf die primäre Hauptleistung aus einem Vertragsverhältnis behandelt. Aus dem Anspruchsschema vom Beginn dieses Bandes kennen wir als rechtsvernichtende Einwendungen u.a. die Unmöglichkeit (§ 275 Abs. 1–3) und die Erfüllung (§§ 362 ff.). Beide führen zum Erlöschen der (unmöglichen oder bereits erfüllten) Leistungspflicht, nicht aber zum Erlöschen des Schuldverhältnisses selbst (missverständlich ist insofern § 362 Abs. 1). Die Unmöglichkeit der Leistung hat dabei 235 etwas Endgültiges und führt entsprechend § 275 Abs. 4 ggf. zu Schadensersatzansprüchen statt der Leistung und zum Wegfall des Anspruchs auf die Gegenleistung. Erfüllung ist gleichermaßen endgültig, wenn keine Schlechtleistung vorliegt, das heißt die Leistung beispielsweise nach §§ 433 Abs. 1 S. 2 bzw. 633 Abs. 1 frei von Sach- und Rechtsmängeln erfolgt.

236 Es ist allerdings nicht ungewöhnlich, dass der Leistungsgegenstand, sei es die Kaufsache oder das hergestellte Werk, nicht diejenige Beschaffenheit aufweist, welche geschuldet wurde (vgl. dazu die drei Mangelbegriffe in § 434 Abs. 1 S. 1 bzw. S. 2 Nr. 1 und S. 2 Nr. 2 sowie die parallele Mangeldefinition in § 633 Abs. 2). Möglich ist auch, dass Dritte noch Rechte am Leistungsgegenstand haben (vgl. zum Rechtsmangel §§ 435, 433 Abs. 1 S. 2). In solchen Fällen kann der Gläubiger entscheiden, die Leistung seines Schuldners zurückzuweisen, sie also erst gar nicht als Erfüllung anzunehmen und damit die Erfüllungsklage zu behalten. Oder er nimmt die Leistung an – sei es, weil der Mangel eher geringfügig ist oder er ihn erst später bemerkt. Auch in diesem Fall soll der Käufer bzw. der Besteller eines Werks den Erfüllungsanspruch behalten und dann auch darauf verwiesen sein (sog. Nacherfüllung, §§ 439, 635), bevor er wegen Schlechtleistung schließlich Gewährleistungsansprüche nach §§ 437 Nrn. 2, 3 bzw. 634 Nrn. 2–4 geltend machen kann (Vorrang der Nacherfüllung).

b) Schema zur Nacherfüllung, §§ 634 Nr. 1, 635

237
I. Allgemeine Voraussetzungen der Nacherfüllung
   1. Wirksamer Werkvertrag
   2. Sach- oder Rechtsmangel, § 633
   3. Bei Gefahrübergang
      – Abnahme, § 644
      – Vollendung statt Abnahme, § 646
      – Abnahmefiktion nach Abnahmefrist, § 640 II 1
      – Abnahmeverzug des Bestellers, § 644 S. 2
      – Gefahrenübergang bei Versendung des Werkes, §§ 644 II, 447
II. Kein Gewährleistungsausschluss
   1. Vertraglicher Gewährleistungsausschluss, § 639
      (aber ggf. §§ 650 S. 1, 476 I)
   2. Gewährleistungsausschluss durch AGB (aber § 309 Nr. 8 b) aa-ff))
   3. Vorbehaltlose Annahme trotz Kenntnis, § 640 III (anders § 650 S. 2)
III. Spezielle Voraussetzungen der Nacherfüllung
   1. Wahlrecht des Werkunternehmers Neuherstellung oder Reparatur
   2. Möglichkeit der Nacherfüllung (§ 275 I); Unmöglichkeit nur, wenn beide Arten der Nacherfüllung unmöglich sind.
   3. Kein Leistungsverweigerungsrecht des Werkunternehmers
      a) § 635 I: Unverhältnismäßigkeit der Kosten *beider* Nacherfüllungsvarianten (wie bei § 439 IV);
      b) § 275 II bei grobem Missverhältnis zwischen Nacherfüllungsaufwand und Leistungsinteresse des Bestellers;
      c) § 275 III

IV. Rechtsfolge: (Sekundäre) Klagebefugnis auf
1. Neuherstellung oder Mangelbeseitigung; Kosten: § 635 II
2. Selbstvornahme, § 637; Vorschuss nach § 637 III
3. Rückgewähr des mangelhaften Werkes, §§ 635 IV, 346 ff.
4. Herausgabe gezogener Nutzen, §§ 635 IV, 346 I 2
5. Rücktritt, Minderung oder Schadensersatz nur über § 636

Der Vorrang der Nacherfüllung vor Gewährleistung ergibt sich aus dem Erfordernis einer Nachfristsetzung in den verwiesenen Vorschriften des Gewährleistungsrechts. Nur, wo Nacherfüllung endgültig verweigert wird, fehlgeschlagen oder unzumutbar ist (so der Verweis auf §§ 440 bzw. 636) oder die Nacherfüllung von vornherein unmöglich ist, stehen dem Gläubiger unmittelbar Gewährleistungs- und Schadensersatzansprüche zu Gebote.

238

Mache Dir diese Struktur in §§ 437 und 634 unbedingt klar. Der Nacherfüllungsanspruch in Nr. 1 dieser Vorschriften ist bei Mängeln ohne weitere Voraussetzungen gegeben. Die weiteren Rechte in Nrn. 2 ff. hängen hingegen aufgrund der Verweisungen von den zusätzlichen Erfordernissen ab, welche in den verwiesenen Bestimmungen aufgestellt sind. Dazu gehört als Grundsatz das Erfordernis einer Fristsetzung, nämlich für einen (nochmaligen) Erfüllungsversuch. Nur bei Unmöglichkeit (so der Verweis auf § 326 Abs. 5 und auf § 283) sowie ferner in den Fällen der §§ 440 bzw. 636 (ebenso § 281 Abs. 2) ist ausnahmsweise von der Fristsetzung abgesehen worden.

▶ **Beispiel:**

239

Hat ein Käufer seinem Verkäufer die Nacherfüllung mittels Reparatur oder Lieferung einer mangelfreien Sache zu ermöglichen, lässt aber z. B. in Unkenntnis des Nacherfüllungsrechts die Sache seinerseits reparieren und vereitelt dadurch die Möglichkeit der Nacherfüllung, sind ihm Schadensersatzansprüche auf Ersatz der Reparaturkosten oder die Minderung verwehrt (Einzelheiten sind umstritten). ◀

Im Zweifel sollte der vertragliche Anspruch auf die Primärleistung immer und zuallererst geprüft werden, selbst wenn für die Lösung offensichtlich Sekundäransprüche zu bejahen sind. Dadurch wird zumindest die Gliederungsstruktur entzerrt und die Wirkung der entsprechenden rechtsvernichtenden Einwendung kann klar herausgestellt werden. So ist z. B. gerade die Einwendung aus § 275 Abs. 1 bei Unmöglichkeit der Übergang zu den nachfolgenden Sekundäransprüchen. In Mehr-Personen-Verhältnissen folgt erst aus der Einwendung nach §§ 362 Abs. 1, 407 (Erfüllungswirkung trotz Leistung an den Nichtgläubiger) der Übergang zu den Nichtleistungskondiktionen (z. B. § 816 Abs. 2).

Allerdings darf das nicht dazu verleiten, den „Vertrag an sich" voranzustellen. Der Anspruchsaufbau akzeptiert einleitend nur Rechtsfolgen, hier: Forderungsrechte. Lässt sich das wirtschaftliche Begehren aus der Fallfrage nicht sinnvoll als vertraglicher Primäranspruch beschreiben, bleiben vertragliche Erfüllungsansprüche unerwähnt (Bitte schreibe keinesfalls: „1. Vertragliche Ansprüche sind nicht in Sicht" o.ä.). Ebenso unerwähnt bleiben vertragliche Erfüllungsansprüche, wenn bereits die Fallfrage die Erörterung vertraglicher Ansprüche ausklammert und beispielsweise nur nach Delikt fragt.

240 Der Vorrang des Erfüllungsanspruchs vor Schadensersatz gilt gleichermaßen in allen Vertragsverhältnissen, auch denen ohne eigenständige Regelung eines Gewährleistungsrechts. Außerhalb von Kauf und Werkverhältnis finden die §§ 280 ff. unmittelbare Anwendung und das Erfordernis einer *Fristsetzung* besteht deshalb für Schadensersatz in § 281 Abs. 1 und für das Rücktrittsrecht in § 323 Abs. 1 ebenso.

241 ▶ **Beispiel:**
Leistet ein Arbeitnehmer schlechte Arbeit, braucht er dennoch nicht nachzuerfüllen (nachzubessern), denn beim Dienstvertrag (Arbeitsvertrag) liegt stets Unmöglichkeit vor. Die Leistung ist zeitabhängig geschuldet (absolutes Fixgeschäft) und abgeleistete Zeit, sei sie auch durch unsorgfältige Arbeit wertlos vertan, kann ebenso wenig nachgeholt werden, wie versäumte Zeit z. B. im Falle des Zuspätkommens eines Arbeitnehmers. Die geschuldete Zeitspanne ist unwiederbringlich abgelaufen. *Deshalb* haftet ein Arbeitnehmer bei Schlechtleistung unmittelbar auf Schadensersatz nach § 281 wegen Verletzung einer leistungsbezogenen Pflicht (sofern ihn ein Verschuldensvorwurf trifft und der Arbeitgeber einen Schaden konkret belegen kann). ◀

Die Besonderheit im Arbeitsverhältnis ist hinsichtlich Schlechterfüllung und Zeitversäumnis mithin lediglich der absolute Fixschuldcharakter der Arbeitsleistung. Ihretwegen ist jede Nachholung unmöglich. *Deshalb* hat das Recht des Dienstverhältnisses kein eigenständiges Gewährleistungsrecht. Der Rücktritt scheidet bei den oft als Dauerschuldverhältnissen vereinbarten Dienstverträgen sowieso aus (stattdessen: Kündigung) und Minderung des Arbeitslohns ist bei (zeitweiser) Teilunmöglichkeit nach §§ 326 Abs. 1 S. 1 2. Halbsatz, 441 Abs. 3 möglich („ohne Arbeit kein Lohn"). Sonderregeln für den Erhalt des Anspruchs auf Arbeitslohn trotz versäumter Arbeitszeit bestehen sodann aber in §§ 616, 617 und besonders für den Krankheitsfall im EntgeltFZG.

242 Das Nacherfüllungsverlangen beim Kauf- und Werkvertrag als Recht zur zweiten Andienung des Schuldners und gleichzeitiger Schutz des Gläubigers zum Erhalt seines Interesses auf eine mangelfreie Sache ist in der Ausgestaltung als (modifizierter) Erfüllungsanspruch zwar auf diese beiden Vertragstypen beschränkt. Es ist jedoch mit dem Erfordernis einer Fristsetzung vor der Geltendmachung von Schadensersatz (§ 281) oder der Ausübung des Rücktritts (§ 323) in allen anderen typischen oder atypischen Vertragsverhältnissen inhaltlich deckungsgleich. Der Arbeits- und Dienstvertrag (§§ 611 ff.) ist nur scheinbar eine Ausnahme, als dort die streng zeitgebundene Leistung den Charakter einer absoluten Fixschuld hat.

3. Dingliche Ansprüche auf Herausgabe einer Sache

243 Zahlreiche Anspruchsgrundlagen des Schuld- und Sachenrechts können (jedenfalls unter Umständen) ein Herausgabeverlangen tragen. Zur besseren Ordnung werden deshalb hier zwei Gruppen von Herausgabeansprüchen unterschieden: Solche, die *an der Sache* bestehen (v.a. § 985) und andere, welche sich *auf eine geschuldete Sache* beziehen.

244 Neben den hier zu behandelnden Ansprüchen, die speziell die Herausgabe einer Sache gewähren, existieren Herausgabeansprüche bezogen auf Sachgesamtheiten im Familien- und Erbrecht. Für die Herausgabe von Sondervermögen haben § 2018 (gegen den Erbschaftsbesitzer) und § 2030 (gegen den Erwerber vom Erbschaftsbesitzer) besondere Bedeutung in Fortgeschrittenenklausuren. Sie bleiben außer Betracht. Die Darstellung hier beschränkt sich auf Herausgabeansprüche auf *einzelne* Sachen. Als dingliche Herausgabeansprüche werden § 985 und § 894 behandelt.

Dingliche Rechte sind nicht nur auf eine Sache gerichtet, sondern bestehen unmittelbar an ihr. Bedeutung hat dies z. B. für die Übertragbarkeit. Dingliche Ansprüche sind nicht isoliert abtretbar, sondern gehen mit der Sache über oder entstehen mit Übertragung der Sache neu.

a) Vindikation

Zentrale Anspruchsgrundlage dinglicher Herausgabeansprüche ist die Vindikation des Eigentümers nach §§ 985, 986. Von klausurmäßiger Bedeutung sind daneben Ansprüche aus verbotener Eigenmacht (§§ 861 Abs. 1, 858) und aus früherem Besitz (§ 1007 Abs. 1, 2).

245

Bei der Prüfung des Eigentumsherausgabeanspruchs (§§ 985, 986) ist regelmäßig Schwerpunkt die Feststellung des Eigentums des Anspruchsstellers.

246

Ging eine Sache durch mehrere Hände, muss diese Prüfung chronologisch aufgebaut werden und vom ersten gesicherten Eigentümer ausgehen (vgl. dafür die Eigentumsvermutung in § 1006 Abs. 1 zugunsten des frühesten Eigenbesitzers).

▶ **BEISPIEL:**

247

Wird Herausgabe gestohlenen Geldes durch den Eigentümer verlangt, ist es möglich, dass der Dieb dieses seinerseits zum Erwerb anderer Sachen verwendet hat und ein Dritter daran nach §§ 929 S. 1, 932 Abs. 1 gutgläubig Eigentum erworben hat. Das ist möglich, weil der Ausschluss gutgläubigen Erwerbs nach § 935 Abs. 1 wegen Abs. 2 nicht für Geld gilt. Der Bestohlene wäre daher auf Ansprüche nach § 816 Abs. 1 verwiesen.
Hatte der Dieb das Geld jedoch noch nicht ausgegeben, mag der Eigentumsherausgabeanspruch dennoch scheitern, weil ein gesetzlicher Eigentumsübergang auf den Dieb nach §§ 947 Abs. 2, 948 dadurch eingetreten ist, dass der Dieb das gestohlene Geld mit eigenem in seiner Kasse vermischt hat. In diesem Fall wäre der Bestohlene auf einen Entschädigungsanspruch nach §§ 951 Abs. 1 S. 1, 812 Abs. 1 S. 1 2. Alt. verwiesen. In allen Fällen bestünden daneben Schadensersatzansprüche gegen den Dieb nach §§ 992, 823. ◀

Gegen die Ansprüche aus §§ 985 und 1007 kann der Beklagte Einwendungen aus einem schuldrechtlichen oder dinglichen *Recht zum Besitz* geltend machen (§§ 986 bzw. 1007 Abs. 3 S. 2). Ein solches Recht zum Besitz kann sich aus einem Überlassungsschuldverhältnis (Miete, Leihe etc.) oder aus einem beschränkten dinglichen Recht (Nießbrauch, § 1036 Abs. 1, Pfandrecht, § 1205 etc.) ergeben.

248

Auch der Eigentumsvorbehaltskäufer hat aus dem Kauf ein Recht zum Besitz, wenn ihm die Sache bereits übergeben, aber noch nicht übereignet worden ist. Aus diesem Grund sieht § 449 Abs. 2 für die Geltendmachung des Eigentumsvorbehalts zwingend vor, dass der Vorbehaltsverkäufer zurücktreten müsse. Dieser Rücktritt vom Kauf richtet sich regelmäßig nach § 323 Abs. 1 und bedarf der Fristsetzung hinsichtlich einer bereits fälligen Zahlung. Erst wenn der Vorbehaltskäufer mit einer Zahlungsfrist gemahnt worden ist, kann er das Recht zum Besitz verlieren.

Als Einrede gegen den Herausgabeanspruch des Eigentümers ist im Übrigen der Verwendungsersatzanspruch des Vindikationsbeklagten nach § 1000 S. 1 zu beachten. Hier kann es folglich notwendig sein, Ansprüche aus Verwendungen nach §§ 994 ff. darzustellen.

249

b) Grundbuchberichtigungsanspruch

250 Auch ein Grundstück ist eine Sache i.S.d. § 90 und kann nach § 985 herausverlangt werden (man spricht dann von *Räumung*). Der Anspruch richtet sich auf Verschaffung des unmittelbaren Besitzes, etwa durch Ermöglichen des ungehinderten Zugangs zum Grundstück für den Eigentümer und durch das Verlassen des Grundstücks von nicht Besitzberechtigten.

251 Der Anspruch auf Grundbuchberichtigung nach § 894 ist dagegen auf Berichtigung einer – meist infolge gescheiterter Übereignung (Eintragung ohne wirksame Einigung) verursachten – Unrichtigkeit des Grundbuchs gerichtet.

252 ▶ BEISPIEL:
Grundeigentum wird nach §§ 873 Abs. 1, 925 Abs. 1 durch dingliche Einigung (sog. Auflassung) **und** Eintragung im Grundbuch übertragen. Fehlt die Auflassung, etwa weil irrtümlich eine falsche Person als Erwerber eingetragen wird, oder wird sie z. B. durch Anfechtung („Doppelmangel") anfänglich unwirksam, erlangt der dennoch Eingetragene trotz der Eintragung kein Eigentum. Der Anspruch aus § 985 richtet sich auf Räumung des Grundstücks, während nach § 894 der sog. Buchbesitz, das heißt die (inhaltlich unzutreffende) Eintragung im Grundbuch, „herauszugeben" ist. Der Beeinträchtigte hat nach § 894 mithin einen Anspruch auf Berichtigung des Grundbuchs. – eine Rechtsänderung wird durch § 894 gerade nicht herbeigeführt. ◀

§ 894 hat hinsichtlich des „Buchbesitzes" den vergleichbaren Inhalt wie § 985 hinsichtlich des unmittelbaren Besitzes. – Häufiger Anfängerfehler ist in diesem Zusammenhang, davon auszugehen, dass allein die Eintragung im Grundbuch irgendeine Rechtsänderung herbeigeführt haben würde. Der bloße Bucheigentümer ist aber gerade nicht materiellrechtlich Eigentümer. Eben deshalb ist das Grundbuch unrichtig! – Buchbesitz, also die Eintragung im Grundbuch, ist bloßer Rechtsschein. Der Rechtsschein ermöglicht aber den gutgläubigen Erwerb eines Dritten (vgl. § 892 f) und die Ersitzung des Grundstücks (§ 900); außerdem knüpft § 891 eine widerlegbare Vermutung im Sinne einer Beweislastregelung an die Grundbucheintragung.

Schwierig zu verstehen ist, dass neben § 894 der Buchbesitz zumeist auch kondiziert werden kann (§ 812 Abs. 1 S. 1). Das Bereicherungsrecht ist auf Herbeiführung einer Rechtsänderung gerichtet und betrachtet auch die unrichtige Eintragung, also bloßen Buchbesitz, als vorteilhafte Rechtsstellung (im Hinblick auf §§ 891, 892, 900).

Du kannst Dir den Unterschied klarmachen, indem Du Dir Folgendes einprägst: Die Eintragung im Grundbuch allein führt noch zu keiner *dinglichen* Rechtsänderung. „Etwas erlangt" im Sinne des Bereicherungsrechts ist aber nicht nur eine dingliche oder schuldrechtliche Rechtsposition, sondern bereits jeder Rechtsscheintatbestand. Eine dingliche Rechtsänderung ist zwar wahrscheinlich der häufigste Kondiktionsgegenstand, sie ist für ihn aber nicht begriffsnotwendig.

253 § 894 BGB (Grundbuchberichtigungsanspruch)

I.	Grundbuch unrichtig in Ansehung eines dinglichen Rechts
II.	Aktivlegitimation des Anspruchstellers = materielle Berechtigung
III.	Passivlegitimation des Anspruchsgegners = Innehabung der Buchposition

Der Grundberichtigungsanspruch nach § 894 ist nur dann der zutreffende Rechtsbehelf, wenn keine dingliche Rechtsänderung herbeigeführt werden soll. Das ist nur der Fall, wenn das eingetragene dingliche Recht in Wahrheit nicht besteht. Bloße Nichtdurchsetzbarkeit aufgrund einer rechtshemmenden Einrede lässt das einredebehaftete Recht hingegen dinglich fortbestehen (das Grundbuch wird durch die rechtshemmende Einrede nicht unrichtig).

254

▶ **Beispiel:**

255

Die Hypothek (vgl. § 1113 Abs. 1) ist ein streng akzessorisches Recht. Akzessorietät bezeichnet die Abhängigkeit des Bestehens eines Rechts von dem Bestehen eines anderen Rechts. Die Hypothek entsteht daher trotz ansonsten wirksamer Bestellung nicht, wenn die gesicherte Forderung nicht besteht (es gelten dann §§ 1163 Abs. 1, 1177 Abs. 1). Die Hypothek besteht außerdem dann nicht, wenn ihre Bestellung (nach § 873 durch Einigung und Eintragung) scheitert, weil die Einigung unwirksam ist. Beides Mal ist die eingetragene (Fremd-)Hypothek unwirksam. Ohne gesicherte Forderung oder nachdem diese getilgt worden ist, besteht in Wahrheit eine Eigentümergrundschuld (§§ 1163 Abs. 1, 1177 Abs. 1). Bei unwirksamer Bestellung ist im Unterschied dazu gar kein Recht entstanden. Im ersten Fall (Eigentümergrundschuld) kann daher nach § 894 Grundbuchberichtigung durch Umschreibung in eine Eigentümergrundschuld verlangt werden, im zweiten Fall (gar kein Recht entstanden) richtet sich die Grundbuchberichtigung auf Löschung. ◀

Solche Fallgestaltungen werden Dir sicherlich nicht in einer Anfängerklausur begegnen. Dennoch solltest Du Dir vielleicht beim zweiten Durcharbeiten dieses Buches auch diese Zusammenhänge einprägen. Es handelt sich vielfach um Probleme des Allgemeinen Teils, die lediglich sachenrechtlich eingekleidet sind.

Liest Du § 894 genau, geht der Anspruch korrekterweise auf *Zustimmung* zur Grundbuchberichtigung. Das liegt am sog. formellen Konsensprinzip des Grundbuchrechts, wonach Eintragungen stets einen übereinstimmenden Antrag aller Betroffenen voraussetzen.

▶ Als Kontrollfrage überlege Dir bitte, was es bedeutet, wenn der Grundstückseigentümer nach Tilgung der hypothekarisch gesicherten Forderung nicht die Umschreibung in eine Eigentümergrundschuld verlangt, sondern Löschung der Hypothek?
Das wäre strenggenommen nicht *Berichtigung*, sondern Rechtsänderung, nämlich Aufhebung und zwar der mangels gesicherter Forderung automatisch zur Eigentümergrundschuld gewordenen Hypothek (ansonsten wirksame Bestellung der Hypothek vorausgesetzt). Es handelte sich hierbei also um einen Vorgang nach § 875 (anders war dies im vorangegangenen Beispiel, wenn bereits die Bestellung der Hypothek mangels Einigung gescheitert war). Dies wäre bei entsprechender Klausurfrage auch so herauszuarbeiten. Allerdings gibt die h.M. dem Eigentümer auch in diesem Fall den Löschungsanspruch als solchen nach § 894, so er ihn statt der Umschreibung will, weil der Anspruchsgegner dadurch nicht weiter belastet wäre. ◀

Es wäre aber falsch, gleich so zu tun, als sei Grundbuchberichtigung stets Löschung, auch wenn es hier „vom Ergebnis her auf dasselbe hinausläuft". Dieser Klausurbearbeitung würde (zu Recht) ein fundamentales Fehlverständnis angelastet.

Parallele Ansprüche auf Rückübertragung der Hypothek nach ihrer Tilgung folgen regelmäßig aus der vertraglichen Vereinbarung zur Bestellung der Sicherheit (Sicherungszweckerklärung). Bereicherungsrechtliche Ansprüche scheiden hingegen aus, weil Rechtsgrund der Sicherheitenbestellung nur die Zweckerklärung, nicht aber die gesicherte Forderung ist.

Weitere Beispiele ähnlicher Probleme bestehen im Zusammenhang mit der Vormerkung (§ 883) und dem Widerspruch (§ 899).

256

4. Schuldrechtliche Ansprüche auf Herausgabe und Ausgleich

257 Die hier darzustellenden Herausgabe- und Ausgleichsansprüche sind schuldrechtliche Rechte und Pflichten. Ihre Rechtsfolge ist gerichtet auf eine dingliche Rechtsänderung, die durch Vornahme eines durch diese Ansprüche geschuldeten Verfügungsgeschäftes eintreten soll. Wegen § 823 vgl. Rn. 284!

a) Vertraglich begründete Herausgabeansprüche

258 Als Herausgabeansprüche sind zuerst vertragliche Rückgewähransprüche zu prüfen. Endet ein zum Besitz berechtigendes Schuldverhältnis, ist eine nur zur Nutzung überlassene Sache zurück zu gewähren. Der Mieter schuldet Rückgabe nach § 546 Abs. 1, der Pächter nach § 582 a Abs. 3, der Entleiher nach § 604 Abs. 1 und für die Verwahrung gilt § 695 S. 1. Bei der Auseinandersetzung einer GbR sind die nur zur Benutzung in das Gesellschaftsvermögen eingebrachten Gegenstände dem Gesellschafter nach § 732 S. 1 zurückzugeben.

259 Einen Herausgabeanspruch enthält auch § 433 Abs. 1 S. 1 („zu übergeben und zu übereignen"), der jedoch in den meisten Fällen im Übereignungsanspruch aufgeht, weil die Übergabe (Herausgabe) jedenfalls im Falle des § 929 S. 1 Tatbestandsvoraussetzung des Eigentumswechsels ist.

260 Eine Besonderheit stellen §§ 488 Abs. 1 S. 2, 607 Abs. 1 S. 2 beim Geld- bzw. Sachdarlehen dar. Auch dort ist der Darlehensgegenstand nach Laufzeitende zurückzugeben. Da der Darlehensnehmer die Valuta jedoch zu Eigentum übertragen erhielt und sie verbrauchen durfte, schuldet er Rückerstattung vergleichbarer Sachen (nicht Herausgabe der identischen, darlehensweise hingegebenen Sache). Der Herausgabeanspruch richtet sich mithin auf Verschaffung des Eigentums bzw. der Inhaberschaft an einem „Ersatzgegenstand".

261 „Herausgabe" richtet sich im Übrigen auf Übereignung bzw. Rückübereignung, auf Abtretung bzw. Rückabtretung, unter Umständen auch auf Wertersatz. Herausgabeansprüche können sich aber auch auf bloße Besitzübertragung richten.

> Eine eingetretene Vermögensverschiebung ist auszugleichen. Dieser Ausgleich kann im Einzelfall durch Herausgabe zu erfolgen haben. Die Herausgabe ist dabei ein Unterfall des allgemeineren Ausgleichs.

262 Die hier darzustellenden Ansprüche haben ihren Entstehungsgrund – mit einer Ausnahme – nicht in einem Vertrag, sondern in *objektiven* Interessen. Sie werden durch einen tatsächlich bestehenden Widerspruch zu diesen Interessen begründet (sog. gesetzliche Schuldverhältnisse). Es handelt sich im Wesentlichen um Ausgleichsansprüche im Rahmen der Geschäftsführung ohne Auftrag, des Bereicherungsrechts und schließlich des Deliktsrechts. Daneben existieren zahlreiche weitere gesetzliche Schuldverhältnisse, etwa des Beteiligungsausgleichs, außerdem solche im vierten Buch des BGB (Sachenrecht), im fünften (Familienrecht) und sechsten (Erbrecht) Buch. Diese bleiben hier außer Betracht.

263 Der Aufwendungsausgleich aus der Geschäftsführung ohne Auftrag (§§ 677 ff.) folgt aus fremdnützigen Vermögensverschiebungen. Ansprüche des Bereicherungsausgleichs entstehen wegen unrechtmäßiger, nämlich rechtsgrundloser Innehabung oder Nutzung von Gütern (die ungerechtfertigte Bereicherung, §§ 812 ff.). Deliktische Ausgleichsan-

sprüche sind Schadensersatz wegen der Verletzung von Rechten oder Rechtsgütern (unerlaubte Handlungen, §§ 823 ff.).

Die gewählte Darstellung nach Anspruchsinhalten entspricht nicht der lehrbuchmäßigen. Ziel hier ist, typische Zusammenhänge von Anspruchsgrundlagen für die Fallbearbeitung aufzuzeigen und dadurch den Transfer für die Anwendung in der Fallbearbeitung zu erleichtern. Lehrbücher gliedern dagegen nach dem Entstehungsgrund von Ansprüchen.

b) Vorbemerkung zu gesetzlichen Schuldverhältnissen

Forderungsrechte bestehen immer kraft eines Schuldverhältnisses (§ 241 Abs. 1). Dies kann ein rechtsgeschäftliches Schuldverhältnis sein, welches dann durch Vertrag zustande kommt (§ 311 Abs. 1). Das gesetzliche Schuldverhältnis entsteht dagegen durch Verwirklichung desjenigen Tatbestandes, den eine gesetzliche Norm dafür aufstellt.

264

Das bereicherungsrechtliche Schuldverhältnis („die ungerechtfertigte Bereicherung") besteht *nicht* „im Anspruch *aus* § 812 Abs. 1", sondern im Zustand einer Bereicherung, für deren *Behalten* es objektiv keine Rechtfertigung gibt. Es fehlt am Behaltendürfen: Der Empfänger darf die Vermögensmehrung nicht behalten, weil der Zustand nur aufgrund fehlgeschlagener Leistung oder sonst im Widerspruch zum Zuweisungsgehalt an dem betroffenen Vermögenswert eingetreten war. §§ 812 ff. enthält für den Bereicherungsausgleich die Anspruchsgrundlagen (Klageformen) als Rechtsfolgen des bereicherungsrechtlichen Schuldverhältnisses. Dieses gesetzliche Schuldverhältnis der ungerechtfertigten Bereicherung ist die Anspruchsvoraussetzung, die mit den einzelnen Tatbestandsmerkmalen ebenfalls in §§ 812 ff. normiert ist (vgl. sogleich ausführlich in Rn. 271 ff.).

265

Genauso ist die „unerlaubte Handlung", das heißt die freiwillige Verletzung einer für alle geltenden Verhaltenspflicht, welche durch den Tatbestand einer Deliktsnorm objektiv aufgestellt wird (z. B. in § 823 Abs. 1) und wofür dann auf die Schadensklage (§§ 249 ff.) verwiesen wird, ein gesetzliches Schuldverhältnis. Der vertragliche Schadensersatz nach §§ 280 ff. wird dagegen nicht durch Verletzung einer für alle geltenden Verhaltenspflicht begründet, sondern durch Verletzung einer vereinbarten, relativ zwischen den Vertragsparteien bestehenden Verhaltenspflicht, weshalb auch nur ein Vertragspartner (bzw. Beteiligter eines bestehenden Schuldverhältnisses) die Verletzung begehen kann.

266

c) Vertragliche und quasi-vertragliche Herausgabe- und Ausgleichsansprüche

Ein vertraglicher Herausgabeanspruch ist im Fall des Rücktritts von einem Schuldverhältnis in § 346 Abs. 1 normiert. Bestimmt das Gesetz (z. B. in § 323 Abs. 1) ein Rücktrittsrecht bezogen auf ein vertragliches Schuldverhältnis und übt der Rücktrittsberechtigte dieses aus (§ 349), wandelt sich das Vertragsverhältnis in ein sog. Rückabwicklungsschuldverhältnis (auch: Rückgewährschuldverhältnis). Gleiches gilt bei einem vertraglich eingeräumten Rücktrittsrecht. Der Rücktritt ist eine rechtsvernichtende Einwendung gegen den ursprünglichen Leistungsanspruch. Der vereinbarte Leistungsaustausch kann nicht mehr gefordert werden. Außerdem bestimmt § 346 für dieses Verhältnis die Rechtsfolgen, nämlich in Abs. 1 „die empfangenen Leistungen zurück zu gewähren und die gezogenen Nutzungen herauszugeben". Es entsteht ein Rückzahlungs- oder Rückübereignungsanspruch, der als selbstständige Anspruchsgrundlage in

267

der Prüfung neu anzusetzen ist. Der Vertrag bleibt – mit diesem veränderten Inhalt – wirksam. Die bereits ausgetauschten Leistungen sind deshalb nicht rechtsgrundlos erfolgt. Da die dingliche Wirksamkeit des Leistungsaustausches vom Rücktritt sowieso unbeeinträchtigt bleibt (Abstraktionsprinzip), muss eine Rückübereignung bzw. Rückabtretung, Rückzahlung etc. erfolgen.

268 Ganz ähnlich wie § 346 Abs. 1 bestimmt § 357 Abs. 1 einen schuldrechtlichen Rückgewähranspruch im Fall des Widerrufs eines außerhalb von Geschäftsräumen geschlossenen Vertrages („Haustürgeschäft") oder eines Fernabsatzgeschäftes (ebenso § 357a Abs. 1 und § 357c S. 1 für weitere Verbraucherverträge). Der Widerruf muss nach §§ 355 ff. erfolgen. Das Bestehen eines Widerrufsrechts bestimmt sich nach §§ 312g, 495, 506–512. Der Widerruf ist zugleich ein Gestaltungsrecht gegen die ursprünglich vereinbarten Forderungsrechte (die mit Widerruf ex nunc unwirksam werden) und andererseits selbstständiger Herausgabeanspruch für die Rückabwicklung.[11]

269 Ein weiterer vertraglicher Herausgabeanspruch ist die Pflicht des Geschäftsführers, aus dem Auftragsverhältnis (§ 662) stammende Gegenstände nach § 667 herauszugeben. Die Vorschrift ist über § 675 Abs. 1 auf jeden Geschäftsbesorgungsvertrag anzuwenden, insbesondere auch auf Dienst- und Werkverträge, die eine Geschäftsbesorgung zum Gegenstand haben. Herauszugeben sind beispielsweise überlassene Arbeitsmaterialien oder ein Firmenfahrzeug, das der Arbeitnehmer nutzt, ebenso das Restgeld, welches jemandem zur auftragsgemäßen Erledigung eines Einkaufs gegeben worden war. Unter § 667 fällt auch der Erwerb aus dem auftragsgemäß durchgeführten Geschäft, also dasjenige, was der Geschäftsführer von Dritten erhalten oder erworben hat.

Hinsichtlich des Erwerbs aus der Geschäftsführung ist zu beachten, dass der Geschäftsführer im *Innenverhältnis* für den Geschäftsherrn, also auf dessen Rechnung handelt, im *Außenverhältnis* jedoch nicht notwendigerweise zugleich eine Vollmacht zum Handeln im Namen des Geschäftsherrn vorgelegen haben muss. Zwar liegt einer Vollmacht (§ 164 Abs. 1) zumeist ein Auftrag zugrunde, dies gilt jedoch nicht zwingend umgekehrt (wohl aber kann der Auftrag durch Auslegung im Einzelfall dahin gehend zu interpretieren sein). Hat der Geschäftsführer im Außenverhältnis im eigenen Namen gehandelt, richtet sich der Herausgabeanspruch nach § 667 auf Übereignung bzw. Abtretung der aus der Geschäftsführung stammenden Gegenstände an den Geschäftsherrn (Ausnahme: Geschäft für den, den es angeht).

Besonders relevant ist das im Rahmen der Geschäftsführung ohne Auftrag, welche von vornherein nicht mit der Erteilung einer Vollmacht verbunden sein kann (sie kennzeichnet ja gerade die auf eigene Initiative und ohne Mitwirkung des Geschäftsherrn übernommene Geschäftsführung).

270 § 667 ist über § 681 S. 2 entsprechend auf die quasi-vertragliche Geschäftsführung ohne Auftrag anzuwenden. Inhaltlich richtet sich der Herausgabeanspruch in diesem Zusammenhang regelmäßig auf Übereignung des Erwerbs aus der Geschäftsführung, weil der Geschäftsführer im Außenverhältnis zu Dritten im eigenen Namen handeln musste und daher für sich erwarb. Die (auch auftragslose) Geschäftsführung betrifft nur das Innenverhältnis zum Geschäftsherrn, auf dessen Rechnung der Geschäftserfolg geht.

---

11 Ein Prüfungsschema zum Rückzahlungsanspruch (§ 357 Abs. 1) nach Widerruf bei Verbraucherverträgen ist unter Rn. 531 abgedruckt.

d) Bereicherungsausgleich

Fehlt es an einem wirksamen Schuldverhältnis, etwa weil dieses aufgrund rechtshindernder Einwendung nichtig ist (und liegt auch keine Geschäftsführung ohne Auftrag vor), richten sich Rückgewähr überlassener Gegenstände wie die Zurechnung des Geschäftserfolgs nach Bereicherungsrecht (vgl. § 812 ff: „ohne rechtlichen Grund erlangt"). (Zurück) zu übertragen ist diejenige dingliche Rechtsposition, welche „durch Leistung" oder „in sonstiger Weise auf Kosten" des Bereicherungsgläubigers rechtsgrundlos erlangt worden war, deren Behalten also ungerechtfertigt wäre.

271

„Erlangt" und zurückzugeben ist oftmals das Eigentum an einer Sache (z. B. beim nichtigen Kauf), es kann aber auch (nur) der Besitz sein, so. z. B. beim nichtigen Mietvertrag. Im Falle des unwirksamen Geschäftsführungsverhältnisses und bei der Geschäftsführung ohne Auftrag ist die dingliche Rechtslage hinsichtlich der herauszugebenden Sachen vom Außenverhältnis abhängig. Der Anspruch aus ungerechtfertigter Bereicherung ist nicht auf Herausgabe der Sache gerichtet, sondern auf Übertragung bzw. Rückgewähr der erlangten Rechtsposition.

272

Zur Vermeidung von Fehlern in der Anwendung des Bereicherungsrechts sollte dort niemals von der Herausgabe einer *Sache* (sondern besser von der Rückübertragung des Erlangten) gesprochen werden. Dadurch wird zweierlei verdeutlicht: Zum einen richtet sich die Kondiktion nicht bloß auf Herausgabe, sondern auf Übertragung der erlangten Rechtsposition. Zum anderen kann nicht nur Eigentum und/oder Besitz einer Sache erlangt sein, sondern auch die Inhaberschaft einer Forderung, aber auch z. B. die Ersparnis eigener Aufwendungen (indem zum Beispiel anstatt eigener nunmehr fremde Vermögenswerte in Anspruch genommen wurden).

Das Bereicherungsrecht setzt am fehlenden Erwerbsgrund, also der Berechtigung des Übertragungsaktes an. Hier wird noch einmal das Trennungs- und Abstraktionsprinzip wichtig: Da Verpflichtungs- und Verfügungsgeschäft zu trennen und in ihrer Wirksamkeit voneinander unabhängig zu beurteilen sind, kann eine dingliche Rechtsänderung durch Verfügungsgeschäft wirksam sein, obwohl die zugrundeliegende schuldrechtliche Verpflichtung unwirksam ist. Da das Verpflichtungsgeschäft jedoch die causa für das dingliche Rechtsgeschäft bildet, ist der Erwerb in solchen Fällen durch keine wirksame Verpflichtung gerechtfertigt – es fehlt am Erwerbsgrund. Der fehlende Erwerbsgrund steht dem Behaltendürfen des Erlangten entgegen. Die Bereicherungshaftung entsteht grundsätzlich nur zwischen den an der Vermögensverschiebung direkt Beteiligten, also dem Leistenden oder sonstiger Weise Entreicherten und dem so Bereicherten. Nur bei schenkweiser Verfügung kann auch ein Dritter, bei dem der Bereicherungsgegenstand angelangt ist, die Herausgabe schulden (vgl. §§ 816 Abs. 1 S. 2 und 822 als eigenständige Kondiktionsklage gegen den Dritten).

273

Gegenüber Bereicherungsansprüchen sind Verträge vorrangig. Ein Vertrag kann Rechtsgrund für eine Vermögensverschiebung sein. Er rechtfertigt das Behaltendürfen (als Rechtsgrund). Der Vertrag bestimmt aber außerdem auch die Personen des Leistungsverhältnisses, indem er den Zweck und damit die Richtung einer Vermögensverschiebung vorgibt (nämlich zur Erfüllung an denjenigen, dem gegenüber eine vereinbarte Verpflichtung besteht). Gerade der nichtige Vertrag bestimmt also das Leistungsverhältnis der Personen, zwischen denen Vermögen rechtsgrundlos verschoben wurde und zurückgefordert werden kann.

274

275 ▶ BEISPIEL:

Werden bei einer bargeldlosen Zahlung Banken zwischengeschaltet, leisten diese nicht untereinander, sondern die Bank des Zahlungspflichtigen leistet aufgrund des Kontoführungsvertrages an ihren Kunden. Sie erbringt diese Leistung dadurch, dass sie eigenes Vermögen an den Gläubiger ihres Kunden sendet und ihm den Betrag als Aufwendungsersatz anschließend in Rechnung stellt (§§ 670, 675c Abs. 1 BGB i.V.m. § 355 HGB). Auch die Empfängerbank ist nicht Leistungsempfänger, sondern bloß Zahlstelle desselben. Vielmehr rechtfertigt der Kontoführungsvertrag zwischen diesen, dass die Empfängerbank den Betrag als Einlage ihres Kunden behält und ihm dafür eine Forderung gutschreibt (§§ 667, 675c Abs. 1 BGB i.V.m. § 355 HGB). Der Fall hat also drei Leistungsbeziehungen. Die der Überweisung zugrunde liegende Schuldtilgung im Deckungsverhältnis bleibt eine Leistung zwischen Schuldner und Gläubiger dieses Vertragsverhältnisses (z. B. Kaufpreiszahlung). Störungen in einem der dargestellten vertraglichen Beziehungen sind bereicherungsrechtlich regelmäßig nur zwischen den Beteiligten des betroffenen Verhältnisses zu korrigieren. ◀

276 Aber auch Herausgabeansprüche sind vorrangig zum Bereicherungsausgleich. Soweit sie auf Vertrag oder Quasivertrag (Geschäftsführung ohne Auftrag) beruhen, schließt dieses Verhältnis als Rechtsgrund das Bereicherungsrecht tatbestandlich aus. Bestehen sodann dingliche Herausgabeansprüche auf eine Sache (§ 985), fehlt es jedenfalls hinsichtlich des Eigentums insoweit an einer ungerechtfertigten Vermögensverschiebung und damit einer Bereicherung (allenfalls verbleibt die condictio possessionis, also eine Bereicherung um den Besitz, welcher Träger eines Rechtsscheins und einer Vermutung des Eigentums ist).

Bereicherungsrecht ist eine Besonderheit des BGB und lediglich technische Korrekturvorschrift aufgrund des Abstraktionsprinzips. Dingliche Verfügungsgeschäfte behalten ihre rechtsgestaltende Wirksamkeit unabhängig vom Bestehen der ihnen zugrunde liegenden vertraglichen Verpflichtungsgeschäfte, deren Erfüllung sie dienen.

Der Vorteil aus der Verfügung (z. B. Übereignung, Forderungsabtretung), der zum Zwecke der Erfüllung einer vertraglichen Verpflichtung geleistet worden war, ist ohne diesen Vertrag objektiv unberechtigt. Aufgrund des Abstraktionsprinzips fällt der Vorteil jedoch nicht automatisch zurück, sondern muss durch gegenläufiges Verfügungsgeschäft zurück übertragen werden (Leistungskondiktionen). Dazu verpflichtet das Bereicherungsrecht den Empfänger (als gesetzliches Schuldverhältnis). *Was* erlangt wurde, ist dann eine Frage der dinglichen Rechtslage, wer es erlangt hatte und ob berechtigt oder nicht, ist regelmäßig eine Frage des Schuldrechts.

Allerdings kann eine vermögensmäßige Bereicherung auch „in sonstiger Weise" (= anders als durch Leistung)[12] erfolgen, etwa durch tatsächliche Umstände, durch gesetzlich angeordneten Eigentumswechsel oder durch Aneignung einer Sache. Ein solcher Vorteil ist ungerechtfertigt, wenn er „auf Kosten" eines anderen (= durch Eingriff in seinen spezifischen Schutzbereich) erfolgte. Es sind dies die Nichtleistungskondiktionen, insbesondere die Eingriffskondiktion. Exakter Bestimmung bedarf auch dabei der gezogene rechtliche Vorteil. Er kann im Eigentumserwerb nach §§ 946 ff. durch Verbindung, Vermischung, Verarbeitung liegen, während dagegen etwa der Dieb sich nur den Besitz anzueignen vermag und Herausgabe nach § 985 (und § 823 Abs. 1, 2) schuldet. Verbraucht jemand eine fremde Sache oder verfügt

---

12 Und zwar: Durch *niemandes* Leistung, also auch nicht von einem Dritten geleistet (sog. Vorrang der Leistungskondiktion vor Kondiktionen in sonstiger Weise).

er wirksam über sie (beachte § 935), haftet er nach Bereicherungsrecht auf die daraus gezogenen Vorteile.

Die Kondiktion ist also die Fortsetzung der Vindikation. Der Verlust des Eigentums wird, führt er zu einem ungerechtfertigten Vorteil beim Empfänger, durch einen schuldrechtlichen Anspruch auf Rückübereignung korrigiert. „Herauszugeben" (zu übertragen) ist dann der Vorteil, das ist die Rechtsposition im Hinblick auf den Bereicherungsgegenstand, nicht einfach nur die Sache.

Die Bereicherungshaftung des BGB kennt keine Generalklausel, sondern ist in verschiedenen Erscheinungsformen als Einzeltatbestände geregelt. Zu unterscheiden sind zuerst Leistungs- und Nichtleistungskondiktionen. Die Leistungskondiktion entsteht durch eine rechtsgrundlose Zuwendung. Leistung ist die bewusste und zweckgerichtete Vermögensverschiebung. Erweist sie sich mangels einer gültigen Rechtsgrundabrede (aus vertraglicher Verpflichtung, Gefälligkeit oder Anstandspflicht) als ungerechtfertigt, ist der Vorteil daraus zurück zu übertragen. Hauptfall ist die Kondiktion wegen Nichtschuld des § 812 Abs. 1 S. 1 1. Alt. (condictio indebiti). Daneben existieren selbstständige Anspruchsgrundlagen der Leistungskondiktion wegen nachträglichen Wegfalls eines Rechtsgrundes in § 812 Abs. 1 S. 2 1. Alt. (condictio ob causam finitam), wegen Zweckverfehlung in § 812 Abs. 1 S. 2 2. Alt. (condictio ob rem) und als Sonderform wegen Gesetzes- oder Sittenverstoßes in § 817 S. 1.

aa) **Schema zur Leistungskondiktion, § 812 I 1 1. Alt.**

I. Voraussetzungen
　1. (Kondiktionsschuldner hat) Etwas erlangt
　2. Durch Leistung (des Kondiktionsgläubigers)
　3. Ohne rechtlichen Grund
II. Kein Ausschluss
　1. § 814
　2. § 817 S. 2
III. Rechtsfolgen, §§ 818 ff

Eine zweite Sachgruppe der Kondiktion bildet die Bereicherung „in sonstiger Weise" (Nichtleistungskondiktionen). Deren Grundform ist die Eingriffskondiktion in § 812 Abs. 1 S. 1 2. Alt., welche Vorteile ausgleichen soll, die nicht durch Leistung, sondern vielmehr etwa durch Eingriff in den Zuweisungsgehalt eines fremden Rechtes oder einer fremden Rechtsposition erlangt wurden.

bb) Schema zu Nichtleistungskondiktionen, § 812 I 1 2. Alt.

281
1. Etwas erlangt (Kondiktionsschuldner)
2. In sonstiger Weise ohne rechtlichen Grund
   a) Nicht durch irgendjemandes Leistung (Vorrang der Leistungskondiktion)
   b) Fallgruppen der Nichtleistungskondiktionen
      aa) *Eingriffskondiktion.* Eingriff in den Zuweisungsgehalt eines fremden Rechts oder einer fremden Rechtsposition
      bb) *Verwendungskondiktion.* Verwendungen auf fremde Sachen (soweit nicht Vorrang der §§ 994 ff.)
      cc) *Rückgriffskondiktion.* Tilgung fremder Schulden, § 267
3. Auf dessen Kosten (Kondiktionsgläubiger)

cc) Weitere Ausgleichsansprüche

282 Eine spezielle, vorrangige Regelung der Eingriffskondiktion besteht für Verfügungen eines Nichtberechtigten in § 816 Abs. 1 S. 1, wonach dieser insbesondere die Gegenleistung für den gutgläubigen Erwerb eines Dritten dem Berechtigten zu übertragen hat (vgl. unter Surrogatansprüche). Gleiches gilt nach § 816 Abs. 2 für die Herausgabe von Leistungen, welche an einen Nichtberechtigten erbracht werden und (meist aufgrund Schuldnerschutzvorschrift) dem Berechtigten gegenüber wirksam sind.

283 Besondere Anwendungsfälle des Vorteilsausgleichs sind der Nutzungsersatz, Surrogationsansprüche und der Aufwendungsersatz. Diese werden nun abschließend skizziert.

284 Schließlich kann auch der deliktische Schadensersatzanspruch etwa nach § 823 Abs. 1 und ebenso nach §§ 823 Abs. 2 BGB i.V.m. § 242 StGB in seiner Rechtsfolge auf Herausgabe etwa einer gestohlenen Sache gerichtet sein (Naturalrestitution nach § 249 Abs. 1). Er darf deshalb im Zusammenhang mit einem Herausgabeverlangen nicht vergessen werden, bleibt aber ein Schadensersatzanspruch.

Die Gutachtenhypothese für diese Anspruchsgrundlage lautet aber auf „Herausgabe als Schadensersatz wegen unerlaubter Handlung nach §§ 249 Abs. 1, 823 Abs. 1 (bzw. Abs. 2 BGB mit 242 StGB)".

e) Ansprüche auf Nutzungsersatz

285 Der Begriff der Nutzungen ist in § 100 definiert. Dazu gehören Gebrauchsvorteile aufgrund der Benutzung einer Sache, aber auch Entgelte, die für die Überlassung einer Sache gezahlt werden, wie z. B. Zinsen als Rechtsfrüchte von Kapital.

286 Wichtigste Anspruchsgrundlagen des Nutzungsersatzes bestehen im Eigentümer-Besitzer-Verhältnis. Der unredliche Besitzer haftet nach §§ 987 Abs. 1, 990 Abs. 1 für die vom Zeitpunkt seiner Bösgläubigkeit an gezogenen Nutzungen. Daneben haftet er auch für die ab dann schuldhaft nicht gezogenen Nutzungen (Abs. 2 in § 987). Voraussetzung ist, wie stets im Eigentümer-Besitzer-Verhältnis, die Vindikationslage, weshalb auch diese Nutzungsersatzansprüche ihr erstes Tatbestandsmerkmal im Hauptanspruch auf Herausgabe der fruchtbringenden Sache nach §§ 985, 986 haben. Mit Erhebung der Vindikationsklage haftet der Besitzer sodann auf die Nutzungen unmittelbar nach § 987 (unabhängig von seiner Bösgläubigkeit i.S.d. § 990 Abs. 1).

aa) Schema: Nutzungsersatz gem. §§ 987 Abs. 1, 990 Abs. 1

I. Vindikationslage zur Zeit der Nutzungsziehung
II. Nutzungsziehung gem. § 100 BGB i.V.m. 99 BGB
III. Rechtshängigkeit (§§ 253, 261 ZPO) oder Bösgläubigkeit (Bezugspunkt der Bösgläubigkeit = eigenes Recht zum Besitz)
IV. Kein Dreipersonenverhältnis i.S.d. § 991 Abs. 1 (sonst vorrangig)

287

bb) Schema: Nutzungsersatz gem. §§ 987 Abs. 2

I. Vindikationslage zur Zeit der Nutzungsziehung
II. Rechtshängigkeit (§§ 253, 261 ZPO)
III. *Keine* Nutzungsziehung (§§ 100, 99) nach den Regeln einer ordnungsmäßigen Wirtschaft trotz Möglichkeit dazu
IV. Verschulden

288

Eine Einschränkung der Haftung des bösgläubigen Besitzers enthält § 991 für den Fall, dass der Besitzer sein (vermeintliches) Recht zum Besitz von einem mittelbaren Besitzer ableitet und bei diesem die Voraussetzungen des § 990 (Bösgläubigkeit) nicht vorliegen; damit soll der mittelbare Besitzer vor Regressansprüchen seines Besitzmittlers geschützt werden.

289

cc) Schema: Nutzungsersatz gem. § 991 Abs. 1 (Dreipersonenverhältnis)

I. Vindikationslage zur Zeit der Nutzungsziehung
II. Nutzungsziehung gem. § 100, 99
III. Bösgläubigkeit/Rechtshängigkeit bzgl. Anspruchsgegner
IV. Anspruchsgegner steht in mittelbarem Besitzverhältnis als Besitzmittler
1. Besitzmittlungsverhältnis
2. Fremdbesitzerwille des Besitzmittlers
3. Herausgabeanspruch des mittelbaren Besitzers
V. Bösgläubigkeit/Rechtshängigkeit **auch bzgl. mittelbarer Besitzer**

290

Ein gutgläubiger, aber unentgeltlicher Besitzer hat nach §§ 988, 818 Abs. 3 alle gezogenen Nutzungen herauszugeben, soweit er durch sie noch bereichert ist. Hat der gutgläubige Besitzer die fruchtbringende Sache entgeltlich erworben, schuldet er nur Herausgabe der Übermaßfrüchte (§§ 993 Abs. 1 1. Halbsatz, 818 Abs. 3). Umstritten ist insoweit, ob sich seine Haftung nach § 988 richtet, wenn der entgeltliche Schuldvertrag – zusätzlich zur gescheiterten dinglichen Erfüllung – nichtig ist.

291

dd) Schema: Nutzungsersatz gem. §§ 988, 812 ff.

292
> I. Vindikationslage zur Zeit der Nutzungsziehung
> II. Nutzungsziehung gem. § 100, 99
> III. Keine Bösgläubigkeit / keine Rechtshängigkeit
> (sonst §§ 987, 990 Abs. 1)
> IV. Unentgeltliche Besitzerlangung
> beachte: Gleichstellung des rechtsgrundlosen Erwerbs (h.M.)
> V. Rechtsfolgenverweisung auf §§ 812, 818

293 Die Herausgabe von Nutzungen nach §§ 987 ff. kann sich in der Verschaffung des unmittelbaren Besitzes erschöpfen, wenn insbesondere Sachfrüchte nach §§ 953 ff. unmittelbar in das Eigentum des Sacheigentümers fallen. Dann besteht parallel der Vindikationsanspruch nach §§ 985, 986 auf Herausgabe im Sinne einer Verschaffung des unmittelbaren Besitzes.

294 Handelt es sich jedoch um von Dritten geleistete Rechtsfrüchte oder besteht die Nutzung in Gebrauchsvorteilen, wird regelmäßig eine Übereignung (meist als Zahlung von Geld) an den Eigentümer geschuldet sein.

> Für die Fallbearbeitung in der Klausur ist die Unterscheidung meist ohne Bedeutung und es kann im Obersatz vereinfachend auf Herausgabe eines konkret zu bezeichnenden Gegenstandes bzw. Zahlung einer Geldsumme „als Nutzungsersatz nach §§ …" formuliert werden. Lediglich dann, wenn Sachfrüchte nach §§ 955 oder 957 in das Eigentum des Sachbesitzers fallen, kommt eine Pflicht zur Rückübereignung als Nutzungsersatz in Frage und wäre dann im Obersatz bereits so zu formulieren.

295 Außerhalb des Eigentümer-Besitzer-Verhältnisses richtet sich der Anspruch auf Nutzungsersatz nach Bereicherungsrecht. Anspruchsgrundlage kann eine Leistungskondiktion (z. B. § 812 Abs. 1 S. 1 1. Alt.) hinsichtlich der fruchtbringenden Sache sein, bei welcher als Rechtsfolge nicht nur die Rückübertragung des geleisteten Gegenstandes, sondern nach § 818 Abs. 1 1. Fall auch die Übertragung gezogener Nutzungen geschuldet wird.

296 Folgen die Nutzungen jedoch nicht aus einem Leistungsgegenstand, sondern erfolgt die Aneignung v.a. von Gebrauchsvorteilen und Rechtsfrüchten ohne Zusammenhang mit einer Leistung des dinglich Berechtigten, ist Anspruchsgrundlage die allgemeine Eingriffskondiktion nach § 812 Abs. 1 S. 1 2. Alt., welche sich direkt (nicht erst über § 818 Abs. 1) auf gezogene Nutzungen bezieht. Dies ist etwa der Fall, wenn sich ein „Dieb" lediglich vorübergehend den Gebrauch einer fremden Sache anmaßt oder jemand unter Verstoß gegen fremdes Urheberrecht oder entgegen dem Recht am eigenen Bild Fotografien zu eigenen Werbezwecken missbraucht.

> Daneben können in solchen Fällen Schadensersatzansprüche aus unerlaubter Handlung bestehen. Sie setzen aber eine schuldhafte Rechtsverletzung voraus, während das Bereicherungsrecht davon unabhängig den gezogenen Vorteil (z. B. ersparte Lizenzkosten) ausgleicht.

297 Der bösgläubige Besitzer im Verzug schuldet aufgrund des Eigentümer-Besitzer-Verhältnisses mit der Herausgabe des Vindikationsgegenstandes (§ 990 Abs. 2 i.V.m.

§§ 280 Abs. 1, 2, 286, 288) auch Herausgabe der nicht gezogene Nutzungen (z. B. eine fiktive Verzinsung von Kapital). Gleiches gilt für den deliktischen Besitzer nach §§ 992, 849. Bereicherungsrechtlich ist der Ersatz nicht gezogener Nutzungen Inhalt von Leistungs- und Nichtleistungskondiktionen nur nach § 818 Abs. 4, 819 Abs. 1 i.V.m. §§ 291, 288 Abs. 1 S. 2, nämlich ab Rechtshängigkeit des Kondiktionsanspruchs bzw. positiver Kenntnis vom Mangel des Rechtsgrundes).

5. Surrogationsansprüche

Surrogation i.e.S. bezeichnet die Ersetzung dinglicher rechtlicher Verhältnisse an einer Sache gegen die identischen dinglichen Rechte an einer anderen Sache. Eine solche dingliche Ersetzung erfolgt etwa nach § 718 Abs. 2 im Gesellschaftsvermögen, nach § 2041 im Nachlassvermögen, nach § 2111 im Sondervermögen des Vorerben oder nach §§ 1212, 1219 und 1247 S. 2 für das Bestehen eines Pfandrechts. Infolge solcher Surrogation besteht ein dinglicher Anspruch (etwa aus Eigentum oder beschränktem dinglichen Recht) unmittelbar an der ausgetauschten Sache. Diese und weitere, bestimmte Sondervermögen betreffende Tatbestände sollen hier nicht vertieft werden.

298

Dargestellt werden hier nur Fälle schuldrechtlicher Ansprüche auf (Rück-)Übertragung von Vermögensgegenständen, also Übereignungs- bzw. Abtretungsansprüche (obligatorische Surrogation). Rechtsfolge solcher Tatbestände ist nicht das Bestehen eines dinglichen Rechts an einer Sache, sondern eines schuldrechtlichen Anspruchs auf Übertragung jedweden Vermögensvorteils, der anstelle eines anderen getreten ist.

299

„Herausgabe" als gesetzliche Rechtsfolge in Anspruchsgrundlagen besagt, wie wir bereits mehrfach gesehen haben, gar nichts darüber aus, ob es lediglich um Aushändigung, also Verschaffung des unmittelbaren Besitzes, geht. Von Herausgabe spricht das Getz auch dann, wenn der Vollzug eines dinglichen Verfügungsgeschäftes auf Übereignung oder Abtretung oder sonstige Übertragung eines Rechts geschuldet wird.

Der Inhalt des Anspruchs lässt sich insoweit nicht aus der Norm selbst ablesen, sondern nur aus dem Zusammenhang. Ist der Herausgabepflichtige im Rahmen des ihn zur Herausgabe verpflichtenden rechtlichen Verhältnisses Inhaber eines Rechtes geworden, muss er dieses dem Berechtigten durch Verfügungsgeschäft übertragen, die bloße Verschaffung der Sache selbst würde an der Rechtslage nichts ändern. Auch im Anwendungsbereich ein und derselben Vorschrift kann in einem Fall körperliche Herausgabe, im anderen Fall verfügungsgeschäftliche Übertragung geschuldet sein. So kann Leistungsgegenstand (§ 812 Abs. 1 S. 1 1. Alt.) das Eigentum (so im Fall nichtigen Kaufvertrages), aber auch nur der Besitz (etwa beim nichtigen Mietvertrag) sein. – Lediglich im Fall von § 985 kann Herausgabe immer nur körperliche Verschaffung bedeuten.

Ein Anspruch eines Gläubigers auf eine andere als die geschuldete Leistung besteht nach § 285 Abs. 1 als Folge anspruchsvernichtender Unmöglichkeit. Die unmöglich gewordene Leistung kann dabei eine solche aus Vertrag, aus Geschäftsführung ohne Auftrag oder aus unerlaubter Handlung sein. Ausgeschlossen ist von der Surrogation der Eigentumsherausgabeanspruch aus § 985, der sich an der weiterveräußerten Sache entweder fortsetzt (bzw. beim neuen Besitzer wiederum entsteht) oder dessen Verletzung in den § 987 ff. besonders geregelt ist. Für § 285 kommen ebenfalls Ansprüche aus ungerechtfertigter Bereicherung nicht infrage, da für das Bereicherungsrecht alle Fragen

300

des Umfangs, der Ersetzung oder des Untergangs in den Absätzen 1–4 des § 818 abschließend geregelt sind.

§ 285 Abs. 1 ist als Anspruchsgrundlage in der Fallbearbeitung also stets anzusprechen, wenn im Gliederungspunkt „Anspruch untergegangen?" Unmöglichkeit als rechtsvernichtende Einwendung nach § 275 Abs. 1–3 bejaht wurde (vgl. § 275 Abs. 4). Am übersichtlichsten ist es zumeist, diesen Anspruch unmittelbar nach den parallel bestehenden Schadensersatzansprüche (vgl. §§ 275 Abs. 4, 285 Abs. 2) neu anzusetzen mit jeweils eigenständigem Obersatz, der neben § 285 auch das herauszugebende Surrogat bezeichnen muss.

Beachte aber:

Der Anspruch aus § 285 ist oftmals über § 320 und sonst über § 273 als anspruchsbeschränkende Einrede eines Zurückbehaltungsrechts relevant. So insbesondere dann, wenn die Fallfrage auf den Gegenleistungsanspruch lautet und dieser nicht nur nach § 326 Abs. 3 lediglich im Umfang des Surrogationsanspruchs erhalten bleibt, sondern bereits aufgrund vorherigen Übergangs der Preisgefahr (etwa nach § 326 Abs. 2 oder § 447) bestehen bleibt. Ein klar strukturierter Aufbau ist dann besonders vonnöten. Vgl. dazu das Beispiel oben unter Rn. 204.

301 § 667 mit der Herausgabepflicht auf das aus einer Geschäftsbesorgung Erlangte haben wir bereits behandelt. Im Zusammenhang mit Surrogationsansprüchen ist hier darauf hinzuweisen, dass ein Beauftragter Alles herauszugeben hat, und zwar in dem Zustand, wie er es erhalten hat. Bei längerfristigen Geschäftsbesorgungen wird der Beauftragte regelmäßig dazu bestimmt worden sein, sowohl ihm vom Geschäftsherrn überlassene, wie auch die selbst erwirtschafteten Mittel aus der Geschäftsbesorgung (immer wieder) zu verwenden, sie zu verbrauchen, weiterzugeben oder auf sonstige Weise mit ihnen zu wirtschaften. Nach Erledigung des Auftrags sind das noch Vorhandene sowie dasjenige, was für bestimmungsgemäß eingesetzte Gegenstände aus der Geschäftsbesorgung erlangt worden ist, im Sinne einer Verpflichtung zur Übertragung daran bestehender Rechte herauszugeben. § 667 hat daher – auch – den Charakter eines Surrogationsanspruchs. Nach §§ 667, 681 S. 2 gilt das gleichermaßen für die (berechtigte) Geschäftsführung ohne Auftrag. Nach §§ 667, 681 S. 2, 687 Abs. 2 hat der Geschäftsherr im Fall der angemaßten Eigengeschäftsführung eine entsprechende Wahlmöglichkeit.

▶ Beispiel hierfür ist der Surrogationsanspruch auf den erzielten Kaufpreis im Falle des bewussten Verkaufs fremder Sachen. Allerdings hat dieser Anspruch wegen der darin liegenden Genehmigung der Geschäftsführung ohne Auftrag (*im Innenverhältnis*) und der dann möglichen Gegenansprüche nach § 687 Abs. 2 S. 2 für den Geschäftsherrn nur Sinn, wenn er hinsichtlich der Höhe des erzielten Kaufpreises auf Rechnungslegung angewiesen ist (§§ 687 Abs. 2, 681 S. 2, 666). – Anderenfalls ist der parallele Anspruch auf den erzielten Kaufpreis nach § 816 Abs. 1 günstiger, weil darin nur die Genehmigung der Verfügung *im Außenverhältnis* (§ 185 Abs. 2; erforderlich etwa im Hinblick auf die Unwirksamkeit nach § 935 Abs. 1) liegt.
Parallele Schadensersatzansprüche nach § 823 Abs. 1 und Abs. 2 sowie nach §§ 989, 990 Abs. 1 bemessen sich dagegen nicht nach der Höhe des erzielten Kaufpreises, sondern nach dem Wert der Sache (für wertübersteigende Kaufpreiserlöse ist das bei § 816 Abs. 1 umstritten). ◀

302 Einen schuldrechtlichen Anspruch auf das Surrogat geben § 816 Abs. 1 S. 1 für den erzielten Kaufpreis aus der – ausnahmsweise wirksamen oder nachträglich genehmigten (§ 185 Abs. 2) – Verfügung eines Nichtberechtigten. Gleiches gilt nach § 816 Abs. 2 für den Gegenstand aus einer unbefugt eingezogenen Forderung, wenn die Leistung des

Schuldners an den Nichtberechtigten ausnahmsweise wirksam ist, z. B. nach §§ 407 ff, 893, 851 oder auch nach § 25 Abs. 1 S. 2 HGB.

Schema zur Eingriffskondiktion in Folge der Verfügung eines Nichtberechtigten, § 816 I 303

> I. Voraussetzungen
>   1. Dingliche Verfügung
>   2. Fehlende Berechtigung des Verfügenden
>   3. Verfügung ist dem Berechtigten gegenüber wirksam
>   a) Gutgläubiger Erwerb, §§ 932 ff. bzw. § 892
>   b) Nachträgliche Genehmigung, § 185 Abs. 2
> II. Rechtsfolge
>   1. Herausgabe des „durch die Verfügung" Erlangten
>   2. Kein Wegfall der Bereicherung, § 818 III
> III. Mögliche weitere Ansprüche
>   1. Herausgabeansprüche
>   a) § 285 I
>   b) §§ 687 II, 681, 667
>   2. Schadensersatzansprüche
>   a) § 823 I
>   b) §§ 989, 990
>   c) §§ 678, 687 II

Schema zur Nichtleistungskondiktion gegenüber Leistungsempfänger, § 816 II 304

> 1. Leistung
> 2. An einen Nichtberechtigten
> 3. Wirksamkeit gegenüber dem Berechtigten
>   a) Grundsätzlich keine Tilgungswirkung
>   b) Aber ausnahmsweise Wirksamkeit, z. B. §§ 407 f; 185 II

Die beiden Fälle in § 816 Abs. 1 S. 1 und Abs. 2 sind auch insoweit eine Besonderheit, als für sie das ansonsten logische Entweder-Oder von Leistungs- oder Nichtleistungserwerb ausgesetzt ist. Obwohl die aus der Verfügung des Nichtberechtigten erlangte Gegenleistung vom Dritten geleistet wurde und ein Leistungsempfänger grundsätzlich nur die Rückabwicklung in diesem Leistungsverhältnis befürchten muss (worin er dann auch die von ihm erbrachte Leistung entgegensetzen kann), schuldet er in den Fällen des § 816 Herausgabe nicht an den Leistenden, sondern an den Berechtigten. Ansprüche nach § 816 sind deshalb gegenüber solchen aus der allgemeinen Eingriffskondiktion vorrangig zu prüfen.

Einen Surrogationsanspruch enthält schließlich § 818 Abs. 1. Die Verpflichtung zur Herausgabe aus einer Kondiktion (§ 812 ff.) erstreckt sich danach auch „auf dasjenige, was der Empfänger aufgrund eines erlangten Rechts oder als Ersatz für die Zerstörung, Beschädigung oder Entziehung des erlangten Gegenstandes erwirbt". Hierzu gehören Versicherungssummen aber auch Schadensersatzleistungen gegenüber Dritten für die Zerstörung oder Beschädigung. 305

306 ▶ Beispiel:

Besteht die Bereicherung in einer Forderung, ist der Erlös aus deren Einziehung ebenfalls nach § 818 Abs. 1 vom Kondiktionsanspruch umfasst, weil der Bereicherungsschuldner Inhaber der Forderung geworden ist, wenn auch rechtsgrundlos, während § 816 Abs. 2 die Einziehung durch den Nichtberechtigten voraussetzt. ◀

307 Einen Wertersatzanspruch im Zusammenhang mit dem Rücktritt geben § 346 Abs. 2, 3, wenn die Rückgewähr nach Rücktritt nicht vollständig möglich ist, sowie § 347 Abs. 1 für nicht gezogene Nutzungen.

a) Aufwendungsersatzansprüche

308 Aufwendungen sind freiwillige Vermögensopfer zur Erreichung eines bestimmten Zweckes.

309 Vertragliche Aufwendungsersatzansprüche geben z. B. § 536 a Abs. 2 für die Beseitigung von Mietmängeln durch den Mieter, §§ 634 Nr. 2, 637 Abs. 3 (§ 257), für die Mängelbeseitigung durch den Besteller eines Werkes und § 693 (§ 257) für den Verwahrer.

310 Zentrale Anspruchsgrundlage für den Aufwendungsersatz ist § 670. Unmittelbar anwendbar ist diese Vorschrift nur, wenn ein wirksames Auftragsverhältnis in Form eines gegenseitigen Vertrages vorliegt. Da der Auftrag zur unentgeltlichen Geschäftsbesorgung verpflichtet, setzt sein Zustandekommen zwingend einen Rechtsbindungswillen voraus. Dieser fehlt bei bloß gesellschaftlichen oder freundschaftlichen Zusagen ebenso, wie bei bloßen Gefälligkeiten des täglichen Lebens.

Der bindende Auftrag als unentgeltlicher „Gefälligkeitsvertrag" i.S.d. § 662 bedarf daher der präzisen Abgrenzung zum bloßen Gefälligkeitsverhältnis ohne Rechtsbindungswillen. Die dafür von der Rechtsprechung entwickelten Kriterien nebst daran bestehender Kritik müssen Dir bekannt sein.

311 Fehlt es an einem wirksamen Auftragsvertrag (§ 662), kommt als Anspruchsgrundlage des Aufwendungsersatzes u.U. §§ 683 i.V.m. 670 analog in Betracht. Voraussetzung hierfür ist das Vorliegen einer Geschäftsführung ohne Auftrag.

aa) Schema zum Aufwendungsersatz des Geschäftsführers, §§ 683, 677, 670

I. Anspruchsvoraussetzungen
   1. Fremdes Geschäft
      a) Objektiv fremdes Geschäft
      b) Auch fremdes Geschäft
      c) Neutrales Geschäft
   2. Fremdgeschäftsführungswille
      a) Vermutung
      b) Beim neutralen Geschäft ist erkennbarer Fremdgeschäftsführungswille erforderlich
   3. Ohne Auftrag oder sonstige Berechtigung
   4. Voraussetzungen des § 683 S. 1
      a) Übernahme im Interesse des Geschäftsherrn und
      b) Übernahme entspricht Willen des Geschäftsherrn (Ausnahme: S. 2 mit § 679).

      oder

      c) Genehmigung der Geschäftsführung durch den Geschäftsherrn, § 684 S. 2 (beachte: anderenfalls nur Rechtsfolgenverweis auf Bereicherungsrecht).
II. Forderungsrechte aus der GoA
   1. Ersatz der erforderlichen Aufwendungen, § 670
   2. Schadensersatz, § 670 analog (soweit aus spezifischen Risiken)
   3. Tätigkeitsvergütung nur in Ausnahmefällen
III. Keine Verjährung

Da die Verneinung eines Auftragsvertrages Tatbestandsmerkmal der Geschäftsführung ohne Auftrag ist, hat die Prüfung schon aus Gründen der Darstellung (Vermeidung einer Inzidentprüfung) mit dem Anspruch nach § 670 kraft eines Auftrages zu beginnen.

Als Vertrag kommt der Auftrag durch übereinstimmende Willenserklärungen zustande. Hierin ist das Merkmal des Rechtsbindungswillens (Erklärungsbewusstsein) besonders sorgfältig und anhand der dafür entwickelten Kriterien aus den Sachverhaltsangaben abzuleiten. Dies kann mit der Feststellung beginnen, dass Unentgeltlichkeit gerade nicht auf Unverbindlichkeit schließen lässt. Entscheidend ist vielmehr die übereinstimmende Interessenlage der Beteiligten. *Klausurtaktisch* sollte im Zweifel der Auftrag dann aber restriktiv gehandhabt werden, um über die Erläuterung der Geschäftsführung ohne Auftrag und die darin liegenden Standardprobleme (auch fremdes bzw. neutrales Geschäft, Fremdgeschäftsführungswille und evtl. Verpflichtung des Geschäftsführers gegenüber einem Dritten zu dieser Besorgung) letztlich doch zur Bejahung des Anspruchs nach § 670 analog (über § 683) zu gelangen.

Würde sich ein zustande gekommener Auftrag jedoch als unwirksam (nichtig) erweisen,[13] empfiehlt es sich allerdings, den vertraglichen Aufwendungsersatz hieran und nicht bereits am Rechtsbindungswillen scheitern zu lassen. Dadurch besteht Gelegenheit, anschließend beim quasi-vertraglichen Anspruch die Problematik des Fremdgeschäftsführungswillens im Rahmen der Geschäftsführung ohne Auftrag beim Handeln aufgrund angenommener Verpflichtung gegenüber dem Geschäftsherrn diskutieren zu können.

313 Entsprechend anwendbar ist § 670 u.a. über § 675 Abs. 1 auf entgeltliche Geschäftsbesorgungsverträge, insbesondere bei Besorgung einzelner Geschäfte im Rahmen eines Arbeitsverhältnisses, soweit solche Aufwendungen nicht bereits durch die Vergütung abgegolten sind. Erfasst werden insbesondere auch Sachschäden beim Arbeitnehmer und die ihn treffende Haftung für Schäden, die er Dritten bei der Geschäftsbesorgung zufügt. Besonders im Arbeitsrecht und im Gesellschaftsrecht ist in diesem Zusammenhang auch an den „faktischen Vertrag" bzw. die Lehre vom fehlerhaften Rechtsgeschäft zu denken, wodurch sowohl die GoA als auch Bereicherungsausgleich ausgeschlossen werden.

314 Obwohl der Aufwendungsersatz verschuldensunabhängig ist, wird er hinsichtlich solcher Eigenschäden und Haftungsschäden des Arbeitnehmers analog § 254 entsprechend den Grundsätzen der Arbeitnehmerhaftung unter Berücksichtigung seines Verschuldens ggf. gekürzt.

bb) Weitere Aufwendungsersatzansprüche

315 Eine Sonderregelung des Aufwendungsersatzes enthält sodann § 304 für Mehraufwendungen des Schuldners für erfolglose Angebote seiner Leistung im Fall des Gläubigerverzugs (§§ 293 ff.).

316 Ebenso gibt § 775 dem Bürgen einen Befreiungsanspruch von der im Auftrag des Hauptschuldners übernommenen Bürgschaft, wenn sich das Risiko seiner Inanspruchnahme aufgrund bestimmter Umstände *wesentlich erhöht*. Der Befreiungsanspruch nach § 775 ändert damit den allgemeinen Aufwendungsersatzanspruch ab, der anderenfalls **vor** Befriedigung des Gläubigers durch den Bürgen nach §§ 670, 257 bestünde. **Nach** Befriedigung des Gläubigers hat der Bürge sodann den Rückgriff aus § 774 und einen Aufwendungsersatzanspruch aus § 670 bzw. bei entgeltlicher Bürgschaftsübernahme etwa durch eine Bank nach §§ 670, 675 Abs. 1.

317 Besondere Aufwendungsersatzansprüche bestehen ferner für Handelsvertreter (§ 87d HGB), den Kommissionär (§ 396 Abs. 2 HGB) und für Gesellschafter einer oHG (§ 110 HGB), während geschäftsführende Gesellschafter einer GbR durch § 713 entsprechend § 670 behandelt werden.

b) Verwendungsersatzansprüche

318 Von den allgemeinen Aufwendungsersatzansprüchen sind solche zu unterscheiden, welche das Gesetz für „Vermögensaufwendungen gewährt, die der Sache zugutekommen sollen, ohne sie grundlegend zu verändern" (sog. Verwendungen). Verwendungs-

---

13 Z. B. ein unter Verstoß gegen § 1 Rechtsdienstleistungsgesetz (RDLG) auf Rechtsberatung gerichteter Geschäftsbesorgungsvertrag (für den § 675 Abs. 1 auf Auftragsrecht und damit § 670 verweist), der dann nach § 134 nichtig ist (gesetzliches Verbot).

ersatz gewähren innerhalb eines Vertragsverhältnisses etwa §§ 539 Abs. 1 dem Mieter und § 601 Abs. 2 dem Entleiher. Eine Ersatzpflicht wegen notwendiger Verwendungen folgt im Zusammenhang mit dem Rücktritt aus § 347 Abs. 2.

Wichtige Anspruchsgrundlagen enthalten sodann § 994 (der Sacherhaltung dienende, notwendige Verwendungen) und § 996 (wertsteigernde, nützliche Verwendungen).

319

aa) Schema: Verwendungsersatz gem. § 994 Abs. 1

I. Vindikationslage zur Zeit der Verwendung
(lt. BGH genügt auch zur Zeit der Geltendmachung des Verwendungsersatzes)
II. Tätigen von notwendigen Verwendungen (ggf. durch Rechtsvorgänger, § 999)
(Ausnahme: gewöhnlichen Erhaltungskosten, § 994 Abs. 1 S. 2)
III. Keine Bösgläubigkeit / keine Rechtshängigkeit
IV. Kein Erlöschen gem. § 1002

320

bb) Schema: Verwendungsersatz gem. § 994 Abs. 2, 683, 670

I. Vindikationslage zur Zeit der Verwendung
II. Tätigen von notwendigen Verwendungen
III. Bösgläubigkeit oder Rechtshängigkeit
IV. Rechtsfolge:
(Teil-)Rechtsgrundverweisung auf §§ 677 ff. BGB (mit Ausnahme des Fremdgeschäftsführungswillens GoA prüfen)
1. Verwendung auf eine fremde Sache als fremdes Geschäft gem. § 677 BGB
2. Ohne Auftrag
3. Wirklicher / mutmaßlicher Wille des Eigentümers
Im Einklang mit wirklichem, hilfsweise im Einklang mit mutmaßlichem Willen des Eigentümers (gefolgert aus dessen objektiven Interesse), § 683 S. 1 BGB

321

cc) Schema: Verwendungsersatz gem. § 996

I. Vindikationslage zur Zeit der Verwendung
II. Tätigen von **nützlichen** Verwendungen
III. Keine Bösgläubigkeit des Verwenders / keine Rechtshängigkeit
IV. Werterhöhung im Zeitpunkt der Wiedererlangung durch Eigentümer

322

Einen Sonderfall stellt die Verwendungskondiktion aus § 951 dar. Danach kommt ein Verwendungsersatzanspruch wegen des gesetzlichen Eigentumserwerbs als Bereicherung in sonstiger Weise in Betracht (§§ 951 Abs. 1 S. 1, 812 Abs. 1 S. 1, 2. Fall), wenn jemand einen Rechtsverlust dadurch erleidet, dass er eigene Sachen mit fremden verbindet (§§ 946, 947 Abs. 2).

323

Problematisch und umstritten ist das Verhältnis dieses Anspruchs zum Verwendungsersatz nach den §§ 994 ff. Die Konkurrenz tritt immer dann auf, wenn der Eigentumsverlust nach §§ 946 ff. vom verlierenden Eigentümer selbst herbeigeführt wird. Insoweit sollen §§ 994 ff. nach heftig bestrittener Ansicht abschließend sein. Nach a.A. regeln §§ 994 ff. nur den Anspruch auf Verwendungsersatz im Hinblick auf die Wiedererlan-

324

gung der Sache, der für den Besitzer auch ein Zurückbehaltungsrecht gegen den Herausgabeanspruch des Eigentümers begründet (§ 1000 S. 1). Der Verwendungsersatzanspruch aus §§ 951, 812 bestimmt nach dieser Ansicht davon unabhängig, ob der Eigentümer die durch die Verwendung bewirkte Wertsteigerung seiner Sache *ersatzlos behalten* darf.

325 Verwendungsersatzansprüche des verlierenden Eigentümers nach §§ 951 Abs. 1 S. 1, 812 Abs. 1 S. 1, 2. Fall (Verwendungskondiktion), der nicht selbst die zum gesetzlichen Eigentumswechsel führende Handlung nach §§ 946 ff. vornimmt, konkurrieren zwar nicht mit §§ 994 ff. Es handelt sich z. B. um den Einbau fremden Vormaterials durch einen dritten Bauhandwerker auf dem Grundstück des Begünstigten (§ 947). Dabei wird der durch gesetzlichen Eigentumserwerb Begünstigte aber zumeist von einer (vertraglichen) Leistung des Dritten an ihn ausgehen dürfen, weshalb in solchen Fällen die Verwendungskondiktion aus § 951 als Eingriffskondiktion ebenfalls ausgeschlossen ist. Lediglich im Fall des Abhandenkommens des verwendeten Materials können Ansprüche aus der Verwendungskondiktion nach § 951 bejaht werden.

326 Unproblematisch ist der Verwendungsersatzanspruch aus der Verwendungskondiktion nach § 951 daher nur, wenn der nach §§ 946 ff. Begünstigte seinerseits die Verbindung, Vermischung oder Verarbeitung vorgenommen hat.

> Das klingt erstmal kompliziert. Wenn Du Dir aber die Problematik als Kasuistik vor Augen führst, gelingt der Transfer in der Klausur. Lernst Du vielmehr das Konkurrenzverhältnis nur allgemein (und dann auch nur oberflächlich nach dem Motto: „Da muss man aufpassen"), stellt die Anwendung auf den Fall zumindest eine zeitliche Überforderung dar. – Oder es liegt der unproblematische Fall vor, während Du Zeit für ein dann irrelevantes Konkurrenzverhältnis vertust. Nicht jede Klausur prüft jedes Problem ab!

c) Gesetzliche Forderungsübergänge

327 In bestimmten Fällen sieht das BGB zugunsten desjenigen, der kraft eigener Verpflichtung eine fremde Verbindlichkeit erfüllt, einen Forderungsübergang vom so befriedigten Gläubiger auf den Zahlenden vor (gesetzlicher Forderungsübergang, sog. cessio legis).

328 Wichtigster Fall ist § 774 Abs. 1, soweit ein Bürge (§ 765 Abs. 1) den Gläubiger des Hauptschuldners befriedigt. Er kann dann aus der auf ihn übergehenden Forderung (zumeist ist das der Darlehensrückzahlungsanspruch nach § 488 Abs. 1 S. 2) beim Hauptschuldner Regress nehmen. Parallel dazu besteht in solchen Fällen ein Aufwendungsersatzanspruch aus dem Innenverhältnis zwischen Bürgen und Hauptschuldner, also regelmäßig ein Aufwendungsersatzanspruch nach §§ 670, 662.

329 Parallele Forderungsübergänge sind zugunsten des schuldnerfremden Eigentümers bei der Hypothek (in § 1143 Abs. 1) und beim Fahrnispfand (in § 1225 S. 1) geregelt. Hierbei hat der Eigentümer ein eigenes Interesse am Erhalt seiner Sache und zahlt deshalb „auf die Hypothek" bzw. löst das Pfand ab.

330 Eine andere Bedeutung hat dagegen die cessio legis in § 426 Abs. 2 S. 1. Sie ist Mittel des Übergangs weiterer bestehender Sicherungsrechte im Hinblick auf §§ 401 und 412, falls ein Gesamtschuldner über seinen Anteil an der Gesamtschuld hinaus den Gläubiger befriedigt hat. Die Ausgleichspflicht unter Gesamtschuldnern schafft nicht erst dieser Forderungsübergang, sondern bereits § 426 Abs. 1 S. 1 als Anspruchsgrundlage,

„soweit nicht ein anderes bestimmt ist". Regelmäßig liegt einer Gesamtschuld (§ 421) ein einheitliches, gemeinsames Schuldverhältnis der Gesamtschuldner zugrunde. Dieses kann ein rechtsgeschäftliches (vgl. § 427) oder einheitliches gesetzliches Schuldverhältnis (z. B. ein gemeinsam begangenes Delikt nach §§ 840 Abs. 1, 823 ff. oder 831 ff.) sein. Nach dem Schuldverhältnis richten sich die von den Gesamtschuldnern zu tragenden Anteile und entsprechend auch die Ausgleichungspflicht nach Grund und Höhe.

6. Schadensersatzansprüche

Schadensersatz ist von besonderer Klausurrelevanz. Ansprüche auf Ersatz entstandenen Schadens lassen sich in der Gestaltung eines Klausurfalles mit allen anderen Anspruchsarten gut kombinieren. Zudem können Schadensersatzansprüche aus sehr vielen unterschiedlichen rechtlichen Verhältnissen entstehen, so dass der Fallbearbeiter für sie einen besonders umfassenden Überblick braucht. 331

Schäden können als Inhalt eines Garantievertrages übernommen werden. 332

Hier lässt sich einwenden, dass dadurch ein vertraglicher primärer Leistungsanspruch entsteht. Er ist dennoch auf Ersatz eines Schadens gerichtet. An ihn ist bei Schadensfällen unbedingt zu denken (auch wenn er statistisch wohl selten zu bejahen sein wird).

Eine Schadensersatzpflicht entsteht unter bestimmten Voraussetzungen aus den Leistungsstörungen (Unmöglichkeit, Verzug und Schlechtleistung), aber auch genauso aus der Verletzung vertraglicher Nebenpflichten (vgl. §§ 241 Abs. 2, 282). Zu beachten ist, dass nach § 311 Abs. 2 bereits die Aufnahme von Vertragsverhandlungen und ähnliche Vorgänge gegenseitige Rücksichtspflichten erzeugen, deren schuldhafte Verletzung schadensersatzpflichtig macht. 333

Während der Garantievertrag und der Schadensersatz nach §§ 280 ff. das Erfüllungsinteresse (Äquivalenzinteresse) aus dem vertraglichen (oder gesetzlichen) Schuldverhältnis schützen, haftet derjenige auf Schadensersatz für das sog. Integritätsinteresse, der absolute, also gegenüber jedermann geltende Pflichten verletzt. Solche objektiven Pflichten sind durch die unerlaubte Handlung (§§ 823 ff.) schadensersatzbewehrt (vergleichbar auch § 678). Besondere Tatbestände zur Begründung von Schadensersatz bestehen schließlich in den §§ 987 ff. im Eigentümer-Besitzer-Verhältnis, mithin im Anschluss an den Vindikationsanspruch der §§ 985, 986. 334

Beachte:
Mit Ausnahme des Garantievertrages beschreiben die gesetzlichen Anspruchsgrundlagen für den Schadensersatz (also z. B. § 280 Abs. 1 oder § 678 oder § 823 Abs. 1) sowohl die geschützten Pflichten als auch die Voraussetzungen der Pflichtverletzung, welche dann die eigentliche Schadensklage eröffnen. Für den vertraglichen Schadensersatz wird hinsichtlich der Pflichten auf das Vertragsverhältnis Bezug genommen, beim gesetzlichen Schadensersatz stellen diese Vorschriften die (dort objektiven) Pflichten erst auf. So begründet die Vorschrift in § 823 Abs. 1 ein gesetzliches Schuldverhältnis, indem sie bestimmt, welche absoluten Rechte unter welchen Voraussetzungen der Verletzung *dem Grunde nach* zum Schadensersatz verpflichten. Die eigentliche Schadensklage, welche die Höhe des Ersatzes festlegt, ist einheitlich für alle Anspruchsgrundlagen (mit Ausnahme des Garantievertrages)

in §§ 249 ff. bestimmt. Rechtsfolge der §§ 280, 823 etc. ist also der Ersatz des Schadens in *der Höhe nach* §§ 249 ff.

335 Darüber hinaus ist Folgendes für die Verletzung vertraglicher Pflichten, also solcher, die zwischen bestimmten Personen vereinbart wurden zu beachten: Auch Dritte können daraus möglicherweise eine eigene Rechtsposition ableiten, nämlich im Falle des *Vertrages zugunsten Dritter* (§ 328) und des gewohnheitsrechtlich begründeten *Vertrages mit Schutzwirkung für Dritte*. In beiden Fällen eröffnet die jeweilige Anspruchsnorm auch den Dritten die Schadensklage nach §§ 249 ff, um erlittene eigene Schäden zu liquidieren. Schließlich geht noch die sog. *Drittschadensliquidation* einen umgekehrten Weg. Die Drittschadensliquidation erstreckt den Umfang des ersatzfähigen Schadens nach §§ 249 ff. auf Vermögenseinbußen, welche innerhalb bestimmter Fallgruppen zufällig im Rechtskreis eines Dritten statt im Rechtskreis desjenigen eingetreten sind, dem hypothetisch ein Schadensersatzanspruch gegeben ist. Merken kannst Du Dir diese Konstellation wie folgt: Der Gläubiger hat einen Anspruch, aber keinen Schaden. Der Dritte hat den Schaden, ihm ist aber kein Anspruch gegeben. Daher wird der Schaden gleichsam zum Anspruch „gezogen". Du weißt nach bisheriger Lektüre dieser Schreibwerkstatt natürlich genau, dass der erste Merksatz zum Zwecke sprachlicher Vereinfachung juristisch ungenau ist.[14] Solche Fallgruppen zufälliger Schadensverlagerung sind die obligatorische Gefahrentlastung (z. B. § 447), Treuhand- und Obhutsverhältnisse.

a) Schadensersatz aufgrund Garantievertrages

336 Der Garantievertrag ist ein atypischer Vertrag, der eine gesetzliche Ausprägung in § 443 Abs. 1 gefunden hat. Das Garantieverhältnis setzt einen Vertragsschluss voraus. Die einseitige Garantieerklärung reicht hierfür nicht aus, sondern stellt ein zugangsbedürftiges Angebot dar, welches der Annahme durch den bestimmungsgemäß Begünstigten bedarf. Lediglich der Zugang dieser Annahmeerklärung beim Garantiegeber mag entweder nach § 151 S. 1 entbehrlich sein oder gleichzeitig mit der Geltendmachung eines Garantiefalls durch den Begünstigten miterklärt werden (was dann die zumindest konkludente Einräumung einer Annahmefrist nach § 148 parallel zur eigentlichen Laufzeit der Garantie voraussetzt).

337 Inhalt einer solchen Garantie kann die Erweiterung der gesetzlichen Haftung für Mängel (§ 437) etwa durch eine Garantiefrist sein, in der auch für Mängel gehaftet wird, die nach Gefahrübergang auftreten (unselbständige Garantie). Als Anspruchsgrundlage für Schadensersatz relevant ist dagegen insbesondere die selbstständige Garantie, etwa für die *verschuldensunabhängige* (vgl. § 276 Abs. 1 S. 1 a.E.) Übernahme der Haftung für künftige Schäden, die durch die Sachmängelhaftung nach § 437 Nr. 3 nicht gedeckt wären. Eine solche selbstständige Garantie würde z. B. einen unverschuldeten und zufälligen Schaden decken. Aber auch außerhalb von Schäden aufgrund der Beschaffenheit oder Haltbarkeit einer Kaufsache oder eines Werkes (vgl. §§ 443, 639 a.E.) kann eine Risikogarantie vereinbart sein, die das Schadensrisiko infolge bestimmter Umstände abdecken soll (§ 311 Abs. 1).

---

14 Juristisch exakt wäre: Der Gläubiger muss mangels eines Schadens in seinem eigenen Rechtskreis einen fremden Schaden geltend machen, um einen Anspruch auf Schadensersatz zu haben.

▶ **Beispiel:**

Die Bitte, eine risikobehaftete Tätigkeit zu übernehmen ist stets daraufhin zu untersuchen, ob damit zugleich das Versprechen abgegeben wurde, für alle bei der Ausführung der Bitte eintretenden Schäden aufzukommen. Eine solche Risikogarantie kann in der Bitte um die leihweise Überlassung eines Autos liegen, ebenso wie in der, während einer Urlaubsabwesenheit den Hund zu versorgen. Auch jede erkennbar riskante Gefälligkeit, die ohne vertragliche Verpflichtung übernommen wird, kann unter Umständen von einem Garantievertrag begleitet sein.
Der Garantievertrag erweitert in solchen Fällen die Pflicht zum Wertersatz nach §§ 667, 670, die neben freiwillig getätigten Aufwendungen nach h.M. auch solche Zufallsschäden deckt, die nicht lediglich dem allgemeinen Lebensrisiko entspringen, sondern einer auftragsspezifischen Gefahr. ◀

b) Vertragliche Sekundäransprüche auf Schadensersatz

Leistungsstörungen in einem Vertragsverhältnis können stets zu einem vertraglichen Schadensersatzanspruch führen. Im Prüfungsschema des Anspruchsaufbaus erfolgt ein solcher Übergang vom primären Leistungsanspruch zum sekundären Schadensersatzanspruch meist im Rahmen der rechtsvernichtenden Einwendungen. So endet die ursprüngliche primäre Leistungspflicht im Falle der Unmöglichkeit (§ 275 Abs. 1). Stattdessen ist dann ein Schadensersatzanspruch statt der Leistung nach §§ 283 S. 1, 280 Abs. 1 eigenständig zu prüfen. Denkbar ist aber auch, dass der ursprüngliche Leistungsanspruch fortbesteht und ein Schadensersatzanspruch neben der Leistung (z. B. §§ 280 Abs. 2, 286 für den Verspätungs- oder Verzögerungsschaden) hinzutritt. Diese Prüfung wäre ebenfalls selbstständig neu anzusetzen.

Vertragliche Sekundäransprüche auf Schadensersatz können auch wegen Mangelschäden begründet sein (vgl. §§ 437 Nr. 3 bzw. 634 Nr. 4). Die gesetzliche Gewährleistung für mangelhafte Sachen und Werkleistungen (Nacherfüllung, Minderung und Rückabwicklung nach Rücktritt) ist eine verschuldensunabhängige Einstandspflicht für die vertraglich vereinbarte Beschaffenheit. Sie schützt das Äquivalenzinteresse der Parteien aus dem Vertrag. Der Schadensersatz gleicht *darüber hinaus* Nachteile des Käufers bzw. Bestellers aus, die über den Mangel der Kaufsache bzw. des Werkes hinausgehen. Der vertragliche Schadensersatz schützt also nicht nur das Äquivalenz- sondern auch das Integritätsinteresse. Diese Unterscheidung ist bedeutsam, denn für das Erreichen solcher fernerer Vertragszwecke und Interessen, welche der Käufer bzw. Besteller mit dem Erwerb verbunden hatte, fehlt es an der Übernahme einer (verschuldensunabhängigen) Gewährträgerschaft des Verkäufers bzw. Werkunternehmers.

Schadensersatzhaftung muss deshalb auf einem gesonderten Zurechnungsgrund beruhen: seiner Verantwortlichkeit. Hierfür verweisen §§ 437 Nr. 3 bzw. 634 Nr. 4 über die §§ 280, 281, 283 und 311 a ebenso wie über § 284 auf das Verschuldenserfordernis der §§ 280 Abs. 1 S. 2, 276 Abs. 1. Der Schadensersatzanspruch setzt mithin als zusätzliches Tatbestandelement Vorsatz oder Fahrlässigkeit hinsichtlich des Mangels voraus. Die einzelnen verwiesenen Vorschriften unterscheiden sich lediglich hinsichtlich der Berechnungsweise des Schadensersatzes (solcher *neben* der im Übrigen zu behaltenden mangelhaften Leistung oder solcher *statt* der Leistung) und darin, worauf sich die Verantwortlichkeit als Zurechnungsgrund der Schadenshaftung bezieht (vgl. etwa § 311 a Abs. 2 S. 2 einerseits und § 280 Abs. 1 S. 1 andererseits).

aa) Schema zum Schadensersatz wegen Mangelschäden, § 437 Nr. 3 (Kauf) bzw. § 634 Nr. 4 (Werkvertrag)

342
I. Anspruchsvoraussetzungen
1. Wirksamer Kauf- bzw. Werkvertrag
2. Mangel (§ 434 bzw. § 633) bei Gefahrübergang
3. Nacherfüllung unmöglich, fehlgeschlagen oder verweigert, § 440 bzw. § 636
   a) Nacherfüllung nicht gehindert, § 320
   b) Fruchtloser Ablauf einer angemessenen Frist zur Nacherfüllung, § 281 I 1
   c) Oder Entbehrlichkeit der Fristsetzung, vgl. § 440 S. 1 Variante 1 i. V. m. § 439 IV bzw. § 636 Variante 1 i. V. m. § 635 III: Nacherfüllung fehlgeschlagen, verweigert, unzumutbar oder unmöglich; ebenso im Rahmen des Unternehmerregresses, vgl. § 445 a Abs. 2
4. Verschuldensvermutung, § 280 I 2 (in Bezug auf Unmöglichkeit, Fehlschlagen etc. der Nacherfüllung)
II. Kein Gewährleistungsausschluss
III. (Sekundäre) Klagebefugnis auf:
1. Schadensersatz *statt* der Leistung, §§ 437 Nr. 3, 281 I 1, 280 I, III
2. Schadensersatz *neben* der Leistung, §§ 437 Nr. 3, 280 I; parallel Aufwendungsersatz möglich, § 284
IV. Keine Verjährung
(§ 438 bzw. § 634 a; ggf. §§ 309 Nr. 7, Nr. 8 b) ff), 307, 476 III)

bb) Schadensersatz neben der Leistung, § 280 I (culpa in contrahendo oder Nebenpflichtverletzung)

I. Anspruchsvoraussetzungen
   1. Schuldverhältnis
      a) Vertragliches oder gesetzliches Schuldverhältnis, § 311 I
      b) Oder als c.i.c. bei vorvertraglichem Schuldverhältnis, § 311 II
         – Nr. 1: Vertragsverhandlungen
         – Nr. 2: Vertragsanbahnung
         – Nr. 3: ähnliche geschäftliche Kontakte
      c) Oder Eigenhaftung eines Dritten, § 311 III
         – Inanspruchnahme *besonderen* persönlichen Vertrauens (mehr als *Vertrag mit Schutzwirkung für Dritter*)
         – besonderes wirtschaftliches Eigeninteresse (z. B. Strohmanngeschäfte; mittelbare Stellvertretung)
   2. (Neben-) Pflichtverletzung
      a) Verletzung von Nebenpflichten (§ 241 II)
         – Schutz-, Aufklärungs-, Verkehrssicherungspflichten
         – Grundloser Abbruch von Vertragsverhandlungen
      b) Achtung: Verletzung von Leistungspflichten nur hinsichtlich von Mangel*folge*schäden (Besonderheiten bei Kauf- und Werkverträgen).
   3. Vermutetes Verschulden, § 280 I 2
II. Rechtsfolgen
   – Schadensersatz neben der Leistung
   – Evtl. parallel Aufwendungsersatz, § 284
III. Keine Verjährung (§§ 195, 199 I, beachte § 199 III Nr. 1, II)

cc) Berechnungsweisen des Schadensersatzes

Dem Käufer bzw. Besteller stehen je nach Art des eingetretenen Schadens drei Berechnungsweisen zur Verfügung. Es sind dies der Schadensersatz statt der Leistung, der Schadensersatz neben der Leistung und der Aufwendungsersatz.

Mit dem Schadensersatz *statt* der Leistung kann der Käufer solche Schäden liquidieren, die entfallen wären, wenn der Verkäufer im Zeitpunkt des Schadensersatzverlangens noch ordnungsgemäß erfüllt hätte. Schadensersatz *neben* der Leistung betrifft hingegen Schadenspositionen, die bei entsprechender (Nach-) Erfüllung bereits nicht mehr entfallen wären und die deshalb nicht alternativ zur Leistung (nicht „statt"), sondern kumulativ zur Leistung („neben"), also zur Vertragserfüllung beansprucht werden können.

Beachte:
Die §§ 280 ff. gehören zum Allgemeinen Schuldrecht und greifen für alle Leistungsstörungen. „Statt" und „neben" der Leistung hat deshalb einen jeweils unterschiedlichen Bezugsgegenstand. Es kann die gesamte Vertragsleistung einer Partei betreffen, so regelmäßig im Falle des Schadensersatzes statt der Leistung wegen Unmöglichkeit. Im Fall einer Leistungsstörung wegen Verzuges (§ 286) ist nur die

überfällige (also angemahnte oder mit Fristsetzung angeforderte) Leistung Bezugsgegenstand der Berechnungsmethode „neben" der Leistung.

Beim Schadensersatz wegen Schlechtleistung bezieht sich die Schadensberechnung statt/neben der Leistung dagegen auf die Nacherfüllung. Das ergibt sich aus dem nur für die Schlechtleistung und das Ausbleiben der Leistung geltenden § 281. Für das Kauf- und Werkvertragsrecht folgt das auch daraus, dass die §§ 280 ff. nach Gefahrübergang nur durch Verweisung in § 437 Nr. 3 bzw. § 634 Nr. 4 anwendbar sind. Im Falle der Schlechtleistung ist für die vertragliche Schadensberechnung „Leistung" deshalb als Nacherfüllung zu lesen. – Eigens Miet- und Pauschalreiseverträge haben in § 536 a bzw. § 651 n selbstständige Vorschriften zum Schadensersatz nach Überlassung der Mietsache bzw. Reiseantritt.

346 ▶ Beispiel:

Reparaturaufwand als Gewährleistungsrecht (soweit er höher ist als der Betrag der Minderung) kann nur Schadensersatz *statt* der Leistung (Nacherfüllung) sein, § 281. Ob stattdessen Schadensersatz statt der *ganzen* Leistung verlangt werden kann, bestimmt sich nach § 281 Abs. 1 S. 3. Wird nur der Reparaturaufwand für die mangelhaft gelieferte Sache verlangt, kann ein daneben bestehender sog. merkantiler Minderwert der reparierten Sache „neben" der Nacherfüllung verlangt werden, § 280 Abs. 1.

Entgangener Gewinn (vgl. § 252) kann danach Schadensersatz statt der Leistung sein, wenn die Weiterveräußerungsmöglichkeit nach Ablauf der Nachfrist zur ordnungsgemäßen Erfüllung noch fortbesteht, ansonsten handelt es sich um Schadensersatz neben der Leistung. Entsprechend sind Kosten eines Deckungskaufs Schadensersatz neben der Leistung, soweit dieser nur der vorübergehenden Überbrückung dient, während die Kosten einer endgültigen anderweitigen Deckung Schadensersatz statt der Leistung sind (im Einzelnen umstritten).

Ein Betriebsausfallschaden infolge Lieferung einer mangelhaften Sache ist ab Nacherfüllungsverlangen (vgl. § 440) Schadensersatz neben der Leistung nach §§ 437 Nr. 3, 280 Abs. 1 (zugleich auch Verzugsschaden nach §§ 437 Nr. 1, 439, 280 Abs. 2, 286). Problematisch ist aber der „erste" Betriebsausfallschaden zwischen Ablieferung der mangelhaften Sache und dem Nacherfüllungsverlangen. ◀

347 Die Unterscheidung zwischen Schadensersatz statt der Leistung und solchem neben der Leistung ist vor allem bedeutsam im Hinblick auf § 284 den Ersatz vergeblicher Aufwendungen betreffend. Kosten der nutzlos gewordenen Finanzierung oder des erstmaligen Einbaus der gelieferten mangelhaften Sache und ähnliche im Vertrauen auf den Erhalt der Leistung gemachte Aufwendungen sind nur kumulativ zum Schadensersatz *neben* der Leistung erstattungsfähig (vgl. Wortlaut des § 284: „*anstelle* des Schadensersatzes *statt* der Leistung..." – insoweit also alternativ, nicht kumulativ).

dd) Verschuldenserfordernis

348 Zurechnungsgrund für den Ersatz des Integritätsinteresses (statt nur des Äquivalenzinteresses im Rahmen des Gewährleistungsrechts) ist das „Vertretenmüssen" des Lieferanten hinsichtlich der Schadensursache. Das setzt folglich regelmäßig voraus, dass der Verkäufer bzw. Werkunternehmer die (nachträgliche) Unmöglichkeit verschuldet hat. Bezieht sich der Schadensersatz auf die Unmöglichkeit *der Nacherfüllung*, kann sich das Verschulden auch auf die Unmöglichkeit (nur) der Nacherfüllung beziehen.

349 Das Tatbestandsmerkmal des Vertretenmüssens ergibt sich aus der Verweisung in § 283 auf § 280 Abs. 1 und dort aus S. 2. Gleiches gilt für den Verzugsschaden nach §§ 280 Abs. 1(!) und 2, 286 (vgl. insoweit auch § 286 Abs. 4). Ebenso etwa für § 275 Abs. 4.

Schadensersatz ist Nachteilsausgleich. Der Ersatzpflichtige muss aus eigenem Vermögen etwas zusetzen, was er so nicht versprochen hatte. Diese zusätzliche Belastung ist nur unter besonderen Voraussetzungen zumutbar. Meist (aber nicht immer!) wird deshalb Verschulden verlangt (vgl. § 276 Abs. 1). Eine andere Frage ist dann, worauf sich das Verschulden zu beziehen hat (*was* wurde verschuldet).

Nur im Hinblick auf die Verantwortlichkeit des Schuldners differenziert das Gesetz in § 311 a die anfängliche Unmöglichkeit einer Leistung von der nachträglichen. Während bei nachträglicher Unmöglichkeit Schadensersatz nur gewährt wird, wenn der Leistungspflichtige den Untergang der Sache zu vertreten hat, muss sich das Vertretenmüssen bei anfänglicher Unmöglichkeit auf die Kenntnis des Leistungshindernisses im Zeitpunkt des Vertragsschlusses beziehen (vgl. § 311 a Abs. 2 S. 2). Die Unterscheidung ist geboten, weil der Untergang der (eigenen) Sache des vor Abschluss eines Vertrages noch gar nicht Lieferpflichtigen allein seine Angelegenheit war und deshalb nie von ihm zu verantworten sein kann. 350

Gewöhne Dir speziell im Hinblick auf ein „Verschulden" an, stets vom Gesetzeswortlaut auszugehen. Die Vorschriften zum vertraglichen Schadensersatz verweisen stets auf § 280 Abs. 1 und dort auf S. 2, wonach der Schuldner schadensersatzpflichtig nur im Falle ist, dass er die Leistungsstörung „zu vertreten hat" (die negative Formulierung des Satzes stellt dann eine Beweislastumkehr dar). Das Gesetz spricht hier nicht von Verschulden. Das macht einen Unterschied!

Das Vertretenmüssen kann für eigenes oder fremdes sowie ohne Verschulden des Schuldners zu bejahen sein – es ist als Oberbegriff zu verstehen. Was der Schuldner zu vertreten hat, bestimmt grundsätzlich § 276 Abs. 1 S. 1. Danach hat der Schuldner „Vorsatz und Fahrlässigkeit zu vertreten", also jedes Verschulden. Dies jedoch nur dann, wenn nicht eine strengere oder mildere Haftung bestimmt oder aus dem Inhalt des Schuldverhältnisses, „insbesondere aus der Übernahme einer Garantie oder eines Beschaffungsrisikos, zu entnehmen ist". „Vertretenmüssen" ist also nicht gleich Verschulden. Im Gläubigerverzug hat der Schuldner nach § 300 Abs. 1 nur Vorsatz und grobe Fahrlässigkeit zu vertreten. Während seines Schuldnerverzuges hat er dagegen nicht nur jede Fahrlässigkeit zu vertreten, sondern muss nach § 287 S. 2 auch (verschuldensunabhängig) „für Zufall" einstehen. Die verschuldensunabhängige Verantwortlichkeit des Schuldners ist auch der Inhalt eines Garantievertrages (als unselbständige Garantie).

Außerdem bestimmt § 278, dass der Schuldner in bestimmten Fällen sogar fremdes Verschulden zu vertreten hat. So haftet er für das Verschulden desjenigen, dessen er sich „zur Erfüllung seiner Verbindlichkeit" bedient (Erfüllungsgehilfe), im gleichen Umfang, wie für eigenes Verschulden. Ein strengerer oder milderer Haftungsmaßstab greift also auch für dieses Vertretenmüssen.

Für §§ 437 Nr. 3 und 634 Nr. 4 lässt sich also folgendes Haftungsschema der Schadensersatzpflicht aufstellen: 351

(1) Ist der Verkäufer bzw. Unternehmer mit der Nacherfüllung in Verzug, schuldet er Schadensersatz *neben der Leistung* (§§ 437 Nr. 3, 280 Abs. 1) für inzwischen eintretende Mangelschäden aufgrund des Sachmangels. **Alternativ** dazu schuldet er Schadensersatz *statt der Nacherfüllung* nach §§ 437 Nr. 3 bzw. 634 Nr. 4, 281 Abs. 1 und ggf. Schadensersatz *statt der ganzen Leistung* über § 281 Abs. 1 S. 3.

Stets ist dabei vorausgesetzt, dass der Mangel von ihm zu vertreten ist, woran es insbesondere bei einem bloßen Wiederverkäufer zumeist fehlen wird.

(2) Vom Vertretenmüssen hinsichtlich des Mangels unabhängig greift **in allen Fällen von** (1) der Ersatzanspruch auf den Verzögerungsschaden nach §§ 437 Nr. 1, 439 bzw. 634 Nr. 1, 635 i. V. m. § 280 Abs. 2, 286 wegen (schuldhaften) Verzugs mit der Nacherfüllung.

(3) Im Falle einer abgegebenen Beschaffenheitsgarantie (§ 443 Abs. 1: „zugesicherte Eigenschaft") haftet der Verkäufer unabhängig von seinem Verschulden für entsprechende Mängel *neben der Leistung* (§§ 437 Nr. 3, 280 Abs. 1) und *statt der ganzen Leistung* über § 281 Abs. 1.

(4) Einbezogen sind jeweils auch Schäden am sonstigen Vermögen des Käufers bzw. Bestellers (Mangelfolgeschäden), für welche gleichermaßen die Unterscheidung gilt, ob sie als Schadensersatz statt oder neben der Leistung geltend zu machen sind.

(5) Die schuldhafte Verletzung der Nacherfüllungspflicht aus §§ 439, 635 steht für den Schadensersatz *statt* der Nacherfüllung dem Vertretenmüssen des Mangels gleich (h.M.).

(6) Schadensersatzpflichtig macht schließlich die Verletzung von Nebenpflichten (§ 241 Abs. 2) und zwar als Schadensersatz *neben* der Leistung nach § 280 Abs. 1 (als Schadensersatz statt der Leistung nach §§ 282, 280 Abs. 1 nur im Falle der Unzumutbarkeit der Leistung). In diesen Zusammenhang gehören auch konkurrierende Ansprüche aus vorvertraglichem Verschulden (§§ 311 Abs. 2, 280), die (ausnahmsweise) bei einer arglistigen Täuschung durch den Verkäufer durch die Regelungen in §§ 434 ff. BGB über die Haftung des Verkäufers wegen Sachmängeln nicht ausgeschlossen werden.

Tipp:

Das Schadensersatzrecht wegen Mangelhaftigkeit (Schlechtleistung) beim Kauf und im Werkvertrag ist wenig anwenderfreundlich geregelt. Die Anspruchsgrundlage und das zusätzliche Erfordernis der Fristsetzung, §§ 440 bzw. 636, sowie die rechtsvernichtende Einwendung der Kenntnis vom Mangel, § 442 Abs. 1 (beim Vertragsschluss) bzw. § 640 Abs. 3 (bei vorbehaltloser Abnahme), finden sich im Besonderen Schuldrecht. Die verwiesenen Tatbestände des Schadensersatzes sind dagegen im Allgemeinen Schuldrecht bei der Leistungsstörung geregelt.

Es empfiehlt sich Dir daher, die verschiedenen Möglichkeiten einer Schadensersatzpflicht im Falle mangelhafter Leistung einerseits, aber auch der Nebenpflichtverletzung andererseits, als selbstständige Tatbestände zu erlernen. Dem soll das vorstehende Haftungsschema dienen.

Auch dieses Haftungsschema ist weiter zu differenzieren danach, dass die für die Geltendmachung von Schadensersatz grundsätzlich erforderliche Fristsetzung für die Nacherfüllung in verschiedenen Fällen entbehrlich ist. Keiner Fristsetzung bedarf es nach § 281 Abs. 2 bei endgültiger Verweigerung, nach § 440 S. 1 Variante 1 i. V. m. § 439 Abs. 4 bei Unverhältnismäßigkeit der Kosten der Nacherfüllung, nach § 440 S. 1 Variante 2 bei Fehlschlagen der Nacherfüllung und schließlich nach § 440 S. 1 Variante 3 bei Unzumutbarkeit für den Käufer (gleiches gilt nach § 636 für das Werkvertragsrecht). Außerdem verzichtet § 283 von vornherein auf die Fristsetzung im Falle der Unmöglichkeit der Nacherfüllung.

B. Juristisches Denken lernen – die Arbeitstechnik

Zur Übung gleich ein Beispiel zum Aufwendungsersatz nach § 439 Abs. 3, das dem sog. Parkettstäbchenfall (BGHZ 177, 224 = NJW 2008, 2837) nachempfunden und an die darauffolgend geänderte Gesetzeslage angepasst wurde.

▶ **BEISPIEL ZU § 439 ABS. 3:** 352

Bob kauft im Baumarkt Meterware eines Teppichbodens, um diesen im Zuge der Renovierung seines Wohnzimmers selbst zu verkleben. Daher kauft er auch den entsprechenden Spezialkleber für Teppichböden dazu. Zuhause verklebt er den Teppichboden gemäß den Anwendungshinweisen des Spezialklebers. Nach fünf Monaten bemerkt er beim Laufen über den Teppichboden ein bröckelndes Geräusch. Daraufhin löst er den Teppichboden an einer Stelle und stellt fest, dass zwar der Kleber mitsamt Gummierung auf dem Estrich haftet, sich die Gummierung aber von der Oberseite des Teppichbodens ablöst. Sofort macht Bob ein Foto und fährt mit dem Kassenbon über den Teppichkauf zum Baumarkt, um den Mangel zu melden. Dort sein Anliegen geschildert, führt der Filialleiter aus, dass die Rolle der Meterware Teppichboden zwischenzeitlich gewechselt habe und die Gummierung bei der neuen Rollware sicherlich einwandfrei sei. Er bietet Bob an, ihm die entsprechende Ersatzware kostenfrei mitzugeben. Bob ist froh über die unkomplizierte Abwicklung hinsichtlich des Teppichbodens, denkt aber dann an die aufgrund des mangelhaften Teppichbodens entstehenden zusätzlichen Kosten für ihn: Er benötigt aufgrund seiner nur teilweise vorhandenen handwerklichen Fähigkeiten einen Fachmann, der ihm den Boden für eine erneute Verklebung des Teppichbodens vorbereitet sowie einen neuen Teppichkleber und er muss den mangelhaften Teppichboden aufgrund der vollflächigen Verklebung sachgerecht und damit kostenintensiv als Bauschutt entsorgen. Wie ist Bob zu helfen?

Für einen maximalen Lernerfolg an dieser Stelle: Skizziere die Falllösung selbst, bevor Du weiterliest.

Bob könnte einen Anspruch auf Nacherfüllung gemäß §§ 433 Abs. 1 S. 2 Variante 1, 434 Abs. 1 S. 1 Nr. 2, 437 Nr. 1, 439 Abs. 1 Variante 2 haben. Zwischen dem Kunden und dem Baumarktinhaber besteht ein wirksamer Kaufvertrag, § 433. Der Teppichboden ist, indem sich die Gummierung von der Oberseite des Teppichbodens löst, auch mangelhaft, §§ 433 Abs. 1 S. 2 Variante 1, 434 Abs. 1 S. 1 Nr. 2. Der Mangel lag mangels gegenteiliger Hinweise im Sachverhalt bei Gefahrübergang (§ 446) vor. Ein Anspruch auf Nacherfüllung gemäß §§ 433 Abs. 1 S. 2 Variante 1, 434 Abs. 1 S. 1 Nr. 2, 437 Nr. 1, 439 Abs. 1 Variante 2 besteht folglich *(keine zu erörternden Probleme: der Sachverhalt gibt den Kaufvertrag sowie die Mangelhaftigkeit und die Nachlieferung eindeutig vor – daher kurz abzuhandeln).*

Nun folgt der Prüfungsschwerpunkt, was bereits mit der einleitenden Formulierung gezeigt wird:

Fraglich ist jedoch, ob Bob auch Kostenersatz für die Entsorgung des mangelhaften Teppichbodens sowie für die Vorbereitung des Bodens und für den Spezialkleber von dem Baumarktinhaber verlangen kann.

In Betracht kommt hierfür der Aufwendungsersatzanspruch gemäß § 439 Abs. 3 S. 1. Dieser setzt zunächst den Einbau oder die Anbringung der mangelhaften Kaufsache in oder an eine andere Sache voraus. Einbau ist die Integration der mangelhaften Kaufsache in eine andere bewegliche oder unbewegliche Sache, ohne Veränderung der Substanz der Kaufsache. Indem Bob den mangelhaften Teppichboden in seinem Wohnzimmer verklebt hat, hat er diesen in eine andere Sache eingebaut. Dies entspricht auch dem Verwendungszweck einer Teppichboden-Meterware. Ferner muss das Ersatzverlangen im Rahmen der Nacherfüllung sein. Der Nacherfüllungsanspruch gegen den Baumarktinhaber ist, wie zuvor gezeigt, gegeben (Anmerkung: Obwohl dieser Anspruch aus systematischen und teleologischen Gründen auch in den Fällen ohne Nacherfüllung gegeben sein kann). Schließlich muss Bob tatsächlich Aufwendungen tätigen, die für den Ausbau des mangelhaften Teppichbodens und den Einbau des neuen mangelfreien Teppichbodens erforderlich sind. Bob muss den Teppichboden aufgrund der Vollverklebung als Bauschutt entsorgen und kann den mit Kleber behafteten Estrich nicht selbst auf eine erneute Bodenverlegung vorbereiten, so dass er einen Fachmann mit dieser Arbeit beauftragen muss. Ferner benötigt er einen neuen Spezialkleber. Diese Aufwendungen sind zwingend notwendig, um den mangelfreien Teppichboden sachgemäß verlegen zu können und damit erforderlich. Auf ein Verschulden des Verkäufers kommt es nicht an. Auch hat der Verkäufer kein Wahlrecht, ob er Ersatz der Kosten leistet oder den Aus- und Einbau selbst vornimmt. Einer Fristsetzung bedarf es nicht.

Somit hat Bob einen Anspruch auf Ersatz der Kosten für die Entsorgung des mangelhaften Teppichbodens sowie für die Vorbereitung des Bodens und den Spezialkleber gemäß § 439 Abs. 3 S. 1. ◄

ee) Verschuldensunabhängige Schadensersatzpflichten

353 Ein besonderer Tatbestand der Schadensersatzpflicht ist im Mietrecht geregelt. § 536a Abs. 1 1. Fall sieht eine verschuldensunabhängige Schadenshaftung des Vermieters für solche Mängel der Mietsache vor, die bereits bei Vertragsschluss vorhanden waren. Die verschuldensunabhängige Haftung betrifft also nur anfängliche Mietmängel. Später entstehende Mängel begründen eine Schadensersatzpflicht des Vermieters wiederum nur im Falle seiner Verantwortlichkeit (§ 536a Abs. 1 2. und 3. Fall).

ff) Schema zum Schadensersatzanspruch, § 536a

354
I. Wirksamer Mietvertrag, § 535 (ggf. §§ 566, 563)
II. Mangel der Mietsache
(abzugrenzen gegen Erfüllungsklage auf primäre Hauptpflicht)
III. Kein Gewährleistungsausschluss, vgl. §§ 536b, c oder d
IV. Besondere Voraussetzungen nach § 536a
1. Garantiehaftung des Vermieters für anfängliche Mängel
2. Bei später auftretenden Mängeln Verschulden oder Verzug mit Beseitigung erforderlich.
V. Keine Verjährung

355 Eine besondere Anspruchsgrundlage für den Ersatz von Zufallsschäden gibt § 670. Die Vorschrift betrifft nach ihrem Wortlaut nur den Ersatz von Kosten für die Ausführung eines Geschäfts oder einer Handlung, die derjenige tragen soll, in dessen Interesse gehandelt wurde. Nach h.M. wird die Übernahme eines Schadensrisikos, das mit der Ausführung eines Auftrags verbunden ist, dem freiwilligen Vermögensopfer gleichgestellt. Danach hat der Auftraggeber dem Beauftragten den Schaden zu ersetzen, den er bei Ausführung des Auftrags durch Verwirklichung einer damit verbundenen eigentümlichen, erhöhten Gefahr erleidet. Es handelt sich um die Übertragung eines spezifischen Schadensrisikos (nicht dagegen für Schäden aufgrund des allgemeinen Lebensrisikos) auf den Auftraggeber (vgl. den Rechtsgedanken in § 110 Abs. 1 HGB).

356 Die Bedeutung von § 670 liegt in seiner analogen Anwendung auf Dienst- und Werkverträge durch § 675 Abs. 1. Voraussetzung ist, dass der Dienst- oder Werkvertrag Geschäftsbesorgungscharakter hat, also die Wahrnehmung der Interessen des Vertragspartners nicht nur Nebenpflicht (§ 241 Abs. 2), sondern Hauptpflicht ist. Vertragsinhalt muss also eine spezifische Treuepflicht desjenigen sein, der den Schaden erleidet. Typische Beispiele sind Brandverletzungen und Brandschäden an der Bekleidung desjenigen, der als Arbeitnehmer der Werksfeuerwehr oder auch als Selbständiger auf werkvertraglicher Basis Aufgaben der Brandbekämpfung übernimmt.

c) Schadensersatzansprüche aus vertragsähnlichen Verhältnissen

aa) Überblick zu versteckten, aber wichtigen Anspruchsgrundlagen

Bereits die Anbahnung eines Vertragsverhältnisses und gleichgestellte geschäftliche Kontakte schaffen ein vertragsähnliches Vertrauensverhältnis, das die Partner zur Sorgfalt gegenüber dem Geschäftsgegner verpflichtet. Dieser allgemeine Grundsatz kommt in den §§ 122, 179 und § 663 zum Ausdruck. Danach trifft eine Schadensersatzpflicht den Anfechtenden, den Vertreter ohne Vertretungsmacht und ebenso bestimmte Geschäftsbesorger (Zivilmakler, Rechtsberater, Banken etc.), wenn sie die Ablehnung eines angetragenen Geschäfts nicht unverzüglich erklären. Schadensersatzpflichtig ist nach § 678 schließlich der Geschäftsführer, der ein Geschäft ohne Auftrag und wider den Willen des Geschäftsherrn übernimmt (Übernahmeverschulden). 357

Besondere Bedeutung hat darüber hinaus § 311 Abs. 2. Diese Vorschrift formuliert drei Tatbestände, in denen ein Schuldverhältnis mit Pflichten nach § 241 Abs. 2 entsteht, deren schuldhafte Verletzung schadensersatzpflichtig macht. § 311 Abs. 2 bestimmt nur die Tatbestände des Entstehens eines Schuldverhältnisses mit Pflichten nach § 241 Abs. 2, nicht aber die Pflichten selbst. Die Tatbestände sind die Aufnahme von Vertragsverhandlungen (§ 311 Abs. 2 Nr. 1), die Anbahnung eines Vertrages (Nr. 2) sowie ähnliche geschäftliche Kontakte, die nicht auf den Abschluss eines Vertrages abzielen (Nr. 3). Dass zum Haftungstatbestand auch eine Pflichtverletzung gehört, ergibt sich aus § 280 Abs. 1 als eigentliche Haftungsnorm. Anspruchsgrundlage ist deshalb §§ 280 Abs. 1 i.V.m. 311 Abs. 2. 358

Die Haftung für diese sog. culpa in contrahendo (§ 311 Abs. 2) richtet sich mangels gesetzlicher Bestimmung der maßgeblichen Pflichtverletzungen nach Fallgruppen. Auch diese können in einem Haftungsschema aufgestellt werden. Dazu gehören: 359

(1) Körper und Eigentumsschäden bereits während der Vertragsanbahnung aufgrund Verletzung von Verkehrssicherungspflichten;
(2) der Abbruch von Vertragsverhandlungen, sofern ein besonderer Vertrauenstatbestand für die Fortführung geschaffen wurde und der Abbruch ohne triftigen Grund erfolgt;
(3) die Verursachung der Unwirksamkeit eines Vertrages aufgrund eines Wirksamkeitshindernisses, das aus der Sphäre einer Partei stammt (z. B. Tätigkeit als Rechts- oder Steuerberater ohne dazu befugt zu sein);
(4) die Verletzung von Aufklärungspflichten und die Erteilung unrichtiger Informationen im Hinblick auf ein noch abzuschließendes Geschäft (soweit nicht Vorrang der Gewährleistungshaftung, vgl. etwa § 434 Abs. 1 S. 3).

Quasi-vertragliche Schadensersatzansprüche ergeben sich schließlich aus der berechtigten Geschäftsführung ohne Auftrag (§ 683 S. 1), als diese auch auf die Regelung in § 670 verweist. Wie bereits gesehen, werden nach durch § 670 nach h. M. auch Zufallsschäden aus spezifischen Schadensrisiken eines Geschäfts ersetzt. Typische Fälle sind die Nothilfe. 360

Die Geschäftsführung ohne Auftrag macht den Geschäftsführer jedoch auch im Falle eines Ausführungsverschuldens schadensersatzpflichtig, §§ 677, 280 Abs. 1. Der allgemeine Haftungstatbestand des § 280 Abs. 1 gilt für jede Pflichtverletzung, mithin auch für eine solche aus der Geschäftsführung ohne Auftrag als gesetzlichem Schuldverhältnis. Die Pflicht des Geschäftsführers nach § 677 ist, „das Geschäft so zu führen, wie 361 das Interesse des Geschäftsherrn mit Rücksicht auf dessen wirklichen oder mutmaßlichen Willen es erfordert". Nach der Haftungsnorm des § 280 Abs. 1 setzt die Haftung ein Vertretenmüssen voraus. Eine Haftungserleichterung erfährt dabei der Geschäftsführer, der zur Gefahrenabwehr handelt. Dieser hat nach § 680 nur Vorsatz und grobe Fahrlässigkeit zu vertreten.

Die Anspruchsnorm in § 280 Abs. 1 S. 1 setzt eben nicht einfach „Verschulden" (vgl. § 276 Abs. 1), sondern „Vertretenmüssen" voraus (letztlich also ein zusätzlicher Prüfungsschritt!).

362 Auf die Haftung des Geschäftsführers nach § 678 wegen Übernahmeverschuldens im Falle der unwillkommenen Geschäftsführung ohne Auftrag (gegen den Willen des Geschäftsherrn) wurde bereits hingewiesen. Es ist anerkannt, dass auch das „Übernahmeverschulden" in § 678 im Falle der Geschäftsführung zur Gefahrenabwehr nach § 680 auf Vorsatz und grobe Fahrlässigkeit gemildert wird.

bb) Schema zum Schadensersatz, § 678

363

I. Anspruchsvoraussetzungen	
Unberechtigte GoA	Angemaßte Eigen-GF, § 687 II

1. Fremdes Geschäft
2. Fremdgeschäfts-führungswille des Geschäftsführers; sonst §§ 687 II, 678.
3. Ohne Auftrag
4. Übernahme *widerspricht* objektiv dem tatsächlichen oder mutmaßlichen Willen des Geschäftsherrn; Ausnahme § 679
5. Übernahme-verschulden; beachte aber § 680
	1. Fremdes Geschäft
	2. Kenntnis des Geschäftsführers von der Fremdheit
	   – Positive Kenntnis erforderlich
	   – Sonst irrtümliche Eigengeschäftsführung, § 687 I mit Verweis auf §§ 812 ff, 823 ff
	3. Eigengeschäfts-führungswille
	4. Keine Berechtigung des Geschäftsführers zur Geschäftsführung

II. Forderungsrechte aus der GoA bzw. Eigengeschäftsführung
  1. Schadensersatz, § 678 (kein Ausführungsverschulden nötig!)
außerdem:
  2. Auskunft gem. §§ 687 II, 681, 666 sowie
  3. Herausgabe des Erlangten nach:	

Bereicherungsrecht, vgl. § 684 S. 1; *alternativ* § 667 nur nach Genehmigung, vgl. § 684 S. 2, 683 S. 1 und 681.	a) §§ 687 II, 681, 667 b) *dann aber* Anspruch des Geschäftsführers nach §§ 687 II 2, 684 S. 1, 812 ff. (Rechtsfolgenverweis)
III. Keine Verjährung	

d) Schadensersatzansprüche aus dem Eigentümer-Besitzer-Verhältnis

364 Das Eigentümer-Besitzer-Verhältnis gehört zu den Standardthemen von Klausuren und ist wegen zahlreicher Probleme und Meinungsstreitigkeiten besonders gefürchtet. Es handelt sich keineswegs um eine sachenrechtliche Materie. Lediglich ist der Eigentumsherausgabeanspruch gegen einen unberechtigten Besitzer (die Vindikationslage) nach §§ 985, 986 Anwendungsvoraussetzung aller Ansprüche aus dem Eigentümer-Besitzer-Verhältnis. Inhaltlich ist dieses sodann auf Nutzungsersatz und Schadensersatz des Eigentümers gegen den unrechtmäßigen Besitzer (§§ 987 ff.) und im umgekehrten Verhältnis auf Ersatz von Verwendungen gerichtet, die auf die herauszugebende Sache gemacht wurden (§§ 994 ff.).

In allen Fällen einer Eigentumsbeeinträchtigung, also der Zerstörung, Vorenthaltung oder Belastung einer Sache (bewegliche Sache oder Grundstück), insbesondere der Verarbeitung, des Verbrauchs oder der Veräußerung einer fremden Sache, ist die Anwendbarkeit der §§ 987 ff. (zumindest gedanklich) in Betracht zu ziehen. 365

Bei Verbrauch, Verarbeitung und Veräußerung fremder Sachen verstellen die bereicherungsrechtlichen Ansprüche oftmals den Blick auf das Eigentümer-Besitzer-Verhältnis. Dabei ist die Anwendbarkeit des Bereicherungsrechts vielmehr die **Ausnahme** von der Sperrwirkung des Eigentümer-Besitzer-Verhältnisses in § 993 Abs. 1 2. Halbsatz. Oftmals wird dabei ein Anspruch nach §§ 987 ff. an der Gutgläubigkeit (vgl. § 990 Abs. 1) des Anspruchsgegners scheitern. Dann schöpft trotzdem die allgemeine Eingriffskondiktion im Falle des Verbrauchs, über § 951 auch im Falle der Verarbeitung, und § 816 Abs. 1 bei Veräußerung durch einen Nichtberechtigten den erlangten Vorteil ab. Dieses Konkurrenzverhältnis zu übersehen, wäre daher ein schwerwiegender Fehler.

Diese Gefahr des Übersehen Werdens ist gering, streiten die Beteiligten zuerst um die Herausgabe einer Sache und wird diese sodann beschädigt oder geht sie unter. Indes fehlt eine solche Hilfestellung bei der Verarbeitung, dem Verbrauch oder Veräußerung einer fremden Sache meistens nicht nur, sondern die mit Verarbeitung, Verbrauch oder Veräußerung zusammenhängenden Probleme lenken den Blick vom Eigentümer-Besitzer-Verhältnis sogar noch zusätzlich ab.

Das Eigentümer-Besitzer-Verhältnis der §§ 987 ff. enthält mehrere selbstständige Tatbestände zum Nutzungs- und zum Schadensersatz, deren jeweils erstes Tatbestandsmerkmal die Vindikationslage ist. In ihrem Anwendungsbereich privilegieren diese Tatbestände den redlichen Besitzer gegenüber einer Haftung für Eigentumsverletzungen nach allgemeinem Deliktsrecht. Zentrale Vorschrift ist § 993 Abs. 1 2. Halbsatz, wodurch insbesondere § 823 Abs. 1 ausgeschlossen ist. 366

Die Vindikationslage besteht nur zwischen dem Eigentümer und dem nicht zum Besitz berechtigten Besitzer (vgl. § 986). Unmittelbar nach der Bezeichnung der jeweiligen Anspruchsgrundlage ist deshalb der Eigentumsherausgabeanspruch nach §§ 985, 986 zu prüfen. Voraussetzung ist sodann, dass diese Vindikationslage gerade zur Zeit der jeweiligen Tatbestandsverwirklichung bestanden hat (Einzelheiten sind umstritten; es kann auch der Zeitpunkt der Geltendmachung genügen). Mit dieser Maßgabe bestehen folgende Tatbestände von Schadensersatzansprüchen:

aa) § 989 bzw. §§ 989, 990 Abs. 1

Schadensersatzpflichtig ist der unredliche Besitzer (§§ 989, 990 Abs. 1). Unredlich ist derjenige Besitzer, der beim Erwerb des Besitzes nicht in gutem Glauben war. Gutgläubigkeit fehlt analog § 932 Abs. 2 jedenfalls infolge grober Fahrlässigkeit. War der Besitzer beim Besitzerwerb gutgläubig, erfährt er aber später von seinem fehlenden Recht zum Besitz, macht ihn nur positive Kenntnis unredlich (§ 990 Abs. 1 S. 2). Außerdem 367 steht der Vindikationsbeklagte dem unredlichen Besitzer gleich (§ 989). Unredlicher Besitzer und Vindikationsbeklagter haften dem Eigentümer für den Schaden, der dadurch entsteht, dass „infolge (ihres) Verschuldens die Sache verschlechtert wird, untergeht oder aus einem anderen Grunde von (ihnen) nicht herausgegeben werden kann" (§ 989). Das Verschulden bestimmt sich nach §§ 276, 278. War der unredliche Besitzer mit der Herausgabe in Verzug, haftet er auch für zufällige Verschlechterungen der Sache (§§ 287 S. 2, 990 Abs. 2).

bb) Schema: Schadensersatz gem. §§ 989, 990 Abs. 1

368

I.	Vindikationslage zur Zeit des schädigenden Ereignisses
II.	Rechtshängigkeit (§§ 253, 261 ZPO) oder Bösgläubigkeit (Bezugspunkt der Bösgläubigkeit = eigenes Recht zum Besitz) Beachte: unterschiedliche Zeitpunkte in § 990 I 1 (es gilt § 932 II analog) und in § 990 I 2 (nur positive Kenntnis schadet) (str.: Zurechnung der Bösgläubigkeit eines Besitzdieners, § 831 oder § 166)
III.	Verschlechterung, Untergang oder sonstige Unmöglichkeit der Herausgabe der Sache
IV.	Verschulden
V.	Schaden

cc) §§ 992, 823 ff.

Nach §§ 992, 823 ff. haftet derjenige Besitzer, der sich den Besitz durch (schuldhaft) verbotene Eigenmacht nach § 858 oder eine Straftat verschafft hat. Der deliktische Besitzer haftet nach §§ 992, 848 auch für den zufälligen Untergang, die zufällige Unmöglichkeit der Herausgabe oder die zufällige Verschlechterung der Sache. Besteht der Anspruch nach § 992, wird auf die §§ 823 ff. verwiesen. Hierbei handelt es sich um eine sog. Rechtsgrundverweisung, bei der – im Gegensatz zur Rechtsfolgenverweisung – die Tatbestandsmerkmale der Normen, auf die verwiesen ist, zu prüfen sind.

dd) Schema: Schadensersatz gem. §§ 992, 823

369

I.	Vindikationslage zur Zeit des schädigenden Ereignisses
II.	Erlangung des Besitzes durch
	1. eine Straftat, oder
	2. *(schuldhaft begangene)* verbotene Eigenmacht
III.	Rechtsfolge: Rechtsgrundverweisung auf § 823 ff.

ee) §§ 989, 991 Abs. 2

Die Privilegierung des redlichen Besitzers in § 993 Abs. 1 2. Halbsatz wird durch § 991 Abs. 2 insoweit zurückgenommen, als dieser einem Dritten z. B. als seinem Vermieter oder Verleiher gegenüber haftet. Da auch dieser Anspruch das Bestehen der Vindikationslage voraussetzt, ist die fehlende Besitzberechtigung des mittelbaren Besitzers ausschlaggebend (umstritten). Sodann ist aber die Haftung des unmittelbaren Besitzers gegenüber seinem mittelbaren Besitzer auch für die Haftung gegenüber dem Eigentümer maßgeblich.

ff) Schema: Schadensersatz gem. §§ 991 Abs. 2, 989

> I. Vindikationslage zur Zeit des schädigenden Ereignisses
> II. Gutgläubigkeit bei Besitzerwerb
> III. Verschlechterung / Unmöglichkeit der Herausgabe wie in § 989
> IV. Schaden
> V. Haftung des Besitzers gegenüber einem mittelbaren Besitzer
>   1. Bestehen eines mittelbaren Besitzverhältnisses
>   a) Besitzmittlungsverhältnis
>   b) Fremdbesitzerwille des Besitzmittlers
>   c) Herausgabeanspruch des mittelbaren Besitzers
>   2. Haftungsanspruch des mittelbaren Besitzers gegen Besitzer
>   beachte: Haftungsprivilegierungen, z. B. §§ 599, 690 i.V.m. § 277

370

▶ BEISPIEL:

371

Der Entleiher einer Sache haftet also für Beschädigungen aufgrund vertragswidrigen Gebrauchs nach §§ 603, 280 Abs. 1 dem Verleiher. Ist der Verleiher zudem unberechtigter Besitzer, etwa als Dieb, haftet der Entleiher im gleichen Umfang wie seinem Verleiher auch gegenüber dem Eigentümer (§ 991 Abs. 2).

Die Zahlung des Schadensersatzes an den mittelbaren Besitzer hat allerdings analog § 851 befreiende Wirkung auch gegenüber dem Eigentümer (rechtsvernichtende Einwendung). ◀

gg) Fremdbesitzerexzess

Überschreitet ein unrechtmäßiger Fremdbesitzer sein vermeintliches Besitzrecht, etwa als Mieter aufgrund unerkannt nichtigen Mietvertrages, greift seine Privilegierung nach § 993 Abs. 1 2. Halbsatz insoweit nicht, als er im Falle des Bestehens seines vermeintlichen Besitzrechts neben der vertraglichen Haftung auch deliktisch verantwortlich wäre. Beschädigt also der Mieter die Mietsache über die nach § 538 zulässige Abnutzung hinaus, haftet er für diesen Exzess nach § 823 Abs. 1, und zwar unabhängig von der Wirksamkeit des Mietvertrages mit dem Eigentümer.

e) Schadensersatzansprüche aus unerlaubter Handlung

In jeder Schadensersatzklausur gehören die Anspruchsgrundlagen in § 823 Abs. 1 und § 823 Abs. 2 sowie in § 826 und § 831 zu den Grundlagen. An erster Stelle steht die Verletzung absolut geschützter Rechtsgüter (§ 823 Abs. 1), gefolgt von einer „kleinen Generalklausel" in § 823 Abs. 2 mit Verweis auf Schutzgesetze. Beide Vorschriften sind tatbestandlich eng auf eine objektiv geschützte Interessenlage des Geschädigten begrenzt, für deren Verletzung jedoch jedes eigene Verschulden (§ 276) verantwortlich macht.

372

Daneben findet sich in § 826 eine deliktische Generalklausel zum Ersatz jeglicher Schäden aufgrund einer gesinnungsmäßig missbilligten Handlungsweise, sofern der Täter mit mindestens bedingtem Vorsatz handelte. Die Anwendung von § 826 richtet sich weitgehend nach herausgebildeten Fallgruppen.

373

§ 831 begründet eine Haftung für vermutetes eigenes Verschulden des Geschäftsherrn in Auswahl oder Anleitung eines Verrichtungsgehilfen. § 831 S. 1 knüpft an den objektiven Tatbestand einer unerlaubten Handlung i.S.d. §§ 823-826 an, den der Verrich-

374

tungsgehilfe verwirklicht hat. Schuldhaftes Handeln des Täters selbst ist danach nicht erforderlich (sofern es nicht ausnahmsweise zum Deliktstatbestand gehört, wie bei § 826 oder in Fällen von Schutzgesetzverletzungen des § 823 Abs. 2). Der haftende Geschäftsherr kann nach § 831 S. 2 allerdings einen Entlastungsbeweis führen.

aa) § 823 Abs. 1

375 Der objektive Tatbestand stellt bestimmte Rechtsgüter (Leben, Körper, Gesundheit und Freiheit) sowie das absolut geschützte Eigentumsrecht „oder ein sonstiges" Recht voran. Das „sonstige Recht" muss entsprechend der Aufzählung ein eigentumsähnliches sein. § 823 Abs. 1 schützt als Recht nur das Eigentum, während die übrigen Schutzgüter Rechts- oder Lebensgüter sind. Die Formulierung als sonstiges Recht umfasst daher keine schuldrechtlichen Forderungsrechte (solche unterfallen nur § 826). Als Schutzgut sind insbesondere die beschränkten dinglichen Rechte, das Anwartschaftsrecht des Vorbehaltskäufers, Immaterialgüterrechte und Mitgliedschaftsrechte etwa an Kapitalgesellschaften, das Besitzrecht des Mieters sowie einzelne Familienrechte anerkannt. Neben weiteren gehört auch das Recht am eingerichteten und ausgeübten Gewerbebetrieb dazu.

376 Das Recht am Gewerbebetrieb schützt dabei die Vermögensgesamtheit des Unternehmens gegen betriebsbezogene Eingriffe. Es ist daher subsidiär gegenüber Eigentumsverletzungen an einzelnen Betriebsmitteln.

377 ▶ BEISPIEL:
Die Störung der betrieblichen Stromzufuhr beeinträchtigt unmittelbar das *Eigentum* des Unternehmensträgers an etwa bebrüteten Eiern oder gekühlten Lebensmitteln, soweit diese aufgrund der Stromunterbrechung verderben. Auch das Hindern eines Schiffes am Auslaufen aus einem Fleet ist *Eigentums*verletzung an diesem, nicht Eingriff in den Gewerbebetrieb, selbst wenn das Schiff das einzige Transportfahrzeug wäre.
Die Blockade einer Werkszufahrt verletzt hingegen nicht das Eigentum an den ausgesperrten Fahrzeugen (diese bleiben als solche nutzbar). Sie beeinträchtigt aber die Funktion des Betriebs als Ganzes und stellt damit einen betriebsbezogenen Eingriff in das blockierte Unternehmen dar (nicht aber in den Betrieb etwaiger dadurch zugleich behinderter Lieferanten oder anliefernder Transportunternehmen, da diese nach wie vor als solche tätig werden können). ◀

378 Eine weitere Besonderheit des Rechts am eingerichteten und ausgeübten Gewerbebetrieb ist, dass die Rechtswidrigkeit betriebsbezogener Eingriffe nicht bereits durch die Tatbestandsmäßigkeit indiziert wird, sondern durch Abwägung der widerstreitenden Interessen besonders begründet werden muss. Die Indikationswirkung des Erfolgsunrechts für die Rechtswidrigkeit besteht nur, soweit konkrete Verhaltenspflichten zum Schutz eines Rechtsguts festgelegt sind. Daran fehlt es hinsichtlich des Gewerbebetriebes, der sich etwa gegen Wettbewerber im Markt nicht ohne Weiteres mittels des Deliktsrechts erwehren kann.

379 Das Eigentum wird in § 823 Abs. 1 vor Verletzungen der Sachsubstanz, vor Belastungen sowie vor bestimmten, einigermaßen schwerwiegenden Beeinträchtigungen der Gebrauchsmöglichkeit geschützt. Beispielsweise verletzt das Zuparken eines Pkw das Eigentum an diesem, das Verstellen einer Garageneinfahrt verletzt das Grundeigentum an der Garage. Keine Eigentumsverletzung liegt jedoch in der Lieferung eines defekten Kaufgegenstandes oder eines mangelhaften Werks. Geschädigt wird dadurch das (vertragliche) Äquivalenzinteresse, welches durch das Gewährleistungsrecht auszugleichen

ist. § 823 Abs. 1 schützt hingegen den Bestand des Eigentums an bereits vorhandenen Eigentumsobjekten (Integritätsinteresse).

▶ **Beispiel:**
Schwierigkeiten bereitet insoweit die Abgrenzung bei sog. Weiterfresserschäden. Betrifft der Mangel einer Kaufsache nur ein abgegrenztes Bauteil der Gesamtsache und führt dessen Funktionsausfall zur Zerstörung der ganzen Sache, so kann doch eine Eigentumsverletzung vorliegen. Dies ist der Fall, wenn das mangelhafte Bauteil technisch selbstständig ist und damit als nicht „stoffgleich" mit dem Kaufgegenstand insgesamt gilt (z. B. ein eingebauter Schwimmschalter zur Notabschaltung einer gekauften Anlage bei Flüssigkeitsmangel; ein defekter Gaszug oder eine unzulässige Bereifung eines gekauften Pkw, wodurch die Kaufsache bei ihrer Benutzung nachfolgend komplett zerstört wird). ◀

Da § 823 Abs. 1 Tun und Unterlassen als Verletzungshandlung gleichstellt, haben sich bestimmte Verkehrspflichten herausgebildet, deren Verletzung durch bloßes Nichtstun (Unterlassen) möglich und für den Verletzungserfolg zur Haftungsbegründung ausreichend ist (haftungsbegründende Kausalität) sowie seine Rechtswidrigkeit begründet. Neben den Fällen vertraglich übernommener Verkehrssicherung etwa durch den aufsichtführenden Bademeister einer Badeanstalt gehört auch die Produzentenhaftung hierher. Die herstellerspezifischen Verkehrspflichten werden dabei in vier zu vermeidende Gefahrenquellen eingeteilt: fehlerfreie Entwicklung (Konstruktionsfehler), fehlerfreier Produktionsprozess (Fabrikationsfehler), risikolose Benutzungsmöglichkeit durch Betriebsanleitungen und Warnhinweise (Instruktionsfehler) und die Produktbeobachtungspflicht.

bb) Schema zu Schadensersatz, § 823 I

I. Tatbestand
1. Unerlaubte Handlung
   a) Leben, Körper, Gesundheit, Freiheit, Eigentum (ggf. Weiterfresserschäden): *stets allgemeine Verhaltenspflicht verletzt*
   b) Sonstige absolute Rechte (nicht das Vermögen), insbesondere berechtigter Besitz, Allgemeines Persönlichkeitsrecht, Recht am eingerichteten und ausgeübten Gewerbebetrieb: *allgemeine Verhaltenspflicht muss festgestellt werden*
   c) durch zurechenbares Handeln (insbesondere Schutzzweck der verletzten Verhaltenspflicht)
      oder
      durch Unterlassen trotz Garantenstellung *(zusätzliche Verkehrssicherungspflicht erforderlich)*
2. Rechtswidrigkeit
   a) Erfolgsunrecht (Rechtswidrigkeit indiziert, außer Rechtfertigungsgründe liegen vor)
      oder
      Handlungsunrecht (Rechtswidrigkeit der Pflichtverletzung muss nachgewiesen werden können)
   b) Beispiele für Rechtfertigungsgründe
      – Notwehr und Notstand, §§ 227–229, 858 f, 904, 906 ff
      – Wahrnehmung berechtigter Interessen
      – Meinungsfreiheit, Pressefreiheit, Wissenschaftsfreiheit

- Verkehrsrichtiges Verhalten
- Einwilligung
- Ärztliche **Heileingriffe** nur nach Risikoaufklärung
- Besonderheiten beim Sport („unvermeidbare" Fouls?)
3. Verschulden
   a) Verschuldensfähigkeit, §§ 827, 828 (beachte die Altersstufen der Minderjährigenhaftung)
   b) Objektive Sorgfaltsverletzung genügt, § 276 II
   oder
   c) Billigkeitshaftung, § 829
II. Rechtsfolgen
- Allgemeines Schadensrecht, §§ 249 ff.
- Besonderheiten nach §§ 842 ff.
III. Keine Verjährung

cc) § 823 Abs. 2

383 § 823 Abs. 2 stellt jede schuldhafte Verletzung eines Schutzgesetzes unter die Schadensersatzpflicht zugunsten des Geschädigten. Wie in § 823 Abs. 1 für die Bestimmung des „sonstigen Rechts" der Individualzweck (auch das schuldrechtliche Forderungsrecht ist ein subjektives Recht) um einen Sozialzweck (als allgemein geschütztes, nicht nur individuell vereinbartes Interesse) ergänzt werden musste, so verhält es sich bei § 823 Abs. 2 ganz vergleichbar. Schutzgesetz ist nicht jede allgemein wirkende Verbotsnorm, vielmehr muss diese (umgekehrt) auch einen Individualzweck verfolgen und zugleich subjektives Recht des Geschädigten sein (also nicht nur eine Ordnungsvorschrift).

dd) Haftung für Verrichtungsgehilfen nach § 831

384 § 831 S. 1 ist ein eigenständiger Deliktstatbestand und anders als die bloße Zurechnung fremden Verschuldens im Rahmen vertraglicher Haftung (§ 278) nicht nur eine Bestimmung des Vertretenmüssens. Der Geschäftsherr haftet nach § 831 S. 1 für vermutetes eigenes Auswahl- und Überwachungsverschulden, wenn sein von ihm eingesetzter Verrichtungsgehilfe einen Verletzungserfolg rechtswidrig herbeiführt (Verschulden des Gehilfen ist nicht erforderlich). Die Exkulpationsmöglichkeit des Geschäftsherrn nach § 831 S. 2 ermöglicht dem Geschäftsherrn dementsprechend die Widerlegung des vermuteten Auswahl- bzw. Überwachungsverschuldens hinsichtlich des Verrichtungsgehilfen.

385 Außerhalb von § 831 eine deliktische Haftung für fremdes Handeln aufzuerlegen, ermöglicht schließlich in engen Grenzen die Verantwortlichkeit für Unterlassen in § 823 Abs. 1. Bestehen sozialadäquate Organisationspflichten, haftet derjenige für eigenes Organisationsverschulden, der andere pflichtwidrig nicht von Schädigungen abhält. Dieser Tatbestand konkurriert dann mit § 831, bietet jedoch keine Exkulpationsmöglichkeit.

ee) Weitere Deliktstatbestände

386 Vergleichbare Deliktshaftungen für vermutetes Verschulden enthalten auch die §§ 836–838.

Schadensersatzansprüche unabhängig von einem Verschulden erwachsen schließlich aus verschiedenen Tatbeständen der Gefährdungshaftung. Hierher gehören vor allem die Haftung für Luxustiere (§ 833 S. 1) und diejenige des Gastwirts für die eingebrachten Sachen des Gastes (§§ 701 ff.). 387

Besondere Bedeutung hat darüber hinaus die Haftung nach § 1 ProdHaftG. Innerhalb seines Anwendungsbereichs (§§ 16, 19 ProdHaftG) machen Rechtsgutverletzungen i.S.d. § 1 Abs. 1 ProdHaftG ersatzpflichtig, die im Zusammenhang mit einem Produkt i.S.d. § 2 ProdHaftG stehen, dem ein Produktfehler (§ 3 ProdHaftG) anhaftet, wenn dieser Fehler für die Rechtsgutverletzung kausal ist. Als Rechtsfolge haftet der Hersteller (vgl. § 4 ProdHaftG), sofern keine Ausschlussgründe nach § 1 Abs. 2, 3 ProdHaftG vorliegen, auf Ersatz derjenigen Nachteile, die durch den Tod oder die Körperverletzung sowie die Beschädigung bzw. Zerstörung privater Sachen entstanden sind. Die Schadensersatzansprüche richten sich dann nach §§ 7–9 ProdHaftG. Als Produktfehler (§ 3 ProdHaftG) kommen – wie bei der Produzentenhaftung nach § 823 Abs. 1 – Fabrikations-, Konstruktions- und Instruktionsfehler sowie die Verletzung der Produktbeobachtungspflicht in Betracht. 388

ff) Schema zu Schadensersatz, § 1 Abs. 1 ProdHaftG

I. Anwendbarkeit des ProdHaftG; §§ 15, 16, 19 ProdHaftG
II. Voraussetzungen
   1. Rechtsgutverletzung, § 1 I ProdHaftG
     a) Leben, Körper, Gesundheit
     b) Sachbeschädigung gem. § 1 Abs. 1 S. 2 ProdHaftG (andere Sache als das fehlerhafte Produkt; zum privaten Gebrauch bestimmt; vom Geschädigten hauptsächlich privat genutzt)
   2. Verursacht durch Produktfehler
     a) Produkt, § 2 ProdHaftG
     b) Fehler, § 3 ProdHaftG (herstellerspezifische Verkehrssicherheitspflicht verletzt durch Konstruktions-, Fabrikations- oder Instruktionsfehler)
     c) Kausalität des Produktfehlers für die Rechtsgutverletzung
   3. Hersteller und Gleichgestellte, § 4 ProdHaftG
   4. Kein Haftungsausschluss, § 1 II, III ProdHaftG, z. B.
     a) Produkt nicht durch Hersteller in Verkehr gebracht
     b) Fehlerfreiheit des Produkts bei Inverkehrbringen oder Fehler nicht erkennbar
     c) Nichtkommerzielle Herstellung oder Vertrieb
     d) Fehler beruht auf zwingender Rechtsvorschrift
     e) Kein Haftungsausschluss nach § 14 ProdHaftG
III. Rechtsfolgen
   1. Allgemeines Schadensrecht, §§ 249 ff. BGB
   2. Einschränkungen bei **Körperverletzung**, §§ 8 – 10 ProdHaftG, und **Tötung**, § 7 ProdHaftG; **Selbstbeteiligung** bei Sachschäden, § 11 ProdHaftG
   3. Mitverschulden, § 6 ProdHaftG
IV. Verjährung, §§ 12 f. ProdHaftG

389

7. Unterlassungsansprüche

390 Ein Anspruch kann auf ein Tun oder ein Unterlassen gerichtet sein (vgl. § 194 Abs. 1). Unterlassungsansprüche können daher Gegenstand eines vertraglichen Schuldverhältnisses sein, so etwa im Fall der vertraglichen Unterlassungserklärung. Darüber hinaus ist jedem Vertragsverhältnis eine Nebenpflicht (§ 241 Abs. 2) auf Unterlassung von allem immanent, was mit der geschuldeten Hauptleistung nicht vereinbar wäre. Aus der schuldhaften Verletzung dieser Nebenpflicht können Schadensersatzansprüche nach §§ 280 bzw. ggf. 282 entstehen, der Unterlassungsanspruch ist jedoch auch selbstständig klagbar.

391 Besondere Bedeutung hat der Unterlassungsanspruch beim Besitz (§ 862 Abs. 1 S. 2) und insbesondere im Falle des § 1004 Abs. 1 S. 2 zum Schutz des Eigentums und beschränkter dinglicher Rechte (vgl. §§ 1027, 1065, 1090 Abs. 2, 1227).

392 Schließlich rechtfertigt die unmittelbar drohende Gefahr eines objektiv widerrechtlichen Eingriffs in ein gem. § 823 Abs. 1 geschütztes Recht oder ein durch eine andere Vorschrift der §§ 823 ff. (z. B. §§ 823 Abs. 2, 826) geschütztes Rechtsgut einen Unterlassungsanspruch. Hat ein Eingriff bereits stattgefunden, begründet dies für gleichartige Verletzungshandlungen die widerlegbare Vermutung einer Wiederholungsgefahr. Sie ist materielle Anspruchsvoraussetzung dieses Unterlassungsanspruchs und beschreibt das unmittelbar Drohende der Gefahr. Darüber hinausgehend begründet bereits die Erstbegehungsgefahr die vorbeugende Unterlassungsklage.

393 ▶ Beispiel:
Die strafbewehrte Unterlassungs- und Verpflichtungserklärung hat ihre eigentliche Bedeutung folgerichtig auch nicht in der Schaffung eines vertraglichen Unterlassungsanspruchs, sondern in der darin liegenden Beseitigung der Erstbegehungs- und vor allem einer bestehenden Wiederholungsgefahr durch das Strafversprechen.
Einzelheiten dieses aus einer Rechtsfortbildung der §§ 12, 862, 1004 anzuerkennenden Unterlassungsanspruchs können hier nicht dargestellt werden, sind jedoch von erheblicher Prüfungsrelevanz. ◀

8. Zusammenfassung

Diese Darstellung nach Sachgruppen und Anspruchszielen ersetzt Dir auf keinen Fall das Erlernen der einzelnen Institutionen (z. B. Verträge, gesetzliche Schuldverhältnisse, dingliche Rechte). Der hier auch nur skizzierte Überblick und das Herausstellen inhaltlicher Zusammenhänge zwischen den Anspruchsgrundlagen bestimmt jedoch die Herangehensweise in der Fallbearbeitung.

In der Klausur brauchst Du für das Auffinden von Normen, Anspruchsgrundlagen und Gegenrechten, den Blick *auf* die gesetzlich geregelten Materien und Anspruchsgrundlagen. Die anschließende Ausarbeitung der so gefundenen (möglichen) Ansprüche muss mit dem Wissen und dem Blick *aus* den einzelnen Rechtsinstituten erfolgen. Die Kenntnis der Tatbestandsmerkmale und wichtiger Definitionen dazu (einschließlich typischer Abgrenzungsprobleme und des jeweiligen Streitstandes) sind für den Gang der Prüfung und damit für die Gliederung unerlässlich. Sie verstellen jedoch allzu leicht auch den „Blick aufs Ganze". Deshalb ist es unerlässlich, dass Du Dir beim Lernen immer zuerst einen Überblick verschaffst, beispielsweise über die jeweilige Anspruchsgrundlage, und Dich dann den spezielleren Inhalten wie Streitständen widmest.

Im Weiteren geht es nun darum, den soeben gegebenen systematischen Überblick auf den konkreten Sachverhalt anzuwenden, sich zurecht zu finden und so diejenigen Anspruchsgrundlagen zu identifizieren, welche die Lösung dieses Falles tragen. Anschließend widmen wir uns der inhaltlichen Arbeit, welche die Gliederung der Lösung bestimmt.

394

C. Auffinden der Anspruchsgrundlagen und Normsuche

Wenn die von der Rechtsfolgenseite einschlägigen Anspruchsnormen bekannt sind, sind sie darauf zu überprüfen, für welche von ihnen der Sachverhalt Umstände schildert, die die jeweiligen Tatbestandsmerkmale erfüllen. Diese Prüfung ist die sog. Subsumtion. Sie bedeutet, dass der Sachverhalt unter die Tatbestandselemente der Anspruchsnorm geführt und auf Übereinstimmung mit ihnen überprüft wird.

395

Selbstverständlich wäre es ermüdend und ließe am Weitblick fehlen, die Subsumtion für alle Anspruchsnormen mit einschlägiger Rechtsfolge in der Klausur zu Papier zu bringen. Vielfach werden zahlenmäßig die meisten Anspruchsnormen derart fernliegen, dass sie keiner Erwähnung bedürfen. Liegt etwa Kauf vor, sind mietrechtliche Vorschriften von vornherein auszusondern. Dennoch ist auch eine solche Vor-Auswahl Subsumtion und kann nicht pauschal dadurch ersetzt werden, dass eine Fallbearbeitung sich von Anfang an immer nur auf *eine* Anspruchsnorm beschränkt.

396

Liegt etwa ein Kauf vor, können je nach Sachverhalt beispielsweise neben kaufrechtlichen Primär- und Sekundäransprüchen oftmals auch solche aus unerlaubter Handlung (§§ 823 ff.), dingliche Ansprüche und evtl. auch bereicherungsrechtliche Ansprüche relevant werden. An dieser Stelle möchte ich Dich nochmal an Folgendes erinnern: Eine juristische Fallbearbeitung lebt von einer exakten Arbeitsweise und präzisem Ausdruck, der auch die richtige Verwendung von Fachtermini beinhaltet: Der „Kauf" der Kinokarte wäre u.a. Miete und Werkvertrag.

397

Da es unsinnig wäre, alle Anspruchsgrundlagen für alle Anspruchsziele auswendig zu lernen und auch obige Aufstellung nur eine Auswahl ist, erfolgt das Auffinden von Anspruchsnormen in der klausurmäßigen Fallbearbeitung praktisch meist doch in genau umgekehrter Richtung (nämlich vom erkannten Tatbestand aus und anschließend nach „passenden" Rechtsfolgen sortiert).

398

> Dennoch solltest und wirst Du bald mit den jeweils gängigsten Anspruchsgrundlagen so weit vertraut sein, dass Dir diese je nach gewünschter Rechtsfolge unmittelbar präsent sind und zum „aktiven Wortschatz" zählen. Wer weiß, wo und wonach er suchen muss, findet das Gesuchte am zuverlässigsten.

Die Fallbearbeitung muss stets von einer Anspruchsnorm ausgehen. Die Tatbestandsmerkmale dieser Norm entscheiden, ob ein Anspruch entstanden ist. Wir sind bislang von vertraglichen Ansprüchen auf die Hauptleistungen ausgegangen, deren einfachster Fall der Anspruch auf Übergabe und Übereignung einer Kaufsache nach der Anspruchsnorm in § 433 Abs. 1 bzw. der Gegenanspruch auf Kaufpreiszahlung nach der Anspruchsnorm in § 433 Abs. 2 ist. Einziges Tatbestandsmerkmal dieser Anspruchsnormen ist das Zustandekommen und die Wirksamkeit eines vertraglichen Rechtsverhältnisses. Aus diesem Grund umfasste der erste Prüfungsschritt „Anspruch entstanden?" den Vertragsschluss und die Wirksamkeit des Vertragsverhältnisses zwischen den Beteiligten.

399

400 Welche Normen im konkreten Fall geeignete Anspruchsgrundlagen sind, hängt in erster Linie von der Rechtsfolge ab, auf die sich die Fallfrage richtet, anderenfalls von denjenigen Rechtsfolgen, welche jeder einzelne Beteiligte sinnvollerweise begehren könnte. Ist in der Fallfrage sogar konkret nach Schadensersatz gefragt, sind nur Anspruchsnormen zu prüfen, welche die Pflicht zum Schadensersatz als Rechtsfolge bestimmen.

Ruft eine handelnde Figur des Sachverhaltsgeschehens nach Schadensersatz heißt das hingegen gar nichts. Es müssen dann trotzdem alle wirtschaftlich sinnvollen Anspruchsinhalte überprüft werden. Allerdings mag ein Klausurschwerpunkt darauf liegen, den Übergang von vertraglichen Primär- zu Sekundäransprüchen anhand von Tatbestandsmerkmalen (zumeist: Fristsetzung, vgl. z. B. §§ 281 Abs. 1, oder ähnlich dazu Mahnung, § 286 Abs. 1; manchmal ist diese aber entbehrlich, z. B. jeweils Abs. 2) herauszuarbeiten und in der Lösung deutlich herauszustellen.

I. Normsuche durch Sachverhaltsinterpretation

401 Das Erfassen des Sachverhalts und den Sachverhalt genau zu verstehen, mit ihm zu arbeiten, ist Ausgangspunkt für die Lösung eines Falles. Der Sachverhalt ist nicht erst der „Stoff" für die Subsumtion der Tatbestandsmerkmale von Anspruchsnormen und Gegenrechten (rechtshindernden, rechtsvernichtenden Einwendungen bzw. rechtshemmenden Einreden), welche im Zusammenhang mit der Anspruchsnorm zu prüfen sein können.

402 Vielmehr sind die für die Lösung eines Falles maßgebenden Gesetzesbestimmungen, zuvorderst alle relevanten Anspruchsnormen, bereits aus der Analyse des Sachverhalts heraus aufzufinden. Vor allem anderen steht in der Fallbearbeitung daher die Arbeit mit dem Sachverhalt.

Nochmals: Fallbearbeitung heißt gerade nicht, irgendwelches Wissen, Theorien oder Rechtsinstitute darzustellen und bestenfalls noch den Fall dafür als Aufhänger zu nutzen. Keine Klausur bringt z. B. „das Bereicherungsrecht" dran, sondern einen konkreten tatsächlichen Umstand, einen individuellen Fall. Der Bearbeiter muss von seinem ersten Gedanken bis zum Schlusssatz nur danach zielen, den Leser näher der Lösung dieses Falles zu bringen. Dabei mag dann ein bestimmter Bereicherungsanspruch zwar vom Zusammenhang her naheliegend erscheinen, aber aufgrund einer Besonderheit des Falles ausnahmsweise abzulehnen sein, ein anderer Bereicherungsanspruch „geht dafür durch". Keinesfalls aber darf der Eindruck entstehen, dass einfach mal verschiedene Anspruchsgrundlagen irgendwie beliebig durchprobiert wurden. Selbst wenn die richtigen dabei wären, liest sich die Lösung dann wie ein schlechter Abriss aus einem Rechtsgebiet: Sie segelt nicht entlang dem Fall, sondern irgendwelchen nicht nachvollziehbar ausgewählten Normen entlang, bis ein (richtiges oder falsches) Zufallsergebnis ausgeworfen wird.

403 Die Arbeit mit dem Sachverhalt ist die eigentliche Tätigkeit praktisch arbeitender Juristen. Denn es gilt, alles abzufragen, herauszufinden, was erheblich für die Beurteilung sein könnte. Da der Jurist meist keine eigene Anschauung vom Geschehensablauf hat, muss er die Beteiligten befragen. Da diese zwar das tatsächliche Geschehen kennen, aber nicht wissen, worauf es rechtlich ankommt, hängt der Erfolg der Ermittlung allein von den Fragen ab. Es bedarf also der richtigen Ideen für die zu stellenden Fragen. Allzu oft heißt es zu spät: „Hätte ich das früher gekannt, wäre alles anders verlaufen".

C. Auffinden der Anspruchsgrundlagen und Normsuche

Die Schwierigkeit der Sachverhaltsermittlung in der Praxis lässt sich in der klausurmäßigen Fallbearbeitung in einen Nutzen verkehren. Zwar muss der Bearbeiter dieselben Fragen an den Sachverhalt stellen, wie der Praktiker, nur hat er auch die Sicherheit, Antworten auf die (richtigen) Fragen zu bekommen. Da ergänzende Fragen ausgeschlossen sind, muss alles präsentiert sein. Da es nun (anders als in Klausuren des Assessorexamens) gänzlich unüblich ist, „blinde Spuren" im Sachverhalt zu legen, gilt: Je konkreter ein Detail des Klausursachverhaltes ist, umso bedeutender ist dieses. Je offener und allgemeiner ein Geschehen in einem Punkt dargestellt wird, umso unbedeutender ist diese Passage.

404

1. Richtige Arbeit mit dem Sachverhalt

Die zu Anfang zu leistende Arbeit ähnelt der einer Gedicht- oder Textinterpretation im Deutschunterricht. „Der Fall" in der Klausur darf nicht lediglich als Bericht oder historische Dokumentation eines Geschehens behandelt werden, worin keine Wertungen des Erstellers enthalten wären. Auch wenn durchaus zu Recht als (neutraler) Sachverhalt bezeichnet, gleicht er praktisch mehr einer Erzählung. Wesentlich ist die Verbindung zwischen dem, *was erzählt wird* und dem, *wie es erzählt wird*.

405

Der Fallbearbeiter muss das Zusammenspiel beider Faktoren ausmachen. Anders als in einer juristischen Berufstätigkeit findet der Klausurbearbeiter eben nicht lediglich eine Aneinanderreihung von Geschehnissen und Wahrnehmungen, die zuerst auf „blinde Spuren" zu filtern wären, sondern er erhält bereits ein fachmännisch erarbeitetes Konzentrat aus allem Bedeutsamen – von dem aber eben auch alles bedeutsam ist. Andererseits handelt es sich beim Sachverhalt wiederum nicht um einen zielgenauen Urteilstatbestand, der präzise auf die Entscheidungsgründe, also die „Musterlösung" zugeschnitten wäre.

406

Es gilt, „zwischen den Zeilen zu lesen"! Die relevanten Informationen sind selten wirklich versteckt, aber doch verklausuliert wiedergegeben. Je verschleiernder eine Umschreibung werden soll, desto mehr Worte und Zeilen benötigt der Ersteller der Klausur. Genau darauf musst Du als Prüfungskandidat und Interpret dieser Erzählung achten. Der Klausursachverhalt schildert über weite Strecken grobe Handlungsstränge und schreitet in der Schilderung schnell voran (was interessant zu lesen ist und neugierig macht). Dazwischen finden sich kleinere Stellen, oft nur einzelne Sätze, die hingegen blumig ausgeschmückt, detailreich, auffallend genau (z. B. ein einzelnes Kalenderdatum) bestimmte Umstände beschreiben oder einordnen (- und dadurch den Fortgang der Handlung aufhalten, weshalb schnell darüber hinweggelesen wird).

407

> Die Interaktion aus „Was" und „Wie" in der Erzählung weist Dir den Weg zu entscheidenden Stellen für das Gutachten.

▶ **Beispiel:**

408

Erwirbt jemand einen Gegenstand unter „anonymen Umständen eines verrufenen Marktes" und zahlt hierfür einen „unschlagbar günstigen" Preis, so benötigt der Bearbeiter eines solchen Klausurfalles beide Hinweise zur Begründung der *groben* Fahrlässigkeit (vgl. § 932 Abs. 2), falls sich herausstellt, dass die Sache nicht dem Veräußerer gehörte und gutgläubiger Erwerb in Rede steht. Für die *einfache* Fahrlässigkeit, etwa zur Begründung einer Schadensersatzpflicht nach § 823 Abs. 1 in diesem Zusammenhang, hätte je nach Kaufgegenstand die Sorglosigkeit des Erwerbers bereits aufgrund nur einer dieser Umstände genügen können.
Handelt es sich in einem anderen Klausurfall um den gutgläubigen Erwerb eines Neufahrzeugs aus der Hand eines *autorisierten Markenhändlers* ohne Übergabe des Kfz-Briefes (Zulassungsbe-

1. Teil Schreibwerkstatt

scheinigung Teil II), so weist die auffallend besondere Charakterisierung des Veräußerers daraufhin, dass hier jedenfalls nicht der Normalfall grober Fahrlässigkeit vorliegt, den der fehlende Kfz-Brief grundsätzlich darstellt. Diese *Diskussion* ist – an der richtigen Stelle im Anspruchsaufbau(!) – das *Problem* der Klausur. Fahrlässigkeit bedeutet nach § 276 Abs. 2 Sorgfaltspflichtverletzung. Zu erörtern ist also, ob und warum (bzw. *warum nicht*) unter den konkreten Umständen des Sachverhalts eine *Nachforschungspflicht* bestanden haben bzw. ihr gröblich zuwidergehandelt worden sein könnte. ◀

Es gilt zwingend, das gesamte Sachverhaltsgeschehen juristisch auszuwerten. Du musst davon ausgehen, dass alle Bemerkungen im Falltext auf einen spezifischen juristischen Gesichtspunkt bezogen und dort zu subsumieren sind. Das Sachverhaltsgeschehen ist aber nicht nur der grobe Handlungsablauf, sondern dazu gehören auch die Charakterisierungen und Attribuierungen im Detail! – Genau das, was oft nur flüchtig gelesen und noch öfter überlesen zu werden pflegt.

409 ▶ BEISPIEL:

Ein Preisetikett (ebenso eine Verkaufsanzeige an einer Autoscheibe) gibt zwingend Anlass zur Abgrenzung einer Willenserklärung von einer invitatio ad offerendum. Und zwar nicht nur im Hinblick auf das Zustandekommen eines Kaufvertrages, sondern ggf. auch seiner Wirksamkeit. Anfechtbarkeit (§ 142 Abs. 1) wegen Irrtums (§ 119 Abs. 1) setzt etwa Verschreiben *bei der Abgabe* der Willenserklärung voraus. Eine irrtümliche Preisauszeichnung ist daher irrelevant, wenn eine Kassiererin anschließend den etikettierten Preis scannt oder eintippt. So soll sie das tun (Vertretungsmacht nach § 54 HGB) und so will sie das tun sie irrt also nicht (relevanter Zeitpunkt: Abgabe der Willenserklärung). Nur genau auf einen Irrtum bei der Abgabe der Willenserklärung käme es nach § 166 Abs. 1 für die Irrtumsanfechtung jedoch an.
Steht in einem Kaufvertrag über einen Gebrauchtwagen „Km-Stand: 160.000" und stellt sich später eine höhere Gesamtlaufleistung heraus, muss durch Auslegung bestimmt werden, ob als vereinbarte Beschaffenheit (§ 434 Abs. 1 S. 1) die Gesamtlaufleistung oder nur die Richtigkeit der Ablesung des aktuellen Tachostands gemeint war. Letzterenfalls wäre das Auto mangelfrei, obwohl ein Austauschmotor mit neuem Tachometer eingebaut worden oder der Tachometer zurückgedreht worden war. Statt Gewährleistungsansprüchen könnte dann eine Anfechtung nach § 123 in Rede stehen oder ein *beiderseitiger* Eigenschaftsirrtum zur Vertragsanpassung zwingen, vgl. § 313 Abs. 2 (statt § 119 Abs. 2). An dem einen unklaren Wort („km-Stand" – was ist das?) hängt an dieser Stelle das Problem der Klausur. Wer es überliest oder vorschnell irgendeinen Inhalt damit assoziiert, wird insoweit kaum eine ausreichende Leistung erbringen, denn es zählt nicht ein (zufälliges) „Ergebnis" am Ende des Gutachtens. Aufgabe ist es, den *Sachverhalt* umfassend zu begutachten, nicht (an ihm vorbei) ein vermeintlich einschlägiges Rechtsproblem darzustellen. ◀

Überlege Dir an dieser Stelle selbst, wie der Falltext im zuletzt skizzierten Beispiel weiter formuliert sein müsste, damit die Klausur Anhaltspunkte für die Auslegung dieser untechnischen km-Angabe liefert und dabei nicht auf Mangelgewährleistung hinausläuft. Schildert der Verkäufer, „die Karosserie ist viel besser in Schuss als die 160.000 km erwarten lassen", spräche das deutlich für die Vereinbarung einer Gesamtlaufleistung (weil auf die Karosserie bezogen) und führte ggf. zum Sachmangel.

Nun hast Du Ideen zur Formulierung, wenn nur ein schlichter „Ablesewert" wiedergegeben sein sollte? – Echt, probiere es wirklich. Wenn Du ein Geschenk machst, musst Du auch wissen, worauf der Beschenkte anspricht – oder anders ausgedrückt: Versetze Dich in Deinen Gegner hinein, so gewinnst Du Herz, Schlacht oder eine Klausur. Das meint Mitautorin *Oesterwinter* im 2. Teil mit docendo discimus (Rn. 761 ff.).

2. Merkzettel erstellen

Weil dem Grundsatz nach alles im Falltext wichtig ist, ist das beliebte „Lesen mit dem Textmarker" nicht tauglich. Vielmehr ist es hilfreich, auf einem gesonderten Blatt Papier oder am Rand des Falltextes stichwortartig alles zu notieren, was Dir an *juristischen Gesichtspunkten* beim Durchlesen einfällt. Diese Liste kann ständig durch neue Stichworte ergänzt werden und verhindert, dass Ideen wieder entfallen oder bei der späteren Ausarbeitung übersehen oder vergessen werden. Die Stichworte sind im ersten Schritt zusammenhanglos und sollten auch zusammenhanglos, eines unter das andere notiert werden. Bezüge können erst später hergestellt werden und setzen eine rechtliche Beurteilung voraus. Alles andere liefe die Gefahr einer vorschnellen Verengung. 410

Es geht bei der Liste (Merkzettel) nicht um eine Sachverhaltswiedergabe, sondern um juristische Gesichtspunkte, Ideen zu rechtlichen Fragen und zur rechtlichen Einordnung von Bemerkungen im Sachverhalt, um Auslegungsfragen etc. Ob diese Ideen zutreffend und ob sie vollständig sind, bleibt der späteren Subsumtion vorbehalten. Mit diesem Merkzettel muss und kann aber auch gearbeitet werden und je geübter der Bearbeiter im Erkennen von Asymmetrien in der Sachverhaltserzählung ist (wir erinnern uns: detailverliebte Ausschmückungen, wörtliche Wiedergabe von Aussagen oder Passagen aus Dokumenten, alle eingehender beschriebenen Umstände also), desto fruchtbarer wird dieser Merkzettel für die spätere Lösungsskizze. 411

> Du erinnerst Dich, Anspruchsnormen, Einwendungen und Einreden findest Du im Gesetz dadurch, dass Du die entsprechenden Abschnitte zu rechtlichen Instituten vollständig durchsiehst. Der Merkzettel mit der Liste an Stichworten zu rechtlichen Gesichtspunkten weist genau hierfür den Weg. Solches jetzt bewusst salopp bezeichnete Herumsuchen und Herumlesen in Abschnitten des Gesetzes zu möglicherweise einschlägigen Rechtsinstituten gehört zur eigentlichen Arbeit am Sachverhalt. Bei naheliegenden Paragrafen ist besondere Aufmerksamkeit allen ihren Absätzen und Sätzen zu widmen und unbedingt auch ein Blick auf unmittelbar benachbarte Vorschriften zu werfen.
>
> Es gilt: Je merkwürdiger ein Umstand ist, je schlechter er in den Normalfall einzuordnen ist, umso sicherer kannst Du sein, dass genau hierfür eine passende Regelung im Gesetz existiert, die aber vielleicht erst ein oder zwei „Hausnummern" später und dort leider auch in den hinteren Absätzen „versteckt" sein mag. Gehe davon aus, dass der Gesetzgeber des BGB die allermeisten Probleme (zumal solche in Anfängerklausuren) ziemlich konkret vorhergesehen hatte.
>
> Von Dir ist deshalb vor allem *strukturierte* Kreativität im Auffinden der Normen und dann in der Definition der dortigen Tatbestandsmerkmale gefordert. Der anschließende Abgleich der abstrakten Definition mit den konkreten Umständen des Sachverhalts (die eigentliche Subsumtion) ist zwar die eigentliche juristische Entscheidungsfindung. Aber mit der „richtigen" Norm bereitet die Subsumtion meist kaum Probleme (dazu später mehr). Passt aber der Sachverhalt nicht richtig, ist es eher die Vorschrift, die nicht die exakt einschlägige ist.

Der Merkzettel hilft auch, Zusammenhänge zu erkennen.

1. Teil Schreibwerkstatt

412 ▶ Beispiel:

Schildert der Falltext zu Anfang einen „Kontoeröffnungsantrag für einen Minderjährigen" und erteilen sich die als gesetzliche Vertreter unterzeichnenden Eltern darin formularmäßig ausdrücklich Einzelvollmacht zur Verfügung über das Konto, sollte der Bearbeiter das eigene Minderjährigenkonto und die Einzelvollmacht exzerpieren.
Hebt später der Vater das eingezahlte Geld ab, besteht die Chance zu erkennen, dass in der Abhebung – im Innenverhältnis – weder die Ausübung elterlicher Gewalt (§§ 1626, 1629, 1664 Abs. 1) liegt, noch – im Außenverhältnis – gar etwas Unrechtmäßiges getan wird, sondern schlicht ein rechtsgeschäftlicher Vertreter handelt. Außerdem ist das Standardproblem des bloß auf den Namen des Minderjährigen eingerichteten Sparbuchs (hat der Minderjährige ein eigenes Forderungsrecht nach § 328?) schnell erledigt, wenn hier klar gelesen wird, dass rechtlich der Minderjährige selbst das Konto eröffnet hatte (auch, wenn er davon nichts weiß und gesetzlich vertreten wird durch die Eltern). Er ist nicht „Dritter", sondern Vertragspartner.
Das erkennt nur, wer sich zwingt, Satz für Satz alle Hinweise auf rechtliche Gesichtspunkte zu filtern und auf eine Liste herauszuschreiben – und sich nicht vom Fortgang der Erzählung mitreißen und zum oberflächlichen Lesen hinreißen lässt. Oberflächliches Lesen (gerade wörtliche Passagen aus einer Urkunde sind besonders fade) würde beides nicht erkennen lassen, sondern einen Standardfall assoziieren. *Das Herausschreiben auf die Merkliste parallel zum* **Lesen, Analysieren und Überlegen jedes einzelnen Satzes** *zwingt zur sorgfältigen Unterscheidung.* Wo und wie diese Erkenntnisse im Gutachten unterzubringen sind, ist für den Merkzettel noch unerheblich und hängt maßgeblich von der Fallfrage ab.
Aber auch die Anspruchsgrundlage hängt von dem Vollmachthandeln ab. Der Vater verfügt über das Konto nicht als Nichtberechtigter, sondern gar nicht! Er handelt als Vertreter und die Bank leistet bei der Auszahlung an den Vertretenen. § 816 Abs. 2 muss deshalb ausgeschlossen werden.
Später verbraucht der Vater dann das herauszugebende Geld (Achtung: Abheben und Verausgaben sind zwei verschiedene Umstände!). Dadurch erlangt er einen Vermögensvorteil (ersparte Aufwendung eigenen Geldes) in sonstiger Weise auf Kosten des Sohnes, weshalb der Vater ihm Ersatz nach § 812 Abs. 1 S. 1 2. Alt. (Eingriffskondiktion) schuldet. Die Bereicherung ist rechtsgrundlos, wenn das ursprünglich für den Sohn angelegte Geld ihm endgültig hatte verbleiben sollen. Dafür spricht das auf ihn lautende Konto. § 181 steht einer ursprünglichen Schenkung an den Sohn nicht entgegen, weil sie für den Sohn nur rechtlich vorteilhaft war (teleologische Reduktion des Wortlauts von § 181). ◀

> *Satz für Satz entschlüsselt*, ist auch ein derart schwieriger Fall plötzlich gut zu strukturieren. Die hier nur skizzierte Lösung müsste gutachtlich ausgebreitet und je nach vorhandener Zeit könnte noch manches abgegrenzt werden (dazu kommen wir noch mehrfach auf den Fall zurück). Aber sind die einzelnen Umstände des Sachverhalts erst einmal richtig den Tatbeständen zugeordnet, ist das übrige nur noch Schreib-Routine.

413 Es kann sinnvoll sein, den Merkzettel um einen **Zeitstrahl** oder eine Zeichnung zur Wiedergabe von Vorgängen zu ergänzen. Der Zeitstrahl bietet sich insbesondere dann zur Sachverhaltserfassung an, wenn konkrete Angaben zu Kalenderdaten oder Uhrzeiten nahelegen, dass die Chronologie von Ereignissen für die Lösung bedeutsam sein könnte. Beim Zeitstrahl geht es in erster Linie nicht um juristische Gesichtspunkte, sondern um die Verschaffung einer Übersicht über den Geschehensablauf. Der Zeitstrahl ist nichts anderes als der Merkzettel, aber er ordnet die Geschehnisse und mit ihnen ihre rechtliche Interpretation nochmals neu und unter einem anderen Aspekt, nämlich dem zeitlichen Ablauf.

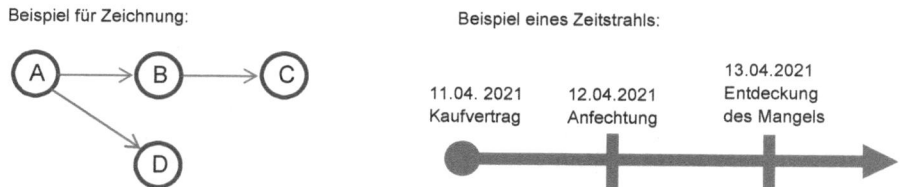

Greifen Handlungen verschiedener Personen (hier mit A bis D bezeichnet) ineinander oder folgen hintereinander ab, wie dies etwa im Falle mehrfacher Übereignungsvorgänge oder mehrfacher Belastungen einer Sache auftritt, hilft es, sich die tatsächlichen Verhältnisse anhand einer **Zeichnung** zu verdeutlichen. Diese Zeichnung kann etwa die Form eines Dreiecks haben (so z. B. beim Vertrag zugunsten Dritter, der abgekürzten Lieferung im Streckengeschäft oder des gutgläubigen oder gesetzlichen Eigentumserwerbs beweglicher Sachen eines dritten Eigentümers nach §§ 932 ff. bzw. §§ 946 ff.). Es wird ein Viereck sein, wenn in Überweisungsfällen Zahlender und Empfänger jeweils eine eigene Bank als Zahlstelle eingeschaltet haben.

Beim Vertreterhandeln bietet sich eine Zeichnung an, die die eigentlichen Vertragsparteien verbindet und von der Person des Vertretenen eine abknickende Strecke zum Vertreter zeigt (erst im Hinblick auf §§ 177, 179 wird daraus ein geschlossenes Dreieck).

In allen Fällen sollte die Zeichnung genügend Raum lassen, um die das Verhältnis der Personen untereinander charakterisierenden Rechtsvorschriften auf den Verbindungslinien zwischen den Personen vermerken zu können: § 433 als Kurzwiedergabe zwischen Verkäufer und Käufer, § 164 für das Vertretungsverhältnis, §§ 929 S. 1, 932 für einen entsprechenden Fall des gutgläubigen Erwerbs oder §§ 985, 986 zur Kenntlichmachung einer angedachten Vindikationslage.

> Dabei könntest Du Dir von vornherein angewöhnen, Hinweise zum schuldrechtlichen Rechtsgeschäft (Verpflichtungsgeschäft) stets auf die eine Seite der Verbindungslinie, solche zum dinglichen Verfügungsgeschäft auf die andere Seite zu notieren („Trennungsprinzip"). Auch gescheiterte Austauschverhältnisse lassen sich daraus dann leicht entwickeln, indem auf der „schuldrechtlichen Seite" Nichtigkeitsgründe, Rücktritt oder Widerruf ergänzt und der Platzhalter des Schuldgeschäfts etwa mit einem schräg verlaufenden Doppelstrich gekennzeichnet wird. Auf der „dinglichen Seite" kann entsprechend die Kondiktion der §§ 812 ff. angefügt werden (Gegenstand der Herausgabe ist ja auch die erlangte Rechtsposition, also das dingliche Eigentum etwa, nicht die Sache). Wirksamkeitshindernisse der dinglichen Einigung lassen sich auf dieser Seite entsprechend anfügen, etwa das vorbehaltene Eigentum (§§ 929 S. 1, 158 / „EV") oder der Hinweis auf die Anfechtung des dinglichen Geschäfts wegen eines sog. Doppelmangels. – Mit ein wenig Übung lässt sich so eine Fülle von Informationen sehr anschaulich graphisch wiedergeben und erleichtert damit die weitere Fallbearbeitung erheblich.
>
> Auch dabei geht es aber nicht nur um das Grobgeschehen, sondern um jedes *Detail eines jeden einzelnen Satzes* des Aufgabentextes. Im Beispiel von Rn. 412 etwa das bestehende Vertragsverhältnis zwischen Bank und Sohn, wobei der Vater als Vertreter auf Seiten des Sohnes steht.

Wichtig ist bei der Erfassung des Sachverhalts, diesen in seiner Schilderung *beim Wort zu nehmen*. Zur Bearbeitung gestellt ist möglicherweise und in der Regel nicht exakt der typische und hinlänglich bekannte Lehrbuchfall, sondern ein ihm ähnlicher mit einer entscheidenden Abweichung im Detail. Beim Durchlesen, im Anfertigen der Merkliste und der weiteren Bearbeitung liegt eine erhebliche Gefahr darin, sich von eigenen Assoziationen zu früher gelesenen Fällen leiten zu lassen, anstatt die konkret geschilderten Umstände zu erfassen. Als Folge davon würde schlicht ein anderer als der zur Bearbeitung gestellte Fall gelöst werden. Wir waren bereits zuvor darauf zu sprechen gekommen, dass es einen Unterschied macht, ob Eltern ein Konto „auf den Namen des Kindes" oder „*im* Namen des Kindes" eröffnen. Im ersten Fall („auf den Namen des Kindes)sind die Eltern Vertragspartner der Bank, das Kind ist als Dritter i.S.d. § 328 eventuell Forderungsinhaber nach Maßgabe der Willensrichtung von Bank und Eltern bei Errichtung des Kontos. Eröffnet dagegen das Kind direkt als Vertragspartner der Bank das Konto, vertreten natürlich durch seine Eltern („*im* Namen des Kindes") und von dem Vorgang meist auch nichts ahnend, besteht das Kontoverhältnis direkt zwischen Kind und Bank. Im zweiten Fall wäre es Zeitverschwendung und überdies falsch, etwa über den Verbleib des Sparbuchs als wesentliches Indiz einer Kontoinhaberschaft nach § 328 zu spekulieren. Der Sachverhalt sagt dazu nichts, obwohl es das wesentliche Indiz für eine Lösung über § 328 wäre. Der Vertrag zugunsten Dritter kann und muss dann mit wenigen präzisen Hinweisen verneint werden. Leider greifen Bearbeiter an solchen Stellen stattdessen oftmals zu wilden Spekulationen oder eigenmächtigen Unterstellungen und treiben damit die Lösung in eine andere und damit falsche Richtung.

> Es ist ein Warnzeichen, wenn der Sachverhalt zu einem für die rechtliche Beurteilung vermeintlich ganz wesentlich entscheidenden Umstand keinerlei Angaben enthält. Deine Aufgabe ist niemals, den Sachverhalt zu ergänzen oder über wahrscheinliche Entwicklungen zu spekulieren. Der entscheidungserhebliche Sachvortrag ist immer vollständig vorgegeben. Auf fehlende Angaben kommt es nicht an. Entweder greifen Beweislastregelungen (z. B. § 280 Abs. 1 S. 2 oder § 477). Oder das Gesetz sieht für solche Fälle eine ausdrückliche Regelung vor. Eine offen gebliebene Frage nach dem Ob einer Vergütung beispielsweise beantworten §§ 612 Abs. 1 und 632 Abs. 1, die nach ihrer Höhe jeweils Abs. 2. Der geschuldete Zustand einer Sache als Voraussetzung einer Mängelbestimmung ergibt sich mangels anderweitiger Vereinbarung aus §§ 434 Abs. 1 S. 2 Nr. 2, 633 Abs. 2 S. 2 Nr. 2.

> In vielen anderen Fällen suchst Du aber vergeblich im Falltext nach Stoff für die Subsumtion eines Tatbestandsmerkmals, weil die einschlägigen (richtigen) Rechtsnormen die Entscheidung nicht von diesem Umstand abhängig machen. Fehlt also „wirklich" eine Sachverhaltsangabe, ist ziemlich sicher der Lösungsweg der falsche. Und dies (sieht man von der Möglichkeit einer falschen Rechtsanwendung ab) zumeist deshalb, weil der Sachverhalt gerade an dieser Stelle eine andere Wendung nimmt, als der assoziierte Standardfall. Vielleicht bringen die weiteren Absätze des angewandten Paragrafen oder die folgenden „Hausnummern" die richtige Lösung. Aber ebenso muss der Blick nochmals unvoreingenommen vom gedachten Lösungsweg auf den Sachverhaltstext gerichtet werden, ob nicht etwas übersehen oder falsch interpretiert wurde.

418 Eine Einschränkung zur authentischen Ausdeutung des Sachverhalts muss insoweit gemacht werden, als darin bisweilen Meinungen von Beteiligten wiedergegeben werden, die juristische Laien sind, aber dennoch Fachtermini gebrauchen. So ist es lediglich ein deutlicher Hinweis an den Fallbearbeiter zu einer Prüfung der diesbezüglichen Rechts-

frage, wenn bereits ein Protagonist im Falltext seine vertragliche Bindung wegen Sittenwidrigkeit infrage stellt. Es macht einen entscheidenden Unterschied, ob Fachbegriffe im Sachverhalt objektiv geschildert werden („... schließen einen Werkvertrag", „... verkauft ..."), von deren Richtigkeit dann uneingeschränkt auszugehen ist, oder ob im Sachverhalt ein Notar eine Vertragsurkunde in der Überschrift und im Text mit juristischen Fachbegriffen versieht, für deren Richtigkeit dann immerhin eine Vermutung spricht, oder ob Laien lediglich etwas in den Mund gelegt wird. Letzteres kann in zweierlei Richtung bedeutsam sein, zum einen als Hilfestellung an den Bearbeiter, in diese oder eine ähnliche Richtung zu denken, eine Abgrenzung vorzunehmen und jedenfalls die Definition des entsprechenden Rechtsinstituts exakt auszubreiten und den Sachverhalt darunter zu subsumieren. Zum anderen kann in einer geäußerten Rechtsansicht eine Gestaltungserklärung liegen, welche für die Fallbearbeitung durch Auslegung genauer zu bestimmen ist.

▶ **BEISPIEL:** 419

Lehnt ein Beteiligter ein geschlossenes Geschäft als sittenwidrig ab, oder gibt sonstwie zu erkennen, dass es „null und nichtig" sei, liegt darin ggf. eine Anfechtungserklärung (§ 143 Abs. 1). „Verrechnet" ein Schuldner seine Zahlungspflicht mit Gegenansprüchen oder verlangt, der Gläubiger müsse sich darauf etwas „anrechnen" lassen, erklärt er dadurch ggf. die Aufrechnung mit einem Gegenanspruch (§ 388 S. 1) oder macht zumindest ein Zurückbehaltungsrecht geltend (§ 273). ◀

3. Sachziele in Rechtsziele umformulieren

Die Suche nach Anspruchsnormen wird bestimmt (und eingegrenzt) durch die Fallfrage am Schluss des zu begutachtenden Sachverhalts. Sie gibt den Anspruchsinhalt vor, nach dem gesucht werden soll, mithin die gewünschte Rechtsfolge. Wir erinnern uns: Die Rechtsfolge gibt die Gliederung des Anspruchsaufbaus vor und zwar beginnend mit der Gutachtenhypothese, aber ebenso hinsichtlich von Einwendungen und Einreden. Um sich über den Umfang der gestellten Aufgabe klar zu werden, ist anhand der Fallfrage von den **wirtschaftlichen Zielen** (Sachzielen) der Beteiligten auszugehen. Diese sind zu Rechtsfolgen (Rechtszielen) zu konkretisieren. Für diese Rechtsfolgen sind dann die passenden Anspruchsnormen zu suchen. 420

Hierbei soll sich die ab Rn. 222 vorgeschlagene Bildung der Gruppen von Anspruchsinhalten bewähren. Sie gibt die möglichen Kategorien von Rechtsfolgen vor, in denen das wirtschaftliche Begehren rechtlich verwirklicht werden kann. Hierin vollzieht sich der Übergang von Sachzielen zu Rechtszielen.

▶ **BEISPIEL:** 421

Greifen wir nochmals den Fall des Minderjährigenkontos auf (Rn. 412), welches der Vater des Kontoinhabers aufgrund seiner Kontovollmacht abgeräumt und den Betrag dann ausgegeben hat. Der Sohn fordert später das Geld zurück (Sachziel). Als welche Rechtsziele kann das wirtschaftliche Begehren formuliert werden?
Erster Komplex: die Abhebung. (1) *Vertragliche Ansprüche auf primäre Leistung* hinsichtlich der Geldsumme könnten nur aus einer ursprünglichen Schenkung an den Sohn herrühren. Sie können schnell beiseitegelegt werden. Die früheren Einzahlungen der Eltern auf das Konto waren vollzogen und die spätere Abhebung macht eine Erfüllung dieser Schenkung nicht rückgängig. (2) *Dingliche Herausgabe* der ausgezahlten Scheine (§ 985) wäre möglich, setzt aber Klärung der Eigentumslage voraus. Zwar zahlte die Bank an den Vater als Vertreter des Sohnes aus und es liegt nahe, von einer entsprechend vollzogenen Übereignung der Bank an den vertretenen Sohn auszugehen. Zwingend ist es aber nicht, denn der Vater hätte der Bank ja auch einen Überweisungsauftrag an einen Dritten erteilen können. Die Bank zahlt immer eigenes Geld aus und verbucht

den Aufwand nach § 670 auf dem Konto. Die Kontovollmacht berechtigt also immer nur dazu, den Aufwand zu legen. Da der Sachverhalt zum Auszahlungsvorgang gar nichts aussagt, wäre jede weitere Überlegung Spekulation und damit unzulässige „Sachverhaltsquetsche". (3) Als *schuldrechtliche Herausgabe- und Ausgleichsansprüche* liegen bei Vertreterhandeln immer §§ 667 ff. nahe. Vertretung betrifft das Außenverhältnis zu Dritten, im Innenverhältnis zum Vertretenen liegt regelmäßig ein Auftrag (oder Arbeitsvertrag etc.) zugrunde. Der Falltext schweigt sich aus und ein an die Eltern erteilter Auftrag (hier als Insichgeschäft des Vaters) ist eher ungewöhnlich, wenn auch nicht ausgeschlossen. Bliebe alternativ dazu (4) ein *Bereicherungsausgleich* (Eingriffskondiktion, § 812 Abs. 1 S. 1 2. Alt.). Denn ohne Auftrag wäre die Abhebung rechtsgrundlos (GoA liegt inhaltlich fern und die Leistungskondiktion scheitert an der fehlenden Leistung der Bank an den Vater). Aber auch die Auftragslosigkeit können wir konsequenterweise nicht mit Bestimmtheit annehmen. (4) Schließlich *Schadensersatz*: in Frage kommen kann nur nachvertragliches Verschulden aus der ursprünglichen Schenkung. Aber diese war bereits erfüllt. Damit wären weitere Überlegungen dazu „sehr weit hergeholt". – Um alles das scheint sich „der Fall" nicht zu drehen bzw. nicht drehen zu sollen, sonst hätte mehr mitgeteilt werden müssen. Für die Klausur kann es also nur darum gehen, die verschiedenen Anspruchsgrundlagen darzustellen und gegeneinander abzugrenzen.

Zweiter Komplex: das Ausgeben des Geldes. Vertragliche Leistungsansprüche: nein. Dingliche Ansprüche: ebenfalls nein (s.o.) und der Gegenstand ist ja vielmehr weggegeben (§ 935 Abs. 2 würde sowieso einen Strich durch die Rechnung machen). Bleibt also der schuldrechtliche Bereicherungsausgleich, hier § 812 Abs. 1 S. 1 2. Alt., wegen der Aneignung des wirtschaftlichen Wertes (Zueignung und Verwendung für eigene Zwecke des Vaters). Vorrangig zu dieser Eingriffskondiktion wäre allerdings als speziellere Norm der Surrogatanspruch nach § 816 Abs. 1 und 2. Aber hier verfügt der Vater gar nicht, sondern er eignet sich das Geld selbst zu (Begründung von Eigenbesitz als Unterschlagung; Vermischung mit eigenem Geld), indem er es für eigene Zwecke nutzt. ◀

Das ist kein Gutachten, sondern sind nur Gedanken zur Erstellung einer Lösungsskizze. Aber schau Dir jetzt nochmals den ersten Komplex an. Wer den Auftrag mit § 667 als vertraglichen Anspruch, der er ja ist, voranstellt, dann dingliche Ansprüche (§ 985) prüft und schließlich zum Bereicherungsrecht wechselt, verliert den roten Faden. In der Kategorie der schuldrechtlichen Herausgabe- und Ausgleichsansprüche fügt er sich als logisches Glied nahtlos ein. In der ersten Gruppe finden sich deshalb besser nur vertragliche Primärleistungsansprüche und nicht alle vertraglichen Ansprüche.

422 Meist ist das Umformulieren der Sach- in Rechtsziele einfach, weil die Fallfrage gezielt nach Ansprüchen auf eine vereinbarte Leistung oder auf Ersatz eines entstandenen Schadens oder Herausgabe einer Sache im Verhältnis zweier Personen lautet. Nur diese Frage ist dann zu beantworten. Das Verhältnis zu anderen Personen des Falles aber auch andere Anspruchsziele zwischen den Beteiligten, z. B. Gegenansprüche sind also nicht zu untersuchen – besser: jedenfalls nicht als selbstständige Ansprüche.

423 ▶ BEISPIEL:
Ist der Zahlungsanspruch aus einem Vertragsverhältnis zur Aufgabe gestellt, sind weder die Ansprüche auf Lieferung oder Nacherfüllung bzw. Gewährleistung selbstständig zu untersuchen. Allerdings ist unbedingt zu überlegen, wie im Sachverhalt offensichtlich aufgeworfene Probleme vielleicht doch im Anspruchsaufbau berücksichtigt werden können. So ist auf Gegenansprüche etwa einzugehen, als diese ein Zurückbehaltungsrecht geben (§§ 320, 273), das als rechtshemmende Einrede der Durchsetzbarkeit des zu prüfenden Begehrens entgegensteht. Es handelt sich dabei um eine sog. inzidente Prüfung, also nicht in Abhängigkeit vom anderen Anspruch stehende (auch sog. „verschachtelter Prüfungsaufbau").

Gerade Einreden können das Verbindungsglied auch zu Rechten Dritter sein. So kann im Rahmen der Prüfung des Anspruchs gegen den Bürgen aus dem Bürgschaftsvertrag wegen §§ 768, 770 Anlass bestehen, auf das Rechtsverhältnis zwischen Hauptschuldner und Gläubiger einzugehen.

Ähnliche Konstellationen können sich z. B. im Zusammenhang mit der Abtretung von Forderungen aufgrund der §§ 404, 407, 408 ergeben. ◂

II. Auswahl nach Anspruchsinhalten aus der Fallfrage

Für das Auffinden der Anspruchsnorm und die gesamte Fallbearbeitung ist es entscheidend, sich klarzumachen, dass Ansprüche stets nur Rechtsfolgen in Zwei-Personen-Verhältnissen bewirken und in einem solchen bilateralen Verhältnis dann nach inhaltlich verschiedenen Anspruchszielen zu unterscheiden ist.

424

Die Richtung gibt allein die Fallfrage anhand der wirtschaftlichen Ziele der Beteiligten vor. Jede Hypothese muss dabei so konkret formuliert werden, dass sie den Rechtsfolgen einer Gesetzesbestimmung inhaltlich entspricht: *Wer* hafte oder Vertragspartner geworden sei, ist kein tauglicher Einstieg in eine gutachtliche Prüfung. Z. B. beantworten § 433 Abs. 1 oder § 823 Abs. 1 nicht, wer Käufer bzw. Verkäufer oder wer Deliktsschuldner ist, sondern nur, *dass* ein Käufer Lieferung beanspruchen kann und *dass* derjenige, der den objektiven Tatbestand einer unerlaubten Handlung erfüllt, auf Schadensersatz haftet.

425

Viele Fragestellungen am Ende des Aufgabentextes sind dabei nur scheinbar konkret genug, um als Inhalte einer Anspruchshypothese zu dienen. Reihen sich etwa verschiedene Übereignungstatbestände nach §§ 929 bis 931 hintereinander und wird nach der *Eigentumslage* gefragt, gilt es zu erkennen, dass der Herausgabeanspruch nach §§ 985, 986 der hier interessierende Inhalt des Eigentums ist. Statt die Übertragungsvorgänge selbstständig zu untersuchen, ist deshalb *vom Herausgabeanspruch auszugehen*. Die Fragestellung ist also dahin zu konkretisieren, dass der Erste in der Veräußerungskette gegen den aktuellen Besitzer (beide sind mit ihren Namen nach dem Aufgabentext zu bezeichnen) Herausgabe nach §§ 985, 986 verlangen könnte (ggf. bestehen daneben weitere Anspruchsgrundlagen, die ebenfalls zu prüfen wären). Nur so ist eine Anspruchsprüfung möglich, innerhalb derer für das Tatbestandsmerkmal des Eigentums dann die dingliche Rechtslage historisch-chronologisch zu entwickeln ist. Hierher, in dieses Tatbestandsmerkmal, gehören die Übertragungsvorgänge.

426

▶ **Beispiel:**

427

Stellt in einem Kölner Brauhaus der Köbes regelmäßig dem Gast ein frisches Glas Kölsch hin, wenn das frühere nahezu ausgetrunken ist, und wollte der Gast nach einer gewissen Anzahl lieber ein Wasser bestellen, muss er den Automatismus aktiv unterbrechen. Ist er dagegen in ein Gespräch vertieft und bemerkt er das neue Glas erst verspätet, mag die Frage darauf gerichtet sein, was der Gast bezahlen müsse, wenn er das inzwischen abgestandene Bier zurückgehen lässt und stattdessen ein Wasser ordert.
Für die Lösung ist nun davon auszugehen, dass jede einzelne Bestellung ein kaufrechtliches Element innerhalb des einheitlichen Gaststättenvertrages als gemischt-typischem Vertrag ist. Es wäre aufgrund der klaren wirtschaftlichen Ziele der Beteiligten verfehlt, den Kaufpreisanteil des bestellten Wassers zu untersuchen. Dieses wie die früheren Biere wird der Gast ohne Weiteres zu zahlen bereit sein. Streitig ist allein das eine retournierte Kölsch. Alles andere bedeutet Zeitverlust in der Klausur für die Behandlung von Fragen, welche nicht aufgeworfen sind.
Lautete die Fallfrage ganz allgemein nach der Rechtslage, wäre es ganz unsinnig, einen Anspruch auf Lieferung des Sprudels darzustellen. Natürlich bekommt der Gast das Getränk. Die Frage bleibt auch dann allein nach der Gesamthöhe der Rechnung mit alleinigem Augenmerk auf das letzte Kölsch. Alle relevanten Rechtsfragen sind in diesem einen Rechnungsposten unterzubringen. Die vermeintlich allgemeine Fallfrage ist dann ihrerseits interpretationsbedürftig; es gilt, die wirtschaftlich und rechtlich „aufgeworfenen" Fragen zu erkennen. Bereits dieser Einstieg erfordert einiges Nachdenken. ◂

428 Noch einen Schritt weitergehend kann es erforderlich sein, die Gutachtenfrage bereits aus der Sachverhaltsschilderung herauszulesen. Das ist unproblematisch, wenn der Interessenwiderstreit der Parteien im Sachverhalt so zugespitzt ist, dass die Abschlussfrage „Zu Recht?" für das Verständnis genügt. Die allgemeine Frage nach der Rechtslage kann jedoch auch erforderlich machen, die wirtschaftlichen Ziele erst zu interpretieren. In diesem Fall muss überlegt werden, was die Beteiligten jeweils von den anderen sinnvollerweise begehren könnten. Um zu Ansprüchen zu kommen, müssen die Ziele und Wünsche jeweils in ein Tun oder Unterlassen (vgl. Legaldefinition des Anspruchs in § 194 Abs. 1) formuliert werden.

429 ▶ Beispiel:

Will jemand einen Gegenstand behalten, so kann dies möglicherweise als Anspruch auf Übereignung verstanden werden, eher jedoch als *Herausgabeverlangen des Gegners*. Letzteres lässt sich dann ggf. unter §§ 985 oder 812 Abs. 1 S. 1 1. Alt. subsumieren.

Ist ein Käufer nicht bereit, einen Aufpreis zu zahlen, so ist für die Fallbearbeitung nicht davon, sondern vom Zahlungsverlangen des Verkäufers oder Werkunternehmers auszugehen (es gibt keinen Zuschlag im Kaufrecht). Verlangt der Werkunternehmer ein höheres als das vereinbarte Entgelt, ist dagegen an §§ 645, 649 zu denken.

Ist umgekehrt ein Lieferant nicht bereit, einen Nachlass zu gewähren, kann für die gutachtliche Prüfung von seinem (vollständigen) Zahlungsanspruch ausgegangen werden.[15] Ist dieser bereits berichtigt worden, bietet sich an, Rückzahlungsansprüche des Abnehmers zu prüfen, etwa in Folge Minderung (vgl. etwa § 441 Abs. 4 mit § 346 Abs. 1; parallel für § 638 Abs. 4) oder aufgrund sonst rechtsgrundloser Zahlung (z. B. § 812 Abs. 1 S. 1 1. Alt.). Erst wenn alle einschlägigen Anspruchsnormen mit entsprechenden Inhalten im Gutachten verneint werden konnten, wäre daran zu denken, dass ein entsprechendes Verlangen als Angebot zum Abschluss eines Änderungsvertrages verstanden werden könnte, das sich dann ausnahmsweise dem Anspruchsaufbau entziehen würde.

Will der Käufer einen Kauf rückgängig machen, weil er sich geirrt hat, oder will er den Rücktritt wegen einer mangelhaften Kaufsache erklären, muss auch für diese Fragestellung ein Anspruchsaufbau gefunden werden. Dafür ist ein Begehren zu formulieren, das Inhalt eines Anspruchs sein kann. Und zwar ist wiederum von den Rechtsfolgen auszugehen. Die Anfechtung hätte Nichtigkeit des geschlossenen Vertrages zur Folge (§ 142 Abs. 1), der Rücktritt führte zu einem Rückgewährschuldverhältnis (§§ 346 ff.). Anfechtung und Rücktritt sind Gestaltungsrechte, die nicht unmittelbar eine Anspruchsgrundlage bilden. Daher muss weiter überlegt werden, welche Anspruchsgrundlagen darauf aufbauen. Das wirtschaftliche Ziel hängt dann davon ab, ob der Leistungsaustausch bereits erfolgt war oder noch nicht. Vor Leistungsaustausch wäre im Gutachten der Anspruch auf die *Primärleistung des Verkäufers(!)* zu prüfen. In diesem Rahmen bestünde hier Anlass, die Nichtigkeit infolge eines Wuchergeschäfts (§ 138 Abs. 2) als rechtshindernde Einwendung (Anspruch entstanden?) bzw. die Anfechtung oder den Rücktritt als rechtsvernichtende Einwendungen (Anspruch untergegangen?) des Käufers einzuordnen und auszuführen.

War der primäre Leistungsaustausch bereits erfolgt, handelt es sich dagegen um Rückzahlungs- bzw. Rückübertragungsansprüche *des Käufers*. Im Falle der Anfechtung ist dafür typischerweise an die Leistungskondiktion (§ 812 Abs. 1 S. 1 1. Alt.) zu denken. Im Hinblick auf das Abstraktionsprinzip könnte dabei auch mit einem dinglichen Herausgabeanspruch (§ 985) begonnen werden, der aber außerhalb von Doppelmängeln (die dingliche Einigung ist nur ausnahmsweise von der Anfechtung des Schuldgeschäfts betroffen) abgelehnt werden müsste. Beim Rücktritt greift schließlich § 346 Abs. 1 (wir kommen hierauf gleich noch einmal zurück). ◀

430 Solche offenen Formulierungen bergen Gefahren in zwei einander entgegengesetzten Richtungen. Sie können aufgrund zu schneller Festlegung auf einen bestimmten An-

---

15 Interessant ist BGH NJW 2016, 1951: Die nach dem Online-Shopping ausgesprochene Drohung, anderenfalls den Kauf zu widerrufen, ist als Argument für das Verlangen eines Preisnachlasses nicht rechtsmissbräuchlich. Und BGH NJW 2015, 2959 (zu § 312 g Abs. 2 Nr. 8) ermöglicht entsprechende Spekulationen etwa mit Preisschwankungen bei Heizöl (aber nur bis zum Einfüllen in den Tank, § 312 g Abs. 2 Nr. 4).

spruchsinhalt die Prüfung zu sehr verengen, so dass wesentliche Punkte und Ansprüche übersehen werden. Umgekehrt mag eine Unsicherheit in der Interpretation der maßgeblichen wirtschaftlichen Ziele dazu führen, dass gar nicht gefragte Ansprüche (etwa Regress- und Ausgleichsansprüche verschiedener in Frage kommender Schuldner) überflüssigerweise einbezogen werden.

▶ **Beispiel:** 431

Bevor auf Sekundäransprüche aufgrund von Leistungsstörungen (Unmöglichkeit, Verzug oder Gewährleistung wegen Schlechterfüllung) eingegangen wird, sollte stets der Primäranspruch auf die (vertraglich vereinbarte) Leistung dargestellt werden.
Bevor Ersatzansprüche aus dem Eigentum (§§ 987 ff.) oder bereicherungsrechtliche Ansprüche in Folge gesetzlichen Eigentumsübergangs (§§ 951 Abs. 1, 812 Abs. 1 S. 1 2. Alt.) oder aufgrund Zuschlags in der Zwangsvollstreckung geprüft werden, sollte immer vorab die Eigentumslage anhand des Anspruchs nach §§ 985, 986 herausgearbeitet werden.
Zwar mögen diese im Vorfeld der „eigentlich interessanten" Fragestellung liegenden Anspruchsinhalte möglicherweise zu verneinen sein. Ihre Vorwegnahme entzerrt aber den Prüfungsaufbau und zwingt dazu, die Voraussetzungen klarer ins Auge zu fassen, als dies bei einer Inzidentprüfung der Fall wäre. Da das Eingehen auf den Primäranspruch (etwa innerhalb der Leistungsstörung), auf die vorausliegenden Verfügungsgeschäfte (für die Eigentumslage) oder auf ein als Rechtsgrund dienendes Rechtsverhältnis (im Bereicherungsrecht) sowieso erforderlich wäre, verursacht solche Abschichtung keine unnötige Zusatzarbeit.
Die Gefahr, wesentliche Anspruchsnormen zu übersehen, wird durch Autosuggestion vergrößert, wenn der Bearbeiter bei einer offenen Fallfrage die wirtschaftlichen Ziele voreilig zu eng fasst und damit sein Prüfungsprogramm etwa auf „*Rückzahlung*" festlegt. Dadurch kommen womöglich nur bereicherungsrechtliche oder Rücktrittsansprüche in den Blick, wo Überlegungen zu einem allgemeineren *Zahlungs*begehren ergänzend die mögliche Qualifizierung als Schadensersatzanspruch vor dem Vergessen bewahrt. Im Fall von Rücktritt und Anfechtung könnte je nach Rücktrittsgrund (hier z. B. Kaufmangel) ohne Weiteres ein paralleler (vertraglicher) Schadensersatzanspruch nach § 437 Nr. 3 oder aus c.i.c. bestehen (vgl. ausdrücklich § 325). Will der Käufer zurücktreten, interessiert er sich selbstverständlich auch für die Folgen. – Vergleichbares gilt insbesondere für eine mögliche Konkurrenz des Widerrufsrechts in Verbraucherverträgen mit evtl. parallelen Gewährleistungsansprüchen. ◀

Erinnere Dich an dieser Stelle nochmals daran, dass die juristische Denkweise zwar zwingend von Rechtsfolgen ausgehen muss, für das Auffinden von Anspruchsnormen und Rechtsnormen aber zuerst das „Abklopfen" der gesetzlichen Regelungen zu den im Sachverhalt identifizierten Rechtsinstituten effizienter ist. Von daher ist es nicht nur ratsam, sondern zwingend, im Hinblick auf jedes Anspruchsziel zu überlegen, ob dafür vertragliche, vertragsähnliche, quasi-vertragliche Ansprüche, solche aus dem Eigentum (Eigentümer-Besitzer-Verhältnis) oder bereicherungsrechtliche bzw. schließlich Schadensersatzansprüche aus unerlaubter Handlung in Frage kommen. Dieses Abklopfen findet in der Niederschrift des Gutachtens keine Erwähnung, sofern im entsprechenden Bereich keine relevanten Anspruchsnormen gefunden wurden. Die Vorgehensweise dient nur der eigenen Absicherung dagegen, etwas zu übersehen.

Hat eine Aufgabenstellung mehrere Fallfragen vorgegeben oder werden unterschiedliche wirtschaftliche Ziele identifiziert, sind die Fragen unter Berücksichtigung jeweils aller relevanten Anspruchsnormen hintereinander und unbedingt in einer eventuell vom Aufgabensteller vorgegebenen Reihenfolge zu behandeln. Die Abfolge nach einer vorgegebenen Nummerierung ist zwar prüfungsrechtlich ohne Belang, in nahezu allen Fällen ist die Reihenfolge jedoch eine Hilfestellung, um die Probleme des Falles zu strukturieren und sie besser entwickeln zu können. Außerdem steigt zumeist auch der 432

Schwierigkeitsgrad und mag etwa die letzte Frage nach Erörterung der vorherigen gar mit einem knappen Hinweis oder einer kreativen Idee zu erledigen sein. Würde mit ihr begonnen, bestünde die Gefahr, die Lösung unnötig aufzublähen und am Problem vorbei zu schreiben.

433 ▶ BEISPIEL:
Die Erörterung des Bereicherungsrechts im Mehrpersonenverhältnis sollte etwa stets mit der Betrachtung des eigentlichen Leistungsverhältnisses beginnen. Tätigt eine Bank irrig eine Überweisung im vermeintlichen Kundenauftrag, fordert sie Erstattung wahrscheinlich wahlweise vom Kunden oder dem Überweisungsempfänger. Es bietet sich an, mit Ansprüchen gegen den Kunden zu beginnen, weil die Bank mit dem Zahlungsvorgang ihre Pflichterfüllung in diesem Verhältnis bezweckte. Zu prüfen wäre vertraglicher Aufwendungsersatz nach §§ 675, 670 bzw. 675 c und im Falle eines konkret fehlenden Überweisungsauftrags ggf. die Leistungskondiktion auf Herausgabe einer Bereicherung aus der auftragslosen Überweisung. Jedenfalls beginnen die Überlegungen im sog. Deckungsverhältnis (begrifflich zu unterscheiden vom Valutaverhältnis und vom rein faktischen Zuwendungsverhältnis). Die Bereicherung kann sich aus seinen Rückzahlungsansprüchen gegen den Zahlungsempfänger ergeben, der von einer Gutschrift aufgrund eines Vertragsverhältnisses zwischen diesen beiden ausgehen durfte (Rückabwicklung entlang der Leistungsverhältnisse „über's Eck"). Allerdings kann eine Leistung der Bank an ihren Kunden zu verneinen sein, wenn der Kunde mit der Fehlüberweisung rein gar nichts zu tun hatte. Aus seiner Sicht (objektiver Empfängerhorizont) lag dann kein zielgerichtetes Tun für ihn vor. Erst an diese Feststellung anschließend und als Ausnahme wegen der anderenfalls vorrangigen Leistungskondiktion kann dann eine Nichtleistungskondiktion als Direktkondiktion der Bank gegen den tatsächlichen Zahlungsempfänger infrage kommen (Zuwendungsverhältnis).
Diese Prüfungsreihenfolge wird vom Bereicherungsrecht vorgegeben. Durch gezielte Fragestellungen mit einer vorgegebenen Reihenfolge der Anspruchsrichtungen kann der Bearbeiter, gerade in Anfängerklausuren, dabei aber unterstützt werden. Die vergleichbare Problematik stellt sich bei den sog. Einbaufällen, in denen Bauhandwerker ihnen unter Eigentumsvorbehalt geliefertes (alternativ: gestohlenes) Baumaterial auf der Baustelle des Bauherrn einbauen (vgl. § 946) und der Lieferant Ersatz hierfür begehrt. – Wenn es im Bereicherungsrecht im Mehrpersonenverhältnis stets heißt, dass sich schematische Lösungen verböten, bedeutet dies aber nicht, dass eine *systematische* Herangehensweise nicht sinnvoll und erforderlich wäre. Schematisch soll lediglich die Argumentation etwa beim finalen Leistungsbegriff nicht sein. Lehnt man nämlich konkret ein Leistungsverhältnis zwischen zwei Personen ab, eröffnet sich die Nichtleistungskondiktion durch Dritte. Der Zahlungsempfänger ist dann plötzlich Einwendungen von mehreren Seiten ausgesetzt. Was der „objektive Empfänger" in seinem Horizont erkennt, soll deshalb vom Ergebnis her zu denken sein: nach vorrangiger Schutzwürdigkeit. Es geht dabei aber nur um ein einzelnes Tatbestandsmerkmal, das nicht schematisch zu behandeln ist. ◀

1. „Das Klausurproblem" – Erkennen rechtlicher Schwerpunkte

434 Vorangestellt sei nochmals, dass Aufgabe einer Fallbearbeitung nicht das isolierte Aufspüren einzelner Probleme ist, sondern eine systematische Gesamtdarstellung der Lösung anhand des Anspruchsaufbaus. Je präziser hierbei gearbeitet und auch gewichtet wird, umso eher ist der Aufgabe entsprochen und *dabei* treten dann auch die Schwerpunkte zutage. Gefordert ist auch niemals, das „richtige Ergebnis" in der Lösung eines Problems. Es zählen allein der folgerichtig aufgebaute Lösungsweg und die mit guten Argumenten vertretene Subsumtion des Sachverhalts unter präzise definierte Tatbestandsmerkmale. „Das Klausurproblem" ist deshalb regelmäßig allenfalls der gedankliche Aufhänger, um den herum eine Vielzahl rechtlicher Details angeordnet wird (z. B. Vertretungsverhältnisse, parallele Anspruchsnormen, Auslegungsfragen...). Sie erfordern die präzise Erfassung der Chronologie der Ereignisse, klare Unterscheidungen von Anspruchsinhalten oder die Berücksichtigung von Gegenrechten. Mit „lehrbuchhaf-

tem" Abrollen eines bestimmten Meinungsstreites zu dem der Klausur vielleicht sogar gedanklich zugrundeliegenden Aufhänger ist niemals Wesentliches zu gewinnen. Entscheidend ist, den dafür konkret richtigen „Ort" im Prüfungsaufbau zu finden und meist noch wichtiger, den Streit von seinen Konsequenzen (den Rechtsfolgen) her zu denken und aufzubauen. Das ist genau der Unterschied einer Falllösung zum Lehrbuch.

Das widerspricht selbstverständlich dem nicht, dass jede Klausur und jeder Fall rechtliche Schwerpunkte hat, worauf die Lösung – zudem an der richtigen Stelle des Prüfungsaufbaus – einzugehen hat. Solche Schwerpunkte tun sich durch sorgfältiges Arbeiten in der Fallbearbeitung im Idealfall (und mit viel Übung) von selbst auf. Allerdings lassen sich durch Intuition und Textinterpretation des Sachverhalts die meisten Schwerpunkte erkennen, bevor mit der Konstruktion der Lösung des Falles begonnen wird. Fundiertes angelesenes und in Übungen erworbenes Wissen um juristische Zusammenhänge wird dadurch natürlich nicht entbehrlich. 435

Was für das Erfassen der Sachverhaltserzählung zuvor gesagt wurde, trifft sich hier damit, dass gerade die besonderen Ausgestaltungen des Sachverhalts eben diese Schwerpunktsetzungen sind. Es ging bei der Erfassung des Sachverhalts darum, aus dem *Wie* der Erzählung (unterschiedliche Erzählgeschwindigkeiten, adjektivische Beschreibungen von Umständen, welche der Erzählung Tiefe und Plastizität, manchmal aber auch ermüdende Längen geben), Hinweise für rechtliche Themen der Klausur abzulesen. 436

Auszugehen ist selbstverständlich vom *Was* der Erzählung als Träger der Handlung, welche Gegenstand der juristischen Begutachtung zu sein hat. Die Textanalyse muss auch das *Was* der Erzählung für den Lösungsweg fruchtbar machen. Es geht insoweit besonders um jede Art von Dopplungen und Parallelitäten im Geschehensablauf. 437

Nochmals: Meinungsstreite, Differenzierungen und exakte Definitionen von Tatbestandsmerkmalen sind nicht eigentlich „das Klausurproblem". Sie sind vielmehr die Lösungswege aus einem Problem, einer gesetzlichen Unklarheit etc. Wichtig ist, das Problem zu finden und logisch folgerichtig darzustellen. Gelingt dies durchgängig, ist die Klausur bereits „zweistellig" – auch ohne Kenntnis von Streitständen (aber niemals umgekehrt). **Hinweise auf Klausurschwerpunkte gibt die Textinterpretation.**

▶ BEISPIELE: 438

Dopplungen des Geschehens in gegenständlicher Hinsicht können sein, dass parallel zwei Haushaltsgeräte erworben werden, wovon eines vom Käufer seiner freiberuflichen Sphäre zugeordnet wird. Vgl. dazu § 13 a.E. etwa im Hinblick auf §§ 474 ff.
Oder ein Trödelladen bietet „alte und auf alt gemachte" Waren an. Vgl. dazu § 309 Nr. 8 b) im Einleitungssatz und § 476 Abs. 2.
Werden bei einem durch Sachmängel bedingten Unfall nicht nur der eben erst gekaufte Pkw, sondern auch noch das auf dem Rücksitz transportierte Laptop zerstört (vgl. beim Verbrauchsgüterkauf § 476 Abs. 3), gibt das einen eindeutigen Anhaltspunkt für Unterschiede in der Lösung (vgl. Beispiel ab Rn. 655).
Verwendet ein zufällig herbeigeeilter Helfer für die Brandbekämpfung nicht nur seinen eigenen Feuerlöscher, sondern kommt dabei auch seine Kleidung zu Schaden, sind die doppelten Kosten mit Sicherheit rechtlich differenziert zu betrachten. Der Ersatz von Aufwendungen nach §§ 662, 670 bzw. §§ 677, 683, 670 ist auf geschäftsspezifische Eigenschädigungen zu erstrecken (obwohl diese keinen *freiwilligen* Vermögenseinsatz darstellen).
Diese Differenzierung gilt vergleichbar für Zubehör (§§ 97, 98) auf einem Grundstück, wenn dieses mit Grundpfandrechten belastet ist (vgl. §§ 1120 ff.). Erwähnt der Falltext mehrere Zubehör-

stücke, wird vermutlich eines vorübergehend verliehen (vgl. § 1122 Abs. 1) worden, ein anderes unter Eigentumsvorbehalt erworben worden sein (§ 1120 erstreckt sich auch auf das Anwartschaftsrecht). Wurde dieses oder ein drittes anschließend veräußert, aber noch nicht vom Grundstück abtransportiert (etwa nach Sicherungsübereignung nach §§ 929 S. 1, 930), zielt das auf § 1121 Abs. 2. – Verschiedene Zubehörstücke sind mit Sicherheit unterschiedlichen Normalternativen zugedacht!

Die Parallelität der Ereignisse kann auch personenbezogen sein. So z. B. bei zwei Verletzten durch den Unfall eines Taxis, wovon der eine wahrscheinlich ein Fahrgast mit vertraglichen Ansprüchen, der andere ein Passant mit nur deliktischen sein wird.

Dem ist eine Schädigung des Kunden durch einen Arbeitnehmer vergleichbar, neben dem der Rechtsträger des Geschäfts (Arbeitgeber) in Anspruch genommen wird.

Besonders interessant sind vertragliche Schadensersatzansprüche, wenn eine verschuldensunabhängige Haftung in Frage kommt (z. B. aufgrund anfänglicher Mietmängel nach § 536 a). Bestimmte Personen werden dabei in die Schutzwirkung des Vertrages einzubeziehen sein. Soweit ein solcher Vertrag mit Schutzwirkungen zugunsten Dritter reicht, erlangen sie Ersatz. Für nicht einbezogene Gäste bleibt es beim Verschuldenserfordernis des Deliktsrechts und sie gehen vielleicht leer aus. Hinweis hierauf ist standardmäßig etwa die Verletzung von Hauskindern und Besuch(skindern).

Im Rahmen deliktischer Ansprüche aus der verschuldensunabhängigen Produkthaftung nach dem ProdHG kann die Schädigung von „Besuchskindern" wiederum ein Anzeichen für einen Instruktionsfehler eines im Umgang gefährlichen Gerätes sein (ein Reißwolf mit großem Zufuhrschlitz für höhere Papieraufkommen). Erforderlich ist eventuell ein Piktogramm auf dem Gerät selbst, nicht nur der Gefahrenhinweis in der Betriebsanleitung, damit auch kinderlose Besitzer das Risiko für Besuchskinder fortwährend realisieren.

Auch parallele Haftungsgründe einer einzelnen Person können im Hinblick auf eine sequentielle Gläubigermehrheit aus der Forderungsabtretung den entscheidenden Lösungshinweis geben. So gilt für Einreden gegen die persönliche Forderung im Falle der Abtretung § 404. Danach kann z. B. die erfolgte Tilgung oder ein Recht auf Minderung auch dem neuen Gläubiger entgegengehalten werden. Ein Zessionar ist somit stets etwas unsicher hinsichtlich der Werthaltigkeit der abgetretenen Forderung. Besteht daneben aber auch eine dingliche Haftung aus einer für die abgetretene Forderung bestehenden Sicherheit (vgl. § 401), kann insoweit ein anderes Ergebnis zu finden sein: Selbst im Fall der streng zur gesicherten Forderung akzessorischen Hypothek auf einem verpfändeten Grundstück werden nämlich Einreden des Schuldners gegen die dingliche Haftung ausgeschlossen (vgl. §§ 1137, 1138 für den gutgläubigen (Zweit)Erwerb einer forderungsentkleideten Hypothek durch den Zessionar). – Im Hinblick darauf muss die Klausurlösung konsequent aufgebaut werden! ◄

439 Noch deutlicher wird die Notwendigkeit entsprechender Unterscheidung sich ähnelnder Umstände eines Sachverhalts, wenn diese nicht in die Geschichte selbst eingewoben sind, sondern in Form von Abwandlungen des Ausgangssachverhalts dargestellt werden. Solche Fallvarianten können eine absichtsvolle Hilfe sein, indem sie vor flüchtigem Überlesen schützen, jedenfalls sollen sie zumeist einen rechtlichen Gesichtspunkt ausbreiten. Das kann ein Unterschied zwischen zwei Haftungsgründen sein oder ein einzelnes Tatbestandsmerkmal. Der Vergleich solcher Fallvarianten muss für das Erfassen der Problematik darauf gerichtet sein, dieses *Unterscheidungskriterium* herauszufinden, um das sich die Lösung dreht.

440 ▶ BEISPIEL:

Ist in der Abwandlung nach dem Unterschied im Falle der *Kenntnis* einer Person von einem bestimmten Umstand gefragt, hängt die Lösung offensichtlich von einer Vorschrift ab, welche entsprechende Kenntnis voraussetzt. Das mag z. B. § 166 sein. Möglich ist auch, dass eine solche Vorschrift mindestens (grob) fahrlässige *Unkenntnis* schaden lässt, vgl. z. B. §§ 932 Abs. 2 und 678 oder § 992 für den Fall der Besitzverschaffung durch verbotene Eigenmacht über den Wortlaut der Vorschrift hinaus.

Variiert die Abwandlung die *Chronologie* bestimmter Ereignisse, kommt es ganz offensichtlich *darauf* an. So etwa für die Sicherungsübereignung von Zubehörstücken (gleich ob noch unter Eigentumsvorbehalt des Lieferanten stehend) vor/nach ihrer erstmaligen Verbringung auf das mit einer Grundschuld oder Hypothek belastete Grundstück (vgl. § 1120).
Es kann jedoch auch sein, dass mit der Chronologie eine den Wortlaut und die Systematik des Gesetzes verlassende (Rechtsprechungs)Meinung abgefragt werden soll, wie etwa im Hinblick auf die §§ 987 ff. betreffend solcher Verwendungen, die zeitlich vor der Vindikationslage gemacht wurden und nach den Vorschriften des einschlägigen Besitzrechts des Verwenders nicht ersatzfähig wären. – Solche Fälle setzen auf den ersten Blick breites Fachwissen voraus. Auf den zweiten Blick kann aber mit etwas Routine und guter Textinterpretation der „wunde Punkt" durchaus auch blind gefunden werden, vorausgesetzt zumindest, das (ungeschriebene) Tatbestandsmerkmal der Vindikationslage in den §§ 987 ff. ist bekannt. Denn worauf soll sich eine zeitliche Vorverlegung der Verwendung sonst beziehen? Die Verpackung des Problems in eine spezifisch diesen Punkt modifizierende Abwandlung ist eine wirkliche Hilfestellung gerade für denjenigen, der weniger gelernt hat. Vorausgesetzt, er kann juristisch – differenzierend – denken.
Beschädigt ein Arbeitnehmer den Firmenwagen, besteht Gelegenheit, die Haftungsprivilegierung aus dem Gesichtspunkt des Betriebsrisikos analog § 254 darzustellen. Für eine Abwandlung bietet sich dem Klausurersteller dann an, denselben Unfall mit dem für die Dienstfahrt genutzten Privatfahrzeug des Arbeitnehmers zu wiederholen. Dadurch wird der Schaden wirtschaftlich verlagert und die Blickrichtung ändert sich. War zuerst die beschränkte Arbeitnehmerhaftung gefragt, muss es jetzt um einen Ersatzanspruch des Arbeitnehmers gehen, damit er in beiden Fällen gleich dasteht. Der Arbeitnehmer könnte im Umfang, wie er sich gegenüber dem Arbeitgeber nach diesen Grundsätzen freizeichnen konnte, Aufwendungsersatz nach §§ 667, 670 verlangen. Passiert der Unfall schließlich zum dritten Mal, und zwar mit einem vom Arbeitnehmer entliehenen Mietwagen, kann er Aufwendungsersatz über § 257 als entsprechende Freistellung von Ansprüchen des Autovermieters geltend machen. – Eigentlich logisch. Diesen „Blick dafür" zu üben, macht gute juristische Arbeit aus. ◄

Diese Möglichkeit, aus dem Aufbau der Sachverhaltsschilderung Lösungshinweise zu gewinnen, ist natürlich mit fortschreitenden Rechtskenntnissen umso größer. Zudem ist mit Erfassen des Unterscheidungskriteriums solcher Parallelitäten und Fallvarianten die maßgebliche Rechtsnorm noch keineswegs gefunden. Das Ergebnis der so auf mehrere Gegenstände, Personen oder Fallvarianten verteilten Rechtsfrage braucht schließlich nicht notwendig unterschiedlich auszufallen. Möglicherweise weißt Du also mit der Unterscheidung nichts anzufangen, sie nicht fruchtbar zu machen. 441

Dennoch – **Differenzierung** und vergleichende Analyse zum Zweck, einen gemeinsamen übergeordneten Gesichtspunkt herauszufinden, dessen unterschiedliche (entgegengesetzte oder vielleicht doch vergleichbare oder untergeordnete) Ausprägung zwei Umstände sind, gehören zum **Fundament juristischen Denkens** und juristischer Arbeitsweise. 442

> Salopp gesprochen lassen sich Äpfel eben doch mit Birnen vergleichen, nämlich nach den Kategorien Kernobst und Zuckergehalt (beide gleich) oder Form (unterschiedlich). Es gilt, das sog. tertium comparationis, den Vergleichsgesichtspunkt zu bestimmen. Für die Fallbearbeitung liegt er in einem Tatbestandsmerkmal einer Norm. Das ist juristisches Denken!

2. Denken in Gegensatzpaaren

Sind Sachverhaltsaussagen nicht recht einzuordnen und bleibt unklar, „worauf die Aufgabenstellung hinaus will", lässt sich die Lösung oftmals dadurch vorantreiben, dass versucht wird, für den konkreten Umstand eine gegensätzliche Schilderung zu überlegen und von deren Rechtsfolgen ausgehend weiterzudenken. Vorsicht: Es wäre 443 fatal, den Sachverhalt umzubauen. Das Denken in Gegensatzpaaren dient bloß als Möglichkeit, ein Problem zu identifizieren, es auf den Punkt zu bringen.

444 Was ein solches Gegensatzpaar sein könnte, lässt sich nur bestimmen, wenn der *Vergleichsgegenstand* bereits bekannt ist, sonst bleibt lediglich die Verneinung oder Auslassung des betreffenden Umstandes (was wenig hilfreich ist, wenn er sowieso als „übrig" empfunden wird). Allerdings lassen sich Differenzierungen auch anhand typischer Gegensätze suchen. Hinter diesem Hilfsmittel steht der Gedanke, dass nicht nur in Klausuren (aber v.a. dort) vieles oft auf Standardprobleme hinausläuft und die Begegnung mit „alten Bekannten" und „üblichen Verdächtigen" kriminalistischen Spürsinn wecken muss, in diese Richtung zu ermitteln (warum sollten sie sonst im Sachverhalt erscheinen) – aber nicht auf jede schnelle Schlussfolgerung hereinzufallen. Solche Typisierungen sind z. B.

(1) *absolute* Rechte, Verfügungsverbote zu *relativen* (etwa im Hinblick auf § 823 Abs. 1 oder auf § 137 S. 1 zu S. 2)

(2) *abstrakte* Verfügungen (auch abstrakte Verpflichtungen, §§ 780, 781) zu *kausalen* Verpflichtungsgeschäften im Hinblick z. B. auf die Rechtsfolgen von Mängeln im Grundgeschäft (abstrakte Rechtsgeschäfte müssen im Regelfall kondiziert werden; Ausnahme: Doppelmangel)

(3) *abstrakte* Schadensberechnung (§ 288 Abs. 1 BGB; § 376 Abs. 2 HGB) zu *konkreter* Schadensberechnung (§ 249)

(4) *Beschaffungspflicht* zu *Lieferpflicht* (im Hinblick auf Leistungsgefahr und Vertretenmüssen von Herstellerverschulden nach § 278)

(5) *eigen* (Eigenbesitz, Eigengeschäft) zu *fremd* (Fremdbesitz, Fremdgeschäftsführung[swille] der GoA)

(6) *ex nunc*-Wirkung (Kündigung; Bedingungseintritt, § 158) zu *ex tunc*-Wirkung (Anfechtung; Heilungsvorschriften) im Hinblick auf z. B. die Folgen für eine Berechtigung im Zeitpunkt einer Handlung

(7) *Holschuld* zu *Schickschuld* oder *Bringschuld* im Hinblick auf Erfüllung, Gefahrübergang, Vertretenmüssen (z. B. im Hinblick auf § 278)

(8) *Innenverhältnis* zu *Außenverhältnis* (dazu sogleich)

(9) *konstitutiv* (Schuldanerkenntnis nach §§ 780, 781; Handelsregistereintragung im Fall von z. B. §§ 2, 15, 25 Abs. 2, 28 Abs. 2, 123 Abs. 1 HGB) zu *deklaratorisch* (Schuldanerkenntnis; Handelsregistereintragungen nach §§ 29, 31 ff, 53 HGB)

(10) *materiell* (inhaltliche Übereinstimmung von Willenserklärungen beim Vertragsschluss) zu *formell* (formelles Konsensprinzip im Grundbuchrecht)

(11) *mittelbar* zu *unmittelbar* etwa im Hinblick auf §§ 123 Abs. 2 S. 1, 143 Abs. 2, 4 S. 1 und 2, 164 Abs. 1 S. 1, 328 Abs. 1, 329, 330 S. 1, 784 Abs. 1, 796, 816 Abs. 1 S. 2, 868–870 (mittelbarer Besitz), 2080 Abs. 1, 2081 Abs. 2 S. 1, 2161 S. 2, 2194 S. 1, 2196 Abs. 1;

(12) *Nichtigkeit / Unwirksamkeit* (z. B. §§ 105, 111, 138, 306) zu *Anfechtbarkeit* (§ 142) oder *schwebender Unwirksamkeit* (z. B. § 108)

(13) *objektiv* zu *subjektiv* (subjektive Theorien verlangen ergänzend Kenntnis eines Umstandes, z. B. für § 1365)

(14) *originär* zu *derivativ* (beim Erwerb von Rechten z. B. im Hinblick auf den Verlust von Einwendungen)

(15) *Pflicht* zu bloßer *Obliegenheit* (im Hinblick etwa auf Schadensersatz); § 377 Abs. 1 HGB ist nur eine Obliegenheit, die Rechtsfolge steht in Abs. 2
(16) *positives Interesse* (auch: Erfüllungsinteresse) zu *negativem Interesse* (beim Schadensersatz, vgl. §§ 122, 311 Abs. 2)
(17) *Scheingeschäft* (bloß scheinbare Verbindlichkeit) zu *Umgehungsgeschäft* (als wirklich geschlossenes Geschäft, aber mit unlauterer Absicht)
(18) *Wesentlich, erheblich, schwerwiegend,* zu *unwesentlich* o.ä. etwa im Hinblick auf z. B. §§ 93, 94, 119 Abs. 1 („*bei verständiger Würdigung*") und Abs. 2, 308, 313, 649 Abs. 1, 775 Abs. 1 Nr. 1, 777, 906; insbesondere auch bei Kündigungen aus wichtigem Grund z. B. nach §§ 543 Abs. 2, 569, 723 Abs. 1 S. 3 Nr. 1
(19) *Zweipersonenverhältnis* zu *Mehrpersonenverhältnis* (etwa im Hinblick auf die Leistungsbeziehungen für den Bereicherungsausgleich; vgl. auch § 123 Abs. 2: Beschränkung gilt nicht für die Täuschung durch einen „*Nicht-Dritten*"). Im Zusammenhang damit steht auch das Gegensatzpaar des *Direkterwerbs* zum *Durchgangserwerb* (z. B. beim Geheißerwerb).

Die Liste lässt sich weiter fortsetzen in Hinblick auf die Unterscheidung von Unternehmer und Verbraucher (§§ 13, 14, 310, 312 ff., 474), Arbeitgeber und Arbeitnehmer, Betriebsübergang (§ 613 a) zu bloßem Funktionsübergang, Minderjährigkeit etc.

▶ **Beispiel:**

Das rechtliche Verhältnis zwischen zwei Personen ist *aus ihrer Sicht* immer ein Außenverhältnis. Handelt aber jemand gegenüber einem anderen für einen Dritten, ist aus Sicht des Handlungsgegners die Verbindung zwischen dem Handelnden und dem Dritten, für den die Handlung erfolgt, ein Innenverhältnis dieser beiden. Denn der Handlungsgegner ist nur einem Beteiligten rechtlich verbunden (sein Außenverhältnis). Im Fall des wirksamen Vertreterhandelns (§ 164 Abs. 1) entsteht das Außenverhältnis zum Vertretenen. In Fall der Geschäftsführung ohne Auftrag (§ 667) besteht das Außenverhältnis dagegen mit dem Geschäftsführer. Der rechtsgeschäftliche Auftrag zu einer Geschäftsführung (§ 662) bestimmt in dieser Hinsicht ebenfalls das Innenverhältnis, die Vertragsauslegung ergibt aber regelmäßig, dass darin zugleich die konkludente Erteilung einer Vollmacht liegt (bei der GoA gibt es dagegen keine derart auszulegende Willenserklärung!). Umgekehrt liegt einer Vollmacht meist ein Schuldverhältnis zugrunde (vgl. § 168 S. 1). Prokuristen (außer sie sind von Beruf Schwiegersöhne) und Handlungsbevollmächtigte sind entweder Arbeitnehmer oder selbstständige Handelsvertreter (vgl. § 84 Abs. 1, 2 mit §§ 55, 91 HGB). Stets sind Innen- und Außenverhältnis strikt auseinanderzuhalten. In der Person des Handelnden (des Vertreters bzw. des Geschäftsführers) treffen sie jedoch aufeinander und bilden quasi die Kehrseiten derselben Medaille. Das Innverhältnis bestimmt das rechtlich **erlaubte** *Tun-Dürfen* (oder das Tun-Müssen), das Außenverhältnis das rechtlich **wirksame** *Können*. Für den Klausurersteller bietet sich aber an, im Sachverhalt die Betonung auf die falsche Seite zu legen: Geht es um einen „Verkaufsauftrag" und dabei um die Frage, ob der Erwerber Eigentum erlangt hat, ist rechtlich das Außenverhältnis entscheidend und der Auftrag (Innenverhältnis) verschleiert die konkludent in ihm liegende Vollmacht. Handelt umgekehrt jemand in Vollmacht und der Fall geht um die „Abrechnung mit dem Vollmachtgeber", ist das Innenverhältnis angesprochen. Die Anspruchsgrundlage ist im Auftragsrecht zu suchen. Es ist für die Fallbearbeitung also immer lohnend zu überlegen, ob die jeweils andere Seite das Verständnis des Sachverhalts zutreffender weiterbringt. ◀

▶ **Weitere Beispiele:**

(1) Wir hatten bereits den Zusammenhang von obligatorischem Gefahrübergang und Drittschadensliquidation kennengelernt. – Übrigens: welche Gefahr war relevant, Leistungs- oder Preisgefahr? Das zu verstehen ist elementar wichtig! – Der Übergang der Preisgefahr ist Regelungsgegenstand z. B. des § 447 Abs. 1 (parallel § 644 Abs. 2). Beide Vorschriften haben gleichermaßen

eine Art Hintergrund. Sie heißt Schickschuld und bedeutet das Auseinanderfallen von Leistungs- und Erfolgsort (Distanzgeschäft). Unterfall der Schickschulden ist der Versendungskauf, für ihn gilt dann § 447. Liegt im Sachverhalt ein Distanzgeschäft vor, muss also intuitiv an die Drittschadensliquidation gedacht und diese mit einem großen „?" auf dem Merkzettel notiert werden.
(2) Gerät jemand in Verzug, ist genau zwischen Schuldner- und Gläubigerverzug zu differenzieren. Schuldnerverzug betrifft eine Leistungspflicht und gibt als Rechtsfolge Schadensersatz neben der Leistung, §§ 286, 280 Abs. 2, oder ein Rücktrittsrecht, § 323, und Schadensersatz statt der Leistung, § 281, 280 III. Überfälligkeit setzt dabei die Bestimmung einer Leistungszeit voraus, zuvor aber des Leistungsinhalts und des Ortes, wo die Leistung vorzunehmen ist. – Dagegen wird Gläubigerverzug nicht als Pflichtverletzung begründet, sondern bloß aufgrund einer nicht entsprochenen Obliegenheit. Gläubigerverzug führt zur Haftungserleichterung, § 300 Abs. 1, und zum Gefahrübergang wiederum der Preisgefahr nach § 326 Abs. 2. Die Haftungserleichterung wird relevant v.a. im Hinblick auf Schadensersatzansprüche, der Gefahrübergang im Hinblick auf das Entgelt und ggf. wiederum für eine Drittschadensliquidation. Im Übrigen ist v.a. an den Aufwendungsersatzanspruch aus §§ 304, 256 und vergleichbare GoA-Ansprüche zu denken.
(3) Besonders bedeutsam ist die Differenzierung zwischen Schuldner- und Gläubigerverzug für Mitwirkungshandlungen des Bestellers beim Werkvertrag. Der Werkunternehmer ist für seine Leistungshandlung in vielen Fällen auf Unterstützung und Vorgaben des Bestellers angewiesen. Der Bauherr muss dem Bauunternehmen ein Grundstück für den beauftragten Hausbau zur Verfügung stellen, der Kunde dem Maßschneider zur Vermessung und Anprobe bereitstehen. Versäumt er das, kann der Unternehmer nach §§ 642, 643, 645 Abs. 1 S. 2 (nur) Ansprüche auf Entschädigung und Teilvergütung geltend machen und sich vom Vertrag durch Kündigung lösen. Es handelt sich um Gläubigerverzug, weshalb hierauf nicht §§ 280 ff, 323 anwendbar sind (obwohl sie im Ergebnis die gleichen Rechtsfolgen haben könnten). – Aber: was gewöhnlich dem Besteller nur als Mitwirkungshandlung obliegt, kann auch als Hauptpflicht vereinbart worden sein. Hat das Bauvorhaben etwa Pilotcharakter und hat der Unternehmer an der Fertigstellung mehr als nur ein Vergütungsinteresse (vgl. § 641), weil ert es (vereinbarungsgemäß) als Referenzobjekt für künftige Wettbewerbe braucht, treffen den Besteller die Leistungsklage und bei Säumnis die Rechtsfolgen des Schuldnerverzuges. ◂

> Aber Vorsicht bitte: Die Gegensatzpaare haben keinen eigenständigen Erkenntniswert. Die Lösung erklärt sich nicht *aus* dem glücklich gefundenen Gegensatz heraus. Dennoch: Der Gegensatz weist auf das Problem hin.
>
> Die Überlegung von Gegensatzpaaren hilft bei der Suche nach dem Unterschied zwischen alternativen gesetzlichen Regelungen, juristischen Konstruktionen oder Auslegungsmöglichkeiten. Für die Fallbearbeitung geht es dabei zuerst um die Interpretation des Sachverhaltes und davon ausgehend um das Auffinden eines gesetzlichen Aufhängers für einen Sachverhaltsumstand.

3. Assoziatives Erkennen

448 Wir haben uns bisher mit dem Anspruchsaufbau beschäftigt und wichtige Anspruchsgrundlagen kennengelernt. Anschließend sind wir in die Fallbearbeitung eingestiegen und haben überlegt, wie die konkret einschlägigen Normen aufgefunden werden können. Der bisherige Bearbeitungsstand ist der, dass wir einen Merkzettel entwickelt haben, der nicht nur unsystematisch die Ideen zur rechtlichen Bewertung des Sachverhalts enthält, die beim ersten Durchlesen aufgefallen waren. Sondern vielmehr sollte nach der Befriedigung einer gewissen Neugier hinsichtlich des Geschehens im Sachverhalt diese Stoffsammlung vervollständigt werden. Dafür ist von den inhaltlich zusammenhängenden Gruppen von Anspruchsgrundlagen auszugehen, die bestimmte Anspruchsinhalte tragen können (z. B. vertragliche Leistungsansprüche, Schadensersatzansprüche, Herausgabe- oder Ausgleichsansprüche).

Gibt der Sachverhalt Anhaltspunkte und Ansätze für die Prüfung entsprechender Anspruchsgrundlagen?

Solche „freien" Assoziationen im Sinne einer Materialsammlung dürften jedenfalls für den Anfänger eine zwar aufwendige, aber sehr lohnende und wahrscheinlich die entscheidende Arbeit sein. Weniger hilfreich und hier nicht gemeint ist bloße Intuition, Dein Bauchgefühl oder das vermeintliche Wiedererkennen eines bestimmten Standardfalles. Wir haben deshalb bei den Anspruchsgrundlagen weniger mit Beispielen und mehr mit Kasuistiken gearbeitet.

Assoziation ist vielmehr ein Abklopfen des Sachverhalts und des Gesetzes im Hinblick auf die bereits erwähnten Reihen von Anspruchsgrundlagen, aber genauso auch – einen Schritt zuvor – auf die dem wirtschaftlichen Begehren der Beteiligten entsprechenden Anspruchsinhalte selbst (unter Berücksichtigung der Fallfrage selbstverständlich). „Frei" ist diese Arbeit nur, als der Blick noch nicht durch Einzelheiten zu den Tatbestandsvoraussetzungen oder gar eine (vorschnelle und voreingenommene) Konstruktion einer Lösung verstellt sein soll.

Zu sammeln ist alles, was passend sein könnte! Ob es bei eingehenderer Betrachtung als naheliegend, fernliegend oder gar abwegig, als zu bejahen oder zu verneinen bewertet werden muss, in welcher Reihenfolge es gar abzuhandeln sein wird, spielt für die möglichst umfassende Materialsammlung des Merkzettels noch keine Rolle.

D. Strukturieren der Lösung

Das Strukturieren des Materials, um daraus einen Lösungsweg der Klausur zu schaffen, ist hier nun der nächste Schritt. Er folgt bestimmten Prinzipien und lässt sich schematisieren. Das soll jetzt gezeigt werden.

449

Leitendes Prinzip der Fallbearbeitung ist, wie bereits betont, der Anspruchsaufbau. Jede Fallbearbeitung ist zwingend in das Verlangen nach einem Tun oder Unterlassen (vgl. § 194 Abs. 1 als Legaldefinition des Anspruchs) aufzulösen. Dieser Anspruchsinhalt wird sodann von einer Anspruchsgrundlage oder von mehreren Anspruchsgrundlagen getragen. Die eigentliche Aufgabe geht dahin, alle zumindest naheliegenden Anspruchsgrundlagen, welche das zur Prüfung gestellte Begehren theoretisch tragen könnten, nacheinander aufzugreifen und die Lösung jeweils so weit zu treiben, wie es irgend geht. – Bis schließlich ggf. auf den Punkt eingegangen wird, der zur Verneinung der Anspruchsgrundlage führen muss.

450

Hat die Lösung also dem Anspruchsprinzip zu folgen, das im BGB angelegt ist, folgt daraus ein zweites Prinzip, welches wir bereits ganz zu Anfang kennengelernt haben: das juristische Denken in Gegensätzen. Es besteht in einem Regel-Ausnahme-Schema.

451

> Erinnere dich: Ein Anspruch ist entstanden, kann aber untergegangen oder nicht durchsetzbar sein. Das Entstehen eines vertraglichen Anspruchs beruht auf dem Vertrags*schluss*, der Vertrags*wirksamkeit* können jedoch rechtshindernde Einwendungen entgegenstehen. Aber auch ein einzelnes Tatbestandsmerkmal kann so gebaut sein: das Vertretenmüssen z. B. in § 280 Abs. 1 S. 2 wird regelmäßig durch Verschulden erfüllt (§§ 276, 278), ausnahmsweise besteht aber ein milderer Haftungsmaßstab (z. B. §§ 300 Abs. 1, 599, 680, 690) – oder ein verschärfter (z. B. aufgrund einer Garantie, vgl. § 276 Abs. 1 S. 1 a.E.).

Auch Anspruchsgrundlagen können ausnahmsweise unanwendbar sein. So wird für die schuldhafte und rechtswidrige unerlaubte Handlung auf Schadensersatz gehaftet; nicht aber gilt dies etwa für den redlichen, aber nicht berechtigten Besitzer, der von ihm beschädigten Sache (§ 993 Abs. 1, 2. Halbsatz – sog. Sperrwirkung des EBV). Rückausnahmen bestehen dann aber wiederum in § 991 Abs. 2 und für den Exzess des gutgläubigen nicht berechtigten Fremdbesitzers.

Weiteres Beispiel: Bereicherungsansprüchen (§§ 812 ff.) kann die rechtsvernichtende Einwendung des Wegfalls der Bereicherung aus § 818 Abs. 3 entgegenstehen. Ausnahmsweise kann sich ein Kondiktionsschuldner hierauf aber nicht berufen, weil ihn die verschärfte Haftung nach §§ 818 Abs. 4, 819 trifft. Verlangt umgekehrt der Entreicherte seine (dort noch vorhandene) Leistung vom Gegner zurück, muss er sich abweichend von § 818 Abs. 3 regelmäßig den Wert der eigenen Entreicherung als Abzugsposten entgegenhalten lassen (sog. Saldotheorie).

452 Dieses Denken in Gegensätzen ist Folge der im BGB verwendeten abstrakten Begriffe und Tatbestandsmerkmale. Ein Begriff richtet sich wesensgemäß auf etwas rein Allgemeines, Abstraktes und Formales. Gesetzesnormen und ihre Begrifflichkeiten erfassen zwar die konkreten Wirklichkeiten, dies aber nur durch das ihnen gemeinsame Allgemeine. Das konkret-individuelle Geschehen eines tatsächlichen Sachverhalts ist – anders als vielleicht in der Mathematik – regelmäßig facettenreicher als das Allgemeine und deshalb mehr als bloß dessen Anwendungsfall. Jede formale Regel muss deshalb offen sein für Einzelheiten des Geschehens und muss auf bloße Ähnlichkeiten zum Regelfall differenzierte Rechtsfolgen vorsehen. Solche Ähnlichkeiten, also die Abweichungen vom allgemeinen Regelfall, sind in vielen Fällen ihrerseits durch Begriffe fassbar und als Ausnahmetatbestände, nämlich Einwendungen und Einreden, normiert. In solchen Fällen greifen zwei voneinander abhängige Regeln ineinander.

453 Indes fehlen bisweilen Ausnahme-Regeln oder können auch nicht allgemeingültig formuliert werden. Art oder Grad, wie Regelabweichungen zu berücksichtigen sind, hängt dann von Erwägungen zur Normauslegung ab. Gerade in diesen Fällen ist das Gegensatz-Denken für die rationale Begründung von Ergebnissen erforderlich.

Ein Kern juristischen Denkens ist die Erkenntnis, dass jedem Begriff sein Gegensatz immanent ist, oder salopp: keine Regel ohne Ausnahme. Das darf die Definition und die Subsumtion des Regelfalles nicht verwirren. Dennoch bewährt sich jedes Schema und die juristische Arbeitsweise gerade darin, durch dauerndes Schielen auf den Gegensatz Ausnahmen und Regelabweichungen zu erkennen. Es macht dafür keinen Unterschied, ob der Ausnahmefall tatbestandlich extra gefasst ist oder – bloß noch schwieriger – der Norm oder einem Tatbestandsmerkmal vielmehr immanent ist.

Dieses Regel-Ausnahme-Verhältnis als Ausdruck des Gegensatz-Denkens, das durch die Abstraktionshöhe des BGB erzwungen ist, bedarf aber umso mehr der klaren Ordnung im Lösungsgang. Es wäre falsch, direkt auf einen Ausnahmetatbestand zuzugreifen. Denn jeder Ausnahmetatbestand zieht seine Berechtigung erst aus der grundsätzlichen Bejahung der anderen, vorrangigen Regel. Ohne Regelfall gibt es nichts, von dem eine Ausnahme möglich ist.

Dasselbe gilt aus klausurtaktischen Gründen aber auch im Hinblick auf eine einschlägige Alternative oder eine anwendbare Heilungsvorschrift mit dem Ziel, insoweit einen Spannungsbogen aufzubauen.

D. Strukturieren der Lösung

Der Großteil von Fallbearbeitungen verlangt denn auch nicht mehr als zu erkennen, dass eine an sich zu bejahende Norm aus einer Ausnahmebestimmung heraus im Ergebnis zu verneinen ist. Die Ausnahmevorschrift findet sich meist in den weiteren Absätzen einer Norm oder den unmittelbar nachfolgenden Paragrafen. 454

Schwierigkeit dabei ist, dass man sich nicht zwingend veranlasst sieht, nach der Ausnahmevorschrift im Gesetz zu suchen, denn die Regel passt bereits scheinbar. Hier hilft aus wissenschaftlicher Sicht nur ein umsichtiger Umgang mit dem Gesetzestext (Weiterlesen trainieren!) und sehr exaktes Definieren der einzelnen Tatbestandsmerkmale. *Klausurtaktisch* lassen sich solche Probleme aber durch die Sachverhaltsinterpretation herausfiltern. Denn der Ausnahmefall muss Dir in tatsächlicher Hinsicht sehr klar mitgeteilt werden und sticht dadurch fast immer stilistisch aus dem Falltext hervor.

Mit der tragenden Bedeutung von Anspruchsgrundlagen für die Fallbearbeitung, welche stets als „Anspruchsklausur" zu behandeln ist, und dem Regel-Ausnahme-Denken, das dem Anspruchsaufbau an sich und dem Verständnis und der Anwendung seiner Tatbestandsmerkmale zugrunde liegt, ist das juristische Arbeitsprinzip für die Klausur festgelegt. Klarheit und Ordnung der Lösung schaffen allein die Gliederung nach 455

(1) Anspruchsinhalten; innerhalb eines Anspruchsinhaltes nach
(2) Anspruchsgrundlagen; innerhalb jeder Anspruchsgrundlage entsprechend dem
(3) Anspruchsaufbau, also den Tatbestandsvoraussetzungen sowie Einwendungen und Einreden. Und schließlich innerhalb eines Tatbestandsmerkmals ggf. nach
(4) Gegensatzpaaren zur Definition.

Bedenke dabei im Hinblick auf die erstrebte gute Benotung, dass auch die Prüfung nur eingeschränkt eine beruflich-professionelle Behandlung des Falles erwartet. Weit mehr – gleich einer Übung – soll die Lösung des Falles in der Breite und in der Tiefe so weit getrieben werden, wie es irgend geht (Klausur-Motto: Probleme schaffen, nicht wegschaffen). Das gilt für parallele Anspruchsinhalte (Bsp.: Zahlung einer Geldsumme oder Herausgabe einer Sache kann als dingliche Herausgabe, als Schadensersatz oder aufgrund Vorteilsausgleichsanspruchs erreicht werden), erst recht für konkurrierende Anspruchsgrundlagen und genauso für alternative Einwendungen und Einreden gegen einen Anspruch. Wie in einer sportlichen Übung geht es auch in der Klausursituation eher um die präzise Wiederholung von Techniken (hier des Regel-Ausnahme-Prinzips) als um den schnellen Sieg über den Gegner.

Der geniale Spielzug als Clou des Falles kürzt daher die Lösung nicht ab, sondern darf erst als letzte aller infrage kommenden Möglichkeiten ausgeführt werden. Anders ausgedrückt zahlt es nicht aus, das „dünnste Brett zu bohren"!

Solche Anforderung hat nichts Überflüssiges oder Schikanöses, sondern rechtfertigt sich daraus, dass der Klausursachverhalt bereits präzise vorselektiert ist, während der Praktiker die maßgeblichen Umstände aus ungeordnetem, unvollständigem und redundantem Parteivorbringen erst erkennen oder durch Nachfrage und Beweiserhebung ermitteln muss. Dafür muss er aber alle Voraussetzungen und Gegenrechte, Regeln und Ausnahmen kennen und im Blick haben, was der Prüfungskandidat nur als Trockenübung zeigen kann – aber auch zeigen muss. Juristerei, juristischer Unterricht und natürlich die Klausuren sind daher naturgemäß sehr methodenlastig. Auch wenn „die Praxis" in juristischen Berufen anders arbeitet, so kann sie nur deshalb effizient und schnell auf die „richtige Lösung" zusteuern, weil sie gedanklich eben doch jeden Sachverhalt klausurmäßig und methodengerecht ausgebreitet hat und erst daraus die Erkenntnis dessen gewann, was wirklich wichtig, relevant und einschlägig (ggf. auch: was den Parteiinteressen vorteilhaft) ist.

I. Vorgehensweise – die Arbeitsgliederung

456 Die eben erwähnte Gliederung, beginnend nach den Anspruchsinhalten über die Anspruchsgrundlagen mit Einwendungen und Einreden bis hin zu den jeweiligen Tatbestandsmerkmalen, sollte unbedingt schriftlich und wiederum nur stichwortartig als Entwurf erfolgen. Es entsteht ein neues *Konzeptblatt* neben dem Merkzettel. Diese „Arbeitsgliederung" oder „Lösungsskizze" formt die Struktur der späteren Lösungsniederschrift vor. Argumente und Streitstände zu den im Sachverhalt aufgeworfenen Problemstellungen sollten darin in Stichworten und vor allem an der richtigen Stelle des Anspruchsaufbaus skizziert werden. Ziel ist ein vollständiger, aber knapp gehaltener Leitfaden, welcher in der späteren Niederschrift des Gutachtens nur noch ausformuliert zu werden braucht.

Eine so disziplinierte Arbeitsweise mag in (womöglich nur scheinbar) einfach gestrickten, übersichtlichen Fällen als Zeitverschwendung erscheinen. Mache Dir dennoch eine Arbeitsgliederung (Lösungsskizze) zur Gewohnheit! Der Vorteil in der Klausur ist, dass beim präzisen Durchdenken aller Tatbestandsvoraussetzungen sich manchmal doch Überraschungen auftun und dann nur die Arbeitsgliederung, nicht aber eine bereits begonnene Niederschrift umgestellt werden muss. Die Umstellung der bereits begonnenen Niederschrift ist, wenn überhaupt, nur mit einem enormen Zeitverlust möglich.

Die Lösungsskizze bietet fernerhin die Möglichkeit, an Übungsklausuren teilzunehmen oder eigenständig Übungsfälle klausurmäßig zu trainieren, ohne stunden- und seitenlanges Schreiben. Vielmehr können anhand der Arbeitsgliederung der Lösungsweg, Aufbau und Inhalte der Prüfung mit den Lösungshinweisen verglichen werden. So bedeutsam auch die Formulierungen im Ernstfall sind und die Routine darin wertvolle Zeit erspart, so ist doch gerade am Anfang des Lernens die juristische Denkweise erst einzuüben, und die zu Anfang darin liegenden Fehler entwerten jedes Formulierungstraining sowieso.

457 Der Aufbau der Lösung ist in der Arbeitsgliederung bereits bis in alle Details zu durchdenken, und es sind alle Gedanken in einer solchen Gliederung nach dem Regel-Ausnahme-Schema zu organisieren.

Die Konzeption des Lösungswegs ist streng nach den heranzuziehenden Normen und anhand der jeweiligen Tatbestandsmerkmale nach den dafür geltenden Schemata zu konstruieren. Die Probleme des Falles werden nur anhand der Definitionen der Tatbestandsmerkmale und der Subsumtion des Sachverhalts hierunter wirklich erkannt. Allerdings verstellt manchmal die Vertiefung in einzelne Schemata den Blick auf parallele Anspruchsinhalte und Anspruchsgrundlagen. – Deshalb gibt im ersten Schritt der Merkzettel (separat oder am Rande des Falltextes) für die Material- und Ideensammlung die Möglichkeit, freier zu assoziieren. Beides ergänzt sich.

Ist die Arbeitsgliederung fertiggestellt, sollte der Falltext erneut durchgesehen werden und zwar daraufhin, dass alle Tatumstände, insbesondere diejenigen berücksichtigt sind, welche anhand der oben geschilderten Methoden der Textinterpretation besonders auffallen sollten. Meist handelt es sich bei solchen versteckten Auffälligkeiten um Hinweise auf Ausnahmetatbestände. Gehen wir davon aus, dass neben der klar strukturierten und durchsichtigen Ordnung des Lösungsweges insbesondere das – dazugehörende – Erkennen der gesetzlichen oder immanenten Ausnahmen meist der eigentliche Schwerpunkt und „das Problem des Falles" ist, kann diese Textinterpretation nicht hoch genug eingeschätzt werden.

458

1. Konstruktion des Lösungswegs

Die grundsätzliche Orientierung und Ausrichtung unseres Gutachtens an den Rechtsfolgen haben wir bereits mehrfach erörtert. Der Anspruchsaufbau in der juristischen Fallbearbeitung verbietet geradezu jedes Abweichen hiervon. Am Anfang steht die das Begehren eines Beteiligten tragende, weil auf entsprechende Rechtsfolge gerichtete, Anspruchsgrundlage. Gleiches gilt sodann auch für die Prüfung rechtshindernder und rechtsvernichtender Einwendungen wie der rechtshemmenden Einreden. Auch solche Gegenrechte sind, soweit sie relevant werden, jeweils mit einem an ihrer Rechtsfolge ausgerichteten Obersatz im Modus eines Konditionalsatzes einzuleiten.

459

Solche Binnengliederung des Anspruchs lässt es ohne Weiteres als folgerichtig erscheinen, in Fällen mit einer Mehrheit von Anspruchsgrundlagen und gar von Anspruchszielen, solche mit gleicher Rechtsfolge zusammenzufassen und unmittelbar nacheinander abzuhandeln. Mit Rücksicht darauf erfolgte auch oben die Darstellung und Gliederung der wichtigsten Anspruchsgrundlagen (Ansprüche auf Primärleistung, auf Schadensersatz, auf Herausgabe einer Sache, auf Ausgleichung etc.).

460

Da Ansprüche stets relative, also nur zwischen bestimmten Personen bestehende Rechte sind, schließt der Anspruchsaufbau zuvorderst eine Aufgliederung in Zweipersonenverhältnisse ein. Dies wird bereits in der Gutachtenhypothese durch die Formulierung deutlich: Wer von wem etwas verlangen könne.

461

> Die äußere Gliederung der Arbeit muss also immer von einer Zerlegung in Zweipersonenverhältnisse ausgehen. Erst innerhalb solcher Zweipersonenverhältnisse wird nach Anspruchszielen gegliedert und diese werden dann anhand der einzelnen Anspruchs- und Einwendungsnormen abgearbeitet.
>
> Diese dreifache Gliederung kann selbstverständlich durch die Bearbeitungshinweise und die Fallfrage eingeschränkt sein. Wenn nur nach Ansprüchen zwischen bestimmten Personen oder nur nach bestimmten Anspruchszielen gefragt wird, dann sind auch nur diese zu behandeln! – Aber zumeist wirken sich die außen vor gelassenen Rechtsfolgen z. B. als Gegenrecht über Einwendungen und Einreden doch aus (vgl. Rn. 470 ff.).

Als Grundeinteilung gehen wir von Zweipersonenverhältnissen aus und haben uns innerhalb eines Zweipersonenverhältnisses über die Reihenfolge der Behandlung evtl. mehrerer Anspruchsziele zu verständigen. Erst für die Abfolge der Anspruchsgrundlagen innerhalb der inhaltlich auf den gleichen Gegenstand gerichteten Ansprüche ist es möglich, ein festes Schema aus dem Gesetz heraus zu begründen. Aber auch für die Reihenfolge der Tatbestandsmerkmale innerhalb einer einzelnen Anspruchsgrundlage existieren nur wenige logisch zwingende Vorgaben. Daraus folgt, dass die Gliederung

462

sehr weitgehend Zweckmäßigkeitsgesichtspunkten folgen muss, wofür hier nur Anhaltspunkte gegeben werden können. Ob und inwieweit diese im Einzelfall zutreffen, ergibt sich erst bei der Ausarbeitung der Arbeitsgliederung, die dabei ihren Nutzen gegenüber einer sofortigen Niederschrift nochmals erweist.

a) Zweipersonenverhältnisse und Anspruchsinhalte

463 Die Aufgabenstellung zur Erörterung der Rechtslage eines Falles erfolgt oftmals durch mehrere einzelne Fragen. So kann eine Ordnung vorgegeben sein, indem dem Anspruchsteller gegen Ende der Sachverhaltserzählung Fragen in den Mund gelegt werden (etwa dergestalt, er frage sich, ob er dies oder jenes beanspruchen könne oder ob er gegen den einen oder den anderen vorgehen solle). Dabei handelt es sich ggf. einerseits um eine zwingend zu beachtende Einschränkung des Prüfungsumfangs, der zur Aufgabe gestellt wird. Andererseits liegt darin aber regelmäßig auch ein sinnvoller Vorschlag für die Gliederung der Lösung.

464 Noch deutlicher ist von einer vorgegebenen Ordnung auszugehen, wenn solche Fragen direkt im Bearbeitervermerk gestellt werden.

Es mag sein, dass Dir zur ersten Frage anfangs weniger Ideen kommen als zu einer nachfolgenden. Das sollte nichts an der Gliederungsreihenfolge ändern. Vielmehr nutze diese Ideen auf dem Merkzettel, der genau dazu dient! Aber bereits auf dem Merkzettel musst Du ja schon alle Fragen und Richtungen durchdenken. Dies gilt erst recht für die Arbeitsgliederung. Spätestens in dieser sollte sich dann erweisen, dass die vorgegebene Ordnung klarer ist, weniger Inzidentprüfungen verursacht und die Lösung daher weniger verschachtelt ist.

Für die Niederschrift gibt es folglich keinen anzuerkennenden Grund, jedenfalls von einer im Bearbeitervermerk vorgegebenen Fragenreihenfolge abzuweichen. Vielmehr wird sich in einer guten Bearbeitung zeigen, dass ebendiese Reihenfolge auch ohne die Fragen zustande gekommen wäre.

465 Als feste Regel gilt aufgrund der Privatautonomie lediglich, dass Primäransprüche auf vertragliche Leistungen stets zuerst zu prüfen sind. Sekundäransprüche und andere Anspruchsinhalte folgen dem nach. Im Übrigen richtet sich die Reihenfolge der abzuhandelnden Ansprüche nach dem Interesse des Gläubigers.

466 ▶ Beispiel:

Nutzt wer eine fremde Sache gegen den Willen des Eigentümers, interessieren diesen vermutlich zuerst vertragliche Herausgabeansprüche, etwa aus beendeter Miete oder Leihe. Stellt sich dabei heraus, dass die Überlassung ohne vertragliche Bindung nur aufgrund Gefälligkeitsverhältnisses erfolgt war, ist zu überlegen, ob jener überhaupt Besitz an der Sache begründet hat (wohl nicht bei z. B. nachbarlicher Gestattung einer Gartenmitbenutzung). Davon abhängig will der Berechtigte dann Herausgabe des Besitzes (etwa nach §§ 985 oder 823 Abs. 1) oder Unterlassung künftiger Störungen (etwa nach §§ 1004 Abs. 1 oder 823 Abs. 1). Eine Geldentschädigung für die unberechtigte Nutzung interessiert ihn zuletzt, was sich so auch in der Gliederung widerspiegeln sollte.
Treten nicht ganz unbedeutende Körperverletzungen neben Sachschäden, entscheidet die Wertigkeit des verletzten Rechtsguts und nicht der materielle Schaden über die Reihenfolge der Prüfung. ◀

Stehen Ansprüche gegen mehrere Beteiligte in Rede, empfiehlt es sich regelmäßig mit solchen zu beginnen, die sich gegen den unmittelbar Handelnden, den dem Verletzungserfolg Nächststehenden, den Ausführenden richten.

▶ **Beispiel:**

So sind zuerst (deliktische) Schadensersatzansprüche gegen die Reinigungskraft zu prüfen, welche Schmierseife auf einer Treppe ausgebracht hatte, ebenso gegen den Supermarktkunden, der die Bananenschale dort weggeworfen hatte und gegen das Verkaufspersonal, welches sie pflichtwidrig nicht umgehend entfernte, wenn dadurch ein anderer zu Schaden kam.
Erst in zweiter Linie richten sich dann die (wirtschaftlich natürlich viel interessanteren) Ansprüche gegen den Geschäftsinhaber (§§ 280 Abs. 1, 241 Abs. 2, 311 Abs. 2; parallel § 831; ggf. auch § 823 Abs. 1 wegen Organisationsverschuldens).
Gleiches gilt, wenn der angestellte Tankwart die falsche Treibstoffsorte beim Kunden verfüllt oder der Malerlehrling in der Wohnung des Bestellers durch ungeschicktes Hantieren Einrichtungsgegenstände beschädigt. ◀

Der Vorteil liegt nicht nur darin, dass etwa bei der vertraglichen Haftung des Geschäftsinhabers für das fremde Verschulden seines Erfüllungsgehilfen (§ 278) dieses bereits im Zusammenhang mit dem Handelnden selbst geprüft worden ist, sondern dass auch der Anspruch nach § 831 Abs. 1 die Verwirklichung des objektiven Tatbestands einer unerlaubten Handlung durch den Verrichtungsgehilfen voraussetzt. Beide Male würde es den Lesefluss stören, müssten in der Person des handelnden Frontmannes liegende Umstände innerhalb der Haftung des Hintermannes abgehandelt werden.

b) Besondere Aufbauprobleme

Besondere Probleme im Aufbau stellen sich dann, wenn in Sachverhalten mit mehreren Beteiligten die Fallfrage einzelne Zweipersonenverhältnisse *nicht* zur Bearbeitung aufgibt, diese also (zumindest scheinbar) ausnimmt. Solche Beschränkung ist meist keine sachliche Einschränkung in den zu behandelnden Problemen, sondern eher eine leicht zu übersehende Hürde im Lösungsaufbau. Denn die vermeintlich ausgenommenen Ansprüche bestehen entweder von vornherein und dann meist sehr klar überhaupt nicht. In diesem Fall spart die Beschränkung der Fallfrage auch nicht wirklich Mühe und Zeit. – Halt. Nicht einfach darüber hinweglesen. Die Haftung von Erfüllungs- und Verrichtungsgehilfen ist wichtig. Verdeutliche Dir die Prüfungsschemata und konstruiere selbst noch einmal, was in den Rn. 468 f. steht, exakt nach.

Oder aber es verbergen sich in dem so von der Frage ausgenommenen Verhältnis durchaus interessante Rechtsfragen, was oftmals der Fall ist. Diese Rechtsfragen haben dann regelmäßig Auswirkungen auf andere – nicht von der Prüfung ausgenommene – Ansprüche und sind *dort* zu berücksichtigen, sei es, dass sie als rechthindernde Einrede geltend gemacht werden können (etwa ihre Abtretung nach § 285 verlangt werden kann oder sie unmittelbar als Gegenrecht nach §§ 273 oder 320 geltend zu machen sind). Das Übersehen von Einreden wäre aber ein schwerwiegender Fehler im Anspruchsaufbau, und zudem entginge dem Bearbeiter die Möglichkeit der Problembehandlung. Der Nachteil in der Bewertung der Arbeit wäre ein doppelter.

Merke:

Diese technischen Überlegungen zur Gliederung sind der Schlüssel nicht nur zur übersichtlichen Darstellung, sondern auch dazu, möglichst viele (alle) rechtlichen Probleme, welche der Sachverhalt bietet („aufwirft"), in der Lösung unterzubringen und dies zudem in der richtigen Reihenfolge.

472 Fallen und Fälle dieser Art können insbesondere im Zusammenhang mit schuldrechtlichen *Surrogationsansprüchen* gebildet werden. Dazu zählt etwa der bei den Anspruchsgrundlagen behandelte § 285 Abs. 1, aber auch die Herausgabepflicht auf das aus einer Geschäftsführung Erlangte nach § 667 (ggf. anwendbar über §§ 681 S. 1 bzw. 687 Abs. 2). Gleichermaßen kann das Verhältnis des Anspruchsgegners zu einem Dritten im Rahmen der Prüfung der §§ 816 Abs. 1 S. 1 oder 816 Abs. 2 insofern relevant werden, als daraus erwachsene Ansprüche herauszugeben, das heißt in diesem Kontext abzutreten sind. Einen schuldrechtlichen Surrogationsanspruch gibt schließlich, wie bereits erwähnt, auch § 818 Abs. 1 für Rechtsfrüchte und Ersatzansprüche aufgrund eines Bereicherungsgegenstandes. Surrogationsansprüche sind aber auch durch Vertrag möglich (meist aufgrund sog. ergänzender Vertragsauslegung).

473 ▶ **BEISPIEL:**
Handelt es sich um einen Verbrauchsgüterkauf (§§ 433, 474 ff.) und verkauft der Verbraucher die Sache anschließend unter Ausschluss der Gewährleistung an einen Dritten weiter, entspricht es wohl zumeist der Interessenlage im Zweitverkauf, dass der Dritte jedenfalls Ansprüche gegen den Unternehmer in dem Umfang haben solle, wie der Verbraucher als Ersterwerber sie noch geltend machen könnte. Diese (ergänzende) Auslegung kann eine bereits durch den Kauf oder mit der Übereignung des Kaufgegenstandes vollzogene Abtretung der Gewährleistungsansprüche gegen den Unternehmer ergeben (oder jedenfalls einen Anspruch auf solche Abtretung zugunsten des Dritten).
Ausgehend von einer konkludent erfolgten Abtretung der Gewährleistungsansprüche könnte der Dritte daraus direkt gegen den Unternehmer vorgehen. In diesem Rahmen wäre (1) der Gewährleistungsanspruch des Verbrauchers und (2) die Abtretung und innerhalb dieser Abtretung (ohne Verstoß gegen das Trennungsprinzip von Verfügung und Verpflichtungsgeschäft) der Zweitkauf darzustellen, als sich aus ihm zwar nicht die Abtretung, aber die Auslegungskriterien ergeben, von einer Abtretung auszugehen. – Der Fall könnte aber auch dahin gehend abgewandelt werden, dass der Verbraucher die Abtretung verzögert und dadurch die Verjährungsfrist in seinem Verhältnis zum Unternehmer abläuft. Der Dritte könnte dann einen Schadensersatzanspruch gegen den Verbraucher haben (§§ 280 Abs. 1, 241 Abs. 2). In diesem Rahmen wäre das zeitlich erste Rechtsverhältnis auf der Rechtsfolgenseite des Schadensersatzanspruchs aus dem zweiten Kauf für die Höhe des erlittenen Schadens (§ 251) relevant.
Der Fall enthält soweit (außer der ergänzenden Vertragsauslegung) keinerlei besonderen Schwierigkeitsgrad. Am Aufbau würde aber mit Sicherheit ein Großteil der Bearbeitungen scheitern. ◀

474 Schließlich ist diese Inzidentprüfung regelmäßig Gegenstand in der Darstellung des Bereicherungsausgleichs im Mehrpersonenverhältnis. Soweit dabei nicht ausnahmsweise die Direktkondiktion zwischen Zahlendem und Empfänger greift, erfolgt die Rückabwicklung fehlgeschlagenen Leistungsaustausches entlang der Leistungskette. Die Bereicherung im Deckungsverhältnis folgt dann regelmäßig aus den im Valutaverhältnis begründeten Ansprüchen aufgrund der Direktzahlung (Sachverhalt ist hier z. B. die bereits oben geschilderte irrtümliche Banküberweisung). Ganz ähnlich sind aber auch die sog. Einbaufälle.

475 Eindeutiger ist die Notwendigkeit zu erkennen, ein anderes Rechtsverhältnis in die Prüfung eines Anspruchs einzubeziehen, wenn abgetretene Ansprüche geltend gemacht werden. Der Inhalt des abgetretenen Anspruchs besteht immer nur in dem Umfang, wie er sich zwischen Zedent und seinem ursprünglichen Schuldner ergibt. Das ist zum Beispiel die Aussage der Vorschrift in § 404 (über § 412 auch auf den gesetzlichen Forderungsübergang entsprechend anzuwenden), wonach Einwendungen des Schuldners fortbestehen.

Nur ganz ausnahmsweise ist entweder ein gutgläubiger Forderungserwerb möglich. 476
Anders als für den Erwerb von Fahrnis vom Nichtberechtigten (§§ 932 ff.) fehlen im
BGB vergleichbare Heilungsvorschriften zur Ermöglichung des gutgläubigen Erwerbs
bei der Abtretung von Forderungen. So z. B. durch Art. 16 WechselG oder das Mitreißen einer im Verhältnis zu einem Dritten bestehenden hypothekarisch gesicherten Forderung bei der Abtretung durch den eingetragenen Nichtberechtigten an einen gutgläubigen Erwerber nach §§ 1138, 892. Das gleiche gilt für den gutgläubigen einredefreien
Forderungserwerb, der z. B. nur nach §§ 405 und 796 BGB oder § 364 Abs. 2 HGB
oder Art. 17 WechselG möglich ist.

2. Abhängigkeiten von Anspruchsgrundlagen

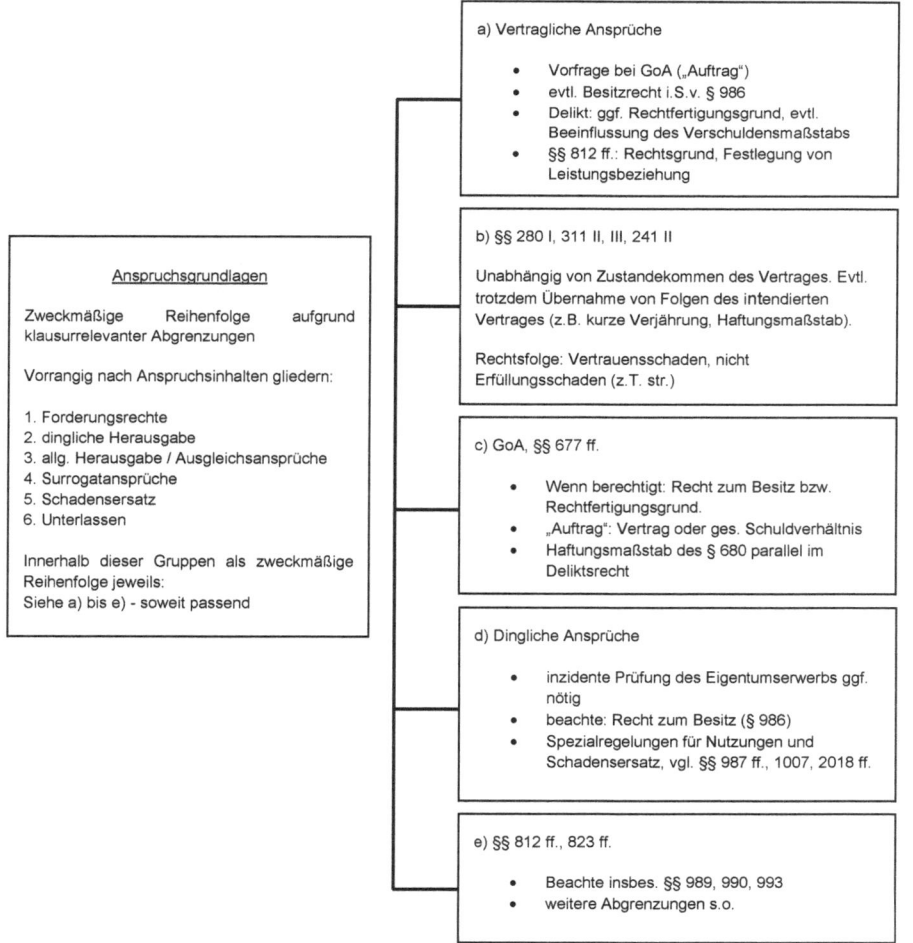

Dieses Schema (die rechte Spalte, lit. a – e) gibt nur die wechselseitige Beeinflussung 477
von Ansprüchen wieder. Oftmals wird es auch als Prüfungsschema angeraten.

Demgegenüber haben wir hier die scheinbar aufwendigere Schematisierung der Anspruchsgrundlagen nach ihren Inhalten kennengelernt (die linke Spalte, Ziff. 1 – 6). Sie hilft weit besser, Zusammenhänge („den roten Faden") zu sehen und darzustellen und genau darauf kommt es bei der Fallbearbeitung an. Beide Schemata ergänzen sich, wie die Graphik zeigen soll.

478 So richtig die Aussage ist, dass vertragliche Ansprüche an erster Stelle zu prüfen sind, so falsch wäre es, dies dahin zu verstehen, dass sämtliche vertraglichen Ansprüche stets vor den deliktischen etc. abzuhandeln wären. Der Vorrang und die sich daraus ergebenden Abhängigkeiten gelten in Bezug auf Kategorien vergleichbarer Anspruchsinhalte aber in jeder Kategorie – und zwar innerhalb eines Zweipersonenverhältnisses.

479 Soweit erforderlich, ist die Lösung mithin zuerst nach Zweipersonenverhältnissen und innerhalb dieser dann jeweils nach Anspruchsinhalten zu gliedern. Wir haben uns nun mit der Reihenfolge der Anspruchsnormen desselben inhaltlichen Ziels innerhalb eines Zweipersonenverhältnisses zu beschäftigen.

Die weiter oben vorgenommene Schematisierung der Anspruchsgrundlagen *nach Anspruchsinhalten* erleichtert gerade auch die Behandlung von Konkurrenzproblemen. Dass bei einer solchen Strukturierung „immer wieder auf vertragliche Anspruchsgrundlagen zurückgesprungen" werden muss, ist in der praktischen Darstellung überhaupt kein Problem. Es geht dabei um immer wieder andere (vertragliche etc.) Anspruchsgrundlagen. Redundanzen entstehen deshalb nicht und könnten durch Verweise erledigt werden („wie bereits festgestellt", „s.o."). Außerdem wird selten Anlass bestehen, alle Anspruchsgrundlagen auszuführen. Je nach Fall sind immer nur diejenigen Anspruchsgrundlagen wirklich aufzuwerfen, die die Lösung zumindest potenziell weiterbringen.

480 Für die Einhaltung einer bestimmten Reihenfolge aber unter *gleichgerichteten* Anspruchsnormen spricht ganz besonders ein Gesichtspunkt der Zweckmäßigkeit: die Vermeidung von Inzidentprüfungen, die zu einer Verschachtelung der Prüfung führen würde. Daher gelten folgende Regeln für die Reihenfolge, wobei an dieser Stelle nochmals daran zu erinnern ist, dass vertragliche Primäransprüche eine eigenständige Sachgruppe als Anspruchsinhalte bilden, welche in jedem Fall vor anderen Anspruchsinhalten (etwa auf Schadensersatz, Herausgabe etc.) zu behandeln ist.

a) Vertrag

481 Vertragliche Anspruchsnormen auf vereinbarte (primäre) Leistungen, Haupt- und ggf. auch Nebenleistungen, sind nicht nur an erster Stelle, sondern als selbstständige Sachgruppe von Anspruchszielen zu prüfen. Das Vereinbarungsschuldverhältnis, kraft dessen solche Primäransprüche bestehen, ist die speziellere Regelung gegenüber gesetzlichen Anspruchsnormen und kann daher auf diese einwirken:

482 Die Geschäftsführung ohne Auftrag setzt nach § 677 tatbestandlich voraus, dass im Hinblick auf das erledigte Geschäft zwischen Geschäftsführer und Geschäftsherrn gerade kein Auftragsvertrag (aber auch kein gesetzliches Schuldverhältnis) besteht.

483 Gegenüber dem dinglichen Herausgabeanspruch aus dem Eigentum (§ 985) kann kraft des Vertragsverhältnisses ein Recht zum Besitz (Einwendung nach § 986) bestehen, welches den Eigentümer zur Duldung des Fremdbesitzes verpflichtet. Das Recht zum Besitz kann ein obligatorisches Recht, ein beschränktes dingliches Recht, ein Zurück-

behaltungsrecht oder auch ein Recht aus erb- sowie familienrechtlichen Verhältnissen sein. Steht § 986 dem dinglichen Herausgabeanspruch nach § 985 entgegen, fehlt die sog. Vindikationslage. Aufgrund eines entsprechenden Rechtes zum Besitz scheitern daher auch alle Folgeansprüche auf Nutzungs-, Schadens- und Verwendungsersatz im Eigentümer-Besitzer-Verhältnis nach §§ 987 ff.

Deliktische Ansprüche können scheitern, weil ein Rechtfertigungsgrund in die entsprechende Behandlung vorliegt, die in der Folge zumindest nicht rechtswidrig ist. Als Rechtfertigungsgründe kommen beispielsweise die vertragliche Einwilligung des Verletzten ebenso wie die Nutzungsüberlassung einer Sache in Betracht. Außerdem wirken sich vertragliche Erleichterungen des Vertretenmüssens (Haftungsprivilegierungen bei bestimmten Vertragstypen) auch auf das rechtlich erhebliche Verschulden für unerlaubte Handlungen aus. 484

Gegenüber Bereicherungsansprüchen gibt das vertragliche Schuldverhältnis den Rechtsgrund für die darauf beruhende Vermögensverschiebung. Aber bereits der Leistungsbegriff der Leistungskondiktionen wird vom Zuwendungszweck bestimmt (finaler Leistungsbegriff), der regelmäßig in der Erfüllung einer Verbindlichkeit besteht, welche ihrerseits oftmals eben eine vertragliche ist. Damit legt der Vertrag die Leistungsbeziehung und damit die Personen des Bereicherungsverhältnisses fest. Das hat gerade dann Bedeutung, wenn das vertragliche Schuldverhältnis selbst unwirksam ist, der Leistungszweck also nicht erreicht wird und die Vermögensverschiebung deshalb ohne Rechtsgrund erfolgte. 485

Vorsicht:

In der Theorie klingt das gut: Zuerst Vertragsansprüche abhandeln und im Rahmen der Prüfung weiterer Ansprüche anschließend darauf verweisen zu können. Praktisch lässt es sich oft nicht umsetzen. Insoweit steht oft die Prämisse der Relationsmethode (Anspruchsaufbau) entgegen, zwingend immer von einer Rechtsfolge auszugehen:

In Bezug auf einen vollzogenen Leistungsaustausch aufgrund nichtigen Kaufvertrages etwa findet sich keine vertragliche Anspruchsgrundlage für die Rückabwicklung. Es wäre falsch, eine isolierte Vertragsprüfung voranzustellen. Ebenso falsch wäre es, etwa aus § 433 eine Rückforderungsmöglichkeit prüfen zu wollen, welche als Rechtsfolge darin nun wirklich nicht enthalten ist. Auch einen sekundären Schadensersatzanspruch (etwa nach § 280 Abs. 1) oder einen Herausgabeanspruch aus Rücktritt nach § 346 Abs. 1 anzuprüfen, bloß um die Vertragsnichtigkeit voranstellen zu können, wirkte gekünstelt und wäre unschön. – Inzidentprüfungen im Rahmen des Bereicherungsrechts sind dann unvermeidbar. Umso wichtiger wird eine klare, die Ebenen der Prüfungsschritte verdeutlichende Gliederung.

b) Vertragsähnliche Ansprüche

Unter den vertragsähnlichen Ansprüchen sollen hier solche nach §§ 280 ff. zusammengefasst werden. Dazu muss der Anwendungsbereich dieser Vorschriften präsent sein: 486

(1) die Culpa in contrahendo, also das Verschulden bei Vertragsschluss (§ 311 Abs. 2) und zwar unabhängig vom Zustandekommen eines Vertragsschlusses für alle diejenigen Schäden, welche vor oder ohne einen solchen zurechenbar verursacht wurden;

(2) die anfängliche Unmöglichkeit (§ 311 a), sofern „der Schuldner das Leistungshindernis bei Vertragsschluss nicht kannte und seine Unkenntnis auch nicht zu vertreten hat" (§ 311 a Abs. 2 S. 2);
(3) die nachträgliche Unmöglichkeit (§ 275 Abs. 1, 4);
(4) die Verletzung vertraglicher Primärpflichten bei Vertragstypen ohne selbstständiges Gewährleistungsrecht (z. B. Dienstvertrag);
(5) die Verletzung vertraglicher Neben- und Schutzpflichten i.S.d § 241 Abs. 2;
(6) aufgrund Verweisung etwa in §§ 437 Nr. 3, 634 Nr. 4.

487 Als Anspruchsgrundlage verweisen die §§ 280 ff. auf die Schadensklage nach §§ 249 ff. (als Rechtsfolge). Diese Anspruchsnormen bilden daher den Einstieg in die Gruppe derjenigen Anspruchsnormen, welche als Anspruchsinhalt Schadensersatz gewähren. Als vertragsähnliche sind sie vorrangig vor anderen Schadensersatzansprüchen zu erörtern. Eine Haftungsmilderung aus dem intendierten, aber ggf. gescheiterten Vertragsverhältnis wäre auch auf vorvertragliches Verschulden anzuwenden (umstritten). Eine mildere vertragliche Haftung wäre jedenfalls auch maßgeblich für die Haftung wegen unerlaubter Handlung.

488 Nur kurz erwähnt werden soll an dieser Stelle, dass die Rechtsfolge Schadensersatz keineswegs immer auf die Zahlung von Geldersatz gerichtet ist. Vielmehr sehen die §§ 249 ff. zwei unterschiedliche Ausgleichsmöglichkeiten vor: Naturalrestitution (§ 249) oder Geldentschädigung (§ 251). Letztere kommt jedoch nur in Betracht, soweit die Herstellung desjenigen Zustandes, der ohne das Schadensereignis bestünde, nicht möglich oder nicht ausreichend ist. Zur Kompensation immaterieller Schäden wird nur Geldentschädigung gewährt (§ 253 Abs. 1). Soweit danach vorrangig die tatsächliche körperliche Beseitigung des Schadens (Naturalrestitution) geschuldet ist, kann diese in den Fällen der §§ 249 Abs. 2 und 250 dann aber auch dadurch verlangt werden, dass der Schädiger die Aufwendungen für die Herstellung zu tragen hat. *Solcher* Geldersatz ist dennoch am Herstellungsinteresse orientiert und ist nicht Wertausgleich nach § 251. Das heißt jedoch insbesondere für die Schadenshaftung aus vorvertraglichem Verschulden Folgendes: Für den Fall, dass der Schaden in der Herbeiführung eines ungünstigen Vertrages liegt (z. B. Verletzung einer Aufklärungspflicht über bestimmte Umstände, ohne dass deswegen Anfechtbarkeit nach §§ 119, 123 vorläge oder evtl. Gewährleistungsrecht vorrangig anzuwenden wäre), ist der Anspruch auf die Aufhebung bzw. Anpassung dieses Vertrages gerichtet. Die weiteren Rechtsfolgen wären in diesem Fall dann rücktrittsähnliche (vgl. § 346 analog).

c) Geschäftsführung ohne Auftrag

489 Ansprüche aus Geschäftsführung ohne Auftrag werden auch als quasi-vertragliche bezeichnet. Sie setzen konstitutiv das Fehlen eines auf die konkrete Tätigkeit gerichteten vertraglichen oder sonstigen gesetzlichen Schuldverhältnisses voraus („ohne Auftrag"!) und sind deshalb *nach* den Vertragsverhältnissen zu prüfen. Ähnlich zu Verträgen kann die Geschäftsführung ohne Auftrag umgekehrt dem Geschäftsführer ein Recht zum Besitz an den dafür notwendigen Gegenständen geben. Ebenso kann der Eingriff in Rechte und Rechtsgüter des Geschäftsherrn durch das Geschäftsführungshandeln gerechtfertigt sein. Das Bestehen des gesetzlichen Schuldverhältnisses der Geschäftsführung ohne Auftrag vermag daher dingliche Herausgabeansprüche auszuschließen, weil es an der Vindikationslage fehlt und ebenso deliktische, weil die Handlung keine unerlaubte

war (nicht rechtswidrig). Dingliche und deliktische Ansprüche sind daher aus Zweckmäßigkeitsgründen zur Vermeidung verschachtelter Prüfungen später anzuschließen.

Die Geschäftsführung ohne Auftrag ist selbst keine Anspruchsgrundlage, sondern ein gesetzliches Schuldverhältnis! Auch für sie gilt daher § 241 Abs. 1. Die §§ 677 ff. geben dementsprechend eine Vielzahl von Anspruchsnormen mit ganz unterschiedlichem Anspruchsinhalt. Du hast daher nicht „die GoA" zu prüfen, sondern Schadensersatzansprüche aus ihr, obligatorische Herausgabeansprüche aus ihr oder Ausgleichsansprüche (etwa Aufwendungsersatz, §§ 670, 683, oder Bereicherungsausgleich, §§ 818, 684) aus ihr. Deshalb sind die Anspruchsnormen der §§ 677 ff. ggf. mehrmals innerhalb der Sachgruppen entsprechend ihrem jeweiligen Anspruchsinhalt einzureihen.

Als Notiz auf dem „Merkzettel" war Dir beim Lesen des Falltextes der Gedanke an die GoA gekommen, weil jemand ersichtlich ohne Vertrag, aber für einen anderen in dessen Rechts- und Geschäftskreis tätig wurde. Wir hatten bei der Normensuche gesagt, dass es sich empfiehlt, vom Tatbestand der Rechtsinstitute auszugehen (hier konkret: die §§ 677 ff. durchzusehen). Spätestens für die Arbeitsgliederung musst Du aber auf das Denken von den Rechtsfolgen her umschalten: Schadensersatzansprüche nach §§ 677, 280 Abs. 1 oder nach § 678; obligatorische Herausgabepflichten des Geschäftsführers nach §§ 667, 677, 681 S. 2; Vorteilsausgleichsansprüche des Geschäftsführers gegen den Geschäftsherrn auf Aufwendungsersatz nach §§ 670, 677, 683 S. 1 oder (nur) auf Bereicherungsausgleich nach §§ 684, 818. Innerhalb der Gruppe der Schadensersatzansprüche, der Herausgabeansprüche oder der Vorteilsausgleichsansprüche gilt dann das einleitend zur Reihenfolge Gesagte (also erst vertragliche, dann vertragsähnliche, dann aus GoA usw.).

d) „Dingliche" Ansprüche

Ebenso richtig, aber eher verwirrend ist es, wenn üblicherweise dingliche Ansprüche an die vierte Stelle gerückt werden. Der Anfänger neigt schnell dazu, hierunter das gesamte Sachenrecht zu fassen. Dingliche Ansprüche sind nur unmittelbar **an** einer Sache *bestehende* (nicht solche, bloß **auf** eine Sache *bezogene*). Beachtung schenken wir in der Schreibwerkstatt lediglich § 985 (daneben existieren § 1007 und die §§ 2018, 2019 und v.a. die Ansprüche aus den beschränkten dinglichen Rechten). Die nach § 985 herauszugebende Sache ist nicht „geschuldet", sondern es ist ohne Verfügungsgeschäft der unmittelbare Besitz an ihr zu verschaffen.

Der dingliche Herausgabeanspruch (§ 985) kann durch vertragliche oder gesetzliche Schuldverhältnisse ausgeschlossen sein, weil diese ein Recht zum Besitz geben können (als Einwendung nach § 986) – sofern sie zwischen den richtigen Personen bestehen.

In der Prüfung der Herausgabeansprüche ist daher der Vorrang obligatorischer Anspruchsnormen (im Hinblick auf § 986) vor dinglichen (§ 985) wichtig. Etwas anderes gilt jedoch hinsichtlich § 816 Abs. 1, der einer Prüfung der §§ 985 ff. nachgestellt wird.

Die Vindikationslage festgestellt zu haben, bietet den Vorteil, dass die dingliche Rechtslage geklärt ist. Damit ist z. B. das entsprechende Tatbestandsmerkmal in § 816 Abs. 1 („eine Verfügung, die dem Berechtigten gegenüber wirksam ist") bereits angeschnitten ist – es verbleibt nur noch die Inzidentprüfung einer Genehmigung nach § 185 Abs. 2.

§ 816 Abs. 1 (wie auch Abs. 2) wird vorliegend als Surrogationsanspruch behandelt, weil er nicht auf Herausgabe des Verfügungsgegenstandes gerichtet ist, sondern auf Herausgabe (richtiger: Übertragung) des dafür Erlangten. Es handelt sich um einen Rechtsfortsetzungsanspruch zur Vindikation.

Wie alle Bereicherungs-/ Ausgleichsansprüche folgen auch Surrogationsansprüche generell den dinglichen Ansprüchen als eigene Sachgruppe nach. Sie dürfen etwa nach der Feststellung des gutgläubigen Erwerbs durch einen Dritten nicht vergessen werden. Merke sie Dir daher als eigene Sachgruppe von Anspruchsinhalten. Das hat den Vorteil, sie gesondert „andenken" zu müssen und sie zumindest in der Arbeitsgliederung vielleicht sogar kurz zu skizzieren.

494 Die meisten anderen Anspruchsnormen des Sachenrechts haben dagegen keinen dinglichen, sondern einen *schuldrechtlichen Inhalt* (z. B. auf Rückgabe nach Beendigung eines beschränkten dinglichen Rechts oder auf Aufwendungsersatz, Schadensersatz etc.), weil sie auf (Rück-)Übertragung einer Rechtsposition an dem *geschuldeten* Gegenstand gerichtet sind.

Zur Unterscheidung:

Schuldrechtlicher Inhalt eines Anspruchs heißt, dass das Herausgabeverlangen wie ein Forderungsrecht zu behandeln ist, das durch entsprechendes Verfügungsgeschäft erfüllt werden muss (Trennungsprinzip). Damit ist nicht gleichzusetzen, ob dem Anspruch ein (gesetzliches) Schuldverhältnis zugrunde liegt. So ist das Eigentümer-Besitzer-Verhältnis (§§ 987 ff.) nach überwiegender Ansicht kein Schuldverhältnis. Die Ansprüche „aus dem EBV" haben aber einen schuldrechtlichen Inhalt.

495 Innerhalb dieser Gruppen sind sie jeweils vor inhaltsgleichen Ansprüchen aus Delikt oder Bereicherungsrecht zu prüfen. Unmittelbar notwendig ist dies nur im Hinblick auf die Ansprüche aus dem Eigentümer-Besitzer-Verhältnis, welche eine Privilegierung vorsehen (vgl. § 993 Abs. 1 a.E.). Vielfach erklären jedoch die vergleichbaren Anspruchsnormen im Zusammenhang mit den beschränkten dinglichen Rechten die §§ 987 ff. für entsprechend anwendbar, so dass dort dasselbe gilt.

496 Weil aber die §§ 987 ff. die Vindikationslage (§§ 985, 986) stets als erstes Tatbestandsmerkmal haben[16], ist es unbedingt zweckmäßig, den dinglichen Herausgabeanspruch *vor* den Schadensersatzansprüchen und den Ausgleichsansprüchen darzustellen. Mit §§ 985, 986 ist dann dieses Tatbestandsmerkmal vorweggenommen und es kann bei der weiteren Prüfung darauf Bezug genommen werden. Dies kann man sprachlich elegant beispielsweise mit folgendem Aussagesatz tun: „Wie bereits festgestellt, lag die Vindikation – jedenfalls im Zeitpunkt des Herausgabeverlangens – vor".

497 Vergleichbar zweckmäßig ist es, zuerst § 894 zu prüfen. Ist der Grundbuchberichtigungs-anspruch zu bejahen, bleibt für die Kondiktion nach § 812 nur der „Buchbesitz".

---

16 Warum eigentlich, im Gesetz steht das doch gar nicht? – Weil bei bestehendem Recht zum Besitz die Unterscheidung nach der subjektiven Qualität des Besitzerwerbs (redlich, bösgläubig, deliktisch) sinnlos wäre. Bedenke: Nicht für's Richtigmachen gibt es Punkte, sondern für die präzise knappe Begründung.

e) Delikt und ungerechtfertigte Bereicherung

Die Anspruchsnormen aus diesen beiden gesetzlichen Schuldverhältnissen schließen die entsprechenden Sachgruppen von Anspruchsinhalten (Schadensersatz, Herausgabe- und Ausgleichsansprüche) ab.   498

Innerhalb der Gruppen muss der Schadensersatz aufgrund des Eigentümer-Besitzer-Verhältnisses (§§ 989, 990) vor demjenigen aus Delikt, ebenso der Nutzungsersatz nach §§ 987, 990 vor demjenigen aus Bereicherungsrecht erörtert werden.   499

§ 816 ist in beiden Tatbestandsvarianten (Abs. 1 S. 1 und Abs. 2) gegenüber § 812 vorrangig. Und über die Gruppen hinweg muss gedanklich der Bezug zwischen Delikt und der oftmals parallelen Eingriffskondiktion hergestellt werden.   500

3. Aufbau einzelner Anspruchsnormen sowie der Verfügungsgeschäfte

Anspruchsgrundlagen haben als Tatbestandsvoraussetzung zumeist mehrere Merkmale. Ihr Aufbau aus allen diesen Tatbestandsmerkmalen ist dann zwingend. Das gilt zumeist auch für die Reihenfolge, in welcher die verschiedenen Tatbestandsmerkmale der Norm zu prüfen sind. Die hierbei hilfreichen Prüfungsschemata haben wir bereits erwähnt.   501

So setzt ein Schadensersatzanspruch als vertraglicher Sekundäranspruch nach § 280 aus Gründen der Logik (1) ein Schuldverhältnis voraus, sodann (2) eine konkrete Pflicht daraus, die (3) verletzt wurde, und es kann erst dann (4) die Verantwortlichkeit des Schuldners ermittelt werden (§§ 280 Abs. 1 S. 2, 276 Abs. 2 – sofern ausnahmsweise keine strengere oder mildere Haftung besteht).   502

Die dabei nach § 276 Abs. 2 „im Verkehr erforderliche Sorgfalt" kann nur im Hinblick auf eine ganz konkrete Pflicht und die Erfordernisse zu ihrer Erfüllung bestimmt werden, wie erst die Verletzungshandlung zeigen kann, ob die erforderlich Sorgfalt „außer Acht" gelassen worden war.   503

Vergleichbares gilt etwa bei § 823 Abs. 1 für das Verhältnis von Verschulden und Rechtswidrigkeit. Erst *das Verbot* eines Verletzungserfolgs oder einer Verletzungshandlung lässt die Frage nach einer objektiven Pflichtverletzung zu.   504

Im Bereicherungsrecht muss gleichfalls erst die erlangte Rechtsposition (das Erlangte) festgestellt werden, ehe die Umstände des Erwerbs („durch Leistung oder in sonstiger Weise") ermittelt werden können und v.a. bevor Ausführungen zum (fehlenden) Rechtsgrund Sinn haben. Solcher Rechtsgrund (causa) hat schließlich nur die Aufgabe, eine Rechtfertigung des Behaltendürfens zu geben.   505

> Prüfungsschemata zu den wichtigsten Anspruchsnormen sind deshalb erster wichtiger Bestandteil einer Arbeitsroutine.

Über die Prüfungsreihenfolge bei zweigliedrigen Rechtsinstituten wie Rücktritt oder Anfechtung, aber auch bei Übereignungstatbeständen entscheiden ausschließlich Gesichtspunkte der Zweckmäßigkeit: 506

Der Rückzahlungsanspruch aus § 346 setzt (1) eine Rücktrittserklärung voraus (§ 349), die zumeist konkludent erklärt wird, und (2) das Bestehen eines Rücktrittsgrundes (z. B. aufgrund § 323 Abs. 1 oder § 437 Nr. 2 i. V. m. §§ 440, 323 oder mit § 326 Abs. 5).   507

a) Schema zu Forderungsrechten nach Rücktritt

508

I. Anwendbarkeit des Rücktrittsrechts
 1. Ausübung eines gesetzlichen oder vertraglichen Rücktrittsrechts
 2. Rechtsfolgenverweis, z. B. bei Minderung in §§ 441 IV (Kauf), 638 IV (Werkvertrag), § 651 m II 1 (Pauschalreisevertrag); Bei Mietminderung, § 536 I, ist dagegen Bereicherungsrecht anzuwenden.
II. Rückgewähr, §§ 346 I, 348
 1. Rückgewähr der empfangenen Leistungen
 2. Herausgabe der gezogenen Nutzungen
  a) Früchte (§ 99), Gebrauchsvorteile (§ 100)
  b) Ersatz schuldhaft nicht gezogener Nutzungen, § 347 I
III. Nachrangig Wertersatz
 1. Herausgabe nach Natur des Erlangten nicht möglich (z. B. Gebrauchsvorteile/erbrachte Dienstleistung)
 2. Verbrauch, Veräußerung, Belastung, Verarbeitung oder Umgestaltung des Gegenstandes
 3. § 346 II 2: Berechnung des Wertersatzes nach vereinbarter Gegenleistung
 4. Ausschluss der Wertersatzpflicht, § 346 II
IV. Schadensersatz, §§ 346 IV, 280 ff
 1. Pflichtverletzungen nach Rücktrittserklärung nur hins. Pflichten aus dem Rückgewährschuldverhältnis
 2. Pflichtverletzungen vor Rücktrittserklärung aber nach Kenntnis des Rücktrittsgrundes, §§ 346 IV, 280 I, 241 II
V. Verwendungsersatz des Rücktrittsschuldners, §§ 347 II 1
 1. Nur notwendige Verwendungen
 2. Gegenstand zurückgegeben oder Wertersatz geleistet oder Wertersatzanspruch ausgeschlossen
VI. Aufwendungskondiktion des Rücktrittsschuldners, §§ 347 II 2
 1. Sonstige Aufwendungen des Rücktrittsschuldners
 2. Bereicherung des Rücktrittsgläubiger
 3. Rechtsfolgenverweis auf Bereicherungsrecht, §§ 818 ff

509 Vergleichbares gilt für die Anfechtung nach § 142 Abs. 1 hinsichtlich (1) der Anfechtungserklärung (§ 143) und (2) des Anfechtungsgrundes (etwa aufgrund §§ 119, 123). Deren Reihenfolge ist beliebig, sie sollte aber so gehandhabt werden, dass die Lösung des Falles möglichst umfassende Gelegenheit zur Anbringung einschlägiger Problemkenntnis bietet.

Scheitert das Gestaltungsrecht an einem Tatbestandsmerkmal, sollte zur Abkürzung und Zeitersparnis auf dieses nur dann zuerst zugesteuert werden, wenn in dem anderen Tatbestandsmerkmal keinerlei konkret aufgeworfenes, also für die Lösung interessantes Rechtsproblem steckt. Um herauszufinden, wann es sinnvoll ist, ein nicht erfülltes Tatbestandsmerkmal voranzustellen und wann es unbedingt zurückgestellt werden sollte, um sich nicht einen wichtigen Teil der Lösung abzuschneiden, musst Du präzise und systematisch den Fall durchdenken. Zur Erinnerung: Es geht nicht um die lehrbuchhafte Darstellung irgendwelcher diskutierter Meinungsstreite.

Vergleichbares gilt für die Übereignungstatbestände nach §§ 929 ff. Die Tatbestandsmerkmale der Einigung und der Übergabe haben keine logisch zwingende Reihenfolge. Scheitert die Wirksamkeit der Einigung etwa an ihrer Anfechtung (z. B. wegen eines sog. Doppelmangels), sollten interessante Probleme zu einschlägigen Übergabesurrogaten unbedingt vorangestellt werden, bevor das Verfügungsgeschäft im Ergebnis scheitern muss. Sind dagegen beide Tatbestandsmerkmal zu bejahen, sollte aus Gründen eines Spannungsbogens überlegt werden, zuerst das unproblematische mit wenigen Worten vorwegzunehmen, um dann auf die Erörterung des eigentlichen Problems zuzusteuern. Andernfalls hinge das andere etwas verloren hintan.

510

b) Schema zum Eigentumserwerb an beweglichen Sachen, §§ 929 ff.

I. **Einigung, § 929 S. 1**
  1. Einigung über den Eigentumswechsel
     a) Einigung unmittelbar zwischen Veräußerer und Erwerber
        – möglich auch antizipierte Einigung
     b) oder Einigung mittels wirksamer Vertretung (einseits oder beidseits)
        – bei *mittelbarer* Stellvertretung auf Erwerberseite
        – Geschäft für den, den es angeht (Folge: Direkterwerb)
        – Insichgeschäft, § 181 (Folge: Durchgangserwerb)
     c) auch möglich als konkludente Einigung
        – durch Übergabe der Sache
        – durch Abnahme einer tatsächlich angebotenen Sache
          (z. B. in Automaten)
  2. Inhalt der Einigung
     a) Rechtsänderung an konkret bestimmten Sachen
        (Bestimmungsgrundsatz)
     b) Bedingte oder befristete Einigung
        (z. B. bei Eigentumsvorbehalt, § 449 Abs. 1)
     c) nur ausnahmsweise: Verbindung von Grundgeschäft und dinglicher Einigung (Geschäftseinheit gem. § 139)
  3. Keine Unwirksamkeits- bzw. Nichtigkeitsgründe
     a) Mangelnde Geschäftsfähigkeit, §§ 104 ff.
     b) Anfechtung, § 142
     c) Verstoß gegen ein Verbotsgesetz, § 134 (z. B. Waffen, Drogen)
  4. Kein Widerruf der Einigung bis zur Vollendung des Rechtserwerbs (Einigsein)
     – antizipierte Einigung ist bis zur Übergabe der Sache widerrufbar
       (Umkehrschluss aus § 873 Abs. 2)

II. **Übergabe (1.) oder Übergabesurrogat (3., 4.)**
  1. Übergabe gem. § 929 S. 1
     a) Besitzerwerb auf Erwerberseite
        – Erwerber wird selbst **unmittelbarer Besitzer** durch Erlangung der Sachherrschaft, § 854 Abs. 1 (oder durch Vereinbarung, § 854

511

Abs. 2) oder **Besitzdiener** des Erwerbers (§ 855) erlangt tatsächliche Sachherrschaft
- Erwerber wird **mittelbarer Besitzer** durch Vereinbarung eines Besitzkonstitutes (§ 868) mit einem Dritten (≠ Veräußerer; sonst nur Veräußerung nach §§ 929, 930 möglich).
- Besitz wird auf **Geheiß** des Erwerbers an einen Dritten übertragen

b) Auf Veranlassung des Veräußerers zum Zwecke der Eigentumsübertragung

c) Vollständiger Besitzverlust auf Veräußererseite
- Veräußerer gibt eigene Sachherrschaft auf
- Besitzdiener des Veräußerers gibt Sachherrschaft mit dessen Einverständnis auf
- Besitzmittler des Veräußerers übergibt die Sache an Erwerber
- Besitzmittler des Veräußerers schließt mit Erwerber neues Besitzmittlungsverhältnis und beendet dadurch dasjenige mit dem Veräußerer

2. Übereignung „kurzer Hand" gem. § 929 S. 2
3. Vereinbarung eines Besitzkonstitutes, § 930
   a) Veräußerer muss Besitzer sein (mittelbarer/unmittelbarer oder Mitbesitzer)
   b) Besitzmittlungsverhältnisses zwischen Veräußerer und Erwerber
      - Rechtsgeschäftliches Besitzmittlungsverhältnis (auch antizipiert)
      - auch z. B. eheliche Lebensgemeinschaft, § 1353, oder elterliche Vermögenssorge, § 1626
4. **Abtretung** des Herausgabeanspruchs, § 931
   a) Veräußerer ist mittelbarer Besitzer
   b) Dritter ist mittelbarer oder unmittelbarer Besitzer
   c) Abtretung des Herausgabeanspruchs gem. § 870

III. Berechtigung des Veräußerers
1. **Verfügungsbefugter Eigentümer**
   Verfügungsbefugnis fehlt im Fall von
   - Verfügungen in Schwebezeit vor Bedingungseintritt, § 161 Abs. 1
   - Insolvenzverwaltung, § 81 Abs. 1 InsO
   - behördlichem oder gesetzlichem Verfügungsverbot (§§ 135, 136)
   - Ehegatten bei Verfügungen über das Vermögen im Ganzen oder Haushaltsgegenstände, §§ 1365, 1369
   - Nachlassverwaltung, § 1984 Abs. 1
   - Testamentsvollstreckung, § 2211
   - Eintritt des Nacherbfalls, § 2133 Abs. 1
2. **Kraft Gesetzes verfügungsbefugter Nichteigentümer**
   - Insolvenzverwalter, § 80 Abs. 1 InsO
   - Pfandgläubiger bei Verwertung, §§ 1204 Abs. 1, 1228 Abs. 2
   - Nachlassverwalter, § 1985 Abs. 1
   - Testamentsvollstrecker, § 2205

> 3. Kraft Einwilligung verfügungsbefugter Nichteigentümer
> – Gem. § 185 Abs. 1 zur Verfügung Ermächtigter (nur vorherige Einwilligung, nicht bei nachträglicher Genehmigung, § 185 Abs. 2 – *Unterscheidung ist für die Anwendbarkeit des § 816 Abs. 1 entscheidend*)

4. Prüfungsreihenfolge von Einwendungen

Der in diesem Werk vorangestellte Anspruchsaufbau macht deutlich, dass rechtshindernde Einwendungen (so z. B. die Nichtigkeitsgründe für Vertragsansprüche) dazu führen, dass der Anspruch erst gar nicht entsteht. Erst anschließend können rechtsvernichtende Einwendungen sinnvollerweise zum Untergang eines wirksam entstandenen Anspruchs führen und rechtshemmende Einreden seine Durchsetzbarkeit hindern. Stehen dem Schuldner mehrere Einwendungen und Einreden zu, mag es unumgänglich werden, die Prüfung „hilfsgutachtlich" fortzusetzen, etwa unter der Arbeitshypothese, dass der Anspruch zwar bereits an der einen Einwendung scheitern könnte, ggf. aber auch an einer anderen. Das hat insbesondere dann Sinn, wenn die Verteidigungsmittel dem Schuldner verschieden günstig sind.

512

▶ **Beispiel:**

513

Das wird regelmäßig etwa für die dauerhaft rechtshemmende Verjährungseinrede (§ 214 Abs. 1) zutreffen. In einem konkreten Fall mag der Schuldner zwar auch mit einer anderen Forderung (rechtsvernichtend) aufrechnen können (§§ 387 ff.), verlöre dadurch jedoch seine anderweitige Forderung mit der gegen die verjährte Gegenforderung aufzurechnen wäre. Auch die rechtsvernichtende Irrtumsanfechtung müsste unter diesem Gesichtspunkt wegen der Schadensersatzfolgen nach § 122 dahinter zurückstehen. ◀

Für den Anfänger empfiehlt sich dabei die strikte Einhaltung des Anspruchsaufbaus, der insoweit hilfsgutachtlich zu Ende zu bringen ist. Mit entsprechender sprachlicher Gewandtheit lässt sich das auch flüssig formulieren. In der Art eines zusätzlichen Tatbestandsmerkmals der Vorteilhaftigkeit könnte umgangen werden, ein endgültiges Zwischenergebnis zu geben, bevor auf die nächste Einwendung oder Einrede übergegangen wird.

Formulierungsbeispiel: „Aufgrund der festgestellten Aufrechnungslage könnte S (der in Anspruch genommene Schuldner) die Aufrechnung erklären. Die geltend gemachte Forderung wäre damit erloschen, § 389 ... (es folgt eine genaue Prüfung der Aufrechnungslage). Allerdings wäre es ihm günstiger, wenn er stattdessen die Verjährungseinrede erheben könnte ...".

II. Ausarbeiten der Lösung in der Arbeitsgliederung

Die Arbeitsgliederung ist erst vollständig, wenn die vollständige Lösung des Falles durchgeplant ist. Das Ausarbeiten der Lösung meint deshalb an dieser Stelle noch nicht die Niederschrift, sondern die inhaltliche Auseinandersetzung mit den Anspruchsgrundlagen und ihren Tatbestandsvoraus-setzungen. Es geht um die Subsumtion. In ihr wird versucht, den Sachverhalt unter eine gesetzliche Vorschrift zu bringen, welche die der Fallfrage entsprechende Rechtsfolge trägt.

514

Die bisher erwähnten Reihenfolgen und Schemata der Anspruchsgrundlagen bestimmen das weitere Prüfungsprogramm. Ziel der weiteren Ausarbeitung unserer Arbeitsgliederung ist es herauszufinden, wo die rechtlichen Schwerpunkte des Falles liegen,

515

welche Anspruchsgrundlagen für die Lösung vernünftigerweise nur in Betracht kommen und welche ihrer Voraussetzungen besonders eingehend erörtert werden müssen.

516 Wir hatten uns bislang mit dem Auffinden von Anspruchsgrundlagen, ihrer Zusammenfassung nach Sachgruppen gleicher Anspruchsinhalte und dem Aufstellen einer Reihenfolge ihrer Prüfung beschäftigt. Jetzt geht es um die Gewichtung.

517 Bei der Subsumtion werden die Anspruchsnormen und ihre Tatbestandsvoraussetzungen hypothetisch herangezogen (Obersatz), inhaltlich erläutert (Definition), und es muss dann argumentiert werden, ob ein konkreter Umstand des Falltextes diese Voraussetzungen erfüllt (die eigentliche Subsumtion). Auf diesem Weg zeigt sich, welche Bestimmungen geeignet sind, die Fallfrage positiv zu entscheiden. Das heißt jedoch nicht, dass die im Ergebnis abzulehnenden Anspruchsgrundlagen für die endgültige Niederschrift ohne Bedeutung wären. Vielmehr zeigt die Ausarbeitung der Lösung in der Arbeitsgliederung, wie naheliegend der Tatbestand für die Entscheidung des zur Prüfung gestellten Sachverhaltes ist. Nur die „abwegigen" Anspruchsgrundlagen werden letztlich aussortiert. Abwegig ist aber nicht bereits, was im Ergebnis verneint werden müsste, sondern was von seinem Anwendungsbereich neben der Sache liegt.

Gerade Abgrenzungsschwierigkeiten ebenso wie das Erkennen von Ausnahmetatbeständen, oft in weiteren Absätzen derselben Vorschrift oder einer vorausgehenden oder folgenden Vorschrift normiert, sind beliebte Klausurschwerpunkte und entsprechend ausführlich zu erörtern. Die gute Arbeit zeigt sich gerade in solcher Schwerpunktsetzung und Gewichtung. Es gilt Wesentliches von Unwesentlichem zu unterscheiden und das Wichtige inhaltlich und damit auch nach dem äußeren Umfang entsprechend zu gewichten.

Die Gefahr aller Schemata liegt speziell darin, sie wie eine Checkliste abzuarbeiten. Das ist hinsichtlich der gedanklichen Befassung mit dem Schema nicht ganz falsch. Aber doch nur um festzustellen, was konkret relevant ist oder gar problematisiert werden muss. Die Falllösung besteht gerade nicht darin, ein Schema auszufüllen. Sie muss die einzelnen Prüfungsschritte gewichten, problematisieren und auch weglassen.

518 Bevor wir sogleich dazu kommen, wie bei der Subsumtion der Bezug zwischen Fallgestaltung und der einschlägigen Vorschrift mit ihren jeweiligen Tatbestandsmerkmalen gesucht werden muss und in Aufgabentext und Norm parallel der richtige Aufhänger jeder Erörterung gefunden werden muss, soll noch eine inhaltliche Hilfestellung gegeben werden: Möglichst frühzeitig sollte man sich gewisse **Arbeitsroutinen** in der Prüfung zusammenhängender und voneinander abhängiger Anspruchsgrundlagen angewöhnen.

519 ▶ Beispiele:

(1) Versagt ein vertraglicher Erstattungsanspruch, so ist in jedem Fall an Aufwendungsersatz aus Geschäftsführung ohne Auftrag und das Abschöpfen erlangter Vorteile durch einen Anspruch aus ungerechtfertigter Bereicherung zu denken.
(2) Soll die unbefugte Benutzung einer fremden Sache ersetzt werden, kann dies auf vertraglicher Basis erfolgen (positive Forderungsverletzung, § 280 Abs. 1), und es ist ggf. auch an den „faktischen Vertrag" (Grundsätze des fehlerhaften Vertragsverhältnisses) zu denken. Parallel dazu werden zumeist Schadensersatzansprüche nach § 823 Abs. 1 (Eigentumsverletzung) wie auch nach Abs. 2 in Verbindung mit einem (strafrechtlichen) Schutzgesetz, ggf. auch nach § 826 naheliegend sein. Der unbefugte Gebrauch ist weiterhin der häufigste Anwendungsfall des Nutzungsersatzes nach der Eingriffskondiktion (§ 812 Abs. 1 S. 1, 2. Alt). Beachtung muss im Fall unbefugter Benut-

zung fremder Sachen stets auch dem Eigentümer-Besitzer-Verhältnis (§§ 987 ff. mit der Sperrwirkung in § 993 Abs. 1 a.E.) geschenkt werden. Schließlich kann aufgrund einer Geschäftsanmaßung ein schuldrechtlicher Herausgabeanspruch nach §§ 677, 681 S. 2, 687 Abs. 2 noch (kurz) erwähnenswert sein.

(3) Wird mit unterschlagenem oder gestohlenem Geld eingekauft, so scheitert die Geldvindikation beim Dritten (§ 985) an der wirksamen Verfügung über das Geld nach § 932 wegen § 935 Abs. 2. Die Vindikation des damit bezahlten Kaufgegenstandes nach § 985 scheidet ebenfalls aus, weil die Übereignung an den Dieb nach § 929 wirksam war. Ist die dingliche Rechtslage am Geld damit geklärt, kann geprüft werden, ob ein obligatorischer Herausgabeanspruch an dem Kaufgegenstand nach § 816 Abs. 1 S. 1 besteht (so die h.M.).
Da der Übeltäter das fremde Geld nicht mehr herausgeben kann, ist sodann an den Surrogationsanspruch des § 285 zu denken. Dieser ist jedoch nur auf schuldrechtliche Herausgabeansprüche anzuwenden, nicht auf den dinglichen nach § 985. – Hierin ist deshalb der Diebstahl des Geldes von seiner (veruntreuenden) Unterschlagung zu unterscheiden. Die veruntreuende Unterschlagung setzt im Unterschied zum Diebstahl bereits früher eingeräumten Fremdbesitz voraus (vgl. § 246 Abs. 2 StGB). Solcher Fremdbesitz beruht aber regelmäßig auf einem vertraglichen oder gesetzlichen Schuldverhältnis (Miete, Leihe, Verwahrung etc.), welches seinerseits wiederum einen schuldrechtlichen Herausgabeanspruch begründet hätte. Darauf ist § 285 anzuwenden.
Selbstverständlich liegt hinsichtlich des Geldes ein Eigentumsdelikt vor, für welches auch nach § 823 Abs. 1 und nach Abs. 2 gehaftet wird (zwei getrennte Anspruchsgrundlagen, welche in einem solchen Fall aber miteinander verbunden werden könnten, weil keinerlei Schwierigkeiten darin liegen). Schließlich stellt die Verausgabung fremden Geldes wiederum eine angemaßte Eigengeschäftsführung dar (§ 687 Abs. 2), welche den bereits erwähnten Surrogationsanspruch nach § 667 gibt.
Dieser Fall gibt später noch ein schönes Beispiel für die notwendige Differenzierung, wenn das Geld, anstatt für den Einkauf genutzt, entweder verschenkt worden wäre oder der mit dem Geld erworbene Kaufgegenstand anschließend verschenkt würde. ◀

Typische Routinen sollten auch für den Ersatz von Verletzungen im Rahmen von Gefälligkeitsverhältnissen bekannt sein.

▶ **Beispiel:**

Zuerst ist ausgehend von der Interessenlage der Beteiligten (etwa angesichts drohender Schäden) ein Garantievertrag zu prüfen. Sodann ist an Aufwendungsersatz nach § 670 zu denken, wobei Schäden keine freiwilligen Vermögensaufwendungen sind, aber diesen u.U. gleichgestellt werden können (freiwillige Übernahme eines spezifischen Schadensrisikos). Ist der Auftrag mangels Rechtsbindungswillens zu verneinen, könnte der Anspruch ggf. über §§ 670, 683 bestehen. Mangelnde Vorkehrungen des Geschäftsherrn zur Schadensvermeidung können sodann weiterhin Schadensersatzansprüche wegen Nebenpflichtverletzungen aus einem Auftragsverhältnis begründen (§§ 280 Abs. 1, 241 Abs. 2) und davon unabhängig nach § 823 Abs. 1 im Falle der Verletzung allgemeiner Verkehrssicherungspflichten.
Wo die verschuldensunabhängige Gefährdungshaftung (z. B. Tierhalterhaftung aus § 833) einschlägig ist, sollte zuvor die schuldhafte Verletzung einer Verkehrssicherungspflicht (zu erörtern sind Fragen wie: War ein Maulkorb für den Hund angeraten? War die Baustelle ausreichend gesichert?) nach § 823 Abs. 1 behandelt werden. ◀

1. Normanwendung

Es geht nun also um den inneren Bau der juristischen Arbeit. Erst die Subsumtion sagt uns, welche Tatbestandsmerkmale und Anspruchsgrundlagen in einem Sachverhaltsgeschehen rechtlich verwirklicht wurden.

> Bedenke aber, dass es verkehrt wäre, allein hierauf den Blick zu richten und etwa nur diese Methodik zu erlernen. Wie bereits früher ausgeführt, besteht die juristische Arbeitsweise zu einem Gutteil in der Anwendung des im BGB zugrunde geleg-

ten Regel-Ausnahme-Schemas. Zwar ist die Normanwendung die notwendige Technik zur Gegensatzbildung und Unterscheidung von Begriffen, wodurch der Lösungsweg die dem BGB eigene Dynamik erhält. Ohne fachlich-inhaltliche Kenntnisse und ohne Überblick über die Prüfungsreihen bleibt solches Werkzeug jedoch wirkungslos, weil Du nicht weißt, wo es anzusetzen und einzusetzen ist.

523 Es geht bei der Normanwendung mithin um die juristische Prüfung. Da dies im Rahmen einer konkreten Aufgabenstellung anhand des Falltextes zu erfolgen hat und Maßstab der Prüfung die geltende Rechtslage ist, muss die Darstellung als wichtigstes Prinzip in jedem Satz den Bezug zwischen Sachverhalt und Norm herstellen.

524 Zuerst ist deshalb – zumindest, wenn mehrere gestellt sind – die zu behandelnde Fallfrage wiederzugeben. Anschließend sind bei Bedarf die jeweiligen Zweipersonenverhältnisse getrennt zu behandeln. Innerhalb dieser können unterschiedliche körperliche Gegenstände betroffen sein, welche jedenfalls in der Arbeitsgliederung (Lösungsskizze) getrennt untersucht werden sollten, um das auf jeden Fall vorhandene *Unterscheidungskriterium* in ihrer rechtlichen Behandlung herauszufinden. Je nach Umfang des Prüfungsprogramms kann es sich empfehlen, die verschiedenen Sachgruppen gleicher Anspruchsinhalte als weitere Gliederungsziffern bzw. Überschriften vorzusehen. Dies hilft in der Arbeitsgliederung, Vollständigkeit aller relevanten Anspruchsgrundlagen zu erreichen.

525 Ist so das konkrete Begehren klargestellt, muss dieses auf jeden Fall in der formulierten Arbeitshypothese mit einer bestimmten Norm verknüpft werden („V könnte Zahlung des Kaufpreises aufgrund des Kaufes von K verlangen, § 433 Abs. 2"). Dabei muss die Anspruchsgrundlage so umfassend und genau als möglich zitiert werden. Das ist keineswegs Selbstzweck, sondern dient Dir und Deinem Leser als Orientierung: Die Anspruchsgrundlage gibt das Programm – die nachfolgenden Prüfungsschritte – wieder. Daher solltest Du Dir die konkrete und komplette Anspruchsgrundlage bereits in der Arbeitsgliederung notieren. Da hierbei die Vorschriften ohnehin nachgeschlagen werden müssen, vermeidet man so das sonst bei der Niederschrift wiederholt erforderliche, zeitaufwendige Blättern im Gesetz.

> Allzu oft werden Paragrafen, die mehrere Sätze oder Absätze haben, ungenau zitiert. Liegt der Grund dafür in Deiner eigenen Unsicherheit, muss diese beseitigt und eine Entscheidung getroffen werden. Denn es handelt sich nicht um eine lästige Formalie, sondern genau davon hängt der weitere Prüfungsgegenstand ab. Ohne die entsprechende inhaltliche Notwendigkeit wäre die Vorschrift selbst ebenfalls undifferenzierter ausgestaltet. Vielmehr handelt es sich um inhaltlich verschiedene Vorschriften, die in dem einen Paragrafen bloß zusammengefasst wurden. Abschrenkendes Beispiel ist die leider recht oft anzutreffende Prüfung, jemand könnte einen „Anspruch aus § 812" haben.

526 Das Denken von der Rechtsfolge her zwingt, den Bezug von Sachverhalt zur Norm herzustellen. Denn weder gibt eine Norm aus sich selbst heraus ein Urteil über konkrete Umstände ab, vielmehr müssen die konkreten Umstände an der Norm gemessen werden. Noch ließe sich ein konkreter Fall allein aus sich selbst heraus beurteilen (jedenfalls nicht in Anbetracht des durchgängig auf einem Pflichtenkatalog aufbauenden BGB).

527 Der Bezug von Sachverhalt und Rechtsnorm ist nicht nur in der Arbeitshypothese herzustellen, sondern für jedes („problematische") Tatbestandsmerkmal in einem Ober-

satz, von dem ausgehend es zu prüfen ist. Dies verlangt einerseits, den Sachverhalt exakt zu erfassen und mit ihm zu denken. Zugleich darf der Bearbeiter den genauen Inhalt des einzeln zu behandelnden Tatbestandsmerkmals nicht aus dem Blick verlieren. Gravierende Fehler im Aufbau, die sich aber auch inhaltlich auswirken, entstehen dadurch, dass zusammenhängende Fragen im Sachverhalt nicht als solche erkannt werden. Umgekehrt werden die unterschiedlichen rechtlichen Bezüge von sachlich zusammenhängenden Fragen nicht erkannt. Dadurch wird einerseits der Sachverhalt schlecht ausgewertet, andererseits der streng nach den Rechtsfolgen gegliederte Anspruchsaufbau verlassen. Hierin liegt der wohl häufigste Anfängerfehler.

▶ **Beispiele:** 528

(1) Wir hatten bereits den Fall des routinemäßig gebrachten nächsten Bieres (Rn. 427), stattdessen der Gast lieber auf ein Wasser umgestiegen wäre, und das er deshalb entsprechend austauschen lässt. Stellt sich hier die Frage, was zu bezahlen ist, kann nicht von „dem Kaufvertrag" ausgegangen werden, sondern sind zwei Orders zu trennen: ein vielleicht konkludent geschlossener (gemischter) Kauf über das nicht gewünschte Bier, ein anderer über das Wasser (die Umbestellung ist rechtlich nicht anders zu fassen).
(2) Bestellt ein Gast im Restaurant ein Menü und nimmt sich den Salat irrtümlich aber fälschlich vom ebenfalls aufgebauten Salatbuffet, so wäre es bei der Erörterung seiner Zahlungspflicht unsinnig, vom Vertrag über das Menü auszugehen. Dazu gehörte das Buffet laut Sachverhalt objektiv nicht. Vielmehr fragt sich, ob durch die Selbstbedienung des Gastes ein weiterer Vertrag zustande gekommen ist. Nur dieser könnte den zusätzlichen Zahlungsanspruch vertraglich begründen. Erst im Rahmen der Gegenrechte des Gastes kann überlegt werden, ob der im Menüpreis kalkulierte Wert des eingesparten Salatganges anzurechnen ist. Die Anrechnung wäre eine rechtsvernichtende Einwendung, die im Gesetz nicht gesondert geregelt ist (vgl. § 326 Abs. 2 S. 2 als Grundlage).
(3) Irrt sich eine Partei bei der Abgabe der auf einen Vertragsschluss gerichteten Willenserklärung, so darf z. B. der Irrtum nach § 119 Abs. 1 nicht im Zusammenhang mit der inhaltlichen Übereinstimmung von Angebot und Annahme dargestellt werden. Allein die Auslegung des nach dem objektiven Empfängerhorizont zu ermittelnden Inhalts beider Willenserklärungen führt an dieser Stelle (trotzdem oder gerade) zum Zustandekommen des Vertrages mit diesem Inhalt. Das ist ja gerade der Sinn der Inhaltsbestimmung nach dem objektiven Empfängerhorizont (anderenfalls läge Dissens vor). – Erst recht ist die Anfechtung (§ 142 Abs. 1) mit keinem Wort zu erwähnen! Erst nach Feststellung des Vertragsschlusses als Zwischenergebnis wäre zu prüfen, ob die Wirksamkeit des Vertragsverhältnisses durch Anfechtung rückwirkend beseitigt werden kann (rechtsvernichtende Einwendung). Es wäre ein grober Fehler, bereits den Vertragsschluss durch die Anfechtung scheitern zu lassen. Der Irrtum ist dabei lediglich eine alternative Voraussetzung des Gestaltungsrechts der Anfechtung. Und dafür greift er tatbestandlich unter anderem(!) auf die abweichende objektive Auslegung der Willenserklärung vom subjektiv gewollten zurück (hat aber noch weitere Voraussetzungen): „wenn anzunehmen ist, dass...", § 119 Abs. 1).
(4) Ähnliche Aufbauprobleme stellen sich beim Scheingeschäft, etwa wenn ein Grundstückskaufvertrag einvernehmlich zwischen Käufer und Verkäufer mit einem niedrigeren als dem tatsächlich zu zahlenden Kaufpreis beurkundet wird, um Steuern und Notargebühren zu sparen. Es ist dabei von zwei möglichen Kaufverträgen auszugehen. Der eine ist nach § 117 Abs. 1 nichtig, weil beiden Willenserklärungen der Rechtsbindungswille fehlt (die Formulierung in § 117 Abs. 1 ist missverständlich, es fehlt bereits tatbestandlich am Vertragsschluss des Scheingeschäfts). Die Beurkundung des nicht existenten Vertrages ändert daran nichts, sondern ist rechtlich ein Nullum. Die Rechtsfolgen richten sich vielmehr allein nach dem anderen, inhaltlich gewollten, aber verdeckten Vertrag (§ 117 Abs. 2). Angebot und Annahme des Inhalts des verdeckten Geschäftes liegen vor. Allerdings scheitert die Wirksamkeit in diesem Fall an der rechtshindernden Einwendung fehlender Form (§§ 311 b Abs. 1 S. 1, 125 S. 1). Wird nun der Eigentumswechsel des Grundstücks später im Grundbuch eingetragen, heilt dies die Unwirksamkeit des verdeckten Geschäfts (§ 311 b Abs. 1 S. 2). Dass diese Eintragung aufgrund des tatbestandlich inexistenten Scheingeschäftes erfolgte, ändert nichts daran, dass dadurch das andere, gewollte und zustande gekom-

mene Vertragsverhältnis vollzogen wird. Eben dieses ist die Rechtsfolge aus § 117 Abs. 2. Wer hier nicht zwei Vertragsprüfungen getrennt hintereinander vornimmt, verdirbt die Lösung ganz. ◄

529 Besonders klausurwichtige Beispiele, in denen sachlich zusammenhängende Fragen durch den Anspruchsaufbau getrennt werden müssen, liegen in Allgemeinen Geschäftsbedingungen. Liegen einem Vertrag AGB zugrunde, ist es gänzlich verfehlt, diese etwa beim Vertragsschluss oder der Wirksamkeit des Vertragsverhältnisses abzuhandeln. Rechtlich handelt es sich um eine Vielzahl einzelner Klauseln mit je einer selbstständigen Rechtsfolge. Prüfungsgegenstand sind daher nicht „die AGB", sondern jede einzelne Rechtsfolge einer bestimmten Klausel für sich. *Diese Rechtsfolge* gibt im Anspruchsaufbau auch die Stelle an, an welcher die separate Klausel zu erörtern ist.

▶ Wird in AGB z. B. eine verkürzte Verjährungsfrist für die Käuferrechte bei Mängeln eines Kaufgegenstandes bestimmt, so ist diese Klausel als rechtshemmende Einrede und somit erst ganz zum Schluss der Anspruchsprüfung eines vom Käufer geltend gemachten Mangelrechtes nach § 437 darzustellen. An dieser Stelle ist zu erörtern, ob es sich um eine AGB-Klausel handelt (§ 305 Abs. 1) und ob diese Bestandteil des konkreten Kaufs geworden ist (§ 305 Abs. 2, ggf. § 310 Abs. 1). Daran anschließend ist der Inhalt der Klausel zu kontrollieren (vgl. etwa § 309 Nr. 8 b) ff)). Danach steht als Zwischenergebnis entweder dem Verkäufer die Verjährungseinrede aufgrund dieser einzelnen Klausel zu. Oder die Klausel ist bei Verstoß gegen die §§ 305 ff. nach § 306 Abs. 1 nichtig und es bliebe bei der gesetzlichen Verjährungsfrist nach § 438 Abs. 1 Nr. 3, Abs. 2.
Sind im selben Fall noch weitere Klauseln zu berücksichtigen, gilt diese Vorgehensweise jeweils entsprechend, wobei die Voraussetzungen des Einbeziehens in den Vertrag sicherlich jedes Mal weitgehend gleich zu behandeln sein werden und durch Verweis zu erledigen sind (allerdings kann die Einbeziehung im Einzelfall unterschiedlich an § 305 c – überraschende Klausel – scheitern). ◄

530 Dieser Prüfungsaufbau ist auch im Verbrauchsgüterkauf zwingend.

▶ Vergleichbar ist der Verbrauchsgüterkauf (§ 474 ff.) kein eigenständiger Vertragstyp. Vielmehr ordnet er einzelne, von den §§ 433 ff. abweichende Rechtsfolgen für besondere Fallgestaltungen an. Beim Zustandekommen des Kaufs ist daher weder auf die Verbraucher- noch die Unternehmereigenschaft oder sonst auf §§ 474 ff. einzugehen. Vielmehr gilt exemplarisch für die Beweislastumkehr in § 477 hier Folgendes: Auszugehen ist vom Gewährleistungsanspruch des Käufers, etwa §§ 437 Nr. 1, 439. Eine Anspruchsvoraussetzung dafür ist das Vorliegen eines Mangels nach § 434 und zwar im Zeitpunkt des Gefahrübergangs (§ 434 Abs. 1 S. 1). Ist im Sachverhalt nun unklar, ob ein Defekt erst später aufgetreten sei, ist für das rechtzeitige Vorliegen des Mangels *an dieser Stelle* von § 477 auszugehen. Sein sachlicher und persönlicher Anwendungsbereich ist dafür nunmehr *hier* nach § 474 Abs. 1 festzustellen.
Ganz entsprechend verhält es sich z. B. im Fall des Unternehmerregresses für die ihn treffende verbraucherspezifische Gewährleistung gegenüber seinem Lieferanten nach §§ 478 Abs. 1, 445 a Abs. 2. Solcher Regress ist ebenfalls normales Käuferrecht aufgrund mangelhafter Kaufsache nach § 437 mit den dort genannten Tatbestandsmerkmalen. Der selbstständige (§ 445 a Abs. 1) und der unselbstständige (§ 445 a Abs. 2) Unternehmerregress ermöglicht dem jeweiligen Lieferanten/Verkäufer parallel zu den ihn treffenden Gewährleistungspflichten seinerseits inhaltlich gleiche in seinem Verhältnis zum Vorlieferanten geltend machen zu können (also Regress zu nehmen). ◄

531 Die im BGB aufgeführten Normenkomplexe zu Verbraucherverträgen sind ebenfalls im Hinblick auf die unterschiedlichen geregelten Rechtsfolgen zu „zerreißen und stückweise" in die Lösung eines entsprechenden Falles einzubauen. Das gilt für die „Besonderen Vertriebsformen" in den §§ 312 ff. ebenso wie für die den Verbraucherdarlehensvertrag (§§ 491 ff.) und die Finanzierungshilfen (§§ 506 ff.) und den Ratenlieferungsvertrag in § 510.

D. Strukturieren der Lösung

▶ **BEISPIEL:**

Erwerb eines Rudergerätes an der Haustür der Mietwohnung. Da der erwünschte Abnehmerfolg trotz intensiven Trainings nicht eintritt, stellt Käufer das Gerät frustriert in sein verschlossenes Kellerabteil, wo es später gestohlen wird. Als er erfährt, dass seine Fitnesstrainerin nebenbei Jura studiert, will er von ihr wissen, ob er den Kaufpreis zurückbekommen könne. Seit Lieferung sind gut 6 Monate vergangen und es stellt sich heraus, dass er keine Widerrufsbelehrung unterschrieben hatte.

Käufer (K) könnte von Verkäufer (V GmbH) den Kaufpreis nur zurückverlangen, wenn er sich wirksam vom Kaufvertrag lösen könnte. Anspruchsgrundlage: § 357 I BGB

Hier: Lösung vom Kaufvertrag gem. § 355 I 1 BGB durch Widerruf

I. Voraussetzungen
(+), wenn K Verbraucher und Gesetz Widerrufsrecht einräumt
1. *K = Verbraucher i.S.d. § 13 BGB (+)*
2. *Widerrufsrecht aus § 312 g I BGB (+), wenn „Haustür"geschäft*
   a) *Anwendbarkeit gem. §§ 312 I 1, 310 III*
   b) *Vertrag über entgeltliche Leistung (+), Kaufvertrag*
   c) *zwischen Unternehmer und Verbraucher (+), V als GmbH = Unternehmer i.S.d. § 14 BGB*
   d) *gem. § 312 b I 1 Nr. 1 (Definition) außerhalb Geschäftsräume der V (+), Mietwohnung des K*
3. *Kein Ausschluß des Widerrufsrechts gem. § 312 II Nr. 12 (+)*
4. *Zw.Erg.: K steht grundsätzlich Widerrufsrecht zu.*
5. *Ist eine fristgerechte Ausübung des Widerrufsrechts noch möglich?*
   a) → *innerhalb von 2 Wochen, § 355 II BGB?*
   b) *Fristbeginn mit Warenerhalt, § 356 II Nr. 1 lit. a)*
      Ausnahme: kein Fristbeginn ohne Belehrung, § 356 III 1, hier: (+)
   c) *Erlöschen spätestens gem. § 356 III 2 (12 Mon. 14 Tage) (-)*
   d) *Zw.Erg.: K kann das Widerrufsrecht noch ausüben*
6. *Form, § 355 I 2 BGB: begründungslos und formlos, denn Rücksendung unmöglich (Diebstahl).*

II. Rechtsfolgen des Widerrufs
1. *K ist an ihre Vertragserklärung nicht mehr gebunden, § 355 I 1 BGB*
2. *Nach §§ 357 I 1, 346 BGB kann K den Kaufpreis von V zurückverlangen.*
3. → *Rückgabe des Kaufgegenstandes*
   a) *Rückzahlung des Kaufpreises an sich nach Vorleistungspflicht des Verbrauchers, § 357 IV*
   b) *Rückgabe des Gerätes, § 357 I, (-) wegen des Diebstahls*
   c) *Wertersatz statt Rückgabe, § 357 VII (-), denn*
      kein „Umgang" mit der Ware (Nr. 1); i.ü. keine Belehrung (Nr. 2)
   d) *Weitergehende Haftung auf Nutzungsentschädigung (-), § 361 I*
   e) *Haftung aus Delikt etc. (-) mangels Verschulden des K*

III. Ergebnis

Dem K ist anzuraten, seine auf den Abschluss des Kaufvertrages gerichtete Willenserklärung gegenüber der V GmbH zu widerrufen. Dann kann er den Kaufpreis zurückverlangen, ohne der V GmbH irgendwelchen Ersatz für das gestohlene Rudergerät leisten zu müssen. ◀

▶ **BEISPIEL:**

532

Zahlreiche weitere Formvorschriften betreffen als rechtshindernde Einwendungen entweder bereits das Zustandekommen eines Verbrauchervertrages (z. B. § 312 j Abs. 4 hinsichtlich der Pflichten aus Abs. 3) oder seine Wirksamkeit, indem sie mit Nichtigkeitsfolge bewehrt sind (z. B. § 494 Abs. 1). Die Rückforderung bereits ausgetauschter Leistungen erfolgt dann nach Bereicherungsrecht (§ 812 Abs. 1 S. 1 1. Alt.).

Für die Fallbearbeitung wichtig sind zuerst Vorschriften, welche als rechtsvernichtende Einwendungen gegen ein Forderungsrecht oder spiegelbildlich im Rahmen eines Rückforderungsrechtes einer bereits erbrachten Gegenleistung in den Anspruchsaufbau einzubauen sind. Die besonderen Vertriebsformen gewähren ein Widerrufsrecht (§§ 312 g, 495, 506–512). Seine wirksame Ausübung ist nach § 355 Abs. 1 rechtsvernichtende Einwendung, das ex nunc zum Untergang bestehender Forderungsrechte führt. Der Widerruf verpflichtet sodann zur Rückerstattung bereits ausgetauschter Leistungen, wobei für den Widerruf die Modalitäten der Rückgewähr in §§ 355 Abs. 3, 357 ff. gesondert geregelt sind (ähnlich dem Rücktritt). Besondere Formvorschriften im Zusammenhang mit dem Widerrufsrecht beeinflussen den Beginn der Widerrufsfrist (§§ 355 Abs. 2, 356 Abs. 3 ff.).

Manche Formmängel geben eine rechtsvernichtende Kündigungsmöglichkeit eines Dauerschuldverhältnisses oder modifizieren den Vertragsinhalt (etwa die geschuldete Zinshöhe, vgl. § 494 Abs. 2, 3). Zum Teil sind Formvorschriften auch nur als Schutzpflichten ausgestaltet (z. B. § 312j Abs. 1, 2) und ihre Verletzung führt zu einem Schadensersatzanspruch nach §§ 280 Abs. 1, 241 Abs. 2, 311 Abs. 2.

§§ 498, 506 modifizieren die Rücktrittsmöglichkeiten der Unternehmers nach § 323 Abs. 1 zugunsten des Verbrauchers bei Zahlungsverzug, was sich beispielsweise auch im Rahmen von § 449 Abs. 2 auswirken kann (Rücktritt beim Eigentumsvorbehalt zur Verwertung der Sicherheit nötig) und dann exakt an dieser Stelle zu prüfen wäre.

Im Detail betrachtet, sind die Regelungen in jeder Hinsicht erschreckend. Umso wichtiger ist es, sie über die in den verschiedenen Absätzen versteckten Rechtsfolgen als Aufhänger vom richtigen Ende her „aufzudröseln". Der Anspruchsaufbau (Relationsmethode) erweist sich in diesem Bereich einmal mehr als Instrument von unschätzbarem Wert. ◄

533   Ebenso erfolgt die Anwendung des HGB als Sonderprivatrecht der Kaufleute hinsichtlich der Vorschriften zum Handelsstand (§§ 1 bis 104 HGB) und der §§ 343 bis 382 zu den Handelsgeschäften mit dem Handelskauf.

534   ▶ **Beispiel:**

§ 377 Abs. 2 und ebenso Abs. 3 HGB sind zusätzliche rechtsvernichtende Einwendungen gegen Ansprüche aus § 437 BGB. Gewährleistungsrechte des Handelskäufers aus § 437 BGB erlöschen im Falle versäumter Untersuchungs- und Rügeobliegenheiten. Im Prüfungsaufbau sind also „ganz normal" Nacherfüllung oder Rückzahlung infolge Rücktritts oder Minderung oder auch Schadensersatz wegen eines Mangels zu prüfen. Ist der Anspruch mit allen Voraussetzungen (z. B. Fristsetzung bzw. § 440; zusätzlich: Verschulden für den Schadensersatz) zu bejahen, dann kann er zuletzt an § 377 HGB scheitern.

§ 366 Abs. 1 HGB ergänzt die Vorschriften des gutgläubigen Erwerbs nach §§ 932 ff. BGB, als der gute Glaube an die Verfügungsbefugnis (statt an das Eigentum) des Veräußerers genügt. Auszugehen ist also vom fehlenden Eigentum. Anschließend ist eine Verfügungsberechtigung zu prüfen (§ 185 Abs. 1 BGB). Fehlt sie, wurde sie wirksam widerrufen oder fiel eine auflösende Bedingung weg, kommt es auf den guten Glauben des Erwerbers an. Im Sinne eines Spannungsbogens sollten zuerst die §§ 932 direkt angewandt werden und erst anschließend nochmals, jetzt modifiziert durch § 366 HGB. ◄

> Diese Beispiele sollen Dir zum Verständnis der entsprechenden Regelungsmaterien dienen. Es handelt sich nicht in erster Linie um Aufbauprobleme der Fallbearbeitung, sondern um das richtige inhaltliche Verständnis und die richtige Anwendung der auf bestimmte Rechtsfolgen gerichteten gesetzlichen Vorschriften! Der Aufbau Deines Gutachtens zeigt schon in der Gliederung, ob Du inhaltlich die Vorschriften verstanden hast.

▶ In einem weiteren Beispiel soll gezeigt werden, dass sich sachlich zusammenhängende Fragen auch auf unterschiedliche Anspruchsgrundlagen auswirken können: Bleibt unter Freunden unklar, ob ein ausgelesenes und dem anderen übergebenes Buch ihm geschenkt oder verkauft worden sein soll, ist diese Abgrenzung nicht einheitlich vorzunehmen. Macht der eine den Kaufpreisanspruch geltend, ist dafür nur festzustellen, ob ein Kauf vorliegt. Wird dies verneint, scheitert der Anspruch. Anschließend mag er dann Rückgabe des Buches verlangen. Erst für den Anspruch aus Leistungskondiktion nach § 812 Abs. 1 S. 1 1. Alt. kommt es dann darauf an, ob der Rechtsgrund der ursprünglichen Zueignung des Buches in einem Schenkungsvertrag liegt. ◀

535

Um den Bezug zwischen Sachverhalt und Gesetz herzustellen, bedarf es jeweils eines „Aufhängers". Bereits bei der Sachverhaltsinterpretation hatten wir gelernt, die Erzählung nach solchen Umständen abzusuchen, die besonderen Rechtsinstituten entsprechen können.

536

▶ Beispiel:

537

Als Beispiel sei nochmals aufgegriffen, dass es auffallen muss, wenn die Handelnden oder auch nur einer von ihnen, z. B. Kaufmannseigenschaft haben. Gerade wenn die Klausur nicht schwerpunktmäßig typische Handelsgeschäfte zum Gegenstand hat, wie etwa den Kommissionsvertrag (§ 383 HGB), den Handelsvertretervertrag (§ 84 HGB) oder das Lagergeschäft etc., muss mit besonderer Sorgfalt überlegt werden, welche besonderen Tatbestände dadurch verwirklicht sein könnten.
So hat ein Kaufmann regelmäßig (vgl. § 1 Abs. 2 HGB) einen eingerichteten und ausgeübten Gewerbebetrieb, der gegen betriebsspezifische Eingriffe nach § 823 Abs. 1 besonders geschützt ist. Eine allzu großzügige Gutsagung eines Kaufmanns für die Schuld eines anderen kann u.U. eine formlos gültige Bürgschaftserklärung sein (§ 350 HGB als Ausnahme zu § 766 S. 1 BGB). Voraussetzung dafür ist ein Handelsgeschäft (§ 343 HGB), das den genügendem Unternehmensbezug auch beim abendlichen Bier an der Kneipentheke gegeben sein kann. Auch derart szenische Beschreibungen sind als tatsächliche Aufhänger von Rechtsfragen (Unternehmensbezug?) ernst zu nehmen. – Ist schließlich ein Käufer Kaufmann, ist an die rechtsvernichtende Einwendung (Anspruch untergegangen?) nach § 377 Abs. 2 HGB zu denken. Weitere Besonderheiten, deren Aufhänger auch eine eher nebensächliche Berufsangabe (z. B. Großhändler, Bankier) sein kann, sind das kaufmännische Bestätigungsschreiben oder die Rechtsfolgen in §§ 352 ff. HGB (Fälligkeitszinsen, Unwirksamkeit eines Abtretungsverbotes etc.) sowie häufig § 366 HGB. ◀

Selbstverständlich wird der Fall nur auf die eine oder andere solcher besonderen Rechtsfolgen hin angelegt sein. Die anderen liegen dann völlig neben der Sache und sind weder in der Arbeitsgliederung noch in der Niederschrift auch nur zu erwähnen. Die Lektüre des Falltextes ist nach dem Erkennen eines solchen Aufhängers (Kaufmannseigenschaft) aber zusätzlich daraufhin auszurichten, weitere dazu passende Hinweise zu finden, welche sich unter einzelne Vorschriften des Kaufmannsrechts subsumieren lassen.

Die Suche nach Aufhängern gilt auch in Bezug auf die Anwendung des Gesetzes. Bestimmte Rechtsinstitute liegen tatbestandlich oder in ihren Rechtsfolgen so nahe beieinander, dass es zur Gewohnheit gemacht werden muss, nicht sogleich auf dasjenige zuzusteuern, für welches der Sachverhalt eindeutige Hinweise gibt und das daher am nächstliegendsten ist. Vielmehr gehört zur Fallbearbeitung in der Klausur, naheliegende und verwandte Rechtsinstitute zumindest kurz abzugrenzen. Auch das muss bereits in der Arbeitsgliederung stichpunktartig und anhand exakter Zitierung der gesetzlichen Norm vermerkt werden, anderenfalls es bei der Niederschrift entweder vergessen würde oder die Gefahr bestünde, durch die gedankliche Beschäftigung mit einem solchen Nebengleis den roten Faden im Übrigen zu verlieren.

538

173

1. Teil Schreibwerkstatt

539 ▶ Beispiel:

Der gutgläubige Erwerb aufgrund eines Rechtsscheins (§§ 892, 932) durch Verfügung eines Nichtberechtigten gibt fast immer Gelegenheit zur Prüfung einer dinglichen Verfügungsberechtigung (§ 185 Abs. 1). Aufhänger einer solchen Verfügungsbefugnis ist etwa das zwischen dem Verfügenden und dem Berechtigten bestehende Rechtsverhältnis. Während sie im Falle eines verlängerten Eigentumsvorbehalts zu bejahen ist, wäre sie im Falle des Sicherungseigentums (§§ 868, 930) ebenso zu verneinen wie bei bloßen Nutzungsverhältnissen generell.
Im Falle einer Forderungsabtretung (§ 398) ist bei vereinbartem Abtretungsverbot zwischen Zedent und Schuldner anhand des Zwecks dieser Vereinbarung zu überlegen, ob sie wirklich dingliche Wirkung nach § 399 haben soll oder vielmehr vielleicht nur schuldrechtliche, bei Verstoß nämlich zum Schadensersatz verpflichtende Wirkung. Ist danach wirklich von § 399 auszugehen, entstand die Forderung aber aus einem beiderseitigen Handelsgeschäft, hätte das Abtretungsverbot wegen § 354a HGB wiederum keine dingliche, sondern nur schuldrechtliche Wirkung. In diesem Fall wäre dann weiter zu prüfen, ob die Forderung in ein Kontokorrentverhältnis zwischen beiden fällt (§ 355 HGB), das ihr dann doch wieder die Abtretbarkeit nähme. Letzteres setzte jedoch eine Kontokorrentabrede voraus, die nicht ohne Weiteres unterstellt werden darf, sondern im Sachverhalt einen besonderen Aufhänger haben müsste. – Wirkungsgleiche Rechtsinstitute abzugrenzen, bedeutet nicht, sie bejahen zu müssen! ◀

540 Schema: Forderungsabtretung (Zession), § 398

    I. „Dinglicher" Vertrag (Angebot und Annahme!) gem. § 398 S. 1
    II. Kein Abtretungsverbot (vgl. §§ 398 f.; beachte aber: § 354a HGB)
    III. Berechtigung des Zedenten (beachte: kein gutgläubiger Erwerb möglich!)

541 Manche solcher Abgrenzungen bedürfen Fingerspitzengefühl, um den eigenen Überblick zwar darzutun, den Leser und Korrektor aber nicht mit abwegigen Ausschweifungen zu komplizierten Rechtsfragen zu belästigen, welche die Lösung des Falles nicht voranbringen.

542 ▶ Beispiel:

Der Änderungsschneider stellt keine neue bewegliche Sache i.S.d. § 950 her, weshalb der Rückgabeanspruch des Kunden nach Auftragserledigung nicht auf Übereignung gerichtet ist. Diese Abgrenzung sollte daher auf Ausführungen zu den übrigen Tatbestandsmerkmalen in § 950 verzichten.
Wirft sich ein Gast auf einem Hoffest einem scheuenden und durchgegangenen Pferd entgegen, um es zu stoppen, ist ein Aufwendungsersatzanspruch für dabei erlittene Körperschäden aus Geschäftsführung ohne Auftrag (§§ 670, 683, 677) gegen den Veranstalter durchaus anzuprüfen. Der Anspruch wird am dafür erforderlichen Fremdgeschäftsführungswillen scheitern, weil der Gast nicht die Absicht hatte, das Tier dem Bauern zu erhalten. Er handelte vielmehr zum Schutz der Anwesenden vor der Gefahr. Inwieweit dabei auf das Standardproblem eingegangen werden soll, dass Schäden tatbestandlich keine Aufwendungen sind, sondern diesen nur in bestimmten Grenzen gleichgestellt werden, hängt davon ab, welche und wie viele andere Probleme die Klausur aufwirft. Ist es eine Schadensersatzklausur, wäre darauf eher einzugehen, als handelte es sich um einen Fall, der das Auftrags- und Geschäftsführungsrecht sowieso breit durchspielt. Folgt nämlich eine Abwandlung nach, wo sich statt des Gastes der Jockey, dessen Ein und Alles das Tier ist, ihm entgegenwirft, könnte der Fremdgeschäftsführungswille bejaht werden. Dann wäre die Erörterung des Problems der freiwilligen Übernahme eines spezifischen Schadensrisikos in diesem Zusammenhang noch umfassend genug möglich. ◀

543 Wichtig bei dieser klausurtaktischen Suche nach „unterzubringenden Standardthemen" ist, unter allen Umständen „lehrbuchartige Darstellungen" zu vermeiden. Gedankenloses Abrollen auswendiggelernter Standardsätze wäre für die Bewertung bloß

nachteilhaft. Abstrakte Darlegungen ersetzen keine Subsumtion. Jeder Satz muss einen klaren Bezug zu dem Aufhänger im Sachverhalt und dem im Gesetz haben.

Vermeide unbedingt die ohne Bezug auf den konkreten Fall zusammenhanglose Mitteilung von noch so mühsam erarbeitetem Wissen, wenn die Fallgestaltung so gar nicht in diese Richtung zielt. Besonders das Eigentümer-Besitzer-Verhältnis mit seinen zahlreichen Streitfragen bietet immer die Verlockung, Ausführungen zu noch ganz anderen Problemen im Zusammenhang mit der gerade anzuwendenden Vorschrift zu machen, die jedoch nur in anderen Fallgestaltungen relevant sind. Gleiches gilt für Hinweise auf die Auswirkung einer Streitentscheidung auf bestimmte anderweitige Bereiche und Zusammenhänge, welche zwar in einem Lehrbuch zu bedenken wären, für die Klausur aber im konkreten Fall irrelevant sind.

Während Spezialwissen deshalb oftmals schlicht nicht anzubringen ist und dann tunlichst unerwähnt bleiben sollte, musst Du ansonsten aber den Anspruchsaufbau doch genau daraufhin durchsehen, ob nicht im Rahmen etwa von Einwendungen und Einreden Gelegenheit besteht, sinnvoll und am richtigen Ort auf entsprechende Folgeprobleme einzugehen.

▶ **Beispiel:**   544

Zusammenhanglos wäre beispielsweise die Einleitung eines Anspruchs nach §§ 989, 990 mit der Behauptung, dass dafür zunächst das Bestehen der Vindikationslage zu prüfen sei. Das ist zwar inhaltlich richtig, folgt aber (als gesetzlicher Aufhänger) daraus, dass die Gleichstellung des bösgläubigen Besitzers mit einem Vindikationsbeklagten durch § 990 nur Sinn hat, wenn dieser kein Recht zum Besitz hat, worauf sich die Bösgläubigkeit überhaupt nur beziehen kann.
Soll eine Fahrlässigkeitshaftung des Autohändlers für Schadensfolgen aufgrund eines unentdeckten Mangels des Gebrauchtwagens angenommen werden (etwa §§ 437 Nr. 3, 440, 280 Abs. 1), ist es schlicht falsch, § 276 Abs. 2 damit zu bejahen, dass der gewerbliche Händler den Defekt hätte erkennen *können*. Die Vorschrift knüpft nicht an theoretische Möglichkeiten an, sondern verlangt (nur) die „erforderliche" Sorgfalt. Die Haftung wäre daher nur begründet, wenn und weil (1) eine vertraglich (konkludent) begründete Untersuchungspflicht bestand und diese (2) pflichtwidrig nicht durchgeführt wurde. Dass der Defekt dabei erkannt worden wäre, begründet nicht die Verantwortlichkeit, sondern (3) die Kausalität der Pflichtverletzung für den „hierdurch entstehenden" Schaden (vgl. § 280 Abs. 1).
Dass aber eine Untersuchungspflicht etwa als Nebenpflicht bestand, muss aus Gesichtspunkten des Vertrauensschutzes und einer allgemeinen Verkehrserwartung begründet werden. Verkauft der Fahrzeughändler ein in Zahlung genommenes Auto im Namen des Kunden, ist er also selbst nicht Vertragspartner, haftet er wegen § 311 Abs. 3 aus culpa in contrahendo in der genau gleichen Weise. ◀

Häufige gesetzliche Aufhänger für die Erörterung rechtlicher Probleme finden sich aufgrund des Regel-Ausnahme-Verhältnisses in leges speciales, also in den Ausnahmevorschriften. Diese sind meist in den weiteren Absätzen einer Norm oder in den folgenden Paragrafen geregelt. Insbesondere dann, wenn der Falltext im Zusammenhang mit einem Rechtsinstitut Ausführungen enthält, die nicht recht in die Subsumtion passen wollen, sollte dies für Dich Anlass sein, das Umfeld der vermeintlich einschlägigen Norm auf speziellere Regelungen hin durchzusehen.   545

▶ **Beispiel:**   546

Die Vollmacht als Ladenangestellter, § 56 HGB, ist bloße Vermutung aufgrund des Rechtsscheins („gilt als ermächtigt"). Bevor also fiktive Zustände zugrunde gelegt werden, ist zwingend die Realität zu begutachten. Wer in einem Laden nämlich zu Verkaufszwecken angestellt ist, hat zumindest konkludent Arthandlungsvollmacht, § 54 Abs. 1 HGB. Um dieses Verständnis in der Klausur darzustellen, könnte formuliert werden: „Der von dem Gehilfen geschlossene Vertrag müsste gegenüber dem Inhaber wirksam geworden sein. Die erforderliche Vertretungsmacht des Gehilfen könnte nach § 56 HGB zu vermuten sein. Es handelt sich um ein dem Publikum offenes Verkaufsgeschäft und der Gehilfe ist vom Inhaber für dieses angestellt. Der der Vermutung zugrundeliegende Rechtsschein wurde auch nicht etwa durch anderslautende Hinweisschilder zerstört (z. B. „Zahlung nur an der Kasse"). Allerdings kommt es auf § 56 HGB nur an, wenn der Gehilfe nicht bereits anderweitig zu dem Abschluss bevollmächtigt gewesen wäre. So könnte ihm Arthandlungsvollmacht nach § 54 HGB erteilt worden sein..." ◄

> Generell gilt, vor der Anwendung einer Norm, insbesondere einer solchen aus eher weniger geläufigen Bereichen, unbedingt das gesamte nähere Umfeld und ebenso alle ihre Absätze durchzusehen, ob dort nicht der zu beurteilende Sachverhalt viel passender darunter zu fassen ist. Findet sich auf diese Weise eine Ausnahmevorschrift, dann gilt das hier zuvor Gesagte, dass im Sinne einer Dramaturgie nicht sogleich auf die Spezialvorschrift zugesteuert werden darf. Der Sachverhalt sollte erst unter den Regelfall gefasst werden, um anschließend die Besonderheit des Falles hervorzuheben (tatsächlicher Aufhänger) und die dafür geltende Sonderregel (gesetzlicher Aufhänger) herauszustellen.

547 Schließlich sind Einwendungen und Einreden ergiebige gesetzliche Anknüpfungstatbestände für Sachverhaltsprobleme. Auf § 285 wurde bereits hingewiesen. Dieselbe Bedeutung hat § 255 im Schadensersatzrecht. Hierüber lassen sich Ansprüche im Verhältnis zu einem Dritten durch Ausübung eines Zurückbehaltungsrechts (§§ 273, 320) an eine andere Anspruchsprüfung anhängen.

2. Notwendige Differenzierung

548 Gesetzliche Anspruchsgrundlagen und Wirknormen (Gestaltungsrechte, Einwendungen und Einreden) haben einen abgrenzbaren Tatbestand und eine definierte Rechtsfolge. Die Subsumtion dient der Feststellung, ob der jeweilige Tatbestand erfüllt ist und infolgedessen die Rechtsfolge greift. Wir waren zuvor auf typische Beispiele von Rechtsinstituten mit vergleichbaren Rechtsfolgen eingegangen, welche in der Fallbearbeitung regelmäßig gegeneinander abgegrenzt werden sollten. Auch dabei war es darauf angekommen, den Sachverhalt nach Hinweisen auszuwerten, welche die Subsumtion unter die eine oder andere Norm ermöglichen.

549 Schwerwiegender sind notwendige Differenzierungen zwischen verschiedenen gesetzlichen Tatbeständen, wenn zwar die Tatbestände ähnlich sind, die Rechtsfolgen der Subsumtion unter den einen oder den anderen Tatbestand aber gänzlich unterschiedliche und oftmals entgegengesetzte sind. Hierbei ist entscheidend, die tatsächlichen Umstände auseinanderzuhalten, welche unter die einzelnen Normen gefasst werden können.

550 ▶ Beispiel:
(1) Typisch für diese Problematik ist die Unterscheidung zwischen Dienst- und Werkvertrag. Beide sind in einem gewissen Sinn auf Arbeitsleistung gerichtet. Auch beim Werkvertrag wird nicht ein künftiges Produkt verkauft, sondern es wird die Herstellung selbst geschuldet, die zu einem Werk oder zu einem Erfolg führen muss. Beim Dienstvertrag besteht die Leistungspflicht ebenfalls nicht nur im Abdienen der Arbeitszeit, sondern es wird eine zweckentsprechende Arbeitsleistung geschuldet. Die Abgrenzung kann daher nicht durch willkürliche Bestimmung von Pflichten erfolgen, sondern muss berechtigte Erwartungen und erwartbare Möglichkeiten, die in der Macht des Verpflichteten liegen, berücksichtigen. Entscheidend ist vielmehr eine (konkludent) verabredete Risikoverteilung. Der Dienstnehmer arbeitet, insofern er keine Unternehmergefahr trägt, auf fremdes Risiko,. Der Werkunternehmer dagegen arbeitet mit eigenen Betriebsmitteln an einer ihm in sein Unternehmerrisiko gestellten Aufgabe, die er zu lösen garantiert. Den Werkunterneh-

mer trifft daher (wie den Verkäufer) eine verschuldensunabhängige Gewährleistungspflicht für Werkmängel (§ 634), während der Dienstnehmer nach § 280 nur für Verschulden haftet. – Sprachlich kann die Abgrenzung von den Rechtsfolgen des zu bejahenden Vertragstyps ausgehen und inzident den anderen Typus ausschließen. Im Rahmen von Ansprüchen nach § 634 z. B.: „Dann dürfte das Verhältnis zwischen U und B kein Dienstvertrag sein. Kennzeichen des Dienstvertrages ist ... Der U hatte nach der Vereinbarung der Freiheit, ...Daraus folgt, dass jedenfalls B das Investierungsrisiko nicht tragen wollte. Ein Dienstverhältnis scheidet deshalb aus. Vielmehr könnte U auf eigenes Risiko hinsichtlich des Erfolgseintritts tätig geworden sein. Kennzeichen des Werkvertrages ist, dass der Unternehmer mit eigenen Betriebsmitteln... Damit trug U das Betriebsrisiko. Inhaltlich ist von einem Werkvertrag auszugehen."

(2) Im Rahmen der Anwendung von § 670 für den Ersatz von Vermögensaufwendungen ist die Begründung eines Auftragsvertrags (§ 662) voranzustellen, wenn der Geschäftsführer unentgeltlich tätig wird. Erfolgt die Übernahme etwa auf Bitten des Geschäftsherrn, ist dafür erforderlich, dass sich die Beteiligten rechtsgeschäftlich binden wollten (Rechtsbindungswille als Voraussetzung von Angebot und Annahme). Eine Bitte kann aber genauso gut auf bloß gesellschaftliches Entgegenkommen gerichtet sein. Statt des Auftrags liegt dann ein unverbindliches Gefälligkeitsverhältnis vor. Die Haftung bei Gefälligkeiten richtet sich allein nach Deliktsrecht (§ 823). Aufwendungsersatz scheidet danach aus. Der lediglich aus freundschaftlichen oder gesellschaftlichen Motiven Handelnde kann mangels Geschäftsübernahmewillens auch nicht aus Geschäftsführung ohne Auftrag Aufwendungsersatz (etwa §§ 670, 683 S. 1) verlangen. Hierin liegt die Bedeutung eines – separat zu prüfenden – Garantievertrags zur Übernahme von Schadensfolgen einer Bitte. Die Abgrenzung der Gefälligkeit vom Auftrag ist deshalb von besonderer Tragweite und eingehender Begründung unter Ausschöpfung aller Hinweise des Sachverhalts. Für eine Gefälligkeit sprechen als Indizien etwa Unentgeltlichkeit, bestehende Freundschaft sowie eine besonders umgangssprachliche Formulierung der Bitte.

(3) Wie die Bitte kann auch ein Dankeschön ganz unterschiedliche rechtliche Wirkungen haben. Der Dank kann reine Höflichkeitsformel sein, die keine rechtliche Bedeutung hätte. Im Dank kann aber auch das Angebot eines Erlassvertrags liegen, wenn noch weitere Leistungen zu beanspruchen wären (§ 397 Abs. 1), oder eines negativen Schuldanerkenntnisses (§ 397 Abs. 2). Schließlich kann darin die Annahme nach § 363 liegen, welche die Beweislast umkehrt, falls der Danksagende anschließend die Leistungen doch „nicht als Erfüllung gelten lassen will, weil sie eine andere als die geschuldete Leistung oder weil sie unvollständig gewesen sei". Auch hier kann allein die im Sachverhalt angedeutete Interessenlage die Entscheidung bringen.

(4) Im Foyer eines Hotels aufgestellte Speisen und andere Waren können das Leistungsangebot im Rahmen eines Veranstaltungsvertrages sein, auf welches der Kunde Anspruch hat (§§ 631 Abs. 1, 364 Abs. 1). Es kann sich auch um selbstständige Kaufangebote handeln, die konkludent durch Verzehr oder durch Annahme an der Rezeption zur Zahlungspflicht führen. Das Ausstellen kann aber auch nur Dekorationszwecken dienen, weshalb etwa der Verzehr dann eine Eigentumsverletzung wäre (vgl. § 823). ◂

3. Anwendung der Norm und Subsumtion

Wir sind immer noch dabei, die Arbeitsgliederung fertigzustellen. Bislang ging es darum, das Prüfungsprogramm festzulegen, insbesondere die dem wirtschaftlichen Begehren der Beteiligten nach der Fallfrage entsprechenden Anspruchsinhalte zu bestimmen. Davon ausgehend haben wir uns mit den Anspruchsgrundlagen befasst, die diese Ziele tragen können. Bereits im Anfangskapitel haben wir gesehen, dass sich die Prüfung einer Anspruchsgrundlage nach den Tatbestandsmerkmalen richtet, welche im Gesetz zur Voraussetzung der entsprechenden Rechtsfolge gemacht sind. Die Erörterung von Anspruchsgrundlagen muss sich dabei nach dem Anspruchsaufbau richten, der nicht nur die Anspruchsvoraussetzungen, sondern ebenso rechtshindernde und rechtsvernichtende Einwendungen und rechtshemmende Einreden berücksichtigt. Der Anspruchsaufbau strebt damit zu einer ihm eigenen Dynamik zwischen Recht und Gegenrecht, zwischen anspruchsbegründenden Prüfungsschritten und solchen, die darauf zielen, zu einem verneinenden Ergebnis zu gelangen.

552 Da einer der gravierendsten Fehler ist, dass solche Prüfung „in der Luft hängt", also den Sachverhalt nicht umfassend berücksichtigt und ausschöpft, haben wir anhand äußerlicher Merkmale der Erzählung wie auch anhand inhaltlicher Sachverhaltsergänzungen versucht, die Besonderheiten des Falles herauszulesen. Diese sind die Aufhänger im Sachverhalt, auf welche sich die Lösung beziehen muss. Zugleich haben wir gesehen, dass parallel dazu jeweils ein Aufhänger im Gesetz gefunden werden muss, also ein Rechtsinstitut, ein gesetzliches Tatbestandsmerkmal oder ein Abgrenzungsproblem zwischen verschiedenen Gesetzestatbeständen oder Rechtsfolgen. Erst dieser gesetzliche Aufhänger bietet Grund und Anlass, die tatsächlichen Umstände zu bewerten, welche die Sachverhaltsbesonderheiten darstellen.

553 Das Denken in Rechtsfolgen gibt der Fallbearbeitung die Richtung vor. Ihr Fortschreiten richtet sich darin nach den anzuwendenden Normen. Die einzelnen Prüfungsschritte bestehen also in Normanwendungen. Die Anwendung einer jeden Norm besteht in zwei Schritten:

(1) der Auslegung zur Bestimmung ihres Inhaltes und
(2) der Subsumtion des tatsächlichen Geschehens unter den inhaltlich bestimmten Norminhalt.

554 Mit dieser Normanwendung haben wir uns nun zu beschäftigen.

Nach dem Erkennen und Auffinden der einschlägigen Anspruchsgrundlagen und der ihren Tatbestand tragenden weiteren Normen, ist die zutreffende und vor allem gut begründete Anwendung dieser Normen das für die Bewertung der Fallbearbeitung wichtigste Kriterium. Man geht dabei so vor, dass man die betreffende Vorschrift genau bezeichnet, ihre Rechtsfolge oder ihren sonstigen Inhalt wiedergibt und dadurch – ohne dies explizit auszusprechen – diesen Gliederungsschritt in der logischen Abfolge der Prüfung rechtfertigt.

555 ▶ Beispiel:
Die Formulierung lautet nicht: „Zu prüfen ist nun, ob (...)". Dass etwas zu prüfen ist, muss sich aus dem Prüfungsschritt selbst ergeben. – Daher z. B.: „Der durch den Vertreter geschlossene Vertrag müsste dem Vertretenen gegenüber wirksam sein. Erforderlich wäre (ist) eine das Geschäft abdeckende Vollmacht, § 164 Abs. 1. Dem Vertreter könnte Prokura erteilt worden sein, § 49 HGB. Prokura ist (...) (Definition). Ihre Erteilung setzt nach § 48 HGB voraus, dass (...)". ◀

556 Dieser Einleitungssatz hat den Charakter eines Obersatzes ähnlich der Arbeitshypothese, mit der die Anspruchsgrundlage eingeleitet wird und ist deshalb ebenso als Konditionalsatz zu formulieren. Wichtig ist, den tatsächlichen Sachverhaltsumstand, den man unter diese Norm subsumieren will, im Anschluss daran kurz zu bezeichnen. Mithin gibt der Aufhänger im Gesetz, also die Norm, den logisch richtigen Prüfungsschritt vor, aber erst der Sachverhaltsaufhänger rechtfertigt diesen Schritt inhaltlich. Nur so wird der Bezug von Gesetz und Sachverhalt hergestellt.

557 Ist das geschehen, muss die rechtliche Bedeutung des Tatbestandselementes dieser Norm herausgearbeitet werden. Zumeist sind es mehrere Tatbestandselemente, die dann nacheinander in dieser Weise abzuarbeiten sind. Die Auslegung jedes Tatbestandselementes zur Ermittlung seiner rechtlichen Bedeutung ist oft Schwerpunkt eines Falles. Ist die allgemeingültige Definition des einzelnen Tatbestandselementes gefun-

den, muss der betreffende Sachverhaltsumstand hierunter subsumiert werden. Dies erfolgt *nicht* durch eine Nacherzählung dessen, was „laut Sachverhalt" geschehen war, sondern indem der Bezug des konkreten Sachverhaltsumstands zur Definition hergestellt wird.

▶ **Beispiel:** 558

Fraglich ist die Gutgläubigkeit des Erwerbers des Gebrauchtwagens für den Erwerb nach §§ 929 S. 1, 932. Sie fehlt nach § 932 Abs. 2, wenn dem Erwerber das fehlende Eigentum des Veräußerers infolge grober Fahrlässigkeit unbekannt ist. Grob fahrlässige Unkenntnis des Nichteigentums liegt danach vor, wenn der Erwerber die im Verkehr erforderliche Sorgfalt in ungewöhnlich hohem Maße verletzt und dasjenige unbeachtet gelassen hat, was sich im gegebenen Fall jedem hätte aufdrängen müssen *(Definition)*. Indem es der Erwerber versäumte, sich anhand der Eintragung im Kfz-Brief davon zu überzeugen, dass der Veräußerer als Berechtigter eingetragen ist, hat er jedenfalls die nach den Umständen des Einzelfalles mindestens gebotene Untersuchung und Vergewisserung anhand der Fahrzeugpapiere unterlassen. Der Erwerber war also hinsichtlich des Eigentums des Veräußerers nicht gutgläubig. ◀

Im Beispiel ist die Gutgläubigkeit eines von mehreren Tatbestandsmerkmalen des gutgläubigen Erwerbs (§ 932 Abs. 1). Seine Definition findet sich in der folgenden Vorschrift des § 932 Abs. 2 als sog. Legaldefinition. Diese enthält wiederum den unbestimmten Rechtsbegriff der groben Fahrlässigkeit, der seinerseits durch Auslegung zu bestimmen ist. Die Begriffsbestimmung kann dabei von der weiteren gesetzlichen Definition in § 276 Abs. 2 ausgehen. Die eigentliche Subsumtion bezieht dann den Sachverhaltsumstand auf die Definition. Mit einem Zwischenergebnis schließt die Normanwendung ab. 559

Die Prüfung von Anspruchsgrundlagen anhand ihrer Tatbestandsmerkmale, dabei insbesondere die Auslegung der jeweiligen Tatbestandsmerkmale und die Subsumtion des Sachverhalts darunter müssen in der Klausur besonders sorgfältig geschehen. Du solltest Dir in jedem Satz die Frage stellen, ob er wirklich die Lösung des konkreten Falles voranbringt und ob er dazu in Bezug auf einen konkreten Sachverhaltsumstand steht. – Je klarer und unproblematischer der Bezug von Sachverhalt und Tatbestandsmerkmal ist, desto kürzer fallen Auslegung und Subsumtion aus.

Alles zuvor zur Normensuche und Gliederung Gesagte behält seine Bedeutung. Allerdings ist die Gefahr, dort zu scheitern, in die falsche Richtung zu arbeiten, etwas zu übersehen oder auch schwerwiegende Aufbaufehler zu begehen, groß. Die präzise auf den Sachverhalt zugeschnittene Definition einer Norm und die konkrete Bezugnahme auf einen Sachverhaltsumstand, in welchem diese Definition erfüllt ist, ist viel weniger anfällig für Fehler und muss daher als unverzichtbares Pflichtprogramm verstanden werden. Dazu gehört selbstverständlich eine präzise Argumentation aus dem Gesetz und dem Sachverhalt heraus.

Bloße Behauptungen, aus der Luft gegriffene Annahmen oder die Bezugnahme auf irgendwelche zu vergleichenden Beispiele sind nicht nur untauglich, sondern als Falllösung sogar falsch.

▶ **Beispiel:** 560

Es ergibt keine Definition, wenn ein Bearbeiter ausführt: „Das ist der Fall, wenn z. B. (...)". ◀

Nicht erkannte Tatbestandsvoraussetzungen sind der wahrscheinlich schwerwiegendste Fehler einer Fallbearbeitung. Es geht dabei zumeist nicht um mit gefechtsmäßiger Hast 561 zu erklärendes Vergessen oder Überlesen eines Tatbestandselementes, sondern um solche Voraussetzungen, die ohne ausdrückliche Erwähnung in der Norm mitzudenken sind. Derlei kann aus der gesetzlichen Bezugnahme auf einen anderweitig definierten Begriff, aus der Stellung im Gesetz oder insbesondere aus dem Sinnzusammenhang notwendig sein.

562 ▶ **BEISPIELE:**

(1) Der Übergang der Leistungsgefahr auf den Gläubiger, sobald dieser in Annahmeverzug gerät (§ 300 Abs. 2), nimmt dafür auf §§ 293 ff. Bezug. Danach kann u.U. ein wörtliches Angebot des Schuldners (§ 295) genügen oder sogar dieses entbehrlich sein (§ 296). Da es sich um eine nur der Gattung nach bestimmten Sache handelt, ist der Schuldner erst beim tatsächlichen Angebot (§ 294) gezwungen, eine Konkretisierung auf ein einzelnes Stück vorzunehmen (§ 243 Abs. 2). Es scheint also nach dem Wortlaut von § 300 Abs. 2 ein Übergang der Leistungsgefahr auch für eine noch nicht individualisierte Sache möglich. – Damit trüge der Gläubiger im Annahmeverzug aber nicht nur das einzelne Risiko, sondern für alle Stücke der Gattung (nahezu im Sinne einer Sachversicherung). In § 300 Abs. 2 ist deshalb als ungeschrieben vorausgesetztes Tatbestandsmerkmal die Aussonderung der zur Erfüllung erforderlichen Sache hineinzulesen.
(2) Ungeschriebenes Gegenrecht ist die rechtsvernichtende Einwendung der sog. Vorteils-ausgleichung im Rahmen des Schadensausgleichs. Danach sind adäquat kausale Vorteile, welche der Geschädigte aus dem Schadensereignis zieht, auf seine erlittenen Nachteile anzurechnen, soweit die Anrechnung dem Zweck des Schadensersatzes entspricht. ◀

563 Überall dort, wo im Gesetz ein „Vertretenmüssen" vorausgesetzt wird, muss nicht nur an besondere, gesetzlich bestimmte Haftungsmilderungen und die Unterscheidung von eigenem (§ 276) und fremdem Verschulden eines Erfüllungsgehilfen (§ 278) gedacht werden, sondern insbesondere daran, dass jede Form der Fahrlässigkeit zuerst die Bestimmung einer konkret erforderlichen Sorgfaltspflicht voraussetzt (§ 276 Abs. 2). Erst wenn die konkrete Pflicht benannt und begründet ist, kann ihr Außerachtlassen im Einzelfall als nach den Umständen verkehrswidrig oder grob verkehrswidrig eingestuft werden.

564 Schließlich kann hierher auch die Notwendigkeit gezählt werden, überall dort, wo das Gesetz die Verletzung des Eigentums oder eine Verfügung über das Eigentum als tatbestandlich bezeichnet, – ungeschrieben – auch einen solchen Vorgang in Bezug auf das *Anwartschaftsrecht* zu bedenken.

565 ▶ **BEISPIEL:**

Wird bei der Prüfung der Eigentumsfrage festgestellt, dass der Anspruchsteller bzw. Geschädigte *noch nicht* Eigentümer ist (etwa wegen eines Eigentumsvorbehalts) oder, dass er die Sache sicherungsweise einem anderen übereignet hatte (§ 930), mag er jedenfalls einen rechtlich gesicherten (Rück-)Übereignungsanspruch quasi dinglicher Art haben, also ein Anwartschaftsrecht. ◀

Folgenreich ist das Verkennen solcher ungeschriebener Tatbestandsmerkmale deshalb, weil die Fallbearbeitung zumeist genau daraufhin ausgerichtet ist.

Sind solche Probleme nicht konkret *bekannt*, besteht wenig Aussicht, sie in der Klausur zu erschließen. Neben umfassender Übung und – soweit zulässig – guter Kommentierung entsprechender Hinweise im Gesetzestext, bleibt wiederum nur die Chance über die *Textinterpretation*.

Es ist nämlich in den seltensten Fällen so, dass der Klausurersteller eine (unsichtbare) Falle ausgelegt hätte. Dem relevanten Merkmal wird vielmehr auch hierbei eine sogar besonders ausführliche Sachverhaltsschilderung unterlegt werden können, die ansonsten auffällig sinnlos bliebe. Davon ausgehend, muss dann „rückwärts" versucht werden, auf das Tatbestandsmerkmal zu schließen. Meist, so die eigene Erfahrung, argwöhnt man durchaus richtig, worauf der Sachverhalt anspielt oder hinaus will, nur fehlt der Aufhänger im Gesetz.

Damit solltest Du Dich dann im Stadium der ansonsten fertiggestellten Arbeitsgliederung nochmals ausgiebig befassen. Mit Sicherheit liegt darin ein zentraler Schwerpunkt der Klausur. Es nur vorschnell irgendwo anzuhängen, um es zur eigenen Gewissensberuhigung los zu sein, wäre unklug.

a) Gesetzesauslegung

Gesetzes*anwendung* ist auch immer Gesetzes*auslegung*. Wie intensiv die Auslegung zu erfolgen hat, hängt von dem konkreten Begriff im Gesetz ab. Gesetz im materiellen Sinne ist eine abstrakt-generelle Norm, die auf eine Vielzahl von Einzelfällen zugeschnitten ist, welche der Gesetzgeber im Blick hatte und gleichbehandelt wissen wollte. Das Mittel des Gesetzgebers ist deshalb die Bildung von Begriffen. Begriffe sind abstrakt, ihr Inhalt ist als solcher nicht unmittelbar mit den Sinnen fassbar. Dabei gibt es natürliche Begriffe, welche unmittelbar aus der Umwelt ableitbar sind (z. B. Leben, Gesundheit, der Kauf, das Bauwerk). Dem stehen juristische Begriffe gegenüber, die auf Konvention oder Setzung beruhen (Eigentum, Verantwortlichkeit, Mangel). Die Auslegung des einen oder anderen dieser Begriffsarten ist im Hinblick auf einen ins Auge gefassten Sachverhaltsumstand nicht grundsätzlich einfacher oder schwieriger. 566

Solche Gesetzesinterpretation unterscheidet sich stark von der bloßen Textinterpretation der Sachverhaltsschilderung. Es gehört zu den Hauptaufgaben jeder juristischen Arbeit, die Bedeutung einer Norm, ihren Inhalt und Regelungsbereich festzustellen. Die hier anzuwendende Logik ist Gegenstand der Methodenlehre. Sie soll hier nur in ihrer praktischen Anwendung und auch nur sehr knapp gestreift werden. 567

Die Auslegung gesetzlicher Vorschriften richtet sich nach vier Kriterien: 568

(1) Ausgangspunkt und Grenze jeder Auslegung ist der Wortsinn (grammatikalische Auslegung).
(2) Daneben steht der Bedeutungszusammenhang der Norm anhand ihrer Stellung im Gesetz (systematische Auslegung).
(3) Bedeutung kann daneben auch die Entstehungsgeschichte einer Norm haben (historische Auslegung), mangels Zugang zu den Gesetzesmaterialien jedoch kaum in einer Klausur.
(4) Dagegen hat der Gesetzeszweck als viertes Kriterium meist die entscheidende Bedeutung (teleologische Auslegung).

Anhand dieser Kriterien muss eine Definition des Rechtsbegriffs gefunden werden, der anschließend die Subsumtion des entsprechenden Sachverhaltsumstandes zulässt. Die Auslegung erfolgt dabei abstrakt und nicht am Beispiel, aber doch auf den betreffenden Umstand hin. 569

Unbrauchbar, weil nicht abstrakt, ist eine Auslegung oder Definition nach dem Motto: „… das ist z. B. erfüllt, wenn …" Hiermit werden andere Beispiele eingeführt, welche zwar unter die Norm fallen mögen. Herauszuarbeiten sind jedoch nicht Vergleichsfälle, sondern der Norminhalt. Wenn Dir schon ein wirklich sicheres Beispiel zur Konkretisierung eines Begriffs einfällt, so darf doch nicht dieses angeführt werden, sondern vielmehr ist das Gemeinsame, das Verbindende, also der

Vergleichsgegenstand dieses Beispiels mit dem Fallbeispiel herauszuarbeiten. Dieses tertium comparationis ist dann immer noch keineswegs sicherer Norminhalt. Denn das Dir bekannte Beispiel mag aus einem ganz anderen Grund unter die Vorschrift subsumiert worden sein. Aber immerhin ist auf diese Weise eine Idee zu gewinnen, mit welcher die Definition versucht werden kann. Diese Vorgehensweise bleibt aber doch Stückwerk, weshalb von vornherein die abstrakte Auslegung geübt und gelernt werden sollte.

Wie bereits gesagt, mit guter Auslegung und Subsumtion lassen sich viele andere Fehler ohne Weiteres sogar überkompensieren. Der falsch eingeschlagene Lösungsweg führt meist sowieso zu konsequenten Folgefehlern. Vor allem aber passt der Sachverhalt immer weniger unter die angewandten Normen, weshalb Hilfe in Pauschalisierungen und unbegründeten Behauptungen gesucht wird oder es werden aus den falschen Vorschriften Rechtsfolgen herausgelesen, die sie nicht haben. *Dadurch* gerät die Arbeit „unter den Strich", nicht durch den falsch eingeschlagenen Lösungsweg oder die Folgefehler.

Nicht die Anspruchsgrundlage, sondern das bezogen auf den Fall kritische Tatbestandsmerkmal bringt die Punkte. Nicht das richtige Ergebnis hat einen Wert, sondern die plausible Begründung. Der falsch eingeschlagene Weg ist erst einmal gar kein Problem, wenn nur die Abgrenzung zur Alternative erörtert wurde. Bei gut gestellten Klausuren sind kritische Stellen dort, wo sie auf die übrige Lösung keine große Auswirkung haben. Das wirklich schwierige Problem stellt sich meist erst ganz am Ende des Klausur- oder jedenfalls Anspruchsaufbaus. Gute Noten werden daher nicht aus der Behandlung eines Spezialproblems erzielt, sondern aus dem zutreffenden Weg dorthin!

570 Der Wortlaut ist Ausgangspunkt und Grenze jeder Auslegung. Zugrunde zu legen ist der natürliche Wortsinn. In zahlreichen Fällen legen Gesetze einem Begriff allerdings andere Inhalte bei als der gewöhnliche Sprachgebrauch. Gibt das Gesetz selbst eine Definition eines solchen fachsprachlichen Begriffs (terminus technicus), ist von dessen Wortsinn auszugehen.

571 ▶ **BEISPIEL:**
So ist Besitz nach §§ 854 ff. die tatsächliche Innehabung einer Sache (die tatsächliche Sachherrschaft) und nicht etwa das materielle Vermögen. Besitz kann daher weder rückwirkend wegfallen (z. B. durch auflösend bedingtes Besitzkonstitut) noch setzt Besitz Geschäftsfähigkeit voraus.
Davon unterscheidet sich § 903 das Eigentum als eine umfassende Befugnis an einer Sache, verbunden mit einem Ausschlussgrund gegen Einwirkungen anderer. Der umgangssprachlich bezeichnete Hausbesitzer ist meist als Eigentümer gemeint, denn Besitz an der Wohnung hat auch der Mieter. Sodann besteht Eigentum *an Sachen* (Definition in § 90), was bewegliche (Fahrnis) und unbewegliche (Grundstücke) sein können. Keine Sachen sind nach §§ 93 ff. hingegen wesentliche Bestandteile einer anderen Sache. Nach § 94 Abs. 1 ist ein Gebäude wesentlicher Bestandteil des zugehörigen Grundstücks und kann damit selbst nicht Gegenstand eines dinglichen Rechts sein. „Unser Hausbesitzer" ist nach BGB also Grundeigentümer (anders im Falle von Wohnungseigentum). – Der aufmerksame Leser müsste sich an dieser Stelle fragen, weshalb dann aber etwa der Mieter Besitz i.S.d. § 854 durchaus am Gebäude oder sogar nur an der Wohnung haben kann, wenn diese doch nicht Gegenstand eines Rechtes sein könne (vgl. dazu die Ausnahme in § 865). ◀

572 Zu allem Überfluss werden Begriffe zumal in verschiedenen Gesetzen, aber auch innerhalb des BGB uneinheitlich gebraucht. So gilt die Definition der Sache in § 90 nur im Zusammenhang mit dinglichen rechtlichen Verhältnissen. In §§ 433 ff. ist der Begriff weiter gefasst und bezieht sich auf alles, was in der Art einer Ware gehandelt werden kann (auch Strom und Wärme, vgl. § 453 Abs. 1 2. Alt.). § 119 Abs. 2 bezeichnet mit dem Begriff der Sache sogar jeden Geschäftsgegenstand.

Systematisches Argument ist die lex-specialis-Regel. Die speziellere Regelung setzt sich immer gegen die allgemeinere Vorschrift durch. Umgekehrt ist sie im Zweifel eng auszulegen.

▸ **Beispiel:**

§ 312g Abs. 1 gewährt ein Widerrufsrecht nach § 355 Abs. 1 bei Fernabsatzgeschäften. Nach § 312g Abs. 2 S. 1 Nr. 10 besteht das Widerrufsrecht jedoch nicht bei einem Vertragsschluss im Rahmen einer Versteigerung (§ 156). Als eng auszulegende Ausnahmevorschrift erstreckt sich der Ausschluss des Widerrufsrechts nicht auf eBay-Verkäufe. Diese kommen nicht durch Zuschlag eines Auktionators, sondern automatisch durch Zeitablauf an den Letztbietenden zustande und sind daher keine Versteigerungen im Rechtssinne. ◂

Eine Eingrenzung der nach dem Wortsinn möglichen Bedeutungen erfährt der Begriffsinhalt also durch die Stellung der Norm innerhalb der Gesetzessystematik. Das Umfeld einer Vorschrift zeigt den inhaltlichen Kontext ihrer Regelung. Daraus lassen sich ihre Begriffsinhalte zumeist ebenso erkennen wie auch etwa ihre Bedeutung als Ausnahmevorschrift zu einer allgemeinen Regel. Ihr Inhalt ist dann (nur) der Spezialfall. Ist die Norm nach ihrem Bedeutungszusammenhang dagegen die allgemeinere Regel, ist der speziellere Fall als Gegenstand einer Ausnahmevorschrift von ihr wiederum nicht umfasst. Allerdings fällt der Ausnahmefall scheinbar doch unter die generelle Norm.

▸ **Beispiel:**

Nach § 300 Abs. 2 geht im Fall einer Gattungsschuld „die Gefahr" auf den Gläubiger über, sobald dieser in Annahmeverzug gerät (Gläubigerverzug). Gemeint ist die Leistungsgefahr, nämlich das Risiko des Schuldners, im Fall des § 275 Abs. 1 eine andere Sache aus der Gattung leisten zu müssen. Das folgt aus der speziellen Vorschrift in § 243 Abs. 2, wonach die Konkretisierung der Gattungsschuld auf eine bestimmte Sache ebenfalls bereits zur Anwendung von § 275 als Regelung der Leistungsgefahr führt. Offen bleiben daneben nur Fälle des Gläubigerverzugs, in denen der Schuldner *noch nicht alles zur Leistung der Sache seinerseits Erforderliche getan* hat (sonst wäre es ja ein Fall des § 243 Abs. 2), er die Sache *aber dennoch bereits ausgesondert* hat (sonst ist Unmöglichkeit in Bezug auf *diese* Sache nicht denkbar). Für § 300 Abs. 2 verbleibt daher nur die Vereinbarung einer Bring- oder Schickschuld, wenn der Gläubigerverzug ausnahmsweise bereits nach §§ 295, 296 eintritt und der Schuldner die Sache bereits ausgesondert hat. Außerdem greift § 300 Abs. 2, wenn ein dem Gläubiger erfolglos angebotener Geldbetrag dem Schuldner auf dem Rückweg gestohlen wird. Wegen § 270 Abs. 1 geht hierbei die Leistungsgefahr nicht schon nach §§ 243 Abs. 2, 275 über. ◂

Die speziellen Fälle sind im Beispiel also die nach §§ 295, 296 bzw. § 270 Abs. 1. Nur noch sie fallen unter die Auffangvorschrift in § 300 Abs. 2.

▸ Sprechen dagegen §§ 446, 447 von der „Gefahr" (des zufälligen Untergangs und der zufälligen Verschlechterung), so meinen diese die Gegenleistungs- bzw. Preisgefahr. Das ist aus der Sicht des Verkäufers das Risiko, das vereinbarte Entgelt nicht zu erhalten, weil er die geschuldete Sachleistung nicht erbringen kann. Der Übergang dieser Gefahr auf den Käufer führt dann zur Zahlungspflicht des Käufers trotz Ausbleibens der Sachleistung. § 446 ist dabei eine Ausnahme zu § 326 Abs. 1 S. 1 als Ausdruck des Grundsatzes: Ohne Leistung keine Gegenleistung.
Der Bedeutungszusammenhang mit § 119 Abs. 1 zeigt für § 133, dass der für die Auslegung einer Willenserklärung maßgebliche „wirkliche Wille" nicht subjektiv nach der inneren Vorstellung des Äußernden zu bestimmen ist, sondern nach dem objektiven Empfängerhorizont. Wir hatten bereits gesehen, dass § 119 Abs. 1 eine inhaltlich nicht so gemeinte Willenserklärung für den Vertragsschluss maßgeblich sein lässt, wie sie äußerlich verstanden werden musste. Danach muss sich auch die Auslegung der Willenserklärung richten, anderenfalls würde § 119 Abs. 1 weithin obsolet. ◂

183

578 Argumente nach dem Sinn und Zweck einer Vorschrift sind die teleologische Reduktion, das argumentum e contrario (Umkehrschluss), das argumentum a fortiori und das argumentum a minori ad maius.

579 ▶ BEISPIELE:

(1) § 181 verbietet, sofern davon nicht befreit wurde, In-sich-Geschäfte, „es sei denn, dass das Rechtsgeschäft ausschließlich in der Erfüllung einer Verbindlichkeit besteht". Gesetzeszweck ist die Vermeidung einer Interessenkollision. Mangels Interessengefährdung (vgl. § 107) ist § 181 außerdem für solche Geschäfte einzuschränken, durch welche der Vertretene „lediglich einen rechtlichen Vorteil erlangt" (teleologische Reduktion).
(2) Aus einem Umkehrschluss ergibt sich, dass durch § 165 zwar (nur) die Vertretung durch beschränkt Geschäftsfähige zulässig ist, damit aber eben nicht durch Geschäftsunfähige. Für diese gilt vielmehr § 105.
(3) Mit dem Erst-recht-Schluss (argumentum a fortiori) kann etwa der gutgläubige und zwar auch lastenfreie Erwerb vom Nicht-Berechtigten nach §§ 932-934 begründet werden. Wenn schon das fehlende Eigentum überwunden wird, dann erst recht auch jede sonst an der Sache noch bestehende Belastung. – Der gutgläubige lastenfreie Erwerb nach § 936 betrifft deshalb nur denjenigen vom Berechtigten, nicht auch den vom Nicht-Berechtigten. ◀

580 Die Auslegung einer Vorschrift nach ihrem Sinn und Zweck (teleologische Auslegung) ist der wohl häufigste und wichtigste Fall. Das gilt besonders in der klausurmäßigen Fallbearbeitung, wo die hier nicht weiter zu erwähnende historische Auslegung mangels Zugang zu den Gesetzesmaterialien keine nennenswerte Bedeutung haben kann. Die ratio legis ist die hinter dem Wortlaut der Norm stehende Bedeutung, welche sich aus Vernunftgründen, Gerechtigkeitserwägungen, lebenstypischen Interessenlagen oder wirtschaftlichen Zusammenhängen erschließen lassen kann. Inwieweit ein solches Auslegungsergebnis dann zum Inhalt einer Norm gemacht wurde, entscheidet schließlich der Wortlaut der von ihr verwendeten Begriffe.

Es wäre grob falsch, Sinn und Zweck einer Norm mit moralisierenden oder psychologisierenden Floskeln bestimmen zu wollen. Es geht nicht um die vermeintlichen Wertvorstellungen des Bearbeiters, sondern um den Sinn des Gesetzes, der *aus diesem selbst heraus*, aus der wahren geregelten lebenstypischen Situation oder aus dem Anwendungsbereich der Regelungsmaterie, dessen Teil die auszulegende Vorschrift ist, konkret begründet werden muss. Der Hinweis auf „die Interessenlage", ohne diese konkret zu benennen und zu begründen, zieht nicht nur einen Punktabzug in der späteren Bewertung nach sich, sondern macht regelmäßig die gesamte Darstellung unbrauchbar.

Liegt überhaupt ein Anlass zu solcher Auslegung vor, weil ein gesetzlicher Begriff den konkreten Sachverhaltsumstand nicht ohne Weiteres abdeckt, liegt hierin ein *Schwerpunkt der Fallbearbeitung*. Dieser Schwerpunkt lässt sich weder durch Floskeln noch durch Aufführen angeblich vergleichbarer Beispiele oder seitenlanges „Drehen im Kreise" erledigen. Vonnöten sind meist nur ein oder zwei präzise Stichworte mit knapper, aber treffsicherer Begründung. Sie zu überlegen, darf die Bearbeitungszeit kosten, nicht das seitenlange inhaltsleere Herumschreiben um das Problem.

581 ▶ BEISPIELE:

Eine durch Täuschung oder Drohung beeinflusste Willenserklärung ist nach § 123 Abs. 1 anfechtbar. Ist bei der Drohung die Person des Drohenden gleichgültig, besteht das Anfechtungsrecht infolge Täuschung durch einen Dritten nur, wenn der Erklärungsempfänger die Täuschung kannte oder fahrlässig verkannte (§ 123 Abs. 2). Typisches Klausurproblem ist, wer „Dritter" in diesem

Sinne sein kann. Weil in den seltensten Fällen eine von den Parteien eines Rechtsgeschäfts unabhängige Person überhaupt einen Anlass zu solcher Täuschung hat, erscheint es sachgerecht, den Schutz des Erklärungsempfängers vor einer Anfechtung durch den Getäuschten darauf zu beschränken (insoweit dann Kenntnis oder zumindest fahrlässige Unkenntnis vonnöten). Wer dagegen ein Interesse an der Täuschung hat, ist im Zweifel sog. „Nichtdritter" und steht im Lager des Erklärungsempfängers. Auf die Täuschung durch z. B. Verhandlungsgehilfen, Vermittler auf Seiten des Erklärungsempfängers ist daher dann § 123 Abs. 1 (nicht der strengere Abs. 2) anzuwenden. – Gleiches gilt für die Person des Verkäufers oder Lieferanten beim finanzierten Kauf oder in Leasingverhältnissen für ihr Verhältnis zum Darlehens- oder Leasinggeber, wenn es um eine Täuschung des Käufers bzw. Leasingnehmers geht.

Die Höhe eines zu leistenden vertraglichen oder deliktischen Schadensersatzes (vgl. §§ 249 ff.) ist begrenzt durch die Notwendigkeit eines ursächlichen Zusammenhangs zwischen der verletzten Pflicht bzw. der Rechtsgutverletzung und dem entstandenen Schaden (haftungsausfüllende Kausalität). Neben der logisch-naturwissenschaftlichen Ursächlichkeit (Äquivalenz) und der auf zumindest gewisser Wahrscheinlichkeit eines entsprechenden Schadenseintritts beruhenden notwendigen Adäquanz ist dabei auch der *Schutzzweck derjenigen Norm* zu berücksichtigen, welche durch die schädigende Handlung verletzt wurde. So sind Schockschäden Dritter aufgrund eines tödlichen Unfalls ersatzfähig, wenn sie aus unmittelbarem Erleben des Unfalls resultieren, aber nur sehr eingeschränkt, wenn mittelbar Betroffene sie aufgrund des Berichts über den Unfall erleiden. Der Lebensschutz betrifft nur den Getöteten und seine nächsten Angehörigen, wie auch Verkehrsvorschriften nur der unmittelbaren Unfallverhütung dienen. – Gleiche Bedeutung hat der Schutzzweck der Norm für die haftungsbegründende Kausalität. So bezweckt eine zulässige Höchstgeschwindigkeit im Straßenverkehr die Unfallvermeidung etwa durch einen kürzeren Bremsweg. Zu ihrem Zweck gehört nicht, dass ein Unfall vermieden worden wäre, weil der Fahrer bei ordnungsgemäßer Geschwindigkeit noch gar nicht am Ort des Unfallgeschehens gewesen wäre. ◀

Welchen Zweck eine Norm hat und welcher ihr von der Rechtsprechung oder Literatur beigelegt wird, kann oftmals nicht aus ihr selbst heraus ermittelt werden. Die hinter dem Gesetz stehenden und von ihm verwirklichten Wertvorstellungen und Interessenlagen können aus den nach Institutionen aufgebauten Lehrbüchern umfassend erschlossen werden. Auch Gesetzeskommentare und vor allem die darin verwiesenen Gerichtsentscheidungen und Monographien verschaffen den Überblick über das Fach. Die Methode, rational nachprüfbare Schlüsse in der Beurteilung eines Sachverhalts zu ziehen, macht die Wissenschaftlichkeit des Faches aus. Lebendig und überzeugend wird die Schlussfolgerung erst durch die inhaltliche Auseinandersetzung.

> Die hier versuchte technische Kunstlehre aus der Verbindung des Anspruchsaufbaus mit Mitteln der Textinterpretation vermag die konkrete Fallbearbeitung zu strukturieren. Es ist eine Anleitung zur Lösung eines Falles. Nun befinden wir uns dagegen auf der Suche nach inhaltlichen Argumenten.

Häufiger Fehler der Normanwendung ist nicht nur das Ausbleiben jeder brauchbaren Auslegung einzelner Tatbestandsbegriffe, die durch Beispiele und Floskeln ersetzt wird. Oftmals begnügt sich die Fallbearbeitung vielmehr auch mit einer allgemeinen Umschreibung (Paraphrasierung) oder dem Austausch eines Begriffs durch einen mehr oder weniger gleichbedeutenden anderen (Synonym). Beides bringt uns der Normanwendung nicht näher.

Ziel der Auslegung muss es sein, den abstrakten Gesetzesbegriff weitestgehend in solche inhaltlichen Bestandteile zu zerlegen, die *als Tatsachen greifbar* sind. Erst unter sie können dann die tatsächlichen Umstände des zu beurteilenden Sachverhalts gefasst und als tatbestandserfüllend beurteilt werden. Häufiger Fehler ist nämlich, das Problem der „Passung" von Normtatbestand und Sachverhaltsumstand immer weiter aufzuschieben und letztlich in die Subsumtion zu verlagern. Dort wäre jedoch nur der Bezug des Sachverhalts zur – genau dafür zuvor definierten – Norm herzustellen. Die Subsumtion ist keine Gelegenheit, sich der Aufgabe, eine Definition zu finden, floskelhaft zu entledigen (unbrauchbar z. B.: „Es ist offensichtlich, dass ..."; „Es entspricht allgemeinem Verständnis, dass ..." etc.).

585 ▶ BEISPIEL:

Für die Frage, ob Schäden durch herabfallende Trümmer einer Ruine Schadensersatzansprüche gegen den Grundstücksbesitzer nach § 836 auslösen, ist u.a. entscheidend, ob die Ruine ein Gebäude i.S. der Vorschrift ist. Es bringt nicht weiter, Gebäude als durch ein „aus Steinen errichtetes Bauwerk wie z. B. ein Wohnhaus" zu umschreiben und zu spekulieren, landläufig verstehe man dies und das darunter. Das wäre keine Auslegung, es geht nämlich hier beim „Gebäude" nicht um ein deskriptives, sondern ein normatives Tatbestandsmerkmal, also um einen Rechtsbegriff. Die nachfolgende Subsumtion, dass auch die Ruine aus Steinen bestehe und deshalb ein Gebäude sei, ließe so viele Zweifel, dass der Gedanke naheläge, am Sachverhalt herumzudeuten. Es wird dann spekuliert, ob die Mauerreste etwa noch Geschossdecken erkennen ließen, um dann, weil der Sachverhalt angeblich unvollständig sei, zu unterstellen: Meist sei noch ein, wenn auch eingestürztes, Untergeschoss erkennbar und der räumliche Charakter sei üblicherweise noch gegeben, wenn von einer Ruine gesprochen würde. – Eine solche Fallbearbeitung ist unbrauchbar. Sie versucht, das Auslegungsproblem im Rahmen der Subsumtion abzuhandeln, ersetzt es dort durch ein konkretes Beispiel (die Geschossdecke) und erfindet dann den passenden Sachverhalt hierzu. Richtig wäre zu überlegen, dass „Ruine" im Sachverhalt eine Ausschmückung ist (Textinterpretation), die wohl bedeutsam sein muss, sonst hätte der Fall ganz unspezifisch in einem Fabrikgebäude oder Wohnhaus spielen können. Sind anschließend die §§ 836, 837 als besondere Deliktstatbestände gefunden, muss klar sein, dass der Aufhänger im Sachverhalt seine gesetzliche Entsprechung im Begriff des Gebäudes finden sollte. Dieses zu definieren ist an dieser Stelle *das Klausurproblem*. – Formulierungsbeispiel als Definition: „Der Wortlaut allein ist wenig ergiebig. Die gesetzliche Systematik zeigt, dass es sich um eine besondere Haftung für ein spezifisches Unterlassen handelt, mithin eine Verkehrssicherungspflicht geregelt wurde. Das ist eine Pflicht zu besonderer Rücksichtnahme. Warum eine solche im Zusammenhang mit Gebäuden bestehen solle, ist die Frage nach dem Telos. Es spricht viel dafür, dass Menschen soliden, auf einem Grundstück fundamentierten Einrichtungen und Gegenständen gegenüber besonderes Vertrauen in die Standfestigkeit haben und haben müssen. Beim Gebäude kommt hinzu, dass es Schutz vor äußeren Einflüssen zu bieten bestimmt ist, wofür eine gewisse räumliche Umfriedung besteht. Solcher Nutzen setzt Zugänglichkeit für Mensch und/oder Tier voraus. Kritisch ist nun, inwieweit der ursprüngliche Nutzungszweck des Gebäudes noch vorhanden sein muss, um diese Eigenschaft verliert. Einerseits spricht eine Verkehrsanschauung dafür, auch ein seit Langem leerstehendes Gebäude etwa noch als Wohnhaus zu bezeichnen, woraus zumindest zu schließen ist, dass der Nutzungszweck eher untergeordnete Bedeutung hat. Zum anderen nahm die zuvor gefundene Definition auch vorwiegend auf die **objektive** Eignung zum Schutz etwa gegen Witterungseinflüsse Bezug. Dafür spricht auch die Gleichstellung eines jeden „mit einem Grundstück verbundenen Werkes" in § 836." ◀

586 Die anschließende Subsumtion ist einfach. Die Definition ist zwar abstrakt, aber so zielgerichtet auf eine Ruine zugeschnitten, dass das Ergebnis jedem einleuchtet.

„Zwar erläutert der Sachverhalt den Zustand der Ruine nicht. Dem allgemeinen Sprachgebrauch liegt jedoch zumindest eine noch vorhandene Erkennbarkeit von Teilen der ehemaligen Raumwirkung durch Erhalt wenigstens einiger Mauern oder nennenswerter Mauerreste zugrunde, die nach wie vor auch gewissen Schutz vor Witterungseinflüssen etc. zu geben vermögen. Die Ruine ist daher ein Gebäude im Sinne dieser Vorschrift."

Dass Sorgfaltspflichten des Besitzers für die Unterhaltung der Ruine durchaus eingeschränkt sein können und dem Besucher je nach optischem Zustand, aufkommenden Sturmböen oder erkennbaren Frostschäden durchaus ein Mitverschulden (§ 254) an der Schadensentstehung anzulasten ist, hat jedenfalls mit der Definition des Tatbestandsmerkmals des Gebäudes rein gar nichts zu tun! Auf die Notwendigkeit klarer Differenzierungen wurde bereits zuvor als wesentliches Prinzip juristischer Arbeitsweise hingewiesen.

Nota bene: Im Sinne einer möglichst breiten Ausschöpfung von Rechtsinstituten mit gleicher Rechtsfolge hätte in der Lösung des Beispielsfalles, bevor auf das Tatbestandsmerkmal des Gebäudes zugesteuert wurde, der in § 836 parallele Begriff des mit einem Grundstück verbundenen Werkes in Betracht gezogen werden können. Diesem ist definitorisch die handwerkliche Erschaffung zu einem bestimmten Zweck immanent. Daran fehlt es jedenfalls bei echten Ruinen (im Unterschied zu den künstlichen Ruinen aus der Epoche der Romantik). Die echte Ruine hat als solche keinen intendierten Zweck. Deshalb muss anschließend das Merkmal Gebäude betrachtet werden.

Auch hierin erweist sich der Vorteil einer Arbeitsgliederung, als erst, wenn das Ergebnis zu beiden alternativen Tatbestandsmerkmalen feststeht, das zu Verneinende gestrafft und aus Gründen eines Spannungsbogens vorangestellt werden kann. Außerdem wäre anschließend an § 836 die Anspruchsgrundlage des § 823 Abs. 1 zu prüfen, worin die Verletzung von Verkehrssicherungspflichten aus beherrschten Gefahrenquellen ebenfalls schadensersatzbewehrt ist. Erst in diesem Rahmen kann die nur unter § 836 greifende Vermutung richtig gewürdigt werden, dass der Gebäudeunterhaltspflichtige die Sorgfaltspflicht tatsächlich verletzt habe. Ohne weitere Angaben im Sachverhalt wird der Anspruch nach § 823 Abs. 1 womöglich daran scheitern, dass der Klausurbearbeiter weder konkret angeben kann, welche Unterhaltsmaßnahmen an der Ruine hätten sicherheitsrelevant geleistet werden können, noch was genau getan worden war. Schlechthin vom Schadenseintritt auf die Sorgfaltspflichtverletzung schließen zu können, ist nur Inhalt der Vermutungsregelung in § 836 Abs. 1 S. 2.

Vom Spannungsbogen her wäre abschließend zu überlegen, für die Niederschrift des Gutachtens aus der Arbeitsgliederung zuerst § 823 Abs. 1 vorzusehen, um dann von der Pflichtverletzung herkommend die gerade darauf bezogene Bedeutung von § 836 zu erschließen.

▶ Kleiner Trost: So bekommt das wohl niemand in der Klausur hin. Aber die Richtung lässt sich schon trainieren. Und sinnvoll nachahmen kannst Du nur, wenn Du weißt, wie es ziemlich perfekt wäre. ◀

b) Subsumtion

Die Subsumtion ist ein Denkvorgang, der einen tatsächlichen Umstand des Sachverhalts unter ein rechtliches Tatbestandsmerkmal einer Norm ordnet. Es wird geprüft, ob die Tatbestandsvoraussetzungen einer Rechtsnorm im konkreten Sachverhalt vorliegen. Die Subsumtion setzt dafür klare Begriffsmerkmale voraus. Diese zu finden ist Aufgabe der Auslegung, die deshalb zwingend vorausgehen muss.

> In etwas extremer Formulierung wäre zu sagen, dass erst dann, wenn rechtliche Begriffe (Tatbestandsmerkmale) vollständig in die Bezeichnung derjenigen Tatsachen aufgelöst worden sind, die den Begriffsinhalt ausmachen, überhaupt die Subsumtion möglich ist. Denn es geht bei der Subsumtion um den Abgleich von Tatsachen des Sachverhalts, was nur mit anderen, nämlich gesetzlich in den Begriffen mitgedachten Tatsachen möglich ist.

Allerdings darf im Interesse der Lesbarkeit eines Gutachtens nur dort so weit gegangen werden, wo bedeutende Probleme liegen.

590 Allerdings bedarf der Grenzfall wertausfüllungsbedürftiger Rechtsbegriffe (z. B. die Sittenwidrigkeit in § 138, die Wertungsbegriffe in § 308) besonderen Augenmerks. Solche Begriffe können als Auslegungsfrage ebenso behandelt werden wie als Tatfrage im Rahmen der Subsumtion.

591 ▶ Beispiel:

Ob etwa die Länge einer Frist unzumutbar ist, kann durch Auslegung auf ein allgemeingültiges Verhältnis bestimmter Interessen zur zugestandenen Reaktionsdauer bestimmt werden, so dass anschließend nur dieses (fast schon mathematisch bestimmte) Verhältnis im Sachverhalt als Subsumtion festzustellen bleibt. Die Auslegung kann sich jedoch auch auf die Bestimmung zu berücksichtigender Kriterien, nämlich bestimmter Interessen und der Reaktionsdauer, beschränken und es der Abwägung im konkreten Einzelfall, also in der Subsumtion, überlassen, ob das im Sachverhalt bestehende Verhältnis beider Kriterien aus sich heraus als unzumutbar zu gelten hat. ◀

Dessen ungeachtet ist es für Deine Klausurbearbeitung völlig hinreichend, aber auch zwingend notwendig, überhaupt die maßgeblichen Kriterien herauszuarbeiten, und zwar möglichst diejenigen, welche der Gesetzgeber typischerweise im Blick hatte, um dann zu sehen, welche davon konkret im Sachverhalt betroffen sind. Anschließend wird deren Verhältnis im Sachverhalt zumeist so eindeutig erscheinen, dass Deine Entscheidung vorgezeichnet ist.

592 Subsumtion meint also den Schluss von einer allgemeingültigen Aussage (Definition) auf einen konkreten Umstand im Sachverhalt. Sie bezieht sich stets nur auf ein einzelnes Tatbestandsmerkmal und niemals etwa auf den Tatbestand einer Norm als solchen.

593 Die Anwendung einer Norm erfolgt also in so vielen Subsumtionsschritten, wie sie Tatbestandsvoraussetzungen hat. Hierin liegt der Wert der bereits früher erwähnten *Prüfungsschemata* von Normen, welche die jeweils vorausgesetzten Tatbestandsmerkmale auflisten (nicht heranzuziehen als abzuklappernder inhaltsleerer Selbstzweck, sondern zum Herausfiltern des im konkreten Fall Wichtigen!).

594 Für die Normanwendung genügt in den meisten Fällen, vom Gesetzeswortlaut auszugehen und ihn in seine (mehreren) Elemente zu zerlegen. Für jedes ist dann – nach erfolgter und vom konkreten Sachverhalt losgelöster, aber auf ihn hingedachter Auslegung – der Bezugspunkt im Sachverhalt darzustellen und zu ihm in Beziehung zu setzen.

595 ▶ Beispiel:

Schuldnerverzug ist nach § 286 Abs. 1 als Nichtleistung trotz Fälligkeit und Mahnung zu definieren. Mahnung ist jedes ernstliche Erfüllungsverlangen. Indem der Gläubiger zuerst nur eine höfliche Bitte geäußert hatte, stellte er dem Schuldner keine Konsequenzen eines weiteren Pflichtversäumnisses vor Augen. Damit lag die den Schuldnerverzug begründende Überfälligkeit der Leistungen noch nicht vor. Erst die Fristsetzung (oder: die Androhung, einen Rechtsanwalt einzuschalten) im darauffolgenden Schreiben des Gläubigers war geeignet, den Schuldner (beginnend mit dem Tag nach Zugang) in Verzug zu setzen. ◀

596 In der Subsumtion wird die Entscheidung gefällt, ob die Prüfung einer Anspruchsgrundlage im Hinblick auf das Ergebnis an dieser Stelle abgebrochen werden kann (ist ein notwendiges Tatbestandsmerkmal verneint, scheitert jedenfalls dieser Anspruch)

oder sie weitergeführt werden muss. Diese Weichenstellung ist daher auch der Ort, an welchem alle denkbaren Probleme einer Fallbearbeitung „auf den Punkt gebracht" werden müssen. Alle zuvor erwähnten Differenzierungen und der gesamte zu behandelnde Rechtsstoff, alle Probleme des Falles konkretisieren sich in der Subsumtion.

Dieser Satz sagt insbesondere etwas darüber aus, wie präzise Deine Formulierung und damit dein Gedankengang in der Subsumtion sein müssen. Die Kunst ist es, diese dann oft sogar recht knapp zu erledigende Subsumtion richtig vorzubereiten. Nur die sachorientierte Auswahl der Anspruchsgrundlagen, deren Zerlegung in Tatbestandsmerkmale und die zielgerichtete Auslegung einzelner Gesetzesbegriffe nach ihren möglichen Bedeutungsgehalten führen Dich überhaupt erst auf den Weg hin zur Subsumtion.

Die Subsumtion hat damit für Dich aber auch Kontrollfunktion:

Lassen sich hierin nicht alle durch die Textinterpretation als bedeutsam erkannten Erzählelemente des Falltextes verarbeiten, dann fehlt offenbar eine Subsumtion – und deshalb zumindest ein Tatbestandsmerkmal oder gar eine Anspruchsgrundlage, worin dieser Umstand „unterzubringen" wäre.

Will ein Sachverhaltsumstand nicht so recht unter den Gesetzesbegriff passen und ist die Bezugnahme zwischen beiden nicht von vornherein verfehlt (festzustellen anhand der präzisen Auslegung), so deutet dies meist darauf hin, dass entweder eine Sonderregel (Regel-Ausnahme-Verhältnis) einschlägig ist, auf welche der Sachverhalt zugeschnitten ist, oder dass in diesem Tatbestandselement eine entscheidende Wendung der Prüfung im Sinne einer Schwerpunktsetzung liegt. – Fehlt hingegen bei der Subsumtion einer wirklich zutreffenden Norm ein wirklich relevanter Aufhänger im Falltext, handelt es sich vermutlich um eine Scheinsubsumtion von Selbstverständlichkeiten, mit der bloß wertvolle Zeit vergeudet wird.

▶ **BEISPIEL:** 597

Nach § 831 ist der Geschäftsherr haftbar, wenn sein Verrichtungsgehilfe „in Ausführung der Verrichtung" den objektiven Tatbestand einer unerlaubten Handlung erfüllt. Stiehlt nun etwa der Malerlehrling in der zu streichenden Wohnung, ergibt die Auslegung dieses Tatbestandsmerkmals, dass ein unmittelbarer innerer Zusammenhang zwischen Art und Zweck der aufgetragenen Verrichtung und der schädigenden Handlung bestehen muss. Die Subsumtion muss herausarbeiten, dass das Anstreichen zwar durchaus in einem solchen Zusammenhang mit dem Eigentumsschutz steht, aber nur, als typische Risiken aus der anvertrauten Aufgabe betroffen sind (herabtropfende Farbe). – Der Entschluss zum Diebstahl gehört dazu jedoch nicht. Dieser fiel lediglich bei Gelegenheit der Verrichtung (anders wäre dies ggf. im Fall einer Gestellung von Bewachungspersonal zum Schutz vor der Wegnahme leicht zu transportierender Gegenstände, wenn dieses den Diebstahl beginge).
Daran änderte auch nichts, dass der Malerlehrling bereits mehrfach einschlägig vorbestraft gewesen sein mag. – Bietet der Sachverhalt daher als auffälliges Erzählelement einen notorischen Dieb an, dem dessen Chef fremdes Vermögen aussetzt, wird damit selbstverständlich auf ein eigenes Verschulden des Malermeisters angespielt. Zwar betrifft auch die Haftung nach § 831 eigenes Auswahl- und Überwachungsverschulden des Geschäftsherrn, dem der Entlastungsbeweis nach § 831 Abs. 1 S. 2 zu versagen ist, wenn er die Vertrauenswürdigkeit seines Personals in solcher Beziehung nicht beispielsweise anhand eines Führungszeugnisses überprüft. Dass er umgekehrt sogar von Vorstrafen gewusst hatte, ginge darüber jedoch weit hinaus und wäre als Sachverhaltsschilderung entsprechend unnötig.
Da von unnötigen Abundanzen keinesfalls ausgegangen werden darf (vielmehr gerade an solchen Stellen die Textinterpretation ansetzen muss), wäre vielmehr der allgemeine Haftungstatbestand des § 823 Abs. 1 zu erwägen. Der Malermeister handelt durch Entsendung eines diebi-

schen Lehrlings. Die Eigentumsverletzung liegt im Diebstahl durch diesen, was jenem aber zuzurechnen ist (haftungsbegründende Kausalität), weil adäquate Folge seiner Handlung. Das ist dem Malermeister auch als Verschulden vorzuwerfen. Zur Pflicht der Wahrung fremden Eigentums gehört nicht nur, dieses nicht selbst zu entwenden, sondern ebenso, es nicht einem potenziellen Dieb besonders auszusetzen. Diese Pflicht hat der Malermeister verletzt, wenn und weil er Kenntnis von den Vorstrafen hatte. Ob er konkret mit einer Wiederholungstat rechnen musste, ist irrelevant, da nach § 276 Abs. 2 die objektive Pflichtverletzung bereits genügt. Spekulationen über die mögliche Läuterung des Lehrlings wären daher in der Bearbeitung gänzlich verfehlt. – *Mache Dir den Aufbau der Lösung dieses Standardbeispiels nochmals klar!*
Nota bene: Die daneben bestehende Schadensersatzpflicht nach §§ 634 Nr. 4, 280 Abs. 1, 241 Abs. 2, 278 ist insoweit unproblematisch. ◀

598 Wie ausführlich eine Subsumtion durchgeführt werden muss, hängt allein davon ab, wie differenziert die Beziehung von ausgelegtem Rechtsbegriff und dem Aufhänger im Sachverhalt gesehen werden kann und muss. Beim Erstellen der Arbeitsgliederung sollte wirklich *jedes* Tatbestandsmerkmal (nur) in Gedanken *ernsthaft* subsumiert werden. Allzu oft werden hier notwendige Differenzierungen durch oberflächliches Arbeiten übersehen. Bietet der Sachverhalt sodann keinen nennenswerten Aufhänger, sollte die Subsumtion unterbleiben. Das entsprechende Tatbestandsmerkmal kann bei der Lösung dann sogar unerwähnt bleiben oder ausnahmsweise einem passenden anderen zugeschlagen werden.

599 ▶ **BEISPIELE:**

(1) Dass ein Auto eine Sache ist und der Unfall eine Sachbeschädigung bedarf keiner Begründung. Die Schadensersatzhaftung nach § 823 kann und sollte ggf. auch etwa so eingeleitet werden: „S könnte aufgrund des Unfallgeschehens dem Geschädigten nach § 823 Abs. 1 schadensersatzpflichtig sein. Indem er den Wagen des Geschädigten touchierte, verletzte er zurechenbar fremdes Eigentum. Der Verletzungserfolg indiziert regelmäßig die Rechtswidrigkeit der ursächlichen Handlung, womit der objektive Tatbestand einer unerlaubten Handlung erfüllt wäre. – Die Besonderheit des Falles liegt jedoch darin, dass S nur deshalb scharf nach links ausweichen musste, um dem sich von der Hand der Mutter losreißenden Kind auszuweichen (das sich anschickte, auf die Fahrbahn zu laufen). S könnte daher nach § 904 S. 1 durch Notstand gerechtfertigt sein ...".
Dass das Auto eine Sache ist, die Eigentumsverletzung in einer Sachbeschädigung liegen kann und der S hier gehandelt hat, wird nur indirekt oder gar nicht erwähnt, die Zurechenbarkeit wird bloß behauptet. Alle Tatbestandsmerkmale sind insoweit erwähnt, Aufhänger zur Subsumtion wurden aber nicht künstlich geschaffen. Es geht im Fall offenbar um Rechtfertigungsgründe und dann den Ersatzanspruch nach § 904 S. 2. Je nach Fallfrage werden anschließend ggf. noch komplizierte Fragen des Regresses gegenüber der Mutter genügend Anlass bieten, gute Subsumtion vorzuführen.
(2) Ebenso ist zu verfahren, wenn der Sachverhalt bereits vorgibt, dass K bei V etwas gekauft habe. Die Prüfung des Vertragsschlusses wäre für den Leser nicht nur lästig, sondern geriete wohl auch falsch, weil die dazu erforderlichen Umstände geradezu erfunden werden müssten. Dass eine derart überflüssige Subsumtion als sträfliche Unkenntnis von §§ 241 Abs. 1, 311 Abs. 1 aufgefasst werden müsste, hatten wir bereits weiter oben gesehen (Rn. 93). ◀

600 Aber auch bei komplizierten Rechtsfragen fällt die Subsumtion meist sehr knapp aus. Auf das Beispiel der Ruine als Gebäude (Rn. 585) sei hier verwiesen. Ist die Definition des Tatbestandsmerkmals durch Auslegung ausgebreitet, macht die Bezugnahme des tatsächlichen Umstandes darauf meist keine besondere Mühe.

601 Aufwendigere Subsumtionen sind regelmäßig nur bei Tatbestandsmerkmalen erforderlich, welche wertausfüllungsbedürftige Rechtsbegriffe enthalten. Hierbei muss zur Begründung regelmäßig auf Wertentscheidungen in anderen Gesetzen, auch auf solche außerhalb rechtlicher Regelungsbereiche oder auf die Verkehrsanschauung zurückgegriffen werden. Häufig wird dabei eine konkrete Begründung dessen, was zumutbar,

angemessen, sittenwidrig oder billig sein kann, durch die wenig geistreiche Behauptung ersetzt, dass es „offensichtlich" „keinem berechtigten Zweifel unterliegen kann", dass „selbstverständlich" „gewichtige Gerechtigkeitserwägungen" die Entscheidung „nach allgemeiner Verkehrsauffassung" nur so oder so ausfallen lassen können. Bietet das Gesetz selbst keine bereichsspezifischen Wertungen, mag bei Vermögensgeschäften etwa auf den wirtschaftlichen Sinn des konkreten Geschäfts, die individuelle Preiskalkulation oder ganz bestimmte betriebliche Abläufe zu rekurrieren sein.

▶ **Beispiel:** 602

Vergleichbares gilt auch sonst für unbestimmte Rechtsbegriffe, kann bei diesen jedoch noch klarer bereits in der Auslegung vorbereitet werden. Ob einem kaufmännischen Bestätigungsschreiben „unverzüglich" widersprochen wurde, widrigenfalls sein Inhalt als Vertragsinhalt gilt, kann unter Bezugnahme auf die Legaldefinition in § 121 bestimmt werden. Drei Tage sind dabei regelmäßig die Obergrenze für die Absendung. **Da** es sich um eine Überprüfungs-, vielleicht auch eine Überlegungsfrist handelt (das ist das Argument!), muss diese ohne Berücksichtigung der Postlaufzeit bestimmt werden.
§ 377 Abs. 2 HGB bestimmt eine rechtsvernichtende Einwendung gegen verspätet gerügte Mängel beim beiderseitigen Handelskauf. Nach Abs. 1 obliegt dem Käufer dafür eine unverzügliche Untersuchung der Ware, „soweit dies nach ordnungsgemäßem Geschäftsgange tunlich ist". Insoweit werden Fragen der technischen Überprüfbarkeit, der dafür erforderlichen Kosten, einer womöglich erforderlichen Umrüstung von Maschinen und ihre Zumutbarkeit für lediglich eine Überprüfung maßgeblich. Im Einzelfall kann **dies** einen Aufschub von mehreren Monaten rechtfertigen. Die Kriterien sind Gegenstand der Auslegung. Die Bewertung gehört zur Subsumtion. ◀

c) Analogie

Scheitert eine Subsumtion, kann methodisch eine analoge (entsprechende) Anwendung der Vorschrift gerechtfertigt sein. Die Analogie zielt auf die Erstreckung der Rechtsfolge auf einen Tatbestand, der zwar nicht der Gesetzestatbestand ist, für den aber eine Gleichbehandlung angezeigt erscheint. Der Analogieschluss erweitert also den Geltungsbereich einer rechtlichen Regelung auf bisher ungeregelte Fälle. Durch entsprechende Anwendung einer Norm wird diese nicht neu definiert. Voraussetzung jeder Analogie ist eine planwidrige Regelungslücke sowie eine vergleichbare Interessenlage. Vielmehr wird eine parallele Norm gesetzt. 603

▶ **Beispiel:** 604

§ 161 Abs. 3 lässt den gutgläubigen Erwerb in entsprechender Anwendung der Vorschriften zugunsten derjenigen zu, welche Rechte von einem Nichtberechtigten herleiten. So existieren in §§ 932 ff. Regelungen, welche am fehlenden Eigentum des Veräußerers gescheiterte Übereignungstatbestände (§§ 929 ff.) heilen. In den Fällen von § 161 fehlt jedoch im Zeitpunkt der Verfügung nicht das Eigentum des Verfügenden (er war dinglich Berechtigter), es fällt nur anschließend rückwirkend weg. Dann kann der Erwerber aber gar nicht gutgläubig in Bezug auf ein (nicht) fehlendes Eigentum des Veräußerers sein. Er mag nur ahnungslos hinsichtlich des späteren Wegfalls sein. Beide Fälle erklärt § 161 Abs. 3 für wertungsmäßig gleich. Es handelt sich dabei um eine gesetzliche Analogie. ◀

In manchen Bereichen hat der Gesetzgeber solche vergleichbaren Sachlagen jedoch nicht vorausgesehen. Dann kann eine Analogie ausnahmsweise trotzdem gerechtfertigt sein. 605

▶ § 645 Abs. 1 S. 1 gibt dem Werkunternehmer einen anteiligen Vergütungsanspruch ausnahmsweise schon vor Abnahme des Werks, wenn dieses infolge eines Mangels des von dem Besteller gelieferten Stoffes oder aufgrund einer Anweisung des Bestellers untergegangen ist. Was gilt aber, wenn entweder ein Dritter oder der Besteller durch andere Umstände (unverschuldet) die

Gefahr des Untergangs erhöht haben? Es gibt keinen Grund, dass § 645 so eng formuliert wurde. Es besteht eine planwidrige Lücke im Schutz des Unternehmers. Vergleichbare Fälle sind aber nicht schlechthin alle, in denen das Werk warum auch immer untergeht. Tragender Grund der Vorschrift ist die Gefährdung gerade durch den Besteller als Vertragspartner. ◄

4. Meinungsstreite in der Normanwendung

606 Rechtsfragen hängen oftmals von Bewertungen ab und können deshalb im Ergebnis unterschiedlich beantwortet werden. Eine mathematische Formel dafür, was im Einzelfall noch unverzüglich (§ 121 Abs. 1 S. 1) ist oder dafür, was so gerade noch nicht gegen die guten Sitten verstößt (§ 138 Abs. 1), lässt sich ebenso wenig aufstellen, wie dafür, wo ein Missverhältnis von Leistung und Gegenleistung beginnt, auffällig zu werden (§ 138 Abs. 2). Solchen Grenzfragen lässt sich durch gute Auslegung (nur) nahekommen. Im Letzten beruht die vom Juristen geforderte Wertungsentscheidung nicht auf Willkür, sie ist aber subjektiv. Ihre innere Logik zieht sie daraus, dass die zugrunde liegende restriktive oder großzügige Tendenz begründet werden kann, etwa durch im Gesetz angelegte Schutzbedürftigkeit bestimmter Parteien oder konkret zu benennender Interessen. Derartige Zweifelsfragen in der Bezugnahme des Sachverhalts auf ein gesetzliches Merkmal sind in klausurmäßigen Fallbearbeitungen eher selten und werden dann ein Tatbestandsmerkmal betreffen, von dessen Beantwortung keine weiteren Rechtsfragen abhängen.

607 ▶ **Beispiel:**
Ob ein im Übrigen bejahter Schadenersatzanspruch „am Schluss der Prüfung" durch ein mitwirkendes Verschulden des Beschädigten (§ 254) der Höhe nach zu kürzen ist, hat strukturelle Bedeutung nur insoweit, als diese Möglichkeit erkannt werden muss, wenn der Sachverhalt dafür Anhaltspunkte bietet. Ob und in welchem Umfang eine Kürzung des Anspruchs bejaht wird, bedarf eingehender Erörterung bestehender Pflichten, ihrer Verletzung und der Kausalität (vgl. insbesondere zur privilegierten Arbeitnehmerhaftung Rn. 440). Richtungsentscheidungen der weiteren Anspruchsprüfung hängen davon aber nicht ab.
Geht es dagegen z. B. um die Nichtigkeit eines Vertragsverhältnisses nach § 138, nimmt die Fallbearbeitung dadurch ganz unterschiedliche Wendungen. Die Subsumtion wird dabei deshalb im Sachverhalt so angelegt sein, dass Zweifelsfragen ausgeschlossen sind. Auch dies enthebt selbstverständlich nicht der Notwendigkeit zu präziser Argumentation. Bloße Hinweise auf anerkannte Grenzziehungen genügen nicht. Es wäre beispielsweise falsch, Wucher alleinig deshalb anzunehmen, weil „laut BGH eine Grenze des Doppelten des üblichen Marktpreises gilt". Einerseits stellt § 138 Abs. 2 neben den objektiven Voraussetzungen zusätzlich subjektive. Für den objektiven Tatbestand ist zu entscheiden ist sodann, dass ein Missverhältnis von Leistung und Gegenleistung besteht, welches auffällig ist. Bevor also auf den Marktpreis Bezug genommen werden kann, muss überlegt werden, ob im konkreten Fall werterhöhende oder mindernde Faktoren aus dem Geschäft erkennbar sind. Auffällig ist ein Missverhältnis anschließend dann nur, wenn der Preis eine angemessen Ausgewogenheit weit übersteigt. Dafür ist die Grenze des Doppelten regelmäßig ein *Indiz*. Zu berücksichtigen sind jedoch bestehende besondere Risiken. So rechtfertigt z. B. die Verknappung ausverkaufter Konzertkarten auch einen um das mehrfache erhöhten Graumarktpreis.[17] Umgekehrt bestehen deutlich restriktivere Vorgaben gegen Mietwucher. – Zwar ist der Falltext (notwendigerweise) auf ein eindeutiges Subsumtionsergebnis angelegt. Gerade deshalb gilt es aber, „den Ball aufzunehmen". In der späteren Rechtspraxis werden die Verhältnisse weniger klar liegen und müssen dann (mit geschultem Blick) eingeordnet werden können. ◄

---

17 Übrigens: Was ist das denn für ein Rechtsgeschäft? Vgl. zum Ticket(erst)erwerb Rn. 227 (gemischt-typisch aus Werk-/Dienst- und Mietvertrag). Aber der Zweiterwerb oder modern: das Reselling? – Abhängig von der dinglichen Rechtslage: Bei normalen Eintrittskarten (sog. kleine Inhaberpapiere i.S.v. § 807) ist es Kauf der Karte (Sachkauf); bei personalisierten Tickets (Namenspapiere i.S.v. § 808) dagegen Forderungskauf. Jetzt wird auch klar, wie die Unübertragbarkeit solcher Tickets rechtlich zu gestalten ist (§ 399 2. Alt.).

D. Strukturieren der Lösung

Die tatsächlichen Umstände des Sachverhaltes werden hier eine eindeutige Entscheidung rechtfertigen, weil davon komplizierte andere Rechtsfragen abhängen, wie etwa die zinslose Überlassung eines Wucherdarlehens für die Restlaufzeit (§ 817 S. 2) oder der Anspruch des Arbeitnehmers auf die übliche Vergütung nach § 612 Abs. 2 nach den Grundsätzen über das fehlerhafte Arbeitsverhältnis (faktischer Vertrag) beim Lohnwucher.

608

Ein anderer Grund für verschiedene Lösungsmöglichkeiten eines juristischen Problems kann auch die Unklarheit über den Anwendungsbereich einer Norm sein. Es geht dann nicht um die Beziehung des Sachverhalts zur Norm, sondern – einen Schritt zuvor – um die Auslegung der Vorschrift im Zusammenhang mit einem ihrer Tatbestandsmerkmale. Meist sind es subtile Unklarheiten des Gesetzes, welche im wissenschaftlichen Schrifttum („in der Literatur") und der Rechtsprechung zu unterschiedlichen Auslegungen führen (sog. Meinungsstreite).

609

> In der subjektiven Wahrnehmung wird die Bedeutung solcher Meinungsstreite für die klausurmäßige Fallbearbeitung regelmäßig überschätzt. Kenntnis und Darstellung von Streitständen sind sehr viel öfter das „Geschäft" von Hausarbeiten. Für die Klausur genügt fast immer, die Tatbestandselemente einer Norm herauszuarbeiten (manchmal allerdings auch ungeschriebene), sie mit verhältnismäßig einfacher Methodik auszulegen (mit Sachargumenten begründet) und den Aufhänger des Falltextes zu subsumieren.
>
> Die oben etwa zu den Auslegungsmethoden gewählten Beispiele sind zumeist Meinungsstreite. Ihre Lösung kam völlig zurecht ohne Hinweis auf „Meinungen" aus. Nicht diese zählen, sondern das methodische Argument zählt.

In allen Bereichen von BGB und HGB liegen ungezählte solcher Meinungsstreite. Viele von ihnen sind ausgeurteilt oder es hat sich zu ihnen eine herrschende Meinung (h.M.) gebildet. Beides ersetzt kein Argument in der Auseinandersetzung mit dem entsprechenden Auslegungsproblem, rechtfertigt aber für die Klausur durchaus eine gestraffte Darstellung. Dies zumal es oftmals keiner Entscheidung der Rechtsfrage bedarf, weil bezogen auf den konkreten Sachverhaltsumstand die Meinungen mehrheitlich – wenn auch mit ggf. unterschiedlicher Begründung – zum selben Ergebnis führen.

610

> So wenig ein Grund besteht, der h.M. in einer Rechtsfrage zu folgen, so falsch ist es auch, zu meinen, der Hinweis auf eine h.M. würde für die Benotung auch nur den geringsten Nutzen bringen. Kommt es in einer Fallbearbeitung auf den Meinungsstreit an (weil er bezogen auf den Sachverhalt zu unterschiedlichen Ergebnissen führt), hängen daran üblicherweise wiederum keine besonderen rechtlichen Folgen, so dass jeder Bearbeiter auch im Hinblick auf klausurtaktische Überlegungen ergebnisoffen entscheiden kann.
>
> Lediglich im Falle eines relevanten Meinungsstreites, der zudem der Lösung eine folgenreiche Wendung geben muss, sollte bedacht werden, dass der Erwartungshorizont regelmäßig nach der h.M. gestaltet sein wird, die auch im Hinblick auf nachfolgende Probleme und Lösungsschritte jedenfalls „hilfsgutachtlich" nachgezeichnet werden müsste. Die Wissenschaft ist frei und nur an Logik, Vernunftregeln und eine innere Widerspruchsfreiheit gebunden. Allerdings ist die Rechtssicherheit durch planbare und voraussehbare Rechtsanwendung ebenfalls ein Gebot des Rechtsstaates.

611 Zur Darstellung eines relevanten, weil das Ergebnis beeinflussenden Meinungsstreites mag folgendes Formulierungsbeispiel zur Anfechtung einer Innenvollmacht (§ 167 Abs. 1 1. Alt.) wegen eines Willensmangels dienen.

612 ▶ BEISPIEL:

Ein Investor will Kunstgegenstände erwerben und bedient sich eines Vertreters, der sich ihm als Experte angeboten hatte. Als die fachliche Unkenntnis des Vertreters offenbar wird, teilt der Investor auch den bereits verpflichteten Verkäufern mit, dass „er dem Betrüger rückwirkend sein Vertrauen entzogen" habe. – Es geht um die Wirksamkeit eines Kaufs, bei dessen Zustandekommen auf einer Seite ein Vertreter gehandelt hatte. Durch Anfechtung der Bevollmächtigung entfiele die Vertretungsmacht (§ 164 Abs. 1). Angefochten wird also nicht direkt der vertretungsweise geschlossene Kauf, sondern vielmehr die Bevollmächtigung als vom Vertretergeschäft getrenntes Rechtsgeschäft. Die Anfechtbarkeit einer Innenvollmacht wird dabei teilweise bestritten. (Darstellung des Meinungsstreites als Gegenstand der Definition) „Möglicherweise ist der sachliche Anwendungsbereich von § 142 Abs. 1 nach Sinn und Zweck der Vorschrift dahin einzuschränken (teleologische Reduktion), dass eine bereits betätigte Vollmacht nicht angefochten werden kann. Könnte der Vertretene die Bevollmächtigung anfechten, würde dem Dritten ein schon begründeter Anspruch gegen den Vertretenen entzogen. Der Dritte bräuchte davon noch nicht einmal zu erfahren, denn nach § 143 Abs. 3 S. 1 wäre Anfechtungsgegner der Bevollmächtigte. Außerdem trüge der Dritte damit sowohl das Risiko der Anfechtung des Vertretergeschäfts als auch der Bevollmächtigung und stünde daher schlechter, als hätte er der Vertretene in Person selbst gehandelt. Die daher von einer Ansicht vertretene Unanfechtbarkeit findet im Gesetz jedoch keinen Anhaltspunkt. Vielmehr widerspricht sie der generellen Anfechtbarkeit von Rechtsgeschäften (§ 142 Abs. 1). Die wirksame Anfechtung könnte aber voraussetzen, dass sie nicht nur dem Bevollmächtigten gegenüber, sondern auch dem Dritten erklärt wird. Eine vermittelnde Meinung wendet deshalb § 143 Abs. 3 S. 1 analog auch auf den Dritten an. Sie begründet das damit, dass der Angriff gegen die bereits betätigte Vollmacht rechtlich zugleich einen Angriff gegen das Vertretergeschäft bedeute. Mithin habe der Dritte dasselbe rechtliche Interesse, von der Anfechtung zu erfahren, wie der Bevollmächtigte. Diese Ansicht ist vorzugswürdig. Für sie spricht nicht nur die Rechtssicherheit beim Dritten, sondern sie schützt ihn auch vor den Folgen der Anfechtung. Da der Dritte zum Anfechtungsgegner des Vertretenen wird, erhält der Dritte einen Schadensersatzanspruch nach § 122 gegen den Vertretenen. Dadurch ist das doppelte Anfechtungsrisiko für den Dritten tragbar."

(Unmittelbar anschließend die Subsumtion) „Indem der Vertretene dem Dritten die Anfechtung der Bevollmächtigung umgehend mitteilte, hat er sie ihm gegenüber zwar nicht als Gestaltungserklärung gem. § 143 Abs. 1, 2 ausdrücklich erklärt. Aufgrund der deutlichen Wortwahl konnte der Dritte jedoch erkennen, dass der Vertretene an die Vertretergeschäfte nicht mehr gebunden sein wollte. Damit ist nicht nur die Bevollmächtigung rückwirkend erloschen, sondern deswegen auch der Kauf zwischen dem Vertretenen und dem Dritten unwirksam." ◀

III. Best practice Beispiel einer Arbeitsgliederung

613 Der unerkannt geisteskranke B übergibt seine wertvolle, aber defekte Armbanduhr zur Reparatur an U. Nach Abschluss der Reparatur stellt U für Ersatzteile 200 € und für Arbeitszeit 400 € in Rechnung.

614 Welche Ansprüche hat U gegen B?

615 Arbeitsgliederung

I. **Werklohnanspruch des U gegen B, § 631 I** (-)
  - Vertragsschluss wg. §§ 105 I, 104 Nr. 2 (-)
  - keine Ausnahme nach § 105 a:
    kein Geschäft des täglichen Lebens; nicht nur geringwertige Mittel;
    v.a. aber Gegenleistung noch nicht bewirkt (nur Rechnungstellung erfolgt)

- Ergebnis: (-)

II. Aufwendungsersatzanspruch aus GoA, §§ 670, 683, 677

1. **fremdes Geschäft**
   - fremder Rechts- und Interessenkreis?
   e.A.: Vorrang des Bereicherungsrechts zum Ausgleich nichtiger Kausalverhältnisse; GoA bloß Auffangtatbestand; dann hier (-),

   aber:

   Erfüllung einer vermeintlichen Vertragsverpflichtung und gleichzeitig Führung eines fremden Geschäftes genügt lt. Rspr.
   Argument: aus tatsächlicher Willensrichtung des GF abzuleiten (+)
   (sog. "*auch* fremdes" Geschäft)

2. **Fremdgeschäftsführungswille** (+)
   - Bewusstsein u. Wille, Geschäft für einen anderen (auf seine Rechnung) zu führen
   - wird beim "auch fremden Geschäft" vermutet

3. **ohne Auftrag**
   - fehlt bei bestehender Verpflichtung ggü. Geschäftsherrn
   - Problem: nichtiger Werkvertrag
   GoA anwendbar, weil Merkmal „ohne Auftrag" erfüllt bei nichtigen (+)
   Dienst- und Werkverträgen (a.A.: Vorrang des Bereicherungsrechts, s. vor)

4. **Übernahme interessengemäß, § 683 S. 1**
   - nach obj. Kriterien aus Sicht eines verständigen Dritten; hier: Reparatur obj. nützlich (+)

5. **wirklicher / mutmaßlicher Wille des Geschäftsherrn, § 683 S. 1**
   - Wille des Geschäftsunfähigen irrelevant, vgl. § 105
   - wirklicher Wille des gesetzlichen Vertreters des B unbekannt
   - mutmaßlicher Geschäftsführungswille (+)

6. **Rechtsfolge**
   - Aufwendungsersatz, § 670
   freiwillige Vermögensopfer, die GH erbringt
   - Ersatzteilkosten i.H.v. € 200 (+)
   - Problem: Tätigkeitsvergütung i.H.v. € 400 (kein Opfer)
   vergleichbar zu § 1835 III: übliche Vergütung (§ 612), sofern Tätigkeit zum Beruf oder Gewerbe des Geschäftsführers U gehört (+)

7. **Ergebnis**
   - Anspruch besteht (a.A.: GoA bei nichtigen Verträgen nicht einschlägig)

III. Verwendungsersatzanspruch U ./. B aus § 994 I 1

1. **Vindikationslage, §§ 985, 986**
   - EBV in §§ 987 ff., 994 ff. nicht ausdrücklich genannt
   - Unterscheidung zw. Gut- und Bösgläubigkeit nur sinnvoll in Bezug auf unrechtmäßigen Besitzer
   - Problem: (jedenfalls berechtigte, § 683) GoA (s.o., sofern bejaht) gibt dem GF Recht zum Besitz, § 986; EBV daher (-) (-)
   => *daher Gliederungspunkt 1. in der Niederschrift nach hinten stellen (als 3. statt 1.)*

- im Übrigen: Anwendbarkeit der §§ 987 ff. auf Geschäftsunfähige umstritten, teils Vorrang von § 105 befürwortet (h.M. §§ 994 ff. anwendbar) – braucht hier nicht entschieden zu werden, weil sowieso (-).
2. U ist gutgläubiger / unverklagter Besitzers
   - §§ 994 II, 990 I   (+)
3. notwendige Verwendung, § 994 I   (+)
   - Verwendungen: Reparatur einschl. Arbeitslohn und Material
   - notwendig: objektiv zur Werterhaltung
   - Ausnahme in § 994 I 2 greift nicht: Reparatur ≠ gewöhnliche Erhaltungskosten
4. Ergebnis: kein Anspruch des U gegen B aus § 994 I 1

IV. U ./. B aus ungerechtfertigter Bereicherung, § 812 I 1 1. Alt.: Anspruch auf Rückübereignung der eingebauten Teile gem. § 812 I 1 Alt. 1 bzw. Wertersatz dafür und für Arbeitszeit nach § 818 II

1. Etwas erlangt
   - jeder Vorteil, der das wirtschaftliche Vermögen mehrt
   - Eigentum an eingefügten Materialien, § 947 II   (+)
   - Problem: Arbeitsleistung, da als Vorteil nicht fassbar;
     zwar: ersparte Aufwendungen sind ebenfalls auszugleichen
     aber: bei Geschäftsunfähigen würde Ersatz der Arbeitskosten zur   (-)
     Aushöhlung des Grundes der Vertragsnichtigkeit führen
2. durch Leistung des Anspruchstellers
   - bewusste, zweckgerichtete Mehrung fremden Vermögens
   - fraglich, denn gesetzlicher Eigentumswechsel
   - BGH: vergleichbar wie vorausgegangene Übereignung (str.)   (+)
3. ohne rechtlichen Grund
   - hier: Vertragsnichtigkeit wegen § 105
   - aber: berechtigte GoA ist Rechtsgrund (sofern bejaht, s.o.)   (-)
4. Ergebnis: Kein Anspruch nach §§ 812 I 1 1. Alt., 818 I, II
5. überdies Problem: Konkurrenz zu §§ 994 ff.
   EBV lt. Rspr. abschließend für alle Verwendungen, auch wenn nicht nach §§ 994 ff. ersatzfähig; weiterhin auch für alle sonstigen Aufwendungen;
   Ergebnis lt. Rspr.   (-)
   a.A. mangels Parallelvorschrift beim Verwendungsersatz zur Sperrklausel in § 993 I a.E.; im Übrigen schließt nach a.A. EBV sowieso nicht die Leistungskondiktion aus.
   Dennoch (der Unterschied ist bereits im Hinblick auf 3. unerheblich)
   Ergebnis wie unter 4.

V. Wertersatzansprüche U ./. A nach §§ 951 I, 812 I 1 2. Alt.
1. Voraussetzungen der §§ 946 ff. (s.o.)   (+)
2. Rechtsgrundverweisung auf Bereicherungsausgleich
   - nur auf Eingriffskondiktion (gesetzlicher Eigentumserwerb)
   - Problem: Vorrang der Leistungskondiktion (s.o.: U schutzwürdig wie   (-)
     bei vorangegangener Leistung)
   - Rspr: §§ 951, 812 gar nicht anwendbar wg. Vorrang der §§ 994 ff.
     (s.o.)
3. Ergebnis   (-)

E. Niederschrift des Gutachtens

Erst wenn die Lösung vollständig ausgearbeitet ist, kann die Niederschrift sinnvollerweise beginnen. Der gesamte Gang der Prüfung, die Gliederung der Anspruchsgrundlagen, ihre Tatbestandsvoraussetzungen müssen in diesem Stadium fertig konzeptioniert sein. Das gilt besonders für die dem Falltext entnommenen Schwerpunkte. Wo nötig, sind Auslegungen zu skizzieren, stichwortartig methodische Argumente einzurücken und ebenso die Subsumtion vorzubereiten. Alle anzuwendenden Normen sind in der Arbeitsgliederung mit exakter Zitierung nicht nur des Paragrafen, sondern des jeweiligen Absatzes, Satzes oder auch der Alternative bereitzustellen. 616

Die Lösung muss geplant und bis in jedes Detail durchdacht worden sein. Dafür muss sie umgestellt, neu geordnet und an den entscheidenden Wendepunkten – den Schwerpunkten – vertieft, verbreitert und weiter ausgearbeitet werden können. Diese Möglichkeit bietet nur die *Arbeitsgliederung*. Sie muss großzügige Zeilenabstände und Raum für Ergänzungen belassen. Abzugrenzende Rechtsinstitute müssen nachträglich umgestellt werden können. Dazu muss etwa am linken Rand der Arbeitsgliederung Raum sein, um mit Farbe oder breitem Schriftzug eine veränderte Reihung nummerieren zu können. 617

Erst wenn die Lösung steht, der Sachverhalt nochmals auf seine vollständige Verwertung hin überprüft wurde und es sicher ist, dass die Normanwendung keine Überraschungen mehr zutage fördert, kann die Niederschrift beginnen. 618

> Eine gute Arbeitsgliederung braucht viel Übung. Nicht nur fachliche Routine, sondern auch die Ausprägung eines eigenen Stils der Kurzdarstellung. Alles muss in ihr vorbereitet sein, jeder Meinungsstreit und jedes Auslegungsproblem, aber für mehr als kurze Stichworte bleibt keine Zeit. Außerdem muss sie übersichtlich sein und die Umstellung der Reihenfolgen ermöglichen.
>
> Dazu bietet sich an, Gliederungsebenen der gleichen Stufe untereinander zu schreiben und die jeweils tiefer liegenden Ebenen nach rechts einzurücken. Die Definition steht dann etwa einen Finger breit nach rechts unter das Tatbestandsmerkmal versetzt. Nicht die ganze Definition, nur die entscheidenden Kriterien und Argumente der Auslegung als Stichworte. Möglichst wenig sollte hintereinander, vielmehr jeder gedankliche Schritt *untereinander* vermerkt werden. Das schafft Übersichtlichkeit und belässt Raum für Ergänzungen. Durch (+) kann die Erfüllung, durch (-) die Verneinung einzelner Merkmale hervorgehoben werden.
>
> Die Arbeitsgliederung wird nicht zur Bewertung mit abgegeben, sondern dient nur dazu, die Niederschrift vorzubereiten, die dann flüssig und ohne seitenlange Streichungen, Querverweise auf andere Blätter oder krakelige Einschübe am Rand auskommt. Vor allem aber bietet die Arbeitsgliederung Sicherheit vor allzu später Erkenntnis, in einer Sackgasse gelandet zu sein oder wichtige Tatbestandsmerkmale vergessen zu haben, die der Lösung eine andere Richtung geben.

Im Übergang von der Arbeitsgliederung zur Niederschrift ist auch Raum für stilistische Fragen und für Überlegungen zum Schreib- und Lesefluss. Soweit kein zwingender Aufbau entgegensteht, ist es zumeist geschickter, die Erörterung von Tatbestandsmerkmalen voranzustellen, welche unproblematisch sind. So ist es für § 985 ohne Weiteres möglich, den Besitz des Vindikationsbeklagten zuerst zu prüfen, wenn das Eigentum des Anspruchstellers komplexe Rechtsfragen aufwirft, weil die Sache durch mehrere 619

Hände gegangen ist. Auch bietet sich zumeist an, abzulehnende Rechtsinstitute voranzustellen und dadurch einen Spannungsbogen aufzubauen. Die spätere Niederschrift liest sich deutlich besser, wenn zuerst Ablehnungsgründe und verneinte Rechtsinstitute behandelt werden und anschließend diejenigen, welche die weitere Lösung tragen (Spannungsbogen). Gleiches gilt für schließlich abzulehnende und schwächere Argumente, die einem tragenden, starken Argument vorangehen sollten, das dann umso überzeugender wirkt.

Du bemerkst sonst auch Formulierungsprobleme. Hinkt etwas weniger Bedeutendes hinterher, ist es schwierig darzustellen, weshalb dieser Schritt überhaupt noch getan wird, obwohl die Lösung doch schon gefunden ist.

620 Zwei Einschränkungen sind zu machen. Zum einen darf keinesfalls ein logisch zwingender Aufbau durch solche Überlegungen verändert werden, etwa die Reihenfolge in § 812 Abs. 1 S. 1.

621 Zum anderen gilt für die Reihenfolge von Anspruchsgrundlagen regelmäßig eine an den Überschneidungen der gesetzlichen Tatbestände orientierte Zweckmäßigkeit. Insofern wäre es auch für den Lesefluss störend, gänzlich nebensächliche Anspruchsgrundlagen voranzustellen. Vielmehr muss hier gelten, von der Hauptsache, den naheliegenden Anspruchsgrundlagen auszugehen und festzustellen, ob diese das in der Fallfrage gestellte Begehren tragen. Erst anschließend sollten für den Fall wenig bedeutende Anspruchsgrundlagen angemessen gestrafft abgehandelt werden. Die Arbeitsgliederung bietet auch für solch ausgefeiltere Planungen der Niederschrift Raum.

In zeitlicher Hinsicht sollte in ein- und zweistündigen Klausuren spätestens nach der Hälfte der Bearbeitungszeit, in fünfstündigen jedenfalls vor Ablauf von zwei Dritteln der Bearbeitungszeit mit der Niederschrift des Gutachtens begonnen werden. Eine Schreibroutine und flüssige Formulierungskunst muss dabei vorausgesetzt werden. Reicht die Zeit für die Fertigstellung der Niederschrift nicht, sollte für die fehlenden Teile überlegt werden, doch (aber auch nur in diesem Fall) den entsprechenden Ausschnitt aus der Arbeitsgliederung mit abzugeben. Zwar erfüllt er nicht die gestellte Aufgabe, ein Gutachten zu fertigen, allerdings steht es dem Prüfer frei, den skizzierten Lösungsweg trotzdem ansatzweise zu honorieren.

Bei der Gelegenheit: Jegliche Entschuldigungen für die Schrift oder gar für fachliche Schwächen, die Bitte um wohlwollende Begutachtung aufgrund irgendwelcher Umstände in der Person des Bearbeiters o.ä. verbieten sich strikt! Eine unleserliche Schrift lässt die Bewertung der betroffenen Textstellen nicht zu. Deutliche Schwächen in der Orthografie und Zeichensetzung führen ebenfalls zur Abwertung.

I. Gutachtenstil

622 Der Gutachtenstil ist nicht so sehr eine sprachliche Darstellungsform als vielmehr eine gutachtliche Denkweise. Es geht darum, alle Merkmale einer Norm zu durchdenken und in der Lösung Schritt für Schritt prüfend vorzugehen. Das dem BGB immanente Prinzip des Anspruchsaufbaus aus Tatbestandsvoraussetzungen und Gegenrechten, Einwendungen und Einreden, zwingt dazu, jeden relevanten Prüfungsschritt mit einer (indirekt zu formulierenden) Frage zu beginnen.

E. Niederschrift des Gutachtens

▶ **Beispiel:**

1. Kaufpreisanspruch? – a) Vertrag geschlossen? – b) eventuell Unwirksamkeitsgründe (rechtshindernde Einwendungen)? – 2. (nur sofern der Sachverhalt Anlass dazu gibt) Anspruch untergegangen? und so fort.
Das gilt gleichermaßen für ein Gestaltungsrecht wie z. B. die Anfechtung: a) anfechtbares Rechtsgeschäft (§§ 119, 123)? – b) Wirksame Anfechtungserklärung (§§ 142, 143)? – c) Anfechtungsfrist eingehalten (§§ 121, 124)?
„Frage" heißt hierbei nicht, wirklich in Frageform zu formulieren. Es geht nur um *indirekte Fragen*: „I. A könnte gegenüber B einen Anspruch auf Übereignung des Fahrrads haben, § 433 Abs. 1 S. 1." Statt „Abs. 1 S. 1" kann man auch „I 1" schreiben. ◀

Jede Norm und jedes Tatbestandsmerkmal ist (zumindest gedanklich) mit einer Frage zu beginnen. Die einleitende Frage ergibt sich stets aus der gewünschten Rechtsfolge, die sich aus der Bejahung der Norm ergeben würde.

Die (indirekte) Frage am Beginn führt automatisch zum Gutachtenstil. Die Zwischenergebnisse erscheinen dann automatisch jeweils am Ende der Teilerörterungen. Ob der Anspruch im Ergebnis besteht oder nicht, wird erst aus dem Schlusssatz ersichtlich.

Formaler Gegensatz des Gutachtenstils ist der Urteilsstil, welcher das Ergebnis vorwegstellt und dieses dann ebenfalls Schritt für Schritt, Norm für Norm, Tatbestandsmerkmal für Tatbestandsmerkmal begründet. Die Sätze des Urteilsstils beginnen deshalb nicht mit einer Frage, sondern gedanklich stets mit dem Wort „denn".

Feind des Gutachtens ist aber gar nicht der Urteilsstil, sondern der Besinnungsaufsatz. Dieser erwägt einzelne Probleme und stellt inhaltliche Zusammenhänge her. Demgegenüber ist das Gutachten streng nach normativen Voraussetzungen geordnet. Es leiert auch nicht einfach ein Schema herunter, sondern fragt – und klärt – für jeden Prüfungsschritt (als indirekte Fragen, nicht explizite: Rn. 623), wieso es darauf ankommt. Am Schluss des Gutachtens steht eine Entscheidung, während der Besinnungsaufsatz zu einer (eher inneren) Überzeugung führt, die mitgeteilt wird. Vorteil des Gutachtens ist eine (zumindest scheinbar) größere Objektivität in der Lösungsfindung. Der Urteilsstil hat dann überdies noch größere Überzeugungskraft, weil er nicht fragend, tastend vorgeht.

▶ **Beispiel:**

Es ist im Gutachten daher auch nicht zulässig, in der Ich-Form zu schreiben („nach meiner Meinung..."). Die Rechtsanwendung muss objektiv sein und überzeugt nur durch ihre Nachvollziehbarkeit. Statt eines „Ich finde, dass..." muss es also z. B. heißen: „Überzeugender ist dagegen, dass ...". Und wirklich überzeugend ist, wenn es gelingt darzustellen, dass aus dem Gesetz selber kein anderes als das gewählte Ergebnis überzeugen kann: „§ ... liegt die Erwägung zugrunde, dass ... Deshalb ...". ◀

Die Aufgabe der Fallbearbeitung ist als Gutachten zu erfüllen.[18] Dies folgt zumeist aus der Aufgabenstellung ausdrücklich, ist im Übrigen aber auch als Konvention zwingend. Das schließt jedoch keineswegs aus, weniger Bedeutsames und einfach zu erledigende Tatbestandsmerkmale im Urteilsstil abzuhandeln. Lediglich die echten Probleme

---

18 In dieser Schreibwerkstatt geht es allein um fallbezogene Rechtsgutachten zur Abklärung eines konkreten Streitfalles. Der Aufbau gilt aber gleichermaßen für themenbezogene Rechtsgutachten zur Verschaffung von Klarheit über eine Rechtslage (sog. Märchenklausuren). Letztere fragen etwa nach Unterschieden in der Haftung von ... und ...: „Unterschied 1 könnte darin liegen, dass ... Im Fall a richtet sich die Haftung nach § ... Danach ist erforderlich, dass ... Demgegenüber in Fall b ... usf."

der Arbeit, die Schwerpunkte und schwierigen Probleme sind wirklich im Gutachtenstil zu behandeln.

Als Faustformel kann gelten, den Gutachtenstil möglichst frühzeitig und insgesamt an zwei oder drei Klausurschwerpunkten auszuführen und ihn dabei perfekt formuliert darzubieten. Im Weiteren befördert dann ein eingeschränkter Gutachtenstil oder bisweilen gar der Urteilsstil den Lesefluss erheblich.

Nochmals: Urteilsstil heißt nicht, bloße Behauptungen aufstellen zu können oder konkret problematische Tatbestandsmerkmale beiseite zu wischen. Es geht nur darum, nicht durchgängig fragend voranzuschreiten. In relativ klaren Entscheidungen kann deshalb das Ergebnis vorangestellt und die Begründung mit „weil" angeschlossen werden.

629 ▶ BEISPIEL:

„Durch den Messerstich in die Brust hat T den O am Körper verletzt." – Hier ist jede Subsumtion überflüssig, weil das Ergebnis selbstverständlich ist.
„Der Anspruch auf Gewährleistung ist verjährt, § 438 Abs. 1 Nr. 3 (Ergebnis 1). Seit Ablieferung der Kaffeemaschine sind drei Jahre vergangen (Subsumtion 1). Die Verjährungsfrist beträgt nach § 438 Abs. 1 Nr. 3 jedoch nur zwei Jahre ab Ablieferung, § 438 Abs. 2 (Definition 1). Der Ausnahmefall der zehnjährigen Verjährungsdauer liegt nicht vor, § 438 Abs. 3 (Ergebnis 2). Der Verkäufer kannte den Mangel des Gerätes nicht und wies beim Verkauf darauf hin, dass er als Erbe ihren Zustand nicht kenne (Subsumtion 2). Ein arglistiges Verschweigen des Mangels durch den Verkäufer (Definition 2) scheidet daher aus." – Da der Sachverhalt sehr klar ist, geht es nur darum, die beiden möglichen Verjährungsfristen darzustellen. Dies ist so flüssiger zu lesen. Allerdings würde im zweiten Teil sicher mehr als die Hälfte der Korrektoren den Gutachtenstil anmahnen (was noch nicht unbedingt Punktabzug bedeutet). Immerhin geht es um ein Regel-Ausnahme-Verhältnis und arglistiges Verschweigen stellt auch eine „Angabe in's Blaue hinein" dar. Deshalb war die Subsumtion 2 aufwendiger. Das musste zwingend gesehen werden (vgl. die fiktive Sachverhaltsergänzung um den ehrlichen Erben). ◀

1. Hypothese als Obersatz der Anspruchsprüfung

630 Die für den Gutachtenstil charakteristische einleitende Fragestellung wird nicht als direkte Frage formuliert, sondern als hypothetische Aussage. Sie bildet die Arbeitshypothese.

631 ▶ BEISPIEL:

„Der Herausgabeanspruch des E gegen B wegen der Armbanduhr könnte auf § ... gestützt werden. Voraussetzung hierfür ist ...".
„K wäre Schuldner des Kaufpreisanspruchs des V nach § 433 Abs. 2, wenn ...".
„X verlangt von Y Schadensersatz in Höhe der Reparaturkosten. Als Anspruchsgrundlage kommt zunächst § ... in Betracht."
„G hat womöglich gegen S einen Anspruch auf Unterlassung weiterer Beleidigungen nach § ...". ◀

632 Die Arbeitshypothese sollte im Konjunktiv formuliert werden („... *könnte* einen Anspruch haben", „... *wäre* gerechtfertigt", „... der Anspruch ... *bestünde* ..."). Wird der Indikativ benutzt, muss die Möglichkeitsform durch Adverbien wie *„womöglich"* oder *„eventuell"* etc. angezeigt werden („Möglicherweise hat ... einen Anspruch auf ... nach ..."). Stilistisch ist eine breite Varianz in der Darstellung empfehlenswert.

E. Niederschrift des Gutachtens

2. Obersatz bilden

Die anschließende Benennung eines Tatbestandsmerkmals, das Voraussetzung der Norm ist, steht klassischerweise ebenfalls im Konjunktiv. Dies ist der sog. Obersatz. Allerdings setzt sich hier der Indikativ parallel durch.

633

Zu Beginn des Buches hatten wir die Struktur der Konditionalsätze kennengelernt. Ergänzend und einschränkend zu der dort formulieren Grammatikregel ist darauf hinzuweisen, dass auch der Duden Ausnahmen („vorwiegend umgangssprachlich") zulässt. Für unser heutiges Sprachgefühl wirkt zumindest die übermäßige Verwendung des Konjunktivs störend und unsicher. Für den Standardfall kann daher die Benennung der Tatbestandsmerkmale überwiegend im Indikativ erfolgen.

Vielfach behelfen sich Formulierungsmuster eines Tricks und fragen nicht nach dem Vorliegen der Voraussetzungen des konkreten Anspruchs, sondern nach den allgemeinen Voraussetzungen der Anspruchsgrundlage bzw. Norm. Dies zwingt dann scheinbar zum Indikativ, weil eine solche Aussage allgemeingültig ist.

▶ **Beispiel:**

634

„Dazu müssten A und B einen Kaufvertrag geschlossen haben. Voraussetzung *des Zustandekommens eines Vertrages sind* zwei übereinstimmende Willenserklärungen." Vergleichbar: „Für den Anspruch aus § 985 *muss* A Eigentümer der Sache sein." ◀

Es sind aber eigentlich nicht die Voraussetzungen irgendeines Anspruchs aufzuzählen. Sondern der Blick ist auf das Vorliegen von Voraussetzungen zwischen ganz bestimmten Beteiligten zu richten. Dafür kommt man gänzlich um den Konjunktiv nur mit Toleranz gegen allfällige Kritik herum. Nennenswerte Bewertungsunterschiede werden sich daraus letztlich nicht ergeben.

635

3. Definition, Subsumtion und Ergebnis

Die nachfolgende Definition und Subsumtion müssen dagegen zwingend im Indikativ erfolgen.

636

▶ **Beispiel:**

637

A könnte ein Anfechtungsrecht zustehen. Voraussetzung „(sc. jedes Anfechtungsrechts) *ist* / (sc. für das Vorliegen im konkreten Fall) *wäre*" nach § 142 Abs. 1 zunächst ein anfechtbares Rechtsgeschäft.
(Definition) Anfechtbar *ist* eine Erklärung nach § 119 Abs. 1 im Fall eines Erklärungsirrtums. Ein Erklärungsirrtum *liegt* vor, wenn sich jemand bei der Abgabe eines Angebots verschreibt. (Subsumtion) A hat sich verschrieben, so dass (Ergebnis) er sich in einem Erklärungsirrtum befand.
Nota bene: Sinnlos, Zeitverschwendung und störend wäre die Subsumtion, die den Sachverhalt nacherzählt. Negativ-Beispiel: „Laut Sachverhalt wollte A 500 schreiben, er hat aber 5000 geschrieben. Deshalb hat er sich verschrieben und befand sich im Erklärungsirrtum."
Die Definition führt Rechtsbegriffe auf Tatsachenbegriffe zurück. Hierunter führt die Subsumtion den Sachverhalt. Verschreiben ist eine Tatsache und braucht keine weitere Erläuterung. Dass A sich nur „laut Sachverhalt" verschrieben haben kann, ist mangels anderer Erkenntnisquellen in der Fallbearbeitung selbstverständlich. ◀

Kann ein Tatbestandselement dagegen durch verschiedene tatsächliche Handlungen oder auf unterschiedlichen rechtlichen Wegen erfüllt worden sein, wäre wieder die Möglichkeitsform vonnöten. Dies wäre nämlich nicht die Ebene von Definition und Subsumtion, sondern eines Obersatzes einer Norm. Und diesmal stimmt das Sprachgefühl mit der offenen Möglichkeit überein.

638

639 ▸ BEISPIEL:

„Voraussetzung für § 985 ist/wäre das Eigentum des Vindikationsklägers A. Dieses *könnte* er von C nach § 929 S. 1 erlangt haben. ... Er *könnte* sodann vielmehr Eigentümer nach §§ 929 S. 1, 932 durch gutgläubigen Erwerb von C geworden sein. Dann muss/müsste A gutgläubig vom Eigentum des C ausgegangen sein." ◂

640 Ein Zwischenergebnis zum entsprechenden Tatbestandsmerkmal schließt jede Normanwendung ab. Die Anspruchsprüfung wird ebenfalls mit der Feststellung eines Ergebnisses abgeschlossen.

4. Sprachliche Gliederung

641 Im Gutachten finden die Erwägungen, welche zu genau diesem Aufbau geführt haben, keine Erwähnung. Auch der Aufbau der Lösung selbst wird nicht erläutert.

642 Nachdem eine Anspruchsgrundlage in der Arbeitshypothese genau zitiert wurde, muss hinsichtlich der aus ihr zu entnehmenden Tatbestandsmerkmale nicht darauf hingewiesen werden, dass „nach § ... nun zu prüfen ist, dass ...". Es genügt völlig, in den nächsten Prüfungspunkt mit einem Obersatz überzuleiten mit etwa dem Hinweis: „Zuerst/weiterhin/außerdem muss/müsste ... gegeben sein." Dass etwas „zu prüfen ist", ergibt sich bereits dadurch, dass es nunmehr geprüft wird.

643 Verfehlt ist es, nach Nennung der Anspruchsgrundlage in der Arbeitshypothese zuerst alle Tatbestandsvoraussetzungen aufzuzählen, um dann unter Bezugnahme darauf (zu 1., zu 2. etc.) zu ihnen Stellung zu nehmen. Diese dem Vergessen vorbeugende Behelfslösung ist aufgrund der Arbeitsgliederung sowieso entbehrlich. Falsch wird die Bezugnahme, wenn sie zulasten des Problembewusstseins geht und dazu verführt, alle Punkte wie in einer Checkliste gleich zu gewichten (gleichsam als Malen nach Zahlen). Es soll schließlich nicht ein beliebiger Fall gelöst werden, sondern der konkrete mit seinen besonderen Tatumständen.

644 In der Niederschrift muss sprachlich nachvollzogen werden, was zum Aufbau der Arbeitsgliederung gesagt wurde. Tatbestandsmerkmale derselben Gliederungsebene stehen ohne wechselseitige Abhängigkeit nebeneinander und müssen kumulativ vorliegen. Soweit ein Tatbestandsmerkmal seinerseits in mehrere Voraussetzungen zu untergliedern ist, entsteht eine um eine Stufe tiefere Gliederungsebene. Deren Elemente können nicht beliebig mit denjenigen der höheren Stufe durchmischt werden. Vielmehr bedarf es auch sprachlich der eindeutigen Zuordnung.

645 ▸ BEISPIEL:

Beim Eigentumsvorbehalt (§§ 929 S. 1, 158 Abs. 1) wäre es *falsch* zu sagen, der Eigentumsübergang erfolge durch Einigung, Übergabe und Kaufpreiszahlung. Voraussetzung sind vielmehr nur „Einigung und Übergabe. Die Einigung erfolgte jedoch unter der aufschiebenden Bedingung vollständiger Kaufpreiszahlung (§§ 158 Abs. 1, 449 Abs. 1). Zu ihrer Wirksamkeit bedarf es daher der Erfüllung des Zahlungsanspruchs nach §§ 433 Abs. 2, 362 Abs. 1". – Die Notwendigkeit der Zahlung gehört unmittelbar zur Einigung, nicht zum Übereignungstatbestand!
Auf selber Stufe stehen bei den §§ 929 ff. Einigung, Übergabe und die alternativen Übergabesurrogate. Stufungen ergeben sich dagegen für das Tatbestandsmerkmal der Übergabesurrogate hinsichtlich deren Voraussetzungen nach den §§ 930, 931. ◂

646 Zur äußeren Gestalt der Klausur braucht nicht viel gesagt zu werden. Die wichtigsten Punkte ergeben sich aus dem inhaltlichen Zusammenhang. Jeder neue Gedanke, soweit er nicht unbedeutend ist, sollte durch einen *Absatz mit Leerzeile* im Text kenntlich gemacht werden! Dies gilt umso mehr für Anspruchsgrundlagen. – Im Übrigen zeigt bereits äußerlich die Breite der Behandlung eines Gliederungspunktes, wo der Bearbeiter inhaltliche Schwerpunkte gesetzt hat. Fließt dagegen bereits äußerlich alles ineinander (ohne Absätze), sind kaum inhaltliche Differenzierungen zu erwarten. Unterstreichungen und Hervorhebungen im Text müssen aber grundsätzlich unterbleiben.

Zur besseren Orientierung bietet sich an, Anspruchsgrundlagen und ihre Tatbestandsmerkmale zu nummerieren. Regelmäßig sollte in einer Klausur aber mit drei Gliederungsebenen (I., 1., a)) auszukommen sein. Wichtiger und zwingend ist, den Text durch Absätze zu gliedern. 647

5. Präzision in der Sprache

Abschließend könnte noch vieles zu richtiger und guter Sprache gesagt werden. Fehler in der Rechtschreibung und der Zeichensetzung sind ebenso Fehler des Gutachtens wie eine falsche Rechtsanwendung. Zudem kommt eine Wissenschaft nicht ohne fachsprachliche Elemente aus. Es handelt sich dabei um Begriffe, denen ein feststehender Inhalt zugeordnet ist. Sie können nicht beliebig vertauscht werden. Es verbessert daher den eigenen Schreibstil, wenn er sich möglichst eng an den Gesetzeswortlaut anlehnt (was v.a. auch aus inhaltlichen Gründen dringend angeraten ist). 648

▶ **BEISPIEL:** 649

Ein Anspruch wird *geltend gemacht*, nur die Klage wird *erhoben*. Eine Vollmacht wird *erteilt* oder es wird jemand *bevollmächtigt*. Schadensersatz wird *geleistet*, eine vertragliche Leistung wird *erbracht*, Geld wird *gezahlt*. Der Gläubiger *begehrt*, *verlangt* oder *beansprucht* etwas, während der Schuldner etwas gegen den Anspruch *einwendet*. Dazu genügt, dass er *Einwendungen hat* (diese sind im Prozess von Amts wegen zu berücksichtigen), während er *Einreden erheben* muss. Als sprachliche Alternative kann er auch die Leistung *verweigern* oder von seinem *Leistungsverweigerungsrecht Gebrauch machen* bzw. *Verjährung einwenden* (obwohl Einrede).
Statt umständlich einen „Schadensersatzanspruch geltend zu machen", kann der Gläubiger schneller „Schadensersatz beanspruchen" oder seinen „Schaden ersetzt verlangen". Auch kann ihm einfach der „Schaden auszugleichen" sein. – „Die Voraussetzung der Innehabung der Sache" für den unmittelbaren Besitz bedeutet nur, dass jemand sie „als unmittelbarer Besitzer innehaben müsste". ◀

Dass sich, anders als nach § 985, der Herausgabeanspruch nach § 812 Abs. 1 S. 1 nicht „auf die Sache richtet", sondern auf die Rechtsposition (das Erlangte), haben wir bereits bei der Einteilung der Anspruchsgrundlagen gesehen. Der Zusammenhang von Sprache und Inhalt zeigt sich hier besonders deutlich. 650

Ein Klausurschwerpunkt wird im entsprechenden Tatbestandsmerkmal sehr elegant eingeleitet: „Die Besonderheit des Falles liegt darin, dass ...", um dann die Definition auszubreiten. 651

II. Das eigene Schreiben

Alles Weitere ist Übungssache. Formulierungsvorschläge haben wir durchgängig gezeigt. Eine exemplarische große „Musterlösung" hätte keinen Zusatznutzen. Wer viel schreibt (und nicht nur Kurznachrichten), gewinnt einen flüssigen Ausdruck. Auch wird die Schrift mit gewisser Ausdauer lesbarer. Und besonders das Lesen fördert den sprachlichen Stil. Das Lesen einschlägiger Fachliteratur trägt nicht nur zum Erwerb von Fachwissen bei, sondern fördert die Handlungskompetenz in der Rechtsanwendung. 652

653 Es muss beim Lesen nicht alles gelernt und behalten werden. Idealerweise wird jeder gelesene Text exzerpiert und aus ihm ein Prüfungsschema des behandelten Gegenstandes erstellt, das für die schnelle Wiederholung gesammelt wird (Karteikarten). Es geht jedoch genauso um die Adaption des Schreibstils, der Ausdrucksweise und der Art zu gliedern.

654 Mehr noch als durch Lehrbücher wird der Nutzen *für das eigene Schreiben* durch die Lektüre von höchstrichterlichen Urteilen und Aufsätzen in Fachzeitschriften gefördert. Das gilt besonders für die großen Ausbildungszeitschriften. Die Aufsätze dort und die Anmerkungen zu den abgedruckten Urteilen sind nahezu immer im Stil von Fallbearbeitungen gehalten.

> Der Vergleich zum Sport oder Musizieren drängt sich auf: Trainingszeit, Techniktraining und Spieltraining, ein Trainingsplan für die Vorbereitung auf Wettkämpfe oder Aufführungen, aber ebenso die Befassung mit den theoretischen Grundlagen (dort etwa der Physiologie bzw. der Harmonielehre) braucht es genauso auch im Studium. Ach ja – das gilt auch für die (eigene) Motivation: Du trainierst (lernst), weil Du gute Klausuren schreiben willst. Du lernst nicht für Deine Dozenten, Du lernst für Dich – für Deinen Klausurerfolg.

F. Best practice Beispiel: Merkzettel und Arbeitsgliederung

Autohändler V erwirbt von einem Vertragshändler der Daimler Chrysler AG, dem L, einen neuen Mercedes SL. Er veräußert diesen anschließend an seinen Privatkunden K. In beiden Verträgen ist vorgesehen, dass alle etwaigen Gewährleistungsansprüche des Käufers, gleich aus welchem Rechtsgrund, wegen etwaiger Mängel innerhalb eines Jahres verjähren und anschließend ausgeschlossen sind.

K erleidet nach 5 Monaten einen Unfall, bei dem das Auto einen Totalschaden und das auf der Fahrt mitgeführte Notebook des K erheblich beschädigt wird. Ein beauftragter Sachverständiger stellt fest, dass der Unfall durch einen Bremsendefekt verursacht wurde. Es kann indes nicht festgestellt werden, ob dieser Defekt bei Übergabe des Fahrzeugs an K bereits angelegt oder erst später verursacht worden war.

K verlangt von V Rückzahlung des gezahlten Kaufpreises. Nachdem eine über 8 Monate hinweg streitig geführte Korrespondenz, zuletzt zwischen den Anwälten der Parteien, den V nicht zu einer Leistung veranlassen konnte, verklagt K den V auf Rückzahlung des Kaufpreises sowie Ersatz der Reparaturkosten für das beschädigte Notebook.

- Frage 1: Zu Recht?
- Frage 2: Kann V von L, nachdem er K den Kaufpreis erstattet hat, ebenfalls Rückzahlung des von ihm geleisteten Kaufpreises verlangen?

1. Teil Schreibwerkstatt

657   *Als Merkzettel gestaltet*

Autohändler (1) erwirbt von einem **Vertragshändler** der Daimler (2) r AG, dem L, einen **neuen** Mercedes ~~Sp~~ Er veräußert diesen anschließend an seinen **Privatkunden** K. In beiden Verträgen ist vorgesehen, dass alle etwaigen Gewähr (3) sansprüche des Käufers, gleich aus ~~w~~elchem Rechtsgrund, wegen etwaiger Mängel innerhalb (4) hres verjähren und ~~ans~~chließend **ausgeschlossen** sind. (5)

K erleidet nach **5** Monaten einen U (6) i dem das Auto einen Totalschaden und das auf der Fahrt mitgeführte Notebook des K erheblich beschädigt wird. Ein beauftragter Sachverständiger stellt fest, dass der Unfall durch einen Bremsendefekt verursacht wurde. Es kann indes nicht festgestellt werden, ob die (7) kt bei Übergabe des Fahrzeugs an K bereits angelegt oder erst (8) verursacht worden **war**.

K verlangt von V (9) **Rückzahlung** des gezahlten Kaufpreises. Nach (10) über **8 Monate** hinweg streitig geführter Korrespondenz, zuletzt zwischen den Anwälten der Parteien, (11) ht zu einer Lei (12) anlassen konnte, verlangt K den V auf Rückzahlung des Kaufpreises **sowie** Ersatz der **Reparaturkosten** für das beschädigte Notebook.

Frage 1: Zu Recht?

(13)

Frage 2: Kann V von L, nachdem er K den Kaufpreis erstattet hat, **ebenfalls Rückzahlung** des von ihm geleisteten Kaufpreises verlangen?

(1) im eigenen Namen, also „keine Aufregung"

(2) Lieferkette + Verbraucher = Verbrauchsgüterkauf (§§ 474, 475). Beides zusammengenommen: § 478!

(3) 1 Jahr bei Neuware! → § 475 II und bei AGB § 309 Nr. 8 b) ff) also mindestens 2 Jahre!
→ Leider etwas zu schnell: § 475 III lesen.

(4) ununterbrochene Regresskette in der Lieferkette; hier also § 478 IV

(5) beim Verbrauchsgüterkauf: 6-Monats-Beweislastumkehr in § 476. Für den Lieferantenregress heißt das: § 478 III und IV 1

(6) 2 Schäden! - also 2 verschiedene Lösungen: Die sind dann wohl der Knackpunkt! Schadensersatz des K: §§ 437 Nr. 3, 475 I, II - und III! Also doch ausschließbar *(spätestens hier muss die Notwendigkeit erkannt werden, die Vorschrift ganz und genau zu lesen).* Beim Regress geht es um § 478 IV: dort S. 2! Gleichlauf gilt nicht für Schadensersatzansprüche (hier wohl irrelevant, weil Ausschluss im Verbrauchervertrag parallel zum Lieferantenvertrag - also kein spezifisches Regressproblem). - Aber wo ist der Unterschied in der Lösung?

(7) Das war zu „erwarten" bei den 5 Monaten: § 476

(8) Ok. Also gar nicht Schadensersatz für das Auto, sondern Rücktritt (§ 437 Nr. 2). *Dafür* bleibt es bei der gesetzlichen Mindestverjährung.

(9) Zeitangaben sind immer wichtig! Mit 8 Monaten ist keine Frist zu assoziieren. 8+5 sind aber 13 Monate, knapp über einem Jahr (§ 475 II).

(10) Standardproblem: § 203, Hemmung der Verjährung bei Verhandlungen. Streitige Korrespondenz ist aber keine Verhandlung.

(11) s.o. Differenzieren!! Rücktritt vs. Schadensersatz

(12) Die sind weg (§ 214 I, rechtshindernde Einrede aufgrund zulässiger vertraglicher Verkürzung der Verjährungsfrist für Schadensersatz. V muss sich aber darauf berufen: hat er (noch) nicht.

(13) Regressanspruch. Geht auch nicht um Schadensersatz, sondern wiederum um Rücktritt, §§ 437 Nr. 2, 478 I, III, IV 1 und V. Hinsichtlich § 377 II HGB (§ 478 V) gibt der Sachverhalt wenig her (eher wohl Fall nach § 377 III HGB: immerhin 5 Monate gutgegangen)

F. Best practice Beispiel: Merkzettel und Arbeitsgliederung

Arbeitsgliederung

658

I. K gegen V (Rückzahlung des Kaufpreises), §§ 437 Nr. 2, 323, 346 I?

Voraussetzungen:
1. Wirksamer Kaufvertrag (+)
2. Rücktrittserklärung (§ 349) (+, „verlangt Rückzahlung")
3. Rücktrittsgrund (hier: §§ 437 Nr. 2, 323)?

(+), wenn ein Sachmangel bereits zum Zeitpunkt des Gefahrenübergangs (§ 446 = Übergabe) vorgelegen hatte

a) Sachmangel? (+), da Bremsendefekt.

keine Beschaffenheitsvereinbarung, § 434 I 1, aber mindestens I 2 Nr. 2 (+)

b) bereits bei Gefahrenübergang?

Problem:

Grundsätzlich Beweislast des Käufers; hier: nicht feststellbar, d. h. er bleibt „beweisfällig".

Ausn.: § 477 Umkehr der Beweislast; es wird vermutet, dass die Sache bei Gefahrübergang mangelhaft war.

    Anwendungsbereich (§ 474 I):

        V ist Unternehmer (§ 14),

        K als Verbraucher (§ 13)

        kauft bei ihm eine bewegliche Sache

        zum privaten Gebrauch.

    Weitere Voraussetzung des § 477:

        Sachmangel zeigt sich spätestens 6 Monate nach Gefahrübergang

        hier: 5 Monate.

    ZwErg.: Es wird vermutet, dass der Bremsendefekt bereits bei Gefahrübergang bestand und demnach auch ein Sachmangel nach § 434 vorliegt.

c) Frist zur Nacherfüllung nach § 323 I abgelaufen?

keine Frist gesetzt.

Aber: Fristsetzung nach § 440 entbehrlich? Voraussetzung:

    beide Formen der Nacherfüllung (§ 439 I BGB) für den Schuldner (Verkäufer) unzumutbar.

    hier: Wegen Totalschaden ist Reparatur der Bremsen nutzlos.

<u>Alternativ</u>: § 323 II Nr. 3 – sofortigen Rücktritt aus besonderen Gründen

Alternativ: § 326 V: Nacherfüllungsverlangen und damit Nachfristsetzung entbehrlich, weil aufgrund Totalschadens unmöglich, 275 I.

4. rechtshemmende Einrede: Ausschluss des Rücktrittsrechts?

hier: Verjährung über §§ 438 IV, 218 auf § 438 I Nr. 3?

Grds. 2 Jahre. Vertragliche Verkürzung auf 1 Jahr.

aber: Vereinbarung wirksam?

hier: Vereinbarung unwirksam, § 476 II:

Verbrauchsgüterkauf (s.o.), Neuware

ZwErg.: kein Ausschluss des Rücktrittrechts

5. Ergebnis:

K zum Rücktritt nach §§ 437 Nr. 2, 323, 346 I berechtigt; Kaufpreis zu erstatten.

II. K ./. V (Ersatz der Reparaturkosten des Notebooks), §§ 437 Nr. 3, 280 I, III, 281?

Voraussetzungen:

1. wirksamer Vertrag (+)
2. Sachmangel bei Gefahrübergang: (+, s.o.)
3. Fristsetzung (§ 281 I 1, II: entbehrlich, s.o.)

Alternativ: § 283 wegen Unmöglichkeit der Nacherfüllung (s.o.)

4. Schaden?

    Problem: geltend gemachter Schaden ist an anderer Sache (Notebook) als Kaufgegenstand (Auto)

    aber: §§ 437 Nr. 3, 280 gilt auch für Mangelfolgeschaden

5. Verjährung (§ 214)?

    nicht nach § 438 I Nr. 3:

    Schadensersatz nach 13 Monaten gerichtlich geltend gemacht.

    aber: vertragliche Vereinbarung reduziert auf 1 Jahr?

    prinzipiell zulässig

    Ausn.: Unwirksamkeitsregelung in § 476 II (Verbraucherschutz)

    Rückausnahme in § 476 III

6. Ergebnis: SchErs nicht durchsetzbar

III. V ./. L (Rückzahlung des Kaufpreises) nach §§ 437 Nr. 2, 323, 346 I?

1. **Voraussetzungen:** s.o. (wirksamer Vertrag, Rücktrittserklärung, Rücktrittsgrund)

   a) **Problem:** Sachmangels bei Gefahrenübergang (§ 434)

   Beweislastumkehr des § 477?

   = eigentlich (-), denn hier zwei Unternehmer= kein Verbraucherschutz

   Folge: Beweislastumkehr des § 477 greift nicht

   Dilemma:

   = sog. **Regressfalle** (obwohl Lieferant/Hersteller dem Mangel näher steht als der Händler)

   Aber: §§ 478 I, 477, nämlich:
   Anwendung der Beweislastumkehr in der Lieferkette, Fristlauf der sechs Monate beginnt erst mit Gefahrübergang auf den Verbraucher

   Voraussetzungen:
   Letzter Vertrag in Lieferkette = Verbrauchsgüterkauf nach § 474 I
   Fall des § 445 a II
   Neue Sache (+)
   Rücknahme der Sache als Folge ihrer Mangelhaftigkeit (+)

   b) **Problem:** Fristsetzung zur Mängelbeseitigung (§ 323 I)

   = hier § 445 a II Variante 1 (Frist stets entbehrlich)

   c) **Problem:** Verjährung

   = hier: 13 Monate, Vereinbarung: 1 Jahr

   Aber: § 445 b II 1

   d) ggf. noch §§ 377 III HGB, 445 a IV BGB (Genehmigung des Mangels aufgrund unterlassener Rüge beim Handelskauf); hier aber unproblematisch.

2. **Ergebnis:**

Rückzahlung des Kaufpreises (+)

2. Teil Methodische Umsetzung der Schreibwerkstatt

A. Kompetenzvermittlung der Schreibwerkstatt

Gute juristische Hochschullehre soll die Studierenden[1] auf die berufliche Praxis vorbereiten und die für das Berufsbild des jeweiligen Studiengangs (z. B. Rechtswissenschaft, Wirtschaftsrecht oder Betriebswirtschaftslehre mit Nebenfach Recht) erforderlichen Kompetenzen in der Lehre vermitteln und prüfen. Im Unterschied zu anderen Wissenschaften muss sich ein Studierender der Rechtswissenschaften nicht nur ein umfangreiches (Fach-)Wissen zulegen, sondern muss darüber hinaus bereits im 1. Semester sein erlerntes Wissen im Rahmen einer gutachterlichen Falllösung umsetzen lernen. Aus diesem Grund sollte die juristische Fallbearbeitung bereits bei der Formulierung der Lernziele in den Fokus gerückt werden. Gemessen werden diese Lernziele anhand der Prüfungsanforderungen, die wiederum den Lernprozess steuern.[2] Damit bilden Lehre und Prüfung eine Einheit, bei der die Prüfung den konsequenten Abschluss der Lehre mit gleichzeitiger Rückmeldefunktion darstellt. Das Ergebnis der Prüfung zeigt nicht nur, ob die Studierenden den Stoff der Veranstaltung verstanden haben, sondern darüber hinaus welche Kompetenzen (z. B. Falllösungskompetenz) vermittelt wurden.

659

Dieser zweite Teil soll insbesondere aus der Perspektive der Studierenden aber auch der Hochschullehrer zeigen, durch welche Lehr- und Lernmethoden den Studierenden die notwendigen Kompetenzen für die (gutachterliche) Lösung von Klausurfällen zum BGB vermittelt werden können (Teil B). Hierfür ist es notwendig, in einem ersten Schritt die grundsätzlich zu erlernenden Kompetenzen aufzuzeigen, und sie im zweiten Schritt auf die Rechtklausur anzuwenden (Teil A).

660

I. Kompetenzvermittlung im Studium

Die in der jeweiligen Lehrveranstaltung zu vermittelnden Kompetenzen legt der verantwortliche Hochschullehrer bereits bei Planung der Veranstaltung neben der Prüfungsform (hier unterstellt: Klausur) detailliert in den Modulbeschreibungen fest. Als Leitlinie hierfür können die vom **Deutschen Qualitätsrahmen (DQR)**[3] definierten **Kompetenzen** dienen, die im Folgenden zunächst allgemein dargestellt werden, um sie anschließend auf die BGB-Veranstaltung bzw. die Rechtklausur zu übertragen:

661

---

1 Zur sprachlichen Vereinfachung werden für die Kennzeichnung von Personengruppen die maskulinen Formen verwendet. Gemeint sind immer die drei Geschlechter.
2 Da auch motivierte Studierende nur ein begrenztes Zeitbudget zur Verfügung haben und eine Vielzahl anderer Veranstaltungen besuchen (müssen), werden sich (insbesondere je näher das Ende der Vorlesungszeit rückt) beim Lernen bzw. im Selbstlernstudium im Wesentlichen auf die Prüfungsinhalte beschränken.
3 Der Arbeitskreis Deutscher Qualifikationsrahmen hat am 22.3.2011 den Deutschen Qualifikationsrahmen für lebenslanges Lernen verabschiedet, der die nationale Umsetzung des Europäischen Qualifikationsrahmens (EQR) darstellt und am 1.05.2013 eingeführt wurde.

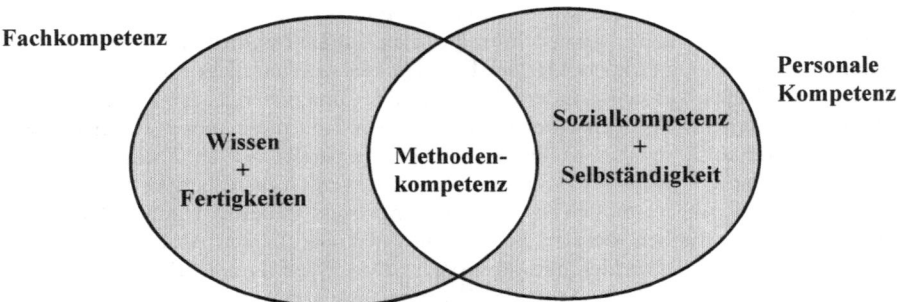

662 Kompetenz bedeutet hiernach, dass Studierende nach Abschluss einer Lehrveranstaltung fähig und auch bereit sind, sowohl ihre (fachlichen) Kenntnisse und Fertigkeiten als auch ihre persönlichen, sozialen und methodischen Fähigkeiten (bei beruflichen Aufgaben bzw. der Problemlösung) zu nutzen. Kurz gefasst sollen Studierende eine entsprechende **umfassende Handlungskompetenz** erwerben. Der DQR unterscheidet zwischen Fachkompetenz und Personaler Kompetenz:

- **Fachkompetenz** beinhaltet zum einen das (Fach-)Wissen und zum anderen die weiterführende Fähigkeit, dieses Fachwissen auch (auf Fälle) anwenden zu können (= Fertigkeiten).
- **Personale Kompetenz** umfasst die Fähigkeit und Bereitschaft, sich weiterzuentwickeln und das eigene Leben eigenständig und verantwortlich zu gestalten. Personale Kompetenz schließt Sozialkompetenz (z. B. Teamfähigkeit) und Selbständigkeit ein.
- **Methodenkompetenz** bezeichnet ganz allgemein die Fähigkeit, an Regeln orientiert zu handeln und ist damit sowohl in der Fachkompetenz als auch der Personalen Kompetenz enthalten (= Querschnittskompetenz).

II. Kompetenzorientiert prüfen in der BGB-Klausur

663 Welche dieser Kompetenzen können schwerpunktmäßig auf welche Weise in einer BGB-Veranstaltung zu Beginn des Studiums gelehrt und auch geprüft werden?

A. Kompetenzvermittlung der Schreibwerkstatt

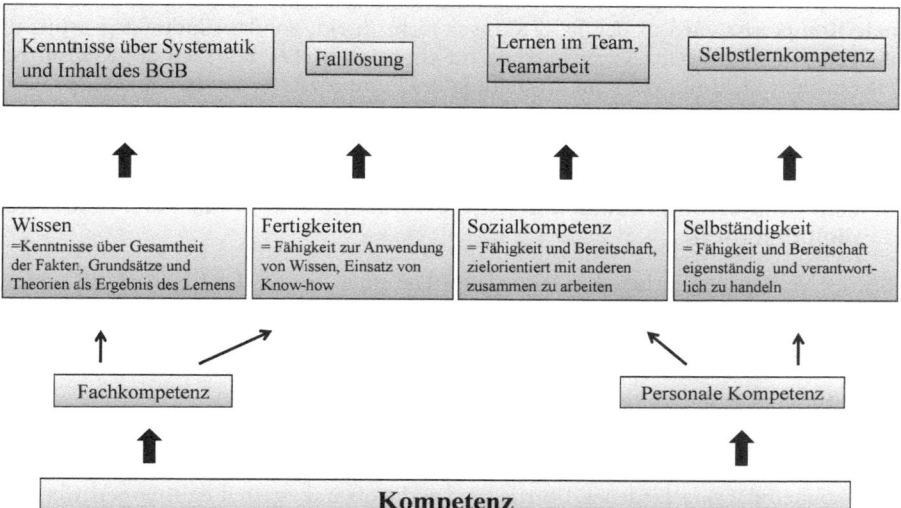

Fachkompetenz

Inhaltlich kann das BGB entweder in seiner vollständigen Breite vermittelt werden oder Teilgebiete bzw. Detailfragen bleiben außen vor. In diesem Zusammenhang ist auch die zu erlangende Kenntnis wissenschaftlicher Grundlagen[4] hervorzuheben, die u. a. einen Hochschulabsolventen auszeichnet. Für die Rechtswissenschaft bedeutet dies nach Karl Larenz, dass sie Methoden entwickelt hat, die auf eine rational nachprüfbare Erkenntnis des geltenden Rechts abzielen. Wie dies in einer BGB-Klausur umgesetzt werden kann, wird bereits im ersten Teil der Schreibwerkstatt beschrieben.

664

Personale Kompetenz

Personale Kompetenz kann durch die Wahl geeigneter didaktischer Methoden gelehrt bzw. gelernt werden. Teamarbeit im Rahmen einer Lehrveranstaltung oder in studentischen Übungsgruppen fördert die Sozialkompetenz, während die Studierenden Selbständigkeit durch angewandte Selbstlernkompetenz („**Lernen lernen**") beweisen. Studierende sollten zu Beginn ihres Studiums zur Bildung von Lerngruppen angeregt werden, mit deren Hilfe sie komplexeren Stoff effektiver erarbeiten als allein und die im Laufe des Studiums fortgesetzt werden können. Durch das gegenseitige Erklären erlernen sie nicht nur juristisches Fachwissen besonders intensiv (Lernen durch Lehren), sondern auch Teamarbeit, da sie ihre Gruppe ohne externe Unterstützung eigenverantwortlich organisieren müssen.

665

---

4 Der DQR beinhaltet wie der EQR 8 Niveaustufen, die verschiedenen Qualifikationen aus der Berufsbildung und der Hochschulbildung zugeordnet werden. Die Liste der diesen 8 Niveaustufen zugeordneten Qualifikationen wird jährlich zum 1. August auf der DQR-Website aktualisiert. Im Hochschulbereich ist der Bachelor-Abschluss dem Niveau 6, der Masterabschluss dem Niveau 7 und die Promotion dem höchsten Niveau 8 zugeordnet. Das Jurastudium an einer Universität, das weiterhin mit einem Staatsexamen (mit einer Regelstudienzeit von 9 Semestern) abschließt, ist (entsprechend dem Masterstudium) dem Niveau 7 zugeordnet.

666 Zudem erlernen sie die **selbstständige Gestaltung ihrer Lernprozesse**, die der Hochschullehrer durch entsprechende didaktische Konzepte unterstützen kann. Die Personale Kompetenz wird in der BGB-Klausur nicht direkt, sondern indirekt geprüft, da die Selbstlernkompetenz Voraussetzung für ein erfolgreiches Bestehen der Klausur ist. Hierzu zählt nicht nur die reine Gestaltung des Lernprozesses, sondern auch die selbstständige Stofferarbeitung außerhalb der Präsenzveranstaltung, welche gut durch digitale Materialien unterstützt werden kann.

B. Lehr- und Lernmethoden der Schreibwerkstatt in der Präsenzlehre und der digitalen Lehre

667 Bei der Vermittlung juristischer Fachkompetenz steht (wie in der Klausur) die Lösung von Fällen im Vordergrund, daher werden Fälle grundsätzlich in allen Lehrmethoden auf unterschiedliche Art und Weise eingesetzt. In diesem Abschnitt werden verschiedene Lehr- und Lernmethoden unter dem Aspekt untersucht, wie gut sie die für die BGB-Veranstaltung und Klausur notwendigen Kompetenzen vermitteln.

I. Das Lehrbare lernbar machen

668 Wie können die verschiedenen Lehrmethoden die oben dargestellten Kompetenzen vermitteln und den Lernprozess der Studierenden unterstützen? Die Lehrmethoden sind in die an der Hochschule üblichen Veranstaltungstypen (Vorlesung, Seminar / Übung und Tutorium) zu integrieren. Das Seminar spielt in der grundlegenden Veranstaltung zum BGB eine eher untergeordnete bis gar keine Rolle und wird aus diesem Grund in dieser Untersuchung nicht berücksichtigt. Eine wichtige Rolle spielt dagegen als zusätzliche Lerneinheit die bereits erwähnte Bildung von studentischen Lerngruppen außerhalb der Hochschule. Durch die Corona-Krise wurde im Jahr 2020 die Digitalisierung der Hochschullehre vorangetrieben, wodurch auch die juristische Lehre voraussichtlich nachhaltig beeinflusst wird. Aus diesem Grund wird der sinnvolle Einsatz digital gestützter Elemente bei der Umsetzung der Schreibwerkstatt in die Ausführungen aufgenommen.

669 Die in der Hochschule angewandten Lehrmethoden können auf unterschiedliche Art und Weise gegliedert werden. Hier soll eine Unterscheidung nach der Art des Lernens vorgenommen werden, die wiederum vom Veranstaltungstyp abhängig ist. Zum einen wird in das „nachvollziehende aufnehmende Lernen" und zum anderen das „aktivierende entdeckende Lernen" unterschieden. Besonderer Augenmerk wird auf den jeweiligen Einsatz von Fällen und Einsatzmöglichkeiten digitaler Lehre gelegt:

- **„Nachvollziehendes aufnehmendes Lernen"(NAL)**: Der Hochschullehrer übernimmt die aktive Rolle, indem er die Lerninhalte inhaltlich sowie didaktisch aufbereitet und entsprechend vorstrukturiert den Studierenden präsentiert. Auf diese Weise gibt er Wissen vor, das von den Studierenden (passiv) nachvollzogen und aufgenommen wird. Der Lerninhalt steht im Mittelpunkt der Wissensvermittlung.

- **„*Aktivierendes entdeckendes Lernen*" (AEL)**: Die Studierenden lösen eigenständig (vom Hochschullehrer geleitet) Fallstudien. Das Lernen geschieht durch Entdecken des Wissens, das Wissen wird über die Fallstudienarbeit mit Erfahrungen verknüpft. Von den Studierenden wird aktive Beteiligung gefordert, durch die das selbstgesteuerte Lernen gefördert wird. Als Lehrmethoden stehen in einer Rechtveranstaltung insbesondere die Fallstudienarbeit und die daraus weiterentwickelte problemorientierte Lehre (POL)[5] zur Verfügung. Die Studierenden werden in die aktive(re) Position gerückt.

Die folgende Abbildung skizziert die wesentlichen Unterschiede bei der Art des Lernens, wobei noch keine Unterscheidung in Fallstudienarbeit und POL vorgenommen wird.

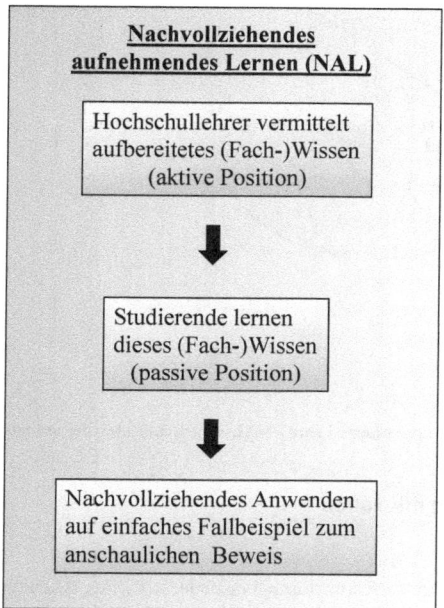 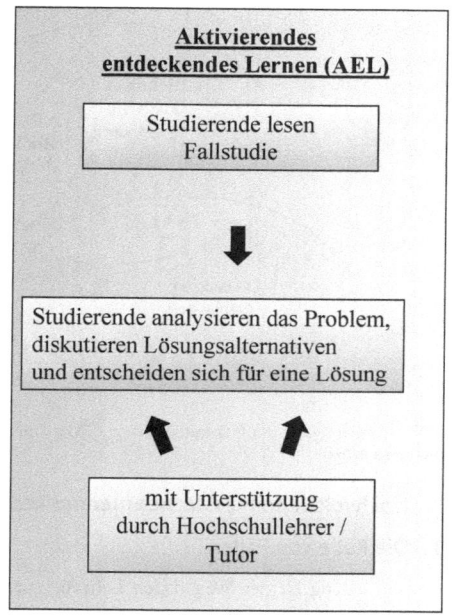

Wie können diese Lern- bzw. Lehrmethoden in die verschiedenen Lehrformen der Hochschule eingebettet werden? Das nachvollziehende aufnehmende Lernen geschieht sowohl im Rahmen des (Frontal-)Vortrags in der klassischen Vorlesung als auch im Dialog in der seminaristischen Vorlesung. POL bzw. Fallstudienarbeit eignen sich weniger für eine Vorlesung in einer großen Gruppe, da die Studierenden möglichst in kleineren Gruppen die Fälle bearbeiten sollen. Aus diesem Grund können sie insbesondere in der seminaristischen Vorlesung und in Übungen (Tutorien) angewendet werden. Selbstverständlich können Fälle auch in einer klassischen Vorlesung erarbeitet werden, nur die aktivierende studentische Beteiligung und das selbstgesteuerte Lernen sind in großen Gruppen zwar nicht unmöglich, aber schwerer umsetzbar.

Die folgende Abbildung fasst diese Überlegungen zusammen. Da die (studentische) Lerngruppe außerhalb der regulären Veranstaltungen der Hochschule arbeitet, wird sie separat erfasst:

---

5 In der Literatur existieren unterschiedlich weite Auffassungen über den Begriff des problemorientierten Lernen. Teilweise werden problemorientiertes Lernen und problembasiertes Lernen als Synonyme verwendet. Teilweise finden sich auch Differenzierungen zwischen problembasiertem Lernen, problemorientiertem Lernen sowie problemlösendem Lernen. Im Folgenden soll eine solch genaue begriffliche Differenzierung nicht erfolgen, da eine grundsätzliche Darstellung für die Anwendung auf eine einführende BGB-Veranstaltung als ausreichend angesehen wird.

2. Teil Methodische Umsetzung der Schreibwerkstatt

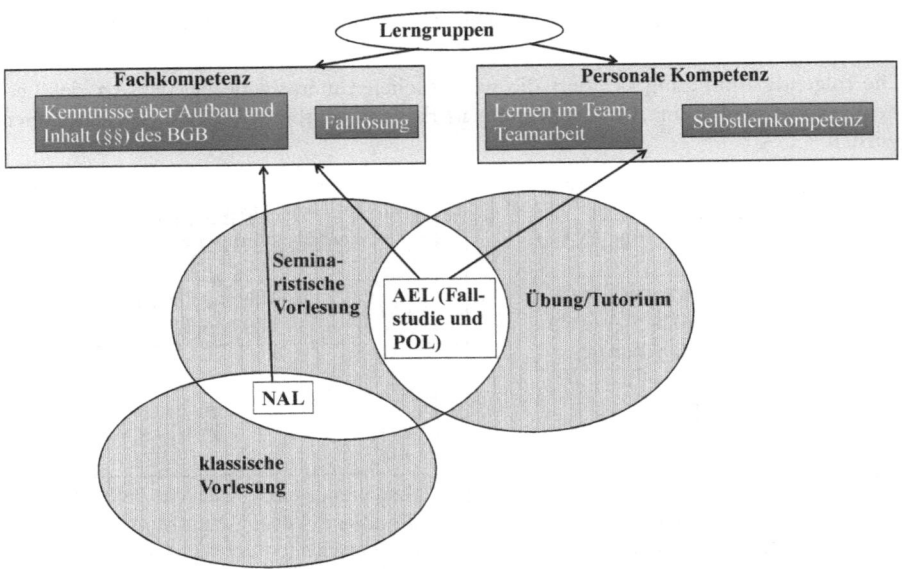

AEL = aktivierendes entdeckendes Lernen / POL = problemorientierte Lehre / NAL = nachvollziehendes aufnehmendes Lernen

II. Nachvollziehendes aufnehmendes Lernen mit Fällen

1. Die Rolle von Fällen

„Lang ist der Weg durch Lehren, kurz und wirksam durch Beispiele." (Lucius Annaeus Seneca)

673 In der Lehrveranstaltung werden von vielen Dozenten Powerpoint-Präsentationen und / oder Skripte eingesetzt, in denen das zu vermittelnde Wissen didaktisch aufbereitet ist. Die Wissensvermittlung erfolgt im Wesentlichen durch (passives) nachvollziehen und aufnehmen der Studierenden. In der aktiven Rolle befindet sich der Hochschullehrer, der z. B. abstrakte Vorschriften des BGB erklärt. Häufig wendet er anschließend diese Vorschriften (= abstraktes Wissen) auf verschiedene konkrete Fallbeispiele an. Auf diese Weise wird der Stoff **deduktiv** vermittelt.[6] Verwendet der Hochschullehrer hierbei fiktive oder reale Fälle aus dem Alltag der Studierenden werden durch die Verbindung mit bekannten bzw. selbst erlebten Situationen sowohl die Aufmerksamkeit als auch das Verständnis für Problem und Lösung erhöht. Aus demselben Grund sollten die Fälle gut vorstrukturiert und die Fragen klar formuliert sein.

674 Diese Art der Lehre folgt somit der Herangehensweise bei der Lösung juristischer Fälle (**vom Abstrakten zum Konkreten**). Die Veranschaulichung durch Fallbeispiele kann den Lernprozess anstoßen, da die fachlichen Inhalte am Beispiel wiederholt vorgetragen werden. Die Studierenden erlangen keine neuen Erkenntnisse durch diese Fälle, sondern sie sollen das abstrakte Wissen im Rahmen eines Nachvollziehens verstehen.

---

6 Deduktive Methode bedeutet der Schluss vom Allgemeinen zum Besonderen bzw. die Bestätigung eines Gesetzhaften am Einzelnen. Demgegenüber wird im Rahmen der induktiven Methode das Allgemeine (Gesetzmäßigkeit) durch den Vergleich von Einzelfällen abgeleitet.

Das Nachvollziehen bezieht sich auf die rechtliche Problemlösung bzw. den Lösungsweg (Prüfungsschema) und nicht auf die rahmenbildende „Geschichte" des Falls. Letztere sollte zur Förderung der Aufmerksamkeit interessant gestaltet sein. Alternativ oder auch zusätzlich kann der Einstieg in ein Thema ebenfalls durch ein Beispiel erfolgen.

Die Fälle werden folglich zur **Illustration des vorher theoretisch erläuterten Lehrstoffs** durchgearbeitet („fallbezogene Veranstaltungen"). Alternativ können Studierenden vor Beginn der Vorlesung Fälle einschließlich Lösung (z. B. Gerichtsentscheidungen) lesen. In der Vorlesung werden dann die Prinzipien dieser Fälle vom Hochschullehrer vermittelt („fall-verarbeitende Vorlesungen"). Bei dieser Vorgehensweise wird zwar das Fachwissen anwendungsbezogen vermittelt, aber auch in diesem Fall lösen die Studierenden die Fälle nicht selbstständig, sondern der Hochschullehrer präsentiert die Lösung. Es findet kein selbstgesteuertes Lernen, sondern aufnehmendes Lernen statt.

In den behandelten Fällen ist die Frage konkret gestellt, die notwendigen juristischen Aussagen und mehr oder weniger versteckte Hinweise sind enthalten. Für die Falllösung nicht relevante Geschehnisse werden meistens nicht aufgenommen.

2. Der unterstützende Einsatz digitaler Lehre

In Präsenz stattfindende Lehrveranstaltungen können durch digitale Elemente unterstützt werden, indem den Studierenden Texte, besprochene Powerpoint-Präsentationen, Lehrvideos oder Podcasts in digitaler Form in einer Lernplattform (z. B. ILIAS oder Moodle) zur Verfügung gestellt werden. Diese Lehrmaterialien können sowohl das zu vermittelnde Wissen veranschaulichen bzw. transportieren als auch die Fälle beinhalten.

Aus ihrem Alltag kennen und schätzen Studierende („Generation Z")[7] insbesondere das Lernen anhand von (kurzen) Videos. Als vorteilhaft gilt insbesondere die zeitliche Flexibilität, da die Videos unabhängig von Vorlesungszeiten jederzeit angesehen werden können. Da keine Interaktion möglich ist, ersetzen Videos allerdings nicht die (Präsenz-)Vorlesung, in der Fragen gestellt werden können. Videos können von den Lehrenden selbst erstellt werden, was eine individuelle Gestaltung und zielgerichtete Abstimmung auf die jeweilige Lehrveranstaltung ermöglicht. Zwecks optimaler Ausnutzung der Aufmerksamkeitsspanne sollten die Videos eher kurz konzipiert sein (max. 6–10 Minuten) und den Lehrenden zeigen. Von der Aufzeichnung einer kompletten Vorlesung ist abzuraten. Allerdings ist eine professionelle Erstellung durchaus sehr aufwändig und vom Lehrenden zusätzlich zur Vorbereitung der (Präsenz-)Vorlesung vorzunehmen. Aus diesem Grund könnte sich alternativ anbieten, frei verfügbare Videos (z.B. auf Youtube) zu verwenden, die zu den „Standard-Wirtschaftsrechtthemen (z. B. Trennungs- und Abstraktionsprinzip) existieren.[8] Im letzten Fall sind urheberrechtliche Risiken nicht auszuschließen, und zudem schränken (aktuell) die Nutzungsbedingungen von Youtube die Verwendung auf den persönlichen Gebrauch ein, so dass eine Nutzung im Hochschulkontext wohl gegen die Nutzungsbedingungen verstoßen würde.

---

[7] Die Generation Z (Jahrgänge ab 1995), ist mit Influencern und YouTube-Stars aufgewachsen und wird auch als „Generation YouTube" und „Digital Native 2.0" bezeichnet. Eine Welt ohne Internet kennt sie nicht mehr. Jahrgänge ab 2010, die derzeit noch nicht an der Hochschule angekommen sind, werden als Generation Alpha bezeichnet und sind noch stärker digital vernetzt.
[8] Einige Hochschulen stellen (teilweise in eigenen Kanälen) Videos frei zugänglich zur Verfügung.

679　Insgesamt handelt es sich (nur) um digitale Ergänzungen der klassischen Lehre, die zeitgemäß und effizient frühere Papierunterlagen ersetzen oder ergänzen. Lehrende sollten sich mehrerer Konsequenzen bewusst sein. Zum einen kann eine umfangreiche Materialiensammlung die Präsenzlehre „entwerten", weil Studierende sich die Mühe des Besuches nicht mehr machen, wenn die Inhalte (vollumfänglich) online verfügbar sind.[9] Zum anderen können digitalisierte Materialien (insbesondere pdf-Dateien) von Studierenden weitergereicht werden und finden sich (teilweise überraschend) auf Crowdsourcing-Webplattformen (z. B. StuDocu) wieder.[10]

3. Stärken und Schwächen

680　Die so aufgebaute traditionelle (Frontal- oder seminaristische) Vorlesung, die mit den beschriebenen digitalen Elementen angereichert werden kann, eignet sich insbesondere zur **Vermittlung von (umfangreichem) Basis- und Überblickswissen** mit geringem Schwierigkeitsgrad auch in großen Studierendengruppen. Unter Berücksichtigung des gesamten Workloads[11] können sich Studierende mithilfe von Lehrbüchern oder digital zur Verfügung gestellten Unterlagen selbstständig zusätzliches (nicht in der Veranstaltung behandeltes) Wissen individuell oder in Lerngruppen erarbeiten, so dass insgesamt eine große Menge an Fachwissen vermittelt werden kann.

681　Auch für die Studierenden bieten sich auf den ersten Blick Vorteile, denn durch ihre nur passive Rolle sind sie während der Veranstaltung weniger gefordert. Auf den zweiten Blick müssen sie sich allerdings der Herausforderung stellen, die Konzentrationsfähigkeit dauerhaft aufrecht zu halten, um der Veranstaltung möglichst ununterbrochen inhaltlich folgen zu können. Wie gut dies möglich ist, hängt sowohl von der allgemeinen Konzentrationsfähigkeit und der Motivation der Studierenden als auch von den rhetorischen sowie methodischen Fähigkeiten des Hochschullehrers und einer guten transparenten Struktur des Vortrags ab. Insgesamt strengt das Zuhören dadurch an, dass der Hochschullehrer das Tempo vorgibt und Studierende abschalten, falls sie aufgrund zu vieler Fakten nicht mehr mitkommen oder sich aufgrund zu weniger oder bereits bekannter Inhalte langweilen. Studierende lernen den Stoff noch nicht allein durch Zuhören oder Abschreiben. Der Lernprozess muss z. B. beim Nacharbeiten angestoßen werden.

682　Dieses abstrakte an Fällen illustrierte und in der Vorlesung vorgetragene Basis- und Überblickswissen ist von den Studierenden (auswendig) zu lernen (Definitionen, wie z. B. einer Willenserklärung oder Prüfungsschemata). Um Klausurfälle lösen zu können, müssen Studierende durchaus mehr können als gelerntes Wissen abzurufen. Es geht nicht darum, in der Klausur einen Standardfall wiederzuerkennen. Vielmehr ist **das erarbeitete abstrakte Wissen auf neue konkrete Lebenssachverhalte zu transferieren**. Die hierfür erforderliche juristische Denkweise ist durch das rein aufnehmende Lernen ggf. etwas schwieriger zu erlernen als durch handlungsorientierte und damit die Studierenden aktivierende Methoden. Denn aus lernpsychologischer Sicht ist das

---

[9] Dies gilt grundsätzlich auch für nicht digitale Materialien. Vorstellbar ist jedoch, dass digital aufgrund der einfacheren Umsetzung noch mehr Unterlagen (z. B. Videos) zur Verfügung gestellt werden.
[10] Grundsätzlich können Lehrende die Entfernung von Dokumenten verlangen, sofern Urheberrechtsverletzungen vorliegen.
[11] Workload ist der Arbeitsaufwand der Studierenden, der nicht nur die Präsenzzeiten, sondern auch Zeiten der Vor- und Nachbereitung, der Vorbereitung auf Prüfungen und des Selbststudiums umfasst. Gemessen wird der Workload in Leistungspunkten (Credits).

(eigene) Handeln der Studierenden für den Lernprozess von großer Bedeutung, d. h. sie lernen eher aus eigenem Tun als aus Abstraktionen.

Welche konkreten Kompetenzen können schwerpunktmäßig auf diese Weise vermittelt werden? Insbesondere das Fachwissen zum BGB einschließlich der Struktur ist sicherlich gut zu lehren. Auch die Anwendung dieses Wissens (= Fertigkeiten) kann im Grundsatz geübt werden. Selbstlernkompetenz und Sozialkompetenz werden in Ansätzen gefördert, da Studierende außerhalb der Präsenzveranstaltung üben und sich ggf. auch neuen Stoff aneignen müssen.

683

Wie oben erwähnt müssen Studierende für das richtige Lösen des Falls in der Rechtklausur **von der beschriebenen „Geschichte" abstrahieren und das juristische Problem herauslesen**. Die entsprechende Kompetenzentwicklung kann der Hochschullehrer fördern, indem er bei der Falllösung diesen Schritt erläutert. Auch hierbei gilt, dass die Studierenden durch reines Nachvollziehen nicht unbedingt die Fähigkeit erlernen, dies eigenständig umzusetzen. Daher kann diese Lehrmethode zur weiteren Vertiefung dieser Kompetenzen mit aktivierenden entdeckenden Methoden kombiniert oder zumindest durch entsprechende Elemente ergänzt und eventuell auch (zumindest teilweise) ersetzt werden.

684

4. Umsetzung der Schreibwerkstatt

„Wenn alles schläft und einer spricht, den Zustand nennt man Unterricht." (Wilhelm Busch).

a) Wie lassen sich Fälle konkret einsetzen?

Das Ausräumen dieses alten Vorurteils können Hochschullehrer als Herausforderung betrachten und die Lehre interessant und motivierend gestalten. Eine kurzweilige Lehrveranstaltung, der die Studierenden leichter über einen längeren Zeitraum konzentriert folgen können, zeichnet sich beispielsweise nicht nur durch regelmäßigen Wechsel der Methoden, sondern insbesondere durch den Einsatz von Fällen aus. Welche Möglichkeiten existieren hierfür konkret neben der reinen Illustration der abstrakten Theorie?

685

Der Hochschullehrer kann den Studierenden Übungsfälle zur Verfügung stellen, welche die erarbeiteten abstrakten Ausführungen modifizieren oder erweitern und von den Studierenden selbstständig gelöst werden. Ein (digitaler) Austausch der Studierenden im Rahmen der eigenständigen Lösung der Fälle kann vom Lehrenden angeregt werden. Die Lösung kann entweder in der nächsten Veranstaltung (alternativ in einer Übung) besprochen oder die Musterlösung zur Selbstkontrolle zur Verfügung gestellt werden.

686

Zudem können im Rahmen einer Weiterentwicklung Hochschullehrer und Studierende (insbesondere in einer nicht allzu großen Gruppe) den Fall gemeinsam erarbeiten (damit vom *„Konkreten" zum „Abstrakten"*). Wie könnte das aussehen? Der Dozent stellt einen übersichtlichen Fall mit einer die Studierenden ansprechenden Geschichte zur Verfügung, um an diesem eine neue Vorschrift aus dem BGB (z. B. § 119 BGB) zu vermitteln. Ähnlich dem Vorgehen bei „fall-verarbeitenden Vorlesungen" wird der Fall vor der Veranstaltung (z. B. digital) zur Verfügung gestellt. Hiervon abweichend erhalten die Studierenden allerdings noch nicht die Lösung, was zum stärkeren Mitdenken anregen soll. Die Studierenden sollen zur Vorbereitung der Veranstaltung den Fall lesen (nicht selbstständig lösen). Der Hochschullehrer lässt die Studierenden während

687

der Lösung die jeweils relevanten Stellen im Paragrafen lesen und erklärt anschließend die Vorschrift anhand des Falls. Durch diese schrittweise Vorgehensweise sollen die Studieren **„mitdenkend"** lernen, was etwas aktiver ist als rein nachvollziehendes lernen, aber noch kein selbstständig entdeckendes lernen ist. Aus diesem Grund handelt es sich um eine Art Zwischenschritt, um insbesondere methodisch ungeübte Studierenden sukzessive zum aktivierenden entdeckenden Lernen zu führen, in dem sie selbstständig die Lösung erarbeiten.

688 Hierdurch kann **Lernen auf Basis von Erfahrungen** in einem bestimmten (sehr engen) Anwendungskontext angeregt werden. Zu hinterfragen ist, inwiefern die Studierenden ein Gesamtbild von der Vorschrift erlangen (vom Abstrakten), da ein einzelner Fall nur Teilaspekte abdecken kann. An dieser Stelle sollte der Hochschullehrer daher alle fehlenden Tatbestandsmerkmale durch Erläuterungen ergänzen (ggf. mit weiteren kleinen Fällen).

689 Das folgende Beispiel soll exemplarisch das mögliche Vorgehen verdeutlichen. Alle Vorschriften (abgesehen von § 119 BGB) und die "invitatio ad offerendum" sind den Studierenden bekannt, so dass der Einstieg von den Studierenden selbstständig gelöst werden kann.

▶ **Anwendungsbeispiel:**

Die Studierende Lena Lieb entdeckt auf der Internetseite des Unternehmens Zalashoes ein paar schwarze Pumps von der Marke „Versa & Guzzi" zum Preis von 99,99 €. Neben dem abgebildeten Paar Schuhe steht die Frage: „Möchten Sie die Schuhe kaufen?". Darunter befindet sich ein „Button" mit der Aufschrift „Jetzt kaufen". Lena erkennt die günstige Gelegenheit, ein „Schnäppchen" zu machen und klickt das Feld an. Auf der anschließend erscheinenden Seite macht sie alle Angaben zu ihren Personalien. Kurze Zeit später bekommt Lena eine automatisch erstellte E-Mail, in der auf den Kauf des bestellten Paars Schuhe zum angegebenen Preis bestätigt wird. Lena freut sich jetzt auf die Lieferung. Stattdessen erhält sie am nächsten Tag eine zweite E-Mail, in der ihr Zalashoes mitteilt, dass die neue Preisliste versehentlich nicht im System eingepflegt war. Der im Internet angegebene Preis war falsch. Das Paar Schuhe koste vielmehr 129,99 €.

Frage: Kann Lena die Lieferung des Paars Schuhe für 99,99 € verlangen?

Lösung:

Lena könnte gegen Zalashoes einen Anspruch auf Übereignung der Schuhe zum Preis von 99,99 € haben, wenn zwischen den Parteien ein entsprechender wirksamer Kaufvertrag zustande gekommen ist (§ 433 Abs. 1 S 1 BGB).

I. Anspruchsentstehung

Dies setzt zwei übereinstimmende Willenserklärungen voraus, Angebot (§ 145 BGB) und Annahme (§ 147 BGB).

1. Angebot

Die Darbietung der Schuhe im Internet durch Zalashoes stellt – ebenso wie etwa eine Auslage in einem Schaufenster – nach dem objektiven Empfängerhorizont noch keine Willenserklärung, sondern lediglich eine invitatio ad offerendum dar. Es fehlt der Rechtsbindungswille. Zalashoes will in diesem Stadium erkennbar nicht jedem beliebigen Kunden verpflichtet sein. Dagegen liegt im Anklicken des „Jetzt Kaufen" ein Angebot der Lena Lieb. Da Kaufgegenstand und Kaufpreis (die sog. essentialia negoti) deutlich abgebildet waren, war das Angebot per Mausklick auch hinreichend bestimmt. Das Angebot wird nach § 130 Abs. 1 S. 1 BGB mit Zugang wirksam. Zugang liegt vor, wenn die Erklärung so in den Machtbereich des Empfängers gelangt ist, dass mit einer tatsächlichen Kenntnisnahme zu rechnen ist. Im elektronischen Geschäftsverkehr besteht die Möglichkeit der Kenntnisnahme technisch gesehen rund um die Uhr. Geschäftszeiten haben für die

Kenntnisnahme derartiger Mitteilungen regelmäßig keine Bedeutung. Das Angebot ist Zalashoes zugegangen.

2. Annahme

Fraglich ist, ob in der elektronisch erstellten E-Mail eine Annahme von Zalashoes gesehen werden kann. Nach dem objektiven Empfängerhorizont stellt die Erklärung eine Annahme dar. Zwar hat Zalashoes die Willenserklärung nicht selbst erstellt. Die Antwortmail ist aber auf ihren Willen zurückzuführen. Zalashoes will, dass die Kaufverträge durch die entsprechende Gestaltung des Computerprogramms selbstständig zustande kommen. Rechtlich ist das dem Fall der Unterschrift unter eine ungelesene Urkunde in bewusster Unkenntnis ihres Inhalts vergleichbar. Zalashoes hat den Prozess in Gang gesetzt und das Programm funktioniert technisch ordnungsgemäß. Damit ist die Annahme dem Unternehmen zurechenbar. Die Willenserklärung ist spätestens mit Kenntnisnahme der Email durch Lena Lieb zugegangen (§ 130 Abs. 1 S. 1 BGB).

II. Erlöschen des Anspruchs durch Anfechtung (§ 142 Abs. 1 BGB)

Die Willenserklärung von Zalashoes könnte jedoch ex tunc nichtig sein, wenn sie wirksam angefochten worden wäre (§ 142 Abs. 1 BGB).

1. Anfechtungsgrund

a) In Betracht kommen könnte ein Erklärungsirrtum gemäß § 119 Abs. 1 Alt. 2 BGB. Dies wäre bei Auseinanderfallen von Wille und Erklärung, etwa durch Verschreiben, Vertippen oder Versprechen der Fall. Hier beruht der Fehler jedoch nicht auf einer Fehlbedienung des Computers oder fehlerhaften Eingabe des Preises, sondern allein auf der Verwendung fehlerhafter bzw. veralteter Datenmaterials. Es liegt also kein Erklärungsirrtum im Sinne des § 119 Abs. 1 Alt. 2 BGB vor.

b) Ein Inhaltsirrtum (§ 119 Abs. 1 Alt. 1 BGB) scheidet schon deshalb aus, weil sich Zalashoes keinerlei Gedanken zum Inhalt gemacht hatte. Das Computerprogramm seinerseits arbeitete fehlerfrei.

c) Denkbar wäre ein Irrtum über eine verkehrswesentliche Eigenschaft im Sinne des § 119 Abs. 2 BGB. Der Preis einer Sache ist nach h. M. jedoch keine Eigenschaft i.S.v. § 119 Abs. 2 BGB. Eigenschaften sind dadurch gekennzeichnet, dass sie der Sache selbst innewohnen oder von ihr selbst ausgehen. Der Preis beruht dagegen auf einer Markteinschätzung. Überdies hatte Zalashoes gar keine Vorstellung vom Inhalt der konkreten Willenserklärung. Vielmehr war sie automatisch generiert.

III. Ergebnis

Der Kaufvertrag ist zum Preis von 99,99 € geschlossen worden. Er ist mangels wirksamer Anfechtung auch wirksam. Lena Lieb kann von Zalashoes Übergabe und Übereignung des Paars Schuhe Zug-um-Zug gegen Zahlung von 99,99 € verlangen.

Nota bene: Üblicherweise werden automatische Antwortmails (deshalb) bloß als "Auftragsbestätigung" bezeichnet. Sie sind dann noch keine Annahmeerklärung, sondern lediglich eine Eingangsbestätigung. Die zweite Email von Zalashoes würde in diesem Fall als abändernde Annahme nach § 150 Abs. 2 BGB ein neues Angebot darstellen. Ein Vertrag wäre daher weder zum Preis von 99,99 € noch (mangels Annahme durch Lena Lieb) zum Preis von 129,99 € zustande gekommen. ◂

Nachdem Angebot und Annahme von den Studierenden selbstständig geprüft wurden, weist der Hochschullehrer auf die §§ 142, 119 BGB hin und lässt die Studierenden diese Vorschriften lesen. Die drei Alternativen aus § 119 BGB werden vollständig (im Anwendungszusammenhang des Falls) geprüft. Der Lernerfolg kann durch diese Vorgehensweise erhöht werden, sofern die Studierenden mitdenken und nicht ausschließlich nachvollziehen. Das im ersten Teil der Schreibwerkstatt dargestellte Prüfschema zu § 119 BGB (s. Rz. 169.) kann den Studierenden unterstützend an die Hand gegeben werden.

b) Wie lässt sich theoretisches Wissen lernfördernd vermitteln?

691 Neben der vielseitigen Verwendung von Fällen existieren weitere **aufmerksamkeitsfördernde Maßnahmen**. Hierzu zählt z. B. ein Wechsel der Medien (Präsentation, Whiteboard, Flipchart, kurze Filmausschnitte, Gruppenarbeit der Studierenden), um unterschiedliche Sinne der Studierenden anzusprechen. Auch ein Überblick über das Thema einschließlich der praktischen oder wissenschaftlichen Relevanz zu Beginn der Vorlesung kann die Aufmerksamkeit und Motivation der Studierenden erhöhen. Das Gleiche gilt für die Formulierung der Lernziele und die Entwicklung eines roten Fadens in der ersten Veranstaltung.[12]

692 Auch wenn auf diese Weise eine vergleichsweise große Menge an Inhalten vermittelbar ist, sollte bei der Gestaltung der Veranstaltung nicht übersehen werden, dass eine zu große Stoffmenge den Lernerfolg reduzieren kann. Denn Studierende können den gelehrten Stoff nicht 1:1 abspeichern und auch nur eine begrenzte Anzahl von Informationen in einem bestimmten Zeitraum verarbeiten.

693 Auf den ersten Blick nicht offensichtlich ist die Rolle von Emotionen innerhalb einer (Präsenz-) Veranstaltung. Emotionen ermöglichen oder blockieren Lernprozesse, so können sich Studierende in einer angstfreien Atmosphäre vollständig auf die Inhalte konzentrieren und müssen keine Energien zur Angst- und Konfliktbewältigung binden. Auch Sympathie für den Hochschullehrer fördert die Lernbereitschaft, sie kann natürlich nicht in allen Fällen erwartet werden. Ist jedoch der Hochschullehrer sympathisch fällt es leichter, die Begeisterung für das juristische Fach zu transportieren. Auch dieser Aspekt ist ein wichtiges Argument für die Unverzichtbarkeit eines Präsenzunterrichts, der nicht durch eine rein digitale Hochschullehre ersetzt werden kann. Dies haben die Erfahrungen in der Corona-Pandemie gezeigt, auch wenn durch sehr großen Einsatz sowohl von Lehrenden als auch Lernenden „das Beste aus der Krise gemacht wurde". Gleiches gilt für die in der Corona-Pandemie (z. B. bei kleineren Erstsemestergruppen) erprobte Präsenzveranstaltung, die gleichzeitig gestreamt wurde, um Studierenden das gegenseitige „echte" Kennenlernen zu ermöglichen. Der Wunsch nach derartigen Veranstaltungen ist nachvollziehbar, weil Lernende sich den Weg zur Hochschule sparen. Allerdings ist diese Parallelität m.E. didaktisch nicht sinnvoll umsetzbar, weil der Lehrende nicht beiden Gruppen an Lernenden gerecht werden kann. Eventuell könnten zukünftig z. B. Experten digital einer Präsenzveranstaltung zugeschaltet werden, falls diese aufgrund von Entfernungen nicht selbst an die Hochschule kommen können.

5. Tipps und Lernstrategien

1. Schritt: Sei offen für das Lernen und sei neugierig!

694 Wer trägt die **Verantwortung für Deinen Lernprozess** und Deine **Motivation**?

Übernimm selbst die Verantwortung dafür! Sie liegt ausschließlich bei Dir. Natürlich sollte der Hochschullehrer die Lehre motivierend gestalten, aber er trägt nicht die Hauptverantwortung für die Motivation der Studierenden. Studierende sollten sich dem neuen Stoff mit der Einstellung nähern: „Damit kenne ich mich bisher nicht aus, ich möchte aber mehr darüber wissen." Das ist auch in dem Fall wichtig, falls Recht beispielsweise nur ein Nebenfach in einem BWL-Studium ist. Bedenke, dass das Wirt-

---

12 Das entsprechende Verständnis der Studierenden für die Lernziele und den roten Faden wird häufig in der Evaluation der Lehrveranstaltung abgefragt.

schaftsleben geprägt ist durch rechtliche Strukturen und dass dieses Wissen außerdem eventuell für andere betriebswirtschaftlichen Kernfächer relevant ist. Hierzu zählen nicht nur Fächer wie Rechnungswesen und Steuern, sondern auch Fächer wie Unternehmensführung arbeiten mit Vertragsbeziehungen.

Beginne auf keinen Fall mit dem Gedanken, dass Du es ohnehin nicht schaffen wirst. Denn diese Einstellung führt zu einer nur oberflächlichen Auseinandersetzung mit dem Thema, was die Wahrscheinlichkeit für einen Misserfolg in der Klausur erhöhen würde. Ein solcher Misserfolg wiederum kann augenscheinlich als Beweis dafür gewertet werden, dass Du es wirklich nicht kannst (= Teufelskreislauf). Um diesen zu vermeiden, beginne frühzeitig mit der Aufarbeitung des Stoffes, um die Arbeit mit dem Gesetzestext zu erlernen.

Vielleicht motiviert Dich das Ziel einer guten Note im Bachelorabschluss oder Modul. Nebenbei sollte es allein aus diesem Grund möglichst nicht nur darum gehen, die Klausur einfach nur (mit einer schlechten Note) zu bestehen. Wenn Dich nur das Ziel „guter Bachelorabschluss" (äußerer Reiz) zum Lernen motiviert, liegt eine rein „extrinsische" Motivation vor. Besser bzw. nachhaltiger ist eine echte Neugierde auf das Thema, die zu einer **„intrinsischen" Motivation** führt. In diesem Fall erfolgt das Lernen aus einem eigenen Antrieb heraus, weil es als sinnvoll oder herausfordernd eingestuft wird oder ganz schlicht das Thema interessant ist. Auf den ersten Blick erscheinen Dir vielleicht die vielen Paragrafen trocken und die Gesetzessprache kompliziert. Auf den zweiten Blick ist jedoch zu erkennen, dass unabhängig vom späteren Berufsleben, Dein Alltag schon jetzt durch rechtliche Beziehungen geprägt ist (z. B. Kaufverträge und mögliche Störungen). Die Erkenntnis durchaus etwas für das Leben zu lernen, hilft auch bei der Vorbereitung auf die Klausur.

2. Schritt: Nimm aktiv an der Veranstaltung teil!

Was für ein **Lerntyp** bist Du?

Hilft es Dir, wenn der Lehrstoff vorgetragen und eventuell auch diskutiert wird in der Veranstaltung? Oder kannst Du ihn Dir genauso gut oder besser allein mit einem Buch und / oder Lernvideos selbst erarbeiten?

Wenn Du entscheidest, dass Dir die Teilnahme an der Veranstaltung beim Verstehen und Lernen hilft, besuche die Veranstaltung regelmäßig. Eine Teilnahme ist jedoch nur zielführend, wenn Du möglichst konzentriert zuhörst und nicht mit anderen Dingen, wie z. B. dem Smartphone beschäftigt bist. Anderenfalls ist die Teilnahme eventuell Zeitverschwendung.

Noch besser als konzentriertes Zuhören ist die **aktive Teilnahme an der Veranstaltung** durch Mitdenken, Fragen stellen und Mitdiskutieren. Sei kritisch zu Dir selbst und hinterfrage, ob Du die abstrakten Ausführungen zum BGB wirklich nachvollziehen konntest. Häufig stellt der Hochschullehrer Unterlagen (Skripte) zur Verfügung, die Du entweder ausdrucken oder elektronisch (z. B. per Laptop oder Tablet) zur Veranstaltung mitnehmen kannst. Hilfreich ist es, wenn Du Dir während der Veranstaltung Notizen an den entsprechenden Stellen im (digitalen) Skript machst.

3. Schritt: Strukturiere den Lernstoff!

Welches sind die **Ziele der Veranstaltung** und wie ist ihre **Struktur**?

Im ersten Schritt ist empfehlenswert, sich einen Überblick über den klausurrelevanten Stoff zu verschaffen und ihn zu strukturieren. Achte auf eventuelle Hinweise und Empfehlungen des Hochschullehrers.

Der Überblick verhilft Dir zudem zu einer Einschätzung des Lernpensums und Reduzierung des Lernbergs. Vollzieh die Gliederung des Dozenten nach und (wenn notwendig) visualisiere zusätzlich die Struktur für Dich durch eigene Aufzeichnungen bzw. Skizzen (entweder auf Papier oder z. B. als digitale Notizen). Die Erinnerung an eine solche Skizze, die das Konzept als Ganzes zeigt, ist sowohl beim Lernen als auch beim Lösen der Klausur hilfreich. Unterteile so den gesamten Stoff in überschaubare Lernportionen (schrittweises Vorgehen) und überlege dabei, welche Inhalte aus der Veranstaltung und der angegebenen Literatur für die Klausur wirklich relevant sein.

Verstehe Struktur und Inhalte. Reines Auswendiglernen ist wenig zielführend, da in der Klausur das gelernte Wissen „wiedererkannt" bzw. „gefunden" werden muss, um es auf einen unbekannten Fall anzuwenden. Bei komplexeren Inhalten macht eine kurze (auch mündliche) Formulierung in eigenen Worten Sinn und zeigt, ob Du es wirklich verstanden hast.

Setze **konkrete Lernziele**, z. B. jede Woche den Vorlesungsstoff nachzubereiten oder das Erarbeiten bestimmter Buchkapitel in einer bestimmten Zeit. Insbesondere Zeitziele sind hilfreich, um Ineffizienzen durch Ablenkung oder Verzetteln zu vermeiden. Nach dem Lesen der Unterlagen solltest Du Dich nach jedem Themenabschnitt fragen, was er bedeutet.

4. Schritt: Wiederhole!

697 Wann hast Du mit dem Lernen angefangen?

Mach Dir bewusst, dass der Stoff durch **Wiederholungen** im Gedächtnis bleibt. Durch ständiges Wiederholen festigt und vertieft er sich im Gehirn. Einprägsame Eselsbrücken können helfen. Gehe die Aufzeichnungen regelmäßig durch und rufe sie anschließend vor dem geistigen Auge ab.

Da dieser Vorgang Zeit braucht, beginne frühzeitig mit der Klausurvorbereitung (vermeide kurzfristiges „Bulimie-Lernen"). In diesem Fall hat das Gehirn zudem die Möglichkeit bzw. Zeit, Verknüpfungen herzustellen. Außerdem ballen sich die Klausuren häufig am Semesterende.

5. Schritt: Übe an zusätzlichen Fallbeispielen!

698 Wieviel Zeit verbringst Du außerhalb der Veranstaltungen mit Lernen? Hast Du dafür **regelmäßige Zeitfenster** freigehalten?

Übe zuhause an weiteren Fällen. Eventuell gibt der Hochschullehrer Übungsfälle heraus oder Buchempfehlungen mit Übungen. Bilde eventuell Lerngruppen, um sowohl die Inhalte und Zusammenhänge besser zu verstehen als auch Lösungen der zusätzlichen Übungsfälle zu diskutieren. Da die meisten Studierenden im Bereich Recht kein Vorwissen besitzen und dieses Fach zudem eine gewisse Methodenkompetenz erfordert, bieten viele Hochschulen ergänzend zur Vorlesung **Tutorien** an. In diesen Tutorien können Studierende üben. Es empfiehlt sich, diese Aufgaben selbstständig und (möglichst) allein zu lösen und in der Lerngruppe oder im Tutorium zu besprechen. Das im Hochschulalltag leider häufige Abschreiben der Lösung im Tutorium ist für den Lernprozess wenig hilfreich. In diesem Fall lernst Du wenig oder nichts, da das gleichzeitige Mitdenken schwerfällt. Außerdem ist der Lernprozess effektiver, wenn Du Dich selbst mit dem Problem auseinandergesetzt hast. Sollte Deine Lösung falsch sein, hat dies keinerlei negative Konsequenzen. Im Gegenteil, Du merkst Dir den richtigen Weg sogar leichter. Voraussetzung hierfür ist wiederum ein Nachvollziehen und Verstehen (und nicht Abschreiben) der richtigen Lösung. „Aus Fehlern lernt man!"

Einige Lehrende bieten Online-Tests (in Lernplattformen, wie z. B. ILIAS) an, die diesen Grundsatz leben. Die Studierenden können den Stoff nachbereiten und ihr Wissen überprüfen, indem sie zeitlich flexibel die Aufgaben lösen.

III. Aktivierendes entdeckendes Lernen mit Fallstudien

1. Die Fallstudienarbeit

a) Die Gestaltung von Fallstudien

Die Arbeit mit Fallstudien kann unterschiedlich gestaltet werden. Typisch ist jedoch, dass die Studierenden bei der Fallstudienarbeit die **Fälle selbstständig lösen**, also die Lösung selbst finden und „entdeckend" lernen. Die Fälle können entweder reale oder fiktive Sachverhalte beinhalten und sollten wie die vorne besprochenen (zur Illustration eingesetzten) Fälle einen Bezug zur Lebenssituation bzw. zum Alltag der Studierenden herstellen, damit sie von ihnen als Herausforderung angenommen werden. Der Sachverhalt sollte daher nicht anonym (z. B. „A" als Handelnder, unbekannter Ort) formuliert, sondern in eine interessante Geschichte eingebettet sein. Nochmals sei darauf hingewiesen, dass sich die Studierenden im Rahmen der Falllösung möglichst schnell von der Geschichte lösen und auf den Lösungsaufbau konzentrieren sollten. Außerdem sollte der Fall die folgenden Kriterien erfüllen. Er soll:

- gut strukturiert und
- verallgemeinerungsfähig sein,
- alle für die Lösung erforderlichen Informationen enthalten sowie
- Interpretationsspielräume bzw. mehrere Lösungsmöglichkeiten bieten.

Auf Basis von Hinweisen zwischen den Zeilen schöpfen die Studierenden bei der Bearbeitung verschiedene Interpretationsmöglichkeiten aus, die zu unterschiedlichen Lösungen führen können. Auch wenn im Ergebnis nur eine Lösung richtig ist, wird auf diesem Weg die **Erstellung eines folgerichtig aufgebauten Lösungswegs** geübt.

In Abhängigkeit von den jeweiligen Lernzielen ist die Fallstudie unterschiedlich einsetzbar. Von den zahlreichen in der Literatur genannten Formen bzw. Varianten können sich für eine BGB-Veranstaltung besonders anbieten:

- *Untersuchungsfälle*: Studierende lernen, die notwendigen Informationen zusammenzutragen,
- *Problemfindungsfälle*: Studierende lernen, das Problem zu identifizieren sowie
- *Problemlösungsfälle*: Studierende lernen, methodisch ein genau formuliertes Problem zu lösen.

Neben solchen reinen „Papierfällen" können zwecks Vorbereitung auf die Anwaltstätigkeit auch Gerichtsverhandlungen simuliert werden.[13]

---

[13] Rechtswissenschaftliche Fakultäten nehmen auch an inneruniversitären Moot Courts teil.

b) Der Einsatz von Fallstudien

703 Juristische Fakultäten in den USA arbeiten traditionell mit Fallstudien. Bereits im Jahr 1870 wurde an der juristischen Fakultät der Harvard Universität die sogenannte „Case Method" entwickelt, welche die bisherige Vortragsmethode durch Fallstudien ersetzte. Die neu entwickelte Lehrmethode basiert auf zwei Säulen. Erstens sollen nur praktische Fälle in ihren Originalquellen (Gerichtsentscheidungen) zugrunde gelegt werden und zweitens werden diese in der Vorlesung durch die sogenannte „sokratische Frage-Antwort-Technik" erschlossen (induktive anstelle von deduktiver Vermittlung). Studierende bereiten die Veranstaltung vor, indem sie die Fallstudien einschließlich des gesamten Materials durcharbeiten und selbst Lösungen suchen, wodurch ein gewisses entdeckendes Lernen stattfindet. **Die Lösung der Fallstudien geschieht interaktiv**, d. h. der Hochschullehrer unterstützt durch Fragen zu den Fakten des Sachverhalts, strittigen Punkten, zugrundeliegenden Prinzipien und Vergleichen zu anderen Urteilen. Aus der Bearbeitung der einzelnen Gerichtsentscheidungen als Fälle leiten die Studierenden allgemeine Gesetzmäßigkeiten ab, was dem Vorgehen des anglo-amerikanischem „case law" entspricht.[14]

704 Im Rahmen der Fallstudienbearbeitung ist eine eingetretene Situation (der Fall) mit einem abstrakten Konstrukt (z. B. Vorschrift aus dem BGB) in Einklang zu bringen bzw. es ist herauszufinden, welches vorgegebene Konstrukt (= BGB-Vorschrift) am ehesten auf den zu behandelnden Fall zutrifft.

705 Wie können Fallstudien eingesetzt werden? Zwei grundlegende Möglichkeiten können unterschieden werden. **Entweder ist das für die Lösung relevante Wissen den Studierenden aus der Vorlesung bereits bekannt oder nicht.** Im ersten Fall erlangen die Lernenden durch die Lösung des konkreten Falls die Fähigkeit, das Problem zu erkennen, die richtigen Vorschriften zu finden und anzuwenden. Aktivierendes Lernen liegt insbesondere hinsichtlich der Problemlösekompetenz vor, so dass der Fall zwecks Herausforderung für die Studierenden etwas komplexer gestaltet werden sollte. Das erforderliche Fachwissen kann im Vorfeld nachvollziehend aufnehmend vermittelt worden sein.

706 Aktivierendes entdeckendes Lernen liegt in ausgeprägter Form vor, sofern sich die Studierenden zusätzlich die Vorschriften selbst erarbeiten, in diesem Fall lernen sie diese im Kontext des Falls. Sie sollen Systematiken und Rechtsprinzipien selbst entdecken, die nicht vom Hochschullehrer vorher präsentiert werden (Weiterentwicklung des „mitdenkenden" Lernens). Damit soll neben der Problemlösekompetenz auch Fachkompetenz erworben werden. Durch Diskussionen mit anderen Studierenden werden die Studierenden dazu gebracht, ihre eigenen Denkansätze zu hinterfragen. Nach Erarbeitung der Lösung sollte den Studierenden der Transfer von juristischem einzelfallbezogenen Wissen auf verallgemeinerungsfähige Aussagen (= Verständnis der Vorschriften) gelingen.

707 Wie kann das Anwendungsbeispiel in Rz. 689 als Fallstudie verwendet werden?

Die Studierenden lesen allein den Fall, der vor Erarbeitung der §§ 119, 142 BGB an die Studierenden verteilt werden könnte. Der Fall ist nicht sehr komplex und überfordert daher nicht die Studierenden, die sich noch am Beginn des Studiums befinden.

---

14 Anders als das kontinentaleuropäische Zivilrecht basiert das amerikanische "common law" auf "case law", also richterlicher Rechtsprechung.

B. Lehr- und Lernmethoden der Schreibwerkstatt

Zur Hilfestellung können die fehlenden §§ in der Aufgabenstellung genannt werden. Eventuell sollte auch erläuternde Fachliteratur beigefügt werden.

Die Studierenden müssen somit die §§ 119 und 142 BGB selbstständig lesen, verstehen und anwenden, d. h. die Vorschriften sind von den Studierenden zu analysieren. Dieses Vorgehen führt neben zusätzlichem Fachwissen zu einer intensiveren Förderung der Methodenkompetenz. Da es sich um nicht allzu schwer verständliche Vorschriften handelt, ist dieses Vorgehen auch mit Studierenden im ersten Semester grundsätzlich denkbar. Allerdings ist bei der Erarbeitung die Unterstützung durch den Lehrenden erforderlich durch geschickte zielführende Fragestellungen. Die Studierenden würden so in einem frühen Stadium des Studiums an die eigenständige Arbeit mit Vorschriften herangeführt.

708

c) Phasen der klassischen Fallstudienarbeit

Wie kann dieses bisher grundsätzlich geschilderte Vorgehen im Detail gestaltet werden? In welchen Lernphasen bietet sich die Arbeit im Plenum oder in Kleingruppen oder Einzelarbeit der Studierenden an?

709

Die Fallstudienarbeit kann in verschiedene Phasen gegliedert sein. Für einen juristischen Fall können sich **vier Schritte** anbieten, die in der folgenden Abbildung durch mögliche Fragen bezeichnet werden, die sich die Studierenden in der jeweiligen Lernphase zur Zielerreichung stellen sollten:

710

Phasen in der rechtlichen Fallstudienarbeit

Schritt 4: Lösung präsentieren:
„Warum haben wir uns für diese Lösung entschieden?"

Schritt 3: Lösungsmöglichkeiten diskutieren, abwägen und entscheiden:
„Was vermuten wir, was sind die Vor- und Nachteile unserer Lösungsalternativen und für welche Lösung entscheiden wir uns?"

Schritt 2: Material analysieren:
„Welche Informationen sind wichtig und welche Schlussfolgerungen können wir aus den Informationen ziehen?"

Schritt 1: Fall lesen und Problem analysieren:
„Was ist das Problem?"

1. Schritt ("Was ist das Problem?"): Die Studierenden erhalten im Plenum den Fall, den sie allein lesen und dessen zentrales Problem anschließend gemeinsam formuliert wird. Zudem werden Fragen gesammelt. Alle relevanten Informationen (z. B. zugrundeliegenden Paragrafen des BGB) werden vom Hochschullehrer zur Verfügung gestellt, der zudem bei der Erfassung der Problemstellung (z. B. durch Visualisierung der Diskussionsbeiträge) unterstützen kann.

711

712 2. Schritt („Welche Informationen sind wichtig und welche Schlussfolgerungen können wir aus den Informationen ziehen"): Die zuvor im 1. Schritt gesammelten Fragen werden in Kleingruppen arbeitsteilig und arbeitsgleich bearbeitet. Hierfür sichten und bewerten die Studierenden das zur Verfügung gestellte Informationsmaterial. Der Hochschullehrer übernimmt eine beratende Funktion bei der Auswertung der Informationen. Die Ergebnisse der Gruppenarbeiten können im Plenum zusammengetragen werden.

713 3. Schritt („Was vermuten wir, was sind die Vor- und Nachteile unserer Lösungsalternativen und für welche Lösung entscheiden wir uns?"): In diesem Schritt entwerfen die Studierenden in Kleingruppen Handlungswege bzw. Lösungsvarianten. Wünschenswert ist die Erarbeitung zahlreicher Lösungswege. Unterschiedliche Lösungsalternativen können die Studierenden auf Basis von verschiedenen Hinweisen in der Fallbeschreibung erarbeiten. Diese Hinweise können mehr oder weniger deutlich, versteckt oder indirekt sein. Außerdem bewerten die Studierenden ihre verschiedenen Vorschläge und entscheiden sich für die aus ihrer Sicht „richtige" Lösung (Subsumtion unter passende Norm der tatsächlichen Umstände im Fall).

714 4. Schritt („Warum haben wir uns für diese Lösung entschieden?"): Die Studierenden stellen ihre Entscheidungen aus den Kleingruppen im Plenum vor und verteidigen sie. Die anderen Gruppen prüfen die Argumente kritisch. Sollten die Gruppen unterschiedliche Problemlösungen vorschlagen, kann durch weitere Diskussionen der Fall näher durchdrungen werden. In der allgemeinen Literatur wird vorgeschlagen, dass der Hochschullehrer im Allgemeinen nicht zu schnell bewertend eingreifen sollte, um den Studierenden die Möglichkeit zu lassen, bei Informations- oder Wissenslücken aus ihren Fehlern zu lernen. Bei juristischen Fällen kann dies allerdings etwas anders sein. Sollten die Studierenden beispielsweise die falschen Normen geprüft haben, sollte er schnell korrigierend eingreifen.

715 Alternativ zu diesem „idealtypischen" Kleingruppenkonzept können die Schritte auch in der (seminaristischen) Vorlesung in einer größeren Gruppe ähnlich der in Harvard angewendeten „Case Method" im Dialog mit den Studierenden erarbeitet werden. In beiden Fällen kann der Hochschullehrer unterschiedliche Schwerpunkte setzen. Da in einer Rechtveranstaltung kein „klassisches Entscheidungsproblem", wie z. B. in der Betriebswirtschaftslehre existiert, können die Diskussionsschwerpunkte auf dem Finden der richtigen Problemerkennung und des rechtlichen Prüfungsaufbaus liegen. Die Schritte müssen also nicht alle vollständig bzw. gleich intensiv durchgearbeitet werden. Auf diese Weise sollen am Ende nicht nur einzelne Probleme entdeckt und gelöst werden, sondern eine systematische Gesamtdarstellung der Lösung anhand des Anspruchsaufbaus erarbeitet werden.

d) Rechtsprechung als Fallstudie

716 Wie lassen sich reale Urteile als Fallstudien verwenden?

Zu den in der BGB-Veranstaltung zu behandelnden Themen existieren zahlreiche Urteile, die in der Lehrveranstaltung als Fallstudien verwendet werden könnten. Beispielsweise könnte in Bezug auf das Anwendungsbeispiel in Rz. 689 zu § 119 BGB das BGH-Urteil vom 26.1.2005 (VIII ZR 79/04) erarbeitet werden, das sich ebenfalls mit dem Problem der Falschauszeichnung im Internet beschäftigt (durch Softwarefehler).

Die Sachverhaltsbeschreibung aus einem Urteil kann wortwörtlich übernommen oder etwas modifiziert in eine andere Geschichte, z. B. in eine dem Alltag der Studierenden nähere Situation transferiert werden.[15] Die Studierenden diskutieren in Gruppen den Sachverhalt und erarbeiten Lösungsmöglichkeiten. Eventuell können sie jedoch (sowohl innerhalb als auch außerhalb) der Hochschule das Urteil im Internet oder Datenbanken und damit auch die Lösung finden. Soll dies vermieden werden, kann der Fall etwas umgeschrieben werden. Außerdem enthalten reale Fälle oft Umstände, die zu einer Komplexität führen, welche die Lernziele für eine BGB-Veranstaltung übersteigen. Auch aus diesem Grund kann eine Überarbeitung notwendig sein.

Außerdem ist zu entscheiden, ob der Sachverhalt vollständig verteilt wird, da er durch Aktion der agierenden Personen bereits Lösungsmöglichkeiten (also offene) Hinweise enthalten kann. Versteckte bzw. wenige Hinweise können die Problemfindungs- und -lösekompetenz stärker fordern.

Als Modifikation der klassischen Bearbeitung einer Fallstudie könnte den Studierenden ein bestimmter Sachverhalt als Fallstudie zur Verfügung gestellt werden, der mithilfe des jeweiligen Urteils zu lösen ist. Hierdurch lernen die Studierenden das Lesen und Verstehen von Urteilen.

2. Problemorientierte Lehre als Weiterentwicklung der Fallstudie
a) Abweichende Gestaltung der Fallstudien

Während die Fälle im Rahmen der Fallstudienarbeit gut strukturiert sind und i. d. R. alle notwendigen Informationen bzw. Materialien enthalten, werden in der problemorientierten Lehre (POL) schlecht strukturierte Fälle verwendet, in denen eventuell sogar Informationen fehlen. Von Bedeutung ist, dass die Problemstellung im Fall nicht explizit genannt wird, sondern als Teil des Lernprozesses von den Studierenden zu definieren ist. Daher eignen sich in einer Rechtveranstaltung beispielsweise keine Urteile als Fälle, sondern eher unkommentierte Akten. Zudem steht bei der POL nicht die Lösung des Problems im Vordergrund, sondern die **selbstständige Erarbeitung von Fachwissen** durch die Studierenden. Die Studierenden werden bei dieser Methode immer mit Problemen konfrontiert, bevor sie das notwendige Fachwissen in der Vorlesung gelernt haben.

Die folgende Abbildung soll die wesentlichen Unterschiede bei der Gestaltung von Fällen in der klassischen Vorlesung (beim nachvollziehenden aufnehmenden Lernen), in der Fallstudienarbeit und in der POL (beim aktivierenden entdeckenden Lernen) verdeutlichen:

---

15 Auch in die klassische Vorlesung im Rahmen des aufnehmenden Lernens lassen sich BGH-Entscheidungen einbauen. Die Entscheidungen können in verkürzter Form in ein Fallbeispiel transferiert werden, das zur Illustration theoretischer Ausführungen genutzt wird.

2. Teil Methodische Umsetzung der Schreibwerkstatt

Gestaltung von Fällen bzw. Fallstudien

	Fallstudien in der POL (AEL)		
authentisch oder real, z.B. unkommentierte Akten	Fehlende Fragestellung	Unstrukturiert, evtl. fehlende Informationen	Selbständige Erarbeitung der Lösung und insbesondere von Fachwissen

	Fallstudienarbeit (AEL)		
fiktiv oder real, z.B. BGH-Rechtsprechung	klare Fragestellung	gut strukturiert, Interpretations- u. Lösungsspielräume gegeben, alle Informationen enthalten	Selbständige Erarbeitung der Lösung

	Fälle beim NAL		
fiktiv oder real	klare Fragestellung	gut (vor-)strukturiert, i.d.R. nur rechtlich relevante Geschehnisse enthalten	Fall dient zur Illustration, Lösung vom Hochschullehrer präsentiert

AEL = aktivierendes entdeckendes Lernen / POL = problemorientierte Lehre / NAL = nachvollziehendes aufnehmendes Lernen

b) Vorgehen bei der problemorientierten Lehre

722 Wie bei der Fallstudienarbeit wird bei der POL neben Fachwissen das Lernen in Prozessen vermittelt, d. h. das **Lernen in Denkprozessen**. Die Studierenden erarbeiten bzw. entwickeln selbstständig das juristische Fachwissen im Kontext des Problems (des Falls).

723 Wie soll das funktionieren?

Die Studierenden erhalten einen authentischen (realen oder fiktiven) Fall, mit dem sie sich in Kleingruppen selbstständig auseinandersetzen.[16] Diese intensive Beschäftigung mit dem Fall geschieht während der Präsenzzeit in der Hochschule, was einen wesentlichen Vorteil darstellt. Denn erfahrungsgemäß werden Übungsfälle, die Studierende zuhause zur Vorbereitung auf eine Veranstaltung selbstständig bearbeiten sollen, von zahlreichen Studierenden nicht bearbeitet. Durch die selbstständige Auseinandersetzung der Studierenden mit dem Fall verändert sich die Rolle des Hochschullehrers, der nicht mehr Vordenker / Erklärer / Wissensspender ist, sondern als Coach (Wissenskoordinator) durch offenen Fragen den Lernprozess beratend unterstützt. Der Hochschullehrer steht nicht mehr im Mittelpunkt, weshalb er jedoch nicht weniger, sondern eine andere Art der Verantwortung für den Lernprozess der Studierenden hat.

---

16 Das grundsätzliche Konzept der POL verwendet komplexe realitätsnahe Fälle, die aus dem Blickwinkel verschiedener Perspektiven und auch interdisziplinär betrachtet werden, damit der Lernende Wissen aus verschiedenen Bereichen verknüpfen muss. Diese Anforderung kann in einer BGB-Veranstaltung im ersten Semester nicht erfüllt werden. Dennoch kann der verständnisorientierte Grundgedanke auch auf eine solche Veranstaltung unter Vereinfachungen übertragen werden.

B. Lehr- und Lernmethoden der Schreibwerkstatt

Die Studierenden sind demnach mehr gefordert als in der (Frontal-)Vorlesung und können sich kaum passiv „berieseln" lassen bzw. zwischendurch „ungestraft" abschalten. Sie lernen durch das Erkennen und Lösen des Problems, indem sie sich **selbst Wissen aneignen** und es **handelnd auf den Fall anwenden**. Hierdurch setzen sie sich sehr viel intensiver mit den Inhalten auseinander, als wenn sie es nur passiv aufnehmen würden. Die POL unterstellt, dass eine stärkere Verinnerlichung und damit nachhaltige Verankerung des Fachwissens erfolgt. Das erlernte Fachwissen soll auf neue (ähnlich strukturierte) Fälle übertragbar sein, da es in einem bestimmten anwendungsbezogenen Sinnzusammenhang (Fallsachverhalt) gespeichert wird. Dieser enthält Signalreize, durch die das Wissen nicht nur leichter abrufbar sei, sondern später bei der Bearbeitung eines anderen Falls (z. B. in der Klausur) leichter wiedergefunden werden soll. Konkret auf die Lösung eines juristischen Falls bezogen bedeutet dies, dass Studierende z. B. lernen bzw. erkennen sollen, dass (unbekannte) konkrete Lebenssachverhalte bestimmte abstrakte Tatbestandsvoraussetzungen erfüllen (anwendungsbezogener Sinnzusammenhang). Zu einem Transferproblem auf andere Anwendungsfälle kann es jedoch kommen, wenn sehr spezifisches Wissen für eine konkrete Handlungssituation erarbeitet wird, da in diesem Fall die Erarbeitung von verallgemeinerungsfähigen Aussagen erschwert werden kann.

724

In Kleingruppen identifizieren die Studierenden gemeinsam den zentralen Inhalt des Problems und formulieren selbstständig die Lernfragen. Diese Diskussion wird durch den Coach (Hochschullehrer) gelenkt, indem er die Gedankengänge und Schlussfolgerungen der Studierenden hinterfragt und insbesondere hinweisend eingreift, falls falsche Rückschlüsse gezogen oder die gestellte Aufgabe aus den Augen verloren wird. Auch die sozialen Prozesse in der Studierendengruppe sollte der Hochschullehrer beobachten und eventuell steuernd eingreifen. So können Konflikte in der Lerngruppe entstehen, weil sich Studierende unterschiedlich stark einbringen. Gründe hierfür können typbedingte Zurückhaltung in einer Gruppe oder fehlende Motivation sein. Mit großer Wahrscheinlichkeit sorgt es für Unruhe in der Gruppe, wenn Studierende den Eindruck haben, andere mit "durchziehen" zu müssen, um eine gute Note zu erhalten. Um ein solches „Verstecken" in der Gruppe zu erschweren und jedem einzelnen die Möglichkeit zu aktiven Beiträgen zu geben, können die Gruppen möglichst klein gehalten werden (max. 10 -12 Personen).

725

726 Die folgende Abbildung fasst die Ausführungen zusammen:

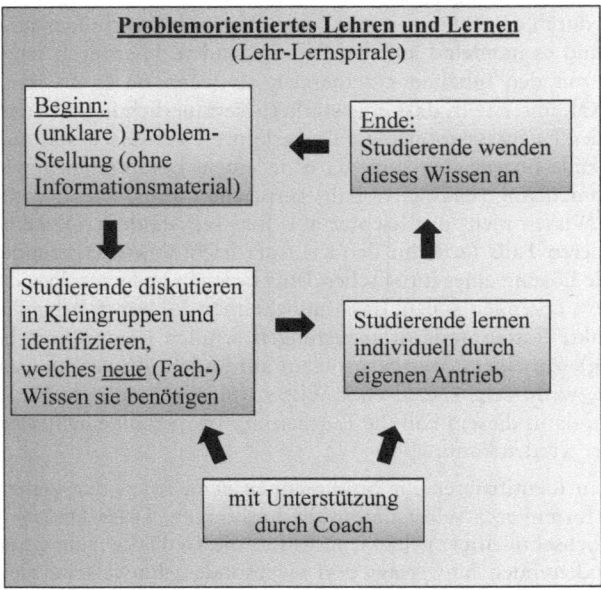

c) Phasen der problemorientierten Lehre („Siebensprung")

727 Die Lehr-Lernspirale umfasst in ihrer bekanntesten Form sieben Schritte, den sogenannten **„Siebensprung"**, dessen Verlauf folgendermaßen dargestellt werden kann. Entsprechend der Darstellung der Fallstudienarbeit sind bei allen Schritten die Fragen aus der Perspektive der Studierenden ergänzt:

B. Lehr- und Lernmethoden der Schreibwerkstatt

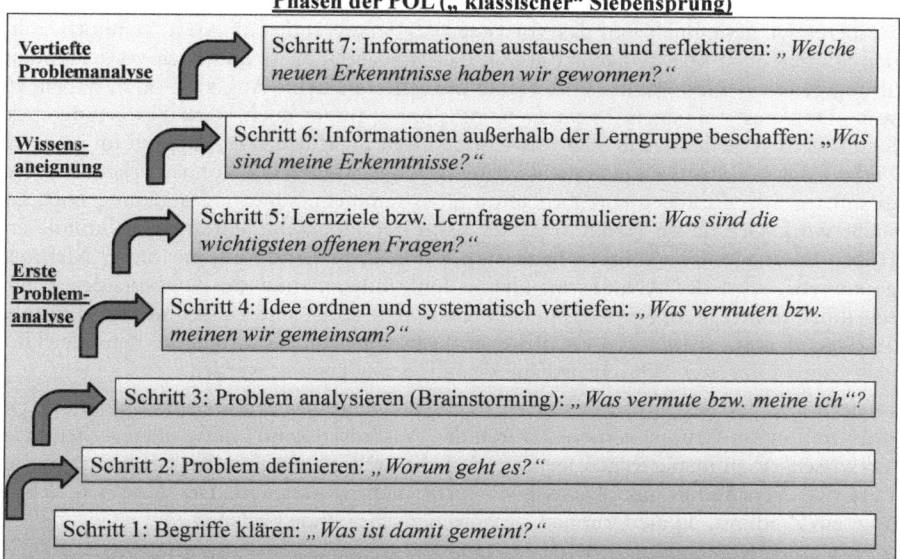

Erste Problemanalyse: In den ersten fünf Schritten erfassen die Studierenden das Problem, sie aktivieren ihr Vorwissen und formulieren vorläufige Fragen in Form von Hypothesen. Diese fünf Schritte umfassende Problemanalyse ist mit dem ersten Schritt in der Fallstudienarbeit vergleichbar und zeigt, dass die Problemerkennung im Vordergrund bei der problemorientieren Lehre (POL) steht. Die Schritte im Einzelnen:

1. Schritt („Was ist damit gemeint?"): Die Studierenden lesen den Fall und klären untereinander unklare Begriffe und Formulierungen, um ein gemeinsames Verständnis herzustellen. So können unbekannte Fachbegriffe erläutert werden (z. B. bereits behandelte Vorschriften aus dem BGB). Der Hochschullehrer sollte die Lerngruppe unterstützen und möglichst eine Lernumgebung schaffen, in der die Studierenden den Mut besitzen zuzugeben, dass sie etwas in der Fallbeschreibung nicht verstanden haben. Eventuell fragt der Hochschullehrer selbst nach Begriffen. Durch die anschließenden Erläuterungen der Studierenden kann er das vorhandene oder fehlende Verständnis erkennen. Zudem kann er Fachliteratur zur Klärung dieser Fragen zur Verfügung stellen.

2. Schritt („Worum geht es?"): Die Studierenden strukturieren ihre Gedanken und bestimmen so das im Fall zu behandelnde Problem. Zielführend können Formulierungen sein, wie „Mich wundert, dass....". Die Studierenden sollten Fragen formulieren, die zum einen verdeutlichen, was neu und unbekannt ist und zum anderen welche Sachverhalte erläutert werden müssen. Der Hochschullehrer sollte in dieser Phase sehr aufmerksam beobachten, ob die Richtung der Studierenden stimmt und anderenfalls richtigstellend eingreifen. Dies kann durch das Stellen offener Fragen geschehen. Eine Visualisierung der Fragen (z. B. an einem Flipchart) kann hilfreich sein, da hierdurch eine Weiterentwicklung erleichtert wird und dies für alle Studierenden (einheitlich) sichtbar ist. Sofern mehrere Kleingruppen parallel arbeiten, identifiziert und bearbeitet möglicherweise jede Gruppe unterschiedliche Probleme.

731 **3. Schritt ("Was vermute bzw. meine ich?")**: In diesem Schritt werden die Ideen der Studierenden gesammelt und das Vorwissen der Studierenden aktiviert. Dennoch sollte den Studierenden klar gemacht werden, dass alles erlaubt ist und auch vordergründig abwegige Ideen willkommen sind. Daher brauchen sie keine Angst davor zu haben, etwas „Dummes" zu sagen. In dieser Sammelphase findet noch keine Bewertung statt. Somit werden auch falsche oder unwichtige Ideen nicht beurteilt, sondern im weiteren Verlauf (im 4. Schritt) einfach nicht weiterverfolgt. Studierende können erkennen, dass es sinnvoll ist, alle Ideen einzubringen und zu sammeln, solange die Lösung noch gesucht wird. Gerade im ersten Semester kann der Hochschullehrer hierzu animieren. Haben Studierende in höheren Semestern schon mehr Erfahrung mit dieser Methode gesammelt, wird der Ablauf von alleine funktionieren und die Studierenden wahrscheinlich immer mehr Spaß daran entwickeln. Die Ideen sind zu sammeln und für alle Studierenden gut sichtbar zu visualisieren. Es können Karten verteilt werden oder Flipchart oder Tafel bzw. Whiteboard zur Visualisierung genutzt werden.

732 Im Rahmen des Brainstormings wird das Vorwissen aller Studierenden aktiviert, geprüft und in der Gruppe vernetzt. Durch den Austausch kann häufig überraschend viel Vorwissen zusammengetragen werden. Auf dieser Basis arbeitet die Gruppe dann heraus, wo Verständnis und Fachwissen nicht mehr ausreichen. Der Hochschullehrer setzt ein Zeitlimit, da die Gruppe kein automatisches Ende finden wird.

733 **4. Schritt ("Was vermuten bzw. meinen wir gemeinsam?")**: Welche „gestormten" Punkte tragen am meisten zur Problemlösung bei? Dies soll durch Diskussion herausgearbeitet werden, indem die Studierenden die Ideen nach selbst gewählten Kriterien ordnen und gewichten sowie strukturiert vertiefen. Die Ideen werden zu Gedankenfeldern zusammengefasst, z. B. Ideen zum Problem, zur Problemlösung, zu fehlenden Informationen und zu Recherchemöglichkeiten. Anschließend werden die Ideen kritisch betrachtet und entweder verworfen oder zur Weiterarbeit näher beleuchtet. Am Ende der Sitzung fokussiert der Hochschullehrer die Studierenden auf die weiteren Schritte.

734 **5. Schritt ("Was sind die wichtigsten offenen Fragen?")**: Die Studierenden entscheiden, welche Fragen Sie weiter verfolgen wollen und formulieren die Lernziele geordnet nach Prioritäten. Bestehende Unklarheiten zur Fallbearbeitung sind zu formulieren und festzustellen, ob das Vorwissen ausreicht oder Wissensdefizite abgedeckt werden müssen. Dies sollte weiterhin von der gesamten Gruppe im Rahmen einer Diskussion geschehen. Eine vermutete „zeiteffiziente" Aufteilung der Themengebiete unter den Studierenden würde zu Wissenslücken unter den Studierenden führen. Die Fragen sollten möglichst eng gestellt werden, so dass auch hier zur Zielerreichung die Lenkung durch den Hochschullehrer erforderlich ist. Zudem können sie visualisiert werden, da sie nach der Bearbeitung des siebten Schrittes zur Kontrolle dienen. An diesem Punkt kann der Hochschullehrer eine Evaluation anschließen, damit Studierende Freude und Frust äußern und bei konstruktiver Kritik Verbesserungsmöglichkeiten vorschlagen können. Erstsemester könnten allerdings zurückhaltend reagieren, weil Ihnen eine mündliche Kritik wahrscheinlich fremd ist.

735 **Wissensaneignung**: Im Rahmen eines Selbststudiums (außerhalb der Präsenzveranstaltung) eignen sich die Studierenden individuell neues Wissen an und überprüfen die aufgestellten Hypothesen. Hierbei lernen sie eigenständig ihre Wissenslücken zu identifizieren.

736 **6. Schritt ("Was sind meine Erkenntnisse?")**: Die Studierenden suchen Informationen zu den im vorangegangenen Schritt formulierten Kernfragen und werten diese selbst-

ständig aus. Ziel ist somit die Beantwortung der konkreten Lernziele und nicht unbedingt des Falles. Sie können hierbei auf Informationen aus Datenbanken und auch Büchern aus der Bibliothek zurückgreifen. Für Erstsemester ist dies eine gute Gelegenheit, die Bibliothek näher kennenzulernen. Sie finden so Antworten, die sie entsprechend dokumentieren müssen. In diesem Schritt stehen die Hochschullehrer ausschließlich für Fragen zur Verfügung. Zur Vorbereitung auf diese Phase sollten sie jedoch Vorgaben machen, wie die Studierenden ihre Ergebnisse präsentieren sollen.

Vertiefte Problemanalyse: Die Studierenden tauschen die neu gewonnenen Informationen aus und diskutieren sie. 737

7. Schritt („Welche neuen Erkenntnisse haben wir gewonnen?"): Im Plenum werden nun die Ergebnisse vorgestellt sowie Informationen ausgetauscht und dabei die Hypothesen (s. Schritt 5) überprüft und im besten Fall das Problem gelöst. Hierfür wird die anfangs herausgearbeitete Problemstellung unter Berücksichtigung der beantworteten Lernfragen betrachtet. Die Lösung des zu bearbeitenden Problems (oder der Probleme) steht allerdings nicht im Vordergrund der Diskussion, sondern die Reflexion der Vorgehensweisen und Argumentationen. Daher ist die endgültige Lösung der Problemstellung (theoretisch) nicht unbedingt notwendig, und insbesondere bei komplexen Problemen kann eine (mehrfache) Wiederholung des Zyklus erforderlich sein, bis der Fall insgesamt zufriedenstellend gelöst ist. In einer Erstsemesterveranstaltung zum BGB jedoch sollte ein Fall gewählt werden, der (allein aus Zeitgründen) möglichst im ersten Durchlauf bei im Zweifel intensiver Unterstützung durch den Hochschullehrer beendet werden kann. Die Präsentation der Ergebnisse kann beispielsweise durch eine Powerpoint-Präsentation erfolgen. Der Hochschullehrer übernimmt die Rolle des Moderators und ist dabei für die Richtigkeit und Vollständigkeit des Prozesses zuständig. 738

Optionaler 8. Schritt (Evaluation): Nach Abschluss von Schritt 7 ist eine abschließende Evaluation sinnvoll. Die Studierenden sollten angeregt werden, sowohl über ihren eigenen Lernprozess als auch über die Begleitung durch den Hochschullehrer nachzudenken. Dies kann gegebenenfalls durch einen standardisierten Evaluationsbogen erfolgen. 739

Diese sieben Schritte können unterschiedlich gestaltet werden. Beispielsweise müssen nicht immer alle Phasen durchlaufen werden. Grundsätzlich können verschiedene Fallbeispiele so aneinandergereiht werden, dass eine Veranstaltung vollständig damit abgedeckt ist. Für eine einführende BGB-Veranstaltung erscheint dies nicht unbedingt zielführend. Jedoch kann ein bestimmter Lehrinhalt durch POL erarbeitet oder ergänzt werden. 740

Wie kann das **Anwendungsbeispiel in Rz. 689** im Rahmen der problemorientierten Lehre verwendet werden? 741

Soll dieses Beispiel im Rahmen der POL angewendet werden, wären im Vergleich zur klassischen Fallstudie die folgenden wesentlichen Änderungen am Fall bzw. am Vorgehen vorzunehmen:

Vorgehen:

- Die Studierenden müssten selbst herausfinden, dass die (unbekannten) §§ 119, 142 BGB anzuwenden sind.
- Die Vorschriften würden sie sich im Selbststudium erarbeiten (nicht in der Gruppe).
- Kleingruppenarbeit ist zeitweise auf jeden Fall notwendig.

2. Teil Methodische Umsetzung der Schreibwerkstatt

Fall:

- Der Fall müsste durch weitere Angaben angereichert werden, die nicht für die Falllösung relevant sind und insgesamt unstrukturierter gestaltet werden (wie unkommentierte Akte).
- Die Fragestellung fehlt.

742 Im Rahmen einer Grundlagenveranstaltung zu Beginn des Studiums ist dies möglicherweise eine große Herausforderung für die Studierenden, was eine intensive Unterstützung und Lenkung durch den Hochschullehrer bzw. die Tutoren notwendig machen kann. Sollte dies jedoch gelingen, kann eine nachhaltige Vermittlung von Fach- und Methodenkompetenz gelingen. Hierbei können die 7 Schritte nach „Siebensprung" grundsätzlich durchgeführt werden. Insbesondere bei Schritt 4 könnte der Hochschullehrer so lenkend eingreifen, dass die Studierenden die neuen Vorschriften des BGB finden. Die Erarbeitung kann grundsätzlich in Schritt 6 außerhalb der Lerngruppe erfolgen. Verschiedene Abwandlungen des Prozesses sind möglich.

3. Digitale Umsetzung der aktivierenden entdeckenden Lehre in Anlehnung an das Inverted Classroom Konzept

743 Im Rahmen des Inverted Classroom Konzeptes (ähnlich: Flipped Classroom) wird der übliche Lehrablauf (nachvollziehendes aufnehmendes Lernen) umgedreht bzw. vertauscht, denn die Inhalte werden im ersten Schritt von den Studierenden im Rahmen eines Selbststudiums erarbeitet und erst im zweiten Schritt in der Veranstaltung im persönlichen Austausch mit dem Lehrenden und den Studierenden diskutiert und geübt (Anwendung des Wissens und Förderung der Fachkompetenz). Dieses Vorgehen entspricht zwar (noch) nicht der aktivierenden entdeckenden Lehre, weil es sich um eine reine Wissensaneignung handelt, kann jedoch als eine Vorstufe angesehen werden.

744 Abweichend von den vorangehenden Ausführungen zur aktivierenden entdeckenden Lehre in einer juristischen Veranstaltung spielen Fälle keine Rolle. Lehrende stellen den Studierenden für das Selbststudium Materialien (z. B. Lernvideos[17], Texte, besprochene Powerpoint-Präsentationen, Online-Tests zur Selbstkontrolle) zur Verfügung, die Studierende zu Hause rezipieren. Die Studierenden benötigen Unterstützung durch z. B. Leitfragen oder Online-Aufgaben. Insgesamt sind die Unterlagen so zu gestalten, dass die Studierende sich diese ohne Rückfragen erschließen können. Reines „Videolernen" erscheint nicht zielführend. Vorteile dieses Konzeptes sind, dass die Lernenden über folgende Bereiche selbst entscheiden können: Lerngeschwindigkeit, Zeitpunkt und Ort des Lernens, ggf. Art der Materialien (Video oder Texte). Aufgrund der eigenständigen Erarbeitung der Inhalte setzen sich die Studierenden intensiver mit dem Stoff auseinander und lernen den Stoff bereits während der Vorlesungszeit und nicht erst kurz vor der Prüfung. Zudem bleibt mehr Vorlesungszeit, in der die Lernenden durch die Lehrenden gecoacht und individuelle Fragen beantwortet werden können. Während der Vorlesungszeit (Präsenz) werden keine weiteren Inhalte gelehrt, sondern ausschließlich der von den Studierenden selbst erarbeitete Stoff angewendet, eine Wiederholung der Inhalte sollte vom Lehrenden vermieden werden. Denn in diesem Fall gäbe es für die Studierenden zu wenig Motivation für das Selbststudium.

---

17 Vgl. zur Konzeption von Lernvideos Rn. 678.

Anstelle der Frage während der Präsenzveranstaltung, wer die Videos gesehen bzw. die Materialien gesichtet hat, ist ein Anreizsystem für das Selbststudium sinnvoll und vielleicht sogar notwendig, um Studierende zu motivieren. So könnten Online-Tests (z. B. in ILIAS) verpflichtend eingeführt werden und deren erfolgreiches Bestehen als semesterbegleitende Prüfung gewertet werden oder es werden (zumindest) Bonuspunkte[18] vergeben.

745

Dieses Konzept dient zunächst der eigenständigen Erarbeitung des Fachwissens durch die Studierenden. Im Rahmen einer Weiterentwicklung können Aufgaben (z. B. eine Fallstudie) von den Lernenden zuhause bearbeitet werden. Allerdings kann dies die Studierenden (insbesondere Erstsemester) überfordern. Zwei Alternativen zu dieser Vorgehensweise sind denkbar. Zum einen könnten anstelle einer kompletten Fallstudie (wie in Rn 689) kleine unkomplexe Fälle eingesetzt werden, in denen die Studierenden rechtliche Teilgebiete (beispielsweise nur die Anspruchsentstehung) erlernen. Zum anderen ist als Modifikation des Konzepts ein digitales Coaching durch den Lehrenden denkbar, indem in Zoom- oder Webex-Veranstaltungen die Studierenden Kleingruppen bilden, in die sich der Lehrende digital zuschalten kann (erste und vertiefte Problemanalyse, Rn 727). In der anschließenden Präsenzveranstaltung im Plenum werden die Ergebnisse zusammengetragen.

746

4. Stärken und Schwächen

Durch die Erfahrungen der Studierenden am konkreten Fall und durch die eigenständige, aktive Auseinandersetzung und Diskussion mit den rechtlichen Problemen (aktivierendes entdeckendes Lernen) setzen sich die Studierenden intensiver mit den Inhalten auseinander, was die Fachkompetenz nachhaltig erhöhen kann (insbesondere beim problemorientierten Lernen). Ziel dieser Lehrmethoden ist, dass die Studierenden nicht nur eigenständig „reines" Fachwissen entdecken, sondern auch das für die Falllösung wichtige **Denken in Systematiken** anhand des rechtlichen Problems im Fall. Der Lernerfolg resultiert dann aus dem absolvierten Prozess. Werden auf diese Weise Systematiken und Denkstrukturen verinnerlicht, können aus dem Einzelfall allgemeingültige Aussagen abgeleitet werden, die auf andere Einzelsachverhalte (Fälle) übertragen werden können.[19] Diese Effekte können beim POL noch etwas intensiver auftreten, weil das Lernen insbesondere noch „aktiver" ist. Außerdem können die Studierenden zusätzlich das selbstständige Suchen von Quellen erlernen.

747

Die POL bietet sich besonders für höhere Semester an, da Studierende zu Beginn des Studiums häufig noch nicht wissen (können), wie sie ihr Selbststudium gestalten sollen. Ineffizientes Lernen kann die Folge sein. Außerdem fürchten möglicherweise einige Studierende, sich mit falschen Antworten oder Hypothesen zu blamieren. Voraussetzung für den Lernerfolg ist eine intrinsische Motivation der Studierenden, die durch Mehrarbeit in Form von Vorbereitungszeit (Fallstudienarbeit) bzw. umfangreiche Selbstlernphasen (POL) nicht überstrapaziert werden darf. Bei einer zu hohen zusätzlichen zeitlichen Belastung der Studierenden könnten die Methoden zu Ablehnung führen.[20]

748

---

18 Die Bonuspunkte können im Rahmen der Klausur angerechnet werden.
19 Werden Fallstudien zu Einzelproblemen erarbeitet, kann jedoch eine Verallgemeinerung des Falls schwierig sein.
20 Der Workload ist in der Modulbeschreibung anzugeben.

749 Inhaltlich ist anzumerken, dass weniger materielles Recht als in der klassischen (Frontal-)Vorlesung vermittelt wird und aufgrund kleinerer Gruppen (insbesondere beim POL) ressourcenintensive und auch zeitintensive Lehrmethoden vorliegen. Auch bei Hochschullehrern ist zusätzliches Engagement gefordert, da sie ihre Lehre umstellen würden.

750 Welche **Kompetenzen** werden zusammenfassend **schwerpunktmäßig auf diese Weise vermittelt?** Bei der POL steht zwar neben der Förderung der Problemlösekompetenz auch die Vermittlung von Fachwissen im Vordergrund, es wird aber im Gegensatz zum nachvollziehenden aufnehmenden Lernen ein geringerer Stoff-Umfang abgedeckt. Außerdem kann bei der POL insbesondere die personale Kompetenz entwickelt werden.

5. Umsetzung der Schreibwerkstatt

„Ich bin zu der Ansicht gekommen, dass die einzigen Lerninhalte, die Verhalten signifikant beeinflussen, selbst entdeckt, selbst angeeignet werden müssen." (Carl Rogers)

a) Wie lassen sich Fallstudien und problemorientierte Lehre einsetzen?

751 Für die Umsetzung der Schreibwerkstatt und im Sinne einer allgemein guten Hochschullehre empfiehlt sich ein **Methodenmix**. So kann die klassische Vorlesung sehr gut mit den beschriebenen aktivierenden Lehrmethoden kombiniert werden, um bei dieser Mischung die jeweiligen Stärken der einzelnen Methoden vorteilhaft zu nutzen. Dies gilt ebenfalls für die Mischung von digitaler Lehre und Präsenzlehre, wobei die Präsenzlehre auf jeden Fall im Vordergrund stehen bzw. bleiben sollte.

752 Grundsätzlich existieren zwei verschiedene Alternativen für eine Mischung der Lehrformen. Entweder können einzelne Veranstaltungen oder Module vollständig auf Fallstudien bzw. POL umgestellt werden, so dass diese Methoden das curriculum direkt beeinflussen. In diesem Fall empfiehlt sich zudem die Anpassung der Prüfungsform, d. h. die Gesamtnote würde aus der Klausurnote und anderen Prüfungsformen bestehen (z. B. Gruppenarbeit eventuell einschließlich Feedback der Mitstudierenden zum individuellen Einsatz der anderen während der Gruppenarbeit). Aufgrund der relativ hohen Anforderungen hinsichtlich der Methodenkompetenz und der personalen Kompetenz bietet sich die Umstellung eines Gesamtmoduls eher in einem höheren Semester an.

753 Oder die Mischung findet innerhalb einer Veranstaltung bzw. Moduls statt. Da in einer BGB-Veranstaltung eine breite fachliche Basis gelegt wird und die Studierenden noch keine Erfahrung mit aktivierender Lehre haben, kann die klassische Vorlesung bei einzelnen inhaltlichen Fragestellungen um aktivierende Lehre ergänzt werden. In der Vorlesung würden Studierende durch nachvollziehendes aufnehmendes Lernen eine große Breite an Inhalten, grundsätzlichem Verständnis und einen Überblick erlernen. Um einen nachhaltigeren Lernerfolg, personale Kompetenz und ganz besonders den Transfer von Wissen auf neue Sachverhalte vertiefend zu fördern, können Fallstudien und / oder POL bei der Erarbeitung einzelner Inhalte ergänzend eingesetzt werden. Die damit verbundene Mehrarbeit der Studierenden sollte überschaubar bleiben, damit die Studierenden diese Lehrform nicht wie oben beschrieben ablehnen. Als Prüfungsform bleibt die Klausur am Ende des Semesters erhalten, in der ein hypothetischer Fallbearbeitet werden muss. Ein weiterer Vorteil dieses Methodenmixes ist die allgemein ab-

wechslungsreicher gestaltete Lehre, die Aufmerksamkeit und Lernmotivation der Studierenden erhöhen kann.

Problemorientierte Lehre (POL):

Um POL konkret zu integrieren, wird die Veranstaltung inhaltlich in verschiedene Themenblöcke unterteilt, zu deren Beginn Fachwissen und grundlegendes juristisches Verständnis im Rahmen einer klassischen oder seminaristischen Vorlesung vermittelt werden. Die Blöcke schließen mit zwei POL-Terminen (Schritte 1–5 und Schritt 7). Alternativ kann bei der erstmaligen Anwendung von POL auch nur eine POL-Phase zum Schluss der Vorlesungszeit integriert werden. Im Laufe des Studiums kann die Anzahl der POL-Phasen erhöht werden. An einigen Hochschulen sind Blockwochen etabliert, in denen keine regelmäßigen Veranstaltungen stattfinden. Eventuell können auch diese für POL-Sitzungen genutzt werden, da zusätzliche Zeitfenster zur Verfügung stehen. Insbesondere beim erstmaligen Durchführen einer POL-Veranstaltung kann der Hochschullehrer entscheiden, ob wirklich alle beschriebenen sieben Phasen (entsprechend der Theorie) durchlaufen werden müssen. Gerade die Selbstlernphase (6. Schritt) wird (noch) einer intensiven Unterstützung bedürfen. Jede POL-Phase in der Lerngruppe kann 90 Minuten betragen. Wenn z. B. Lerngruppen mit jeweils 12 Studierende gebildet werden, entstehen bei einer angenommenen Gesamtteilnehmerzahl von 60 Studierenden fünf Gruppen. Innerhalb dieser fünf Gruppen könnten noch einmal Kleingruppen von 3–4 Studierenden gebildet werden. Diese fünf Gruppen können in Präsenz nicht allein von einem Hochschullehrer betreut werden. Daher bietet sich der zusätzliche Einsatz von einer entsprechenden Anzahl Tutoren (Studierende höherer Semester) an. Im Beispiel wären demnach fünf Tutoren erforderlich (Hochschullehrer könnte dann als „Springer" fungieren), die eventuell in einem Raum 3–4 Kleingruppen parallel betreuen könnten. Die Tutoren benötigen eine entsprechende Schulung für diese Aufgabe, indem sie sowohl mit der Methode grundsätzlich als auch mit ihrer Rolle vertraut gemacht werden. Der Raumbedarf ist relativ hoch, eventuell müssen Pinnwände und Flipcharts angeschafft werden. Aufgrund der Ressourcenintensität sind die Kosten vergleichsweise hoch, was in der Fakultät zu diskutieren ist. Zur Kostenersparnis können die Lerngruppen digital stattfinden, so dass die umfangreichen Raumkapazitäten nicht erforderlich sind. Der grundsätzliche Einsatz von Tutoren bleibt empfehlenswert, da ein Hochschullehrer 15 – 20 Gruppen nicht alleine betreuen kann. Die Anzahl der Tutoren ließe sich reduzieren.

Fallstudienarbeit:

Alternativ kann die klassische Lehre durch Fallstudienarbeit (z. B. Urteile) ergänzt werden. Kleinere Fallstudien könnten in der gesamten Gruppe im Dialog erarbeitet werden, nachdem die Studierenden sie allein oder in kleineren Gruppen gelesen haben. Falls weitere Fallstudien aufgenommen werden, könnten diese die Studierenden in den beim POL dargestellten Kleingruppen unter Unterstützung von Tutoren durcharbeiten.

Für eine nur schrittweise Einführung dieser beiden Methoden spricht, dass erfahrungsgemäß Veränderungen Widerstände erzeugen und die Motivation unter den Hochschullehrern zur kritischen Auseinandersetzung mit der eigenen Didaktik unterschiedlich hoch sein wird. Dem steht wiederum gegenüber, dass innovative Lehrmethoden hochschulpolitisch grundsätzlich (häufig auch durch finanzielle Mittel) unterstützt werden. Gerade das POL-Konzept kann bei den Studierenden die Einstellung und Fähigkeiten für ein lebenslanges Lernen fördern.

b) Welche organisatorischen Konsequenzen ergeben sich?

1. Vereinbarung von Regeln:

Die Vereinbarung von Regeln zu Beginn der Veranstaltung (auch in einer Frontalvorlesung) kann sehr zielführend sein, und zwar insbesondere bei Erstsemestern und sehr großen Veranstaltungen. Erfahrungsgemäß akzeptieren und beachten Studierende solche Hilfestellungen dankbar. Insbesondere bei dem Einsatz der (den meisten Studierenden wahrscheinlich unbekannten) problemorientierten Lehre sollten Regeln zu Beginn festgelegt werden, z. B.:

- Alle Studierenden arbeiten aktiv mit.
- Es gibt keine dummen Fragen oder Ideen.
- Die Termine sollten eingehalten werden, d. h. die Studierenden sollten regelmäßig teilnehmen.[21]

2. Umsetzungsmöglichkeiten im Hochschulalltag

Die Fallstudie darf weder sehr komplex noch zu wenig komplex sein. Sollte das Problem zu anspruchsvoll sein, kann der Hochschullehrer Erläuterungen ergänzen. Insgesamt ist ausreichend viel Zeit einzuplanen. Ein möglicher Methodenmix wurde im vorstehenden Punkt erläutert.

3. Prüfung bzw. Bewertung durch eine Klausur

Auch in einer Erstsemesterveranstaltung können zwar Leistungen durch Hausarbeit bzw. Referate als semesterbegleitende Prüfungen erbracht werden. Wie oben dargestellt kann aber bei einer ergänzenden Aufnahme von Fallstudienarbeit oder POL der Klausurfall sinnvollerweise als Prüfung zum Ende des Semesters beibehalten werden.

6. Tipps und Lernstrategien

1. Sei neugierig und offen für das Lernen!

Mit welcher Einstellung besuchst Du die Veranstaltung? Hast Du Lust auf etwas Neues und auf Kontakt zu anderen Studierenden?

Insbesondere im Rahmen dieser handlungsorientierten Lehre ist Deine innere Einstellung wichtig. Offen und neugierig zu sein, ist noch wichtiger als beim nachvollziehenden Lernen. Denn nun ist Dein aktiver (konzentrierter) Einsatz erforderlich, d. h. eine

---

[21] NRW hatte durch das sog. Hochschulzukunftsgesetz vom 16.9.2014 die allgemeine Anwesenheitspflicht in Lehrveranstaltungen verboten. Die Teilnahme an Lehrveranstaltungen durfte grundsätzlich keine Voraussetzung mehr dafür sein, Studierende zu Prüfungen zuzulassen. Ausnahmen gab es lediglich für Exkursionen, Sprachkurse, Praktika, praktische Übungen oder vergleichbare Lehrveranstaltungen. Dieses gesetzliche Verbot der Anwesenheitspflicht ist seit dem WS 2019/20 durch ein neues Hochschulgesetz wieder entfallen. Bei welchen Veranstaltungen Anwesenheitspflichten sinnvoll sind, entscheiden die Lehrenden und Lernenden vor Ort gemeinsam in den Hochschulgremien, insbesondere im Studienbeirat, der je zur Hälfte aus Lehrenden und Lernenden besteht und weiterhin obligatorisch bleibt.

rein passive Teilnahme ist kaum möglich, weil in diesem Fall die Atmosphäre in der Gruppe gestört würde.

2. Lies den Sachverhalt genau!

Was hast Du verstanden?

Sei nicht nur offen gegenüber den neuen Inhalten und der möglicherweise ungewöhnlichen Lehrmethode, sondern auch gegenüber den anderen Studierenden. Habe keine Hemmungen Fragen zu stellen, bis der Sachverhalt klar ist. Arbeite den Fall konzentriert und aufmerksam durch. Nehme Markierungen vor, notiere Deine Fragen und Gedanken. Wenn es hilfreich sein könnte, erstelle eine kleine Skizze über die Rechtsbeziehungen zwischen den beteiligten Personen. Wenn die Beziehungen bzw. die Begriffe nicht klar sind, frage nach. Wahrscheinlich haben andere Studierende auch nicht alles verstanden.

3. Stelle Fragen!

Wie lauten Deine Fragen?

Überlege Dir, was neu und erklärungsbedürftig ist und formuliere dazu offene (nicht lösungsorientierte) Fragen zum Sachverhalt (zu den Fragen im Rahmen der Relationstechnik (Gutachtenmethode) im Unterschied zum Themenaufsatz s. z. B. Rz 16):

- „Wer": Verwende „wer", um herauszufinden, welche Person möglicherweise in der Fallbeschreibung eine Rechtsbeziehung eingegangen ist. Gliedere in Zwei-Personen-Verhältnisse.
- „Welche": Verwende „welche", um zu erfahren, welche schon bekannte Vorschrift anwendbar sein könnte bzw. welche Optionen im Fall erkennbar sind.
- „Wann": Verwende „wann", um den zeitlichen Rahmen und die Reihenfolge der Ereignisse festzulegen.
- „Warum": Verwende „warum", um die Ursachen für eine Handlung oder ein Ergebnis zu ergründen.
- „Was": Verwende „was" zur Untersuchung, was die juristischen Begriffe im Fall bedeuten und was das zusätzliche Informationsmaterial aussagt.

Nicht nur die Art der Fragestellung ist von Bedeutung, sondern auch die Art, wie Du über Deine Fragen nachdenkst. Folgende Tipps hierzu:

- Welche Skizze könnte helfen?
- An welche bereits besprochenen Probleme und damit Normen erinnert der Fall?
- Wo liegen die Unterschiede zu den bereits behandelten Fragestellungen?

Berücksichtige bei der Arbeit in der Gruppe folgende Tipps:

- Gehe nicht nur Deinen eigenen Gedanken nach, sondern vollziehe auch die Schlussfolgerungen der anderen konzentriert nach. Schreibe daher Deine wesentlichen Ideen auf. Dies hält den Kopf frei für die Ideen der anderen. Beziehst Du Dich auf einen Gedanken eines Kommilitonen, frage nach, ob Du es richtig verstanden hast. Aber kritisiere bzw. bewerte auf keinen Fall die anderen!

- Unterstelle, dass jeder eine andere Art hat, etwas zu prüfen. Vielleicht entdeckst Du durch die eigene Sichtweise einen neuen Aspekt in der Aussage eines anderen Studierenden.
- Trau Dich, Deine Hypothesen zu nennen, auch wenn Du sie noch nicht prüfen konntest. Es ist kein Misserfolg, wenn diese schließlich doch nicht verifiziert werden kann.
- Versuche offen und kreativ zu sein, d. h. über zahlreiche Aspekte nachzudenken. Verzettele Dich aber nicht in Details, sondern versuche, das Wesentliche zu erkennen und im Auge zu behalten.
- Sei geduldig und erwarte keine allzu schnelle Lösung.
- Erinnere Dich immer an den bereits besprochenen Stoff und setze dein Vorwissen zielführend ein. Jeder kann sich eventuell an andere Dinge erinnern und in der Gruppe kann sich auf diese Weise ein vollständiges Bild entwickeln.
- Nimm es nicht persönlich, falls Deine Ideen verworfen werden sollten. Für den Lernprozess waren sie auf jeden Fall hilfreich.
- Sollte die Gruppenarbeit digital erfolgen, schalte möglichst Deine Kamera an. Dein Video zeigt nicht nur höfliches Verhalten den anderen Studierenden gegenüber, sondern dadurch disziplinierst Du Dich selbst und förderst einen möglichst persönlichen Austausch.

4. Sei aufgeschlossen beim Gedankenaustausch mit den anderen!

763 Höre den anderen aufmerksam zu und sei offen für deren Vorschläge. Verknüpfe deren Gedanken mit Deinen eigenen Ideen. Erwarte nicht, dass Du für Dich allein die Lösung des Falls gefunden haben musst.

5. Sei kritisch und konstruktiv bei der Evaluierung!

764 Sollte der Hochschullehrer den Lehrprozess evaluieren, sei kritisch und konstruktiv. Wenn Dir etwas schlecht gefallen hat, hinterfrage Deinen eigenen Einsatz und ob es eine alternative Vorgehensweise überhaupt gegeben hätte. Mache daher am besten konstruktive Vorschläge, wie es hätte besser laufen können.

IV. Lernen durch Lehren[22]

1. Abgrenzung einer Lerngruppe von Tutorium und Übung

765 Zur Vorbereitung auf die Klausur können Studierende Lerngruppen außerhalb der regulären Veranstaltungen der Hochschule bilden, in denen sie den in der Veranstaltung bereits besprochenen Stoff wiederholen, sich die Inhalte gegenseitig erklären, vertiefen und diskutieren können. Lerngruppen unterscheiden sich in einigen Punkten von Tutorien und Übungen.

766 **Tutorien** werden von der Hochschule organisiert und bezahlt, indem ein Hochschullehrer Studierende aus höheren Semester als Tutor auswählt, welche die entsprechende Klausur bereits mit Erfolg bestanden und damit gezeigt haben, dass sie den Stoff ver-

---

22 In diesem Kapitel geht es nicht im strengen Sinne um die handlungsorientierte Lehrmethode "Lernen durch Lehren", die während des regulären Unterrichts eingesetzt wird und in der die Lernenden Inhalte eigenständig erarbeiten und anderen Lernenden vermitteln.

standen haben. Die Tutoren besprechen zusätzliche Übungsfälle mit Studierenden. Diese Übungen werden entweder vom Hochschullehrer (incl. Lösungen) vorgegeben oder zumindest mit ihm abgestimmt. Damit hat der Hochschullehrer nur indirekten Einfluss auf das Tutorium, da er während des Tutoriums nicht anwesend ist. In einem Tutorium werden keine neuen Inhalte erarbeitet, sondern ausschließlich der Vorlesungsstoff geübt. Im Tutorium können außerdem Verständnisfragen gestellt werden, die vielleicht in der Vorlesung noch nicht aufgetreten sind oder aufgrund von Hemmschwellen in der Vorlesung nicht gestellt wurden. Übungen haben den gleichen Charakter wie Tutorien, nur dass sie in den meisten Fällen nicht von Studierenden, sondern von wissenschaftlichen Mitarbeitern (evtl. auch Hochschullehrern) geleitet werden. Beide Veranstaltungstypen haben gemeinsam, dass die Hochschule die allgemeine Organisation (Festlegung von Veranstaltungszeiten und Räumen) übernimmt und sie allen interessierten Studierenden offen stehen.

Dagegen sind **Lerngruppen** „abgeschlossene" Gruppen, die keine Verbindung zum Hochschullehrer haben, sich selbst finden und organisieren. Ein weiterer wesentlicher Unterschied zum Tutorium ist, dass sich alle teilnehmenden Studierenden auf dieselbe Klausur vorbereiten und noch keiner der Studierenden die Prüfung bestanden hat (Austausch „auf gleicher Ebene"). Dennoch kann jeder Studierende in die Rolle des „Lehrenden" schlüpfen.

2. Gestaltung von Lerngruppen und Tutorien / Übungen

"Docendo discimus – Durch Lehren lernen wir" (Lucius Annaeus Seneca)

Häufigstes Ziel von Lerngruppen ist die gegenseitige Unterstützung bei der Klausurvorbereitung durch Aneignung / Vertiefung von juristischem Fachwissen, das methodisch richtig in die Falllösung umzusetzen ist. Nebenbei werden wichtige andere in einem Studiengang zu vermittelnde Kompetenzen gefördert, und zwar die Sozialkompetenz durch Lernen im Team und die Selbständigkeit (Selbstlernkompetenz).

Wie können Studierende ihre Lerngruppe gestalten? Was gilt es zu beachten?

Die Zusammensetzung der Lerngruppe ergibt sich meistens über das Kennenlernen in einer Vorlesung.[23] Auf diese Weise finden Studierende zueinander, die sich sympathisch sind und deren Lernvoraussetzungen zumindest vergleichbar sind („Experten" zu einzelnen Themen können dennoch bereichern). Eine Größe von 5 oder 6 Teilnehmern sollte möglichst nicht überschritten werden, um einen intensiven und offenen Austausch zu ermöglichen. Lerngruppen können auch nach Bestehen der BGB-Klausur bei gutem Lernerfolg in derselben oder ähnlichen Zusammensetzung im weiteren Verlauf des Studiums fortgesetzt werden, um entweder das Selbststudium im Allgemeinen zu unterstützen oder um sich auf weitere Prüfungen gemeinsam vorzubereiten.

Die Arbeit in der Lerngruppe zur Vorbereitung auf die Klausur sollte möglichst in den ersten Wochen der Vorlesungszeit beginnen. Die konkrete Abstimmung der Zusammenarbeit bei dem ersten Treffen kann folgende Punkte berücksichtigen:

---

23 Einige Hochschulen bieten auch die Möglichkeit, über Online-Plattformen Lerngruppen zu bilden.

2. Teil Methodische Umsetzung der Schreibwerkstatt

1. Wie organisieren wir uns?

772 Passend zum Vorlesungsrhythmus bieten sich wöchentliche Treffen an, die möglichst immer in einem bestimmten fest einzuplanenden Zeitrahmen (z. B. immer dienstags von 14.00 – 15.30 Uhr) stattfinden. Diese regelmäßigen Termine disziplinieren und können das „beliebte" Aufschieben des Lernens verhindern (Prokrastination[24]). Nicht regelmäßig teilnehmende Studierende riskieren, aus der Gruppe ausgeschlossen zu werden. Ihr lernt dadurch Teamarbeit (Lernen im Team).

In Abhängigkeit der jeweiligen Wohnorte bietet sich als Treffpunkt ein Raum an der Hochschule (beispielsweise ein Gruppenarbeitsraum in der Bibliothek) oder die Wohnung eines Studierenden an. Die Hochschule als Treffpunkt hat verschiedene Vorteile. So bietet sie weniger Ablenkungen (wie z. B. einen Fernseher), kurzfristige Recherchen in der Bibliothek sind möglich und gemeinsame Freistunden können effizient ohne zusätzliche Fahrzeiten genutzt werden. In Ausnahmefällen bzw. ggf. zu Einzelterminen empfiehlt sich eine digitale Lerngruppe, bei der der persönliche Austausch zwar möglich, aber weniger intensiv ist.

Bestimmt einen „Koordinator" innerhalb der Lerngruppe, der darauf achtet, dass alle (auch schüchterne) Studierende gehört werden und keine gegenseitigen „Abwertungen" vorgenommen werden. Bei diesem Koordinator sind folglich Führungsqualitäten gefordert bzw. werden entwickelt.

2. Was wollen wir inhaltlich machen?

773 In den ersten Treffen können (Verständnis-)Fragen zur Veranstaltung geklärt werden, so dass alle „gezwungen" werden, die Veranstaltung auch wirklich nachzuarbeiten. Fragen können sowohl abstrakt zu bestimmten Vorschriften als auch zu konkret besprochenen Beispielen und Fällen aus der Veranstaltung gestellt und beantwortet werden.

Auch Fragen zum ersten Teil der Schreibwerkstatt könnt Ihr in der Lerngruppe klären und Gedankengänge sowie Vorschläge der Schreibwerkstatt diskutieren.

Anschließend können neue Fälle (z. B. Vorschläge des Hochschullehrers, Fälle aus Fallbüchern oder Tutoriumsaufgaben) von allen zuhause gelöst, und die Lösung in der Lerngruppe verglichen und diskutiert werden. In einer kleinen Gruppe ist der soziale Druck relativ groß, die Aufgaben auch wirklich selbst zu erarbeiten.

Werden schwierige Themenstellung (z. B. eine bestimmte Vorschrift oder beispielsweise das Abstraktionsprinzip) identifiziert, können diese umfangreicher bearbeitet werden. So könnte ein Studierender als „Spezialist" dieses Thema vorbereiten und den anderen erklären. Ein solche Mini-Lehreinheit müsste er sowohl inhaltlich (durch intensives Auseinandersetzen mit dem Stoff) als auch didaktisch vorbereiten. Dies kann durch Erklären in eigenen Worten oder anhand eines Übungsfalls geschehen. Ihr könnt mit den beiden Lehrformen experimentieren. Auf diese Weise können Themen auf alle Studierenden verteilt werden, was diesen die Zeit für eine eigene Einarbeitung erspart. Wird nicht der gesamte prüfungsrelevante Stoff in der Vorlesung besprochen, könnt Ihr den selbst zu erarbeitenden Stoff auf mehrere Köpfe verteilen und ihn Euch gegenseitig erklären.

---

24 Gerade Studierende können dazu neigen, unangenehme Aufgaben aufzuschieben, da niemand (z. B. Vorgesetzter) die Erledigung kontrolliert (daher auch „Studentensyndrom" genannt).

Nach Durcharbeitung des Stoffs ist die Lösung von Klausuren aus früheren Semestern sinnvoll, die von jedem einzelnen gelöst und in der Lerngruppe besprochen werden (die ganze Falllösung oder nur konkrete Fragen).

3. Wie prüfen wir den Lernerfolg?

Hochschullehrer prüfen i. d. R. innerhalb der Vorlesung zwischendurch den Lernerfolg der Studierenden, was besonders bei größeren Gruppen zielführend sein kann. In einer vergleichsweise kleinen Lerngruppe ist dies nicht unbedingt erforderlich. Grundsätzlich ist jeder Studierende für sich selbst verantwortlich, und es sollte kein „Bloßstellen" von Wissenslücken einzelner Studierender erfolgen. Eine gute Arbeitsatmosphäre sollte in der Lerngruppe erhalten bleiben.

Welche Vorteile bieten Euch zusammenfassend Lerngruppen?

- Lerngruppen steigern ganz allgemein die Lernmotivation, und Studierende können sich bei Durchhängern gegenseitig unterstützen.
- In einer Lerngruppe existieren i. d. R keine Hemmungen, Unklarheiten offen anzusprechen und nachzuhaken, bis der Stoff verstanden ist. Allerdings darf gleichzeitig von Studierenden kein Wissen „zurückgehalten" werden, alle sollten ihr Wissen teilen.
- Gegenseitiges Erklären nutzt allen Beteiligten. Bei erklärenden Studierenden festigt sich das Wissen. Was man in eigenen Worten erklären kann, hat man verstanden. Außerdem werden kommunikative Fähigkeiten und Selbstvertrauen geschult. Auch bei den zuhörenden und rückfragenden Studierenden festigt sich das Fachwissen, weil es in unterschiedliche Formulierungen gefasst wird und dabei ggf. verschiedene Teilaspekte beleuchtet werden.
- Intensive Diskussionen in der kleinen Lerngruppe helfen beim Verstehen des Stoffs. Wissenslücken des Einzelnen können aufgedeckt werden und auch der Gesamtzusammenhang über ein Thema bleibt in der Gruppe eher erhalten als beim Lernen alleine.
- Studierende können die Rolle tauschen: mal erklären, mal fragen.
- Studierende können sich Tipps und Tricks zum Lernen geben.
- Sollten Nebenarbeiten, wie z. B. Kopierarbeiten oder Literaturrecherchen vorzunehmen sein, können diese aufgeteilt werden. Sollte ein Studierender eine Vorlesung verpasst haben, können Mitschriften ausgetauscht werden.

Bei allen Vorteilen sollten aber ein paar kritische Punkte nicht übersehen werden:

- Um inhaltliche Irrwege zu vermeiden, sollte bei fachlichen Unsicherheiten ein Studierender aus der Gruppe den Kontakt zum Hochschullehrer aufnehmen und die Unklarheiten in der Sprechstunde vollständig beseitigen. Gibt der Studierende die Lösungen anschließend an die Lerngruppe weiter, ist wiederum für ihn der Lerneffekt besonders intensiv.
- Sollten einzelne Studierende nicht aktiv mitarbeiten und sich z. B. der mit Arbeit verbundenen Vorbereitung einzelner Themen entziehen, muss dieser Konflikt geklärt werden, um eine schlechte unproduktive Stimmung in der Lerngruppe zu vermeiden (Eingreifen des „Koordinators").

Auch in Tutorien und Übungen lernen die studentischen Tutoren oder die Mitarbeiter durch Lehren. Fachkenntnisse aus dem Grundlagenbereich werden vertieft. Durch die Vorbereitung der Veranstaltungen (Strukturierung, Ausarbeitung der theoretischen Inhalte und der Übungen mit Lösungen) werden üblicherweise neue Erkenntnisse erlangt. Zusätzlich erhalten die Tutoren und Mitarbeiter die Möglichkeit, hochschuldidaktische Kompetenzen zu erwerben. Darüber hinaus können mehr Selbstbewusstsein aufgebaut, allgemeine rhetorische Fähigkeiten sowie das Auftreten verbessert und Moderationsfähigkeiten erlangt werden. In Tutorien und Übungen agieren sie ähnlich wie Hochschullehrer, indem sie ihre Veranstaltungen relativ eigenverantwortlich leiten. Sie sollen Fragen der Studierenden beantworten, ohne dass es einen Rollentausch wie in der Lerngruppe gibt.

Eine Sonderrolle nehmen Tutorien im Rahmen der problemorientierten Lehre ein. Die Tutoren werden auf diese Lehrmethode speziell vorbereitet und erlernen dabei die Lehrmethode sowie die hierfür notwendigen didaktischen Kenntnisse. Fachliche Sicherheit ist von besonders großer Bedeutung, da sie nicht nur (wie im „normalen" Tutorium) die Lösungen erklären und Fragen der Studierenden beantworten müssen, sondern noch mehr Lösungswege der Studierenden als falsch oder richtig einschätzen und lenken müssen.

Autorenportrait

Prof. Dr. iur. Volker Mayer hat seit 2009 eine Professur für Bürgerliches Recht, Handels-, Bilanz- und Steuerrecht an der Technischen Hochschule Köln inne. Studium der Rechtswissenschaften von 1991 bis 1996 in Bayreuth, 1996 Erstes und 1999 Zweites Juristisches Staatsexamen (Bayern). Assistent am Institut für Internationales Privatrecht in Lausanne. Stipendiat der Hanns-Seidel-Stiftung. 2001 Promotion, anschließend bis 2009 Rechtsanwalt und Steuersyndikus eines internationalen Konzerns in Düsseldorf. Steuerberater. Verfasser zahlreicher Lehrbücher zum Wirtschaftsrecht und zur Rechtsvergleichung.

Prof. Dr. rer. pol. Petra Oesterwinter hat seit 2009 eine Professur für Betriebswirtschaftliche Steuerlehre an der Fachhochschule Dortmund inne und ist seit 2012 Studiendekanin. Studium der Wirtschaftspädagogik und der Betriebswirtschaftslehre von 1991 bis 1998 an der Universität Paderborn und an der FernUniversität Hagen. 2001 Promotion, 2003 Steuerberaterexamen. 2000 bis 2009 verschiedene leitende Positionen in internationalen Konzernen. Veröffentlichungen insbesondere zum Unternehmens- und Konzernsteuerrecht.

Stichwortverzeichnis

Die Angaben verweisen auf die Seiten.

Abschlusstechnik 18, 29, 34, 39, 50, 53, 62
Abstraktionsprinzip 33, 92, 138
– Doppelmangel 88, 144
– Geschäftseinheit 49, 163
Abtretung 24, 26, 33, 83, 174
Allgemeine Geschäftsbedingungen 76, 84, 170
Annahmeverzug 71, 72, 180, 183
Anspruchsaufbau 23
Anspruchsgrundlage 22, 24, 30, 34, 43, 44, 47, 48, 51, 70, 71, 77, 78, 87, 91, 96, 98, 100, 102, 106, 108, 114, 116, 117, 119, 132, 138, 145, 147, 149, 151, 157–159, 168, 177, 178, 182, 187–189, 200–202
Anwartschaftsrecht 122, 142, 180
Arbeitstechnik, juristische 14
argumentum a fortiori 184
argumentum a minori ad maius 184
argumentum e contrario 184
Aufbauschema 29, 57, 61
Auslegung 18, 50–52, 55, 59, 60, 63, 65, 66, 81, 92, 130, 135, 154, 169, 178, 179, 181–193, 197

Betriebsausfallschaden 72, 112

Case Method 14, 19, 226, 228
culpa in contrahendo 38, 111, 117, 175

Dissens 51, 64–66, 169
Drittschadensliquidation 75, 108, 145, 146

Eigentümer-Besitzer-Verhältnis 96, 107, 118, 119, 139, 157, 160, 167, 175
Einreden 38, 42–44, 68, 75, 77, 128, 131, 135, 136, 142, 148–151, 153, 165, 175–177, 198, 203
Einseitige Rechtsgeschäfte 33
Einwendungen 38, 41–46, 64, 68–72, 80, 83, 87, 109, 128, 131, 135, 140, 144, 147–151, 154, 165, 171, 172, 175–177, 198, 199, 203
Erfüllungsgehilfe 83, 113, 120, 124, 144, 147, 153, 180, 190
Erklärungsbewusstsein 39

Fachkompetenz 212
Fallstudienarbeit 214, 215, 225, 227, 229, 230, 232, 233, 237, 239, 240
Fixschuld 86
Flipped Classroom 236
Formmangel 67

Garantievertrag 107–109, 167
Gattungskauf 27
Gattungsschuld 73, 183
Gefahrtragung 24, 49, 104, 142, 176, 177, 180, 183, 194
Gefälligkeitsverhältnis 39, 102, 167, 177
Geschäftsbesorgungsverträge 26, 76, 92, 100, 102, 104
Geschäftsfähigkeit 16, 25, 52–56, 63, 163, 182
Geschäftsführung ohne Auftrag 26, 34, 35, 90, 92–94, 99, 100, 102–104, 117, 118, 145, 156, 158, 159, 166, 174, 177
Gläubigerverzug 73, 74, 104, 113, 146, 183
Gliederung 17, 20, 21, 30, 37, 45, 46, 56, 68, 72, 79, 127, 135, 149–153, 179, 197, 202
Grundbuchberichtigungsanspruch 86, 88, 89, 160
Gutachtenstil 28, 31, 32, 198–200

Haftungsschema 113, 114, 117
Handlungsorientiert 218, 242
Hauptpflicht 36, 76, 116, 146

Inverted Classroom 236
invitatio ad offerendum 27, 28, 39, 49, 66, 130
Inzidentprüfung 72, 103, 136, 139, 152, 154, 156, 157, 159
Irrtum 25, 45, 46, 60–62, 65, 66, 130, 158, 162, 169, 183, 199, 201

Kasuistik 79, 106
Kauf 18, 20, 24, 26, 27, 31, 32, 34, 47–49, 51, 53, 58–61, 66, 73, 77–80, 86, 87, 93,

Stichwortverzeichnis

110–112, 114, 127, 138, 154, 162, 169, 173, 181, 185, 194
- Handelskauf 172, 191

Konditionalsatz 31, 48, 178

Ladenangestellter (Vollmacht) 50, 175
Leistungsgefahr 144, 180, 183
Lerngruppe 213, 214, 218, 224, 242, 243, 245
lex-specialis-Regel 183

Methodenkompetenz 212
Miete 20, 26, 33–35, 39, 47, 59, 64, 76, 80, 87, 112, 152, 167

Nebenleistungspflicht 36
Nebenpflicht 36, 40, 116, 126, 175

pacta sunt servanda (§ 241 Abs. 1) 16, 18, 25, 26, 29, 32–34, 36, 40, 48, 76, 78, 83, 91, 107, 111, 114, 116, 117, 126, 159, 190
Personale Kompetenz 212
Primäransprüche 18, 35–37, 42, 152, 156
Problemlösekompetenz 226, 238
Problemorientierte Lehre 215, 238
Produkthaftungsgesetz 125
Prüfungsschema 32, 56, 161, 188

Rechtsbindungswille 27, 29, 39, 49, 169, 177
Rechtsgeschäft 24–26, 28, 32–35, 41, 45, 50, 52, 54, 55, 57–63, 65, 67, 133, 184, 194, 199, 201
Rechtsobjekt 24
Rechtsschein 88, 176
Rechtssubjekt 24, 25
Rücktritt 26, 33, 46, 64, 69–71, 85, 87, 91, 102, 105, 109, 133, 138, 139, 157, 161, 162, 172

Sachenrecht 23, 26, 78, 90, 159
Saldotheorie 148
Schadensersatz 27, 30, 35–40, 54, 56, 70, 72, 73, 75, 78, 85, 86, 91, 96, 103, 107–114, 118–121, 123, 125, 128, 136, 137, 145, 146, 148, 149, 151, 156, 158, 160–162, 172, 174, 200, 203
Sekundäranspruch 30, 36, 37, 40–42, 70, 72, 73, 85, 109, 139, 152, 161
Siebensprung 232, 236

Sittenwidrigkeit 45, 51, 135, 188
Sokratische Frage-Antwort-Technik 226
Stellvertretendes commodum (§ 285) 74, 75, 99–101, 153, 154, 167, 176
Stellvertretung 16, 38, 49–51, 55–58, 111, 163
Stückkauf 27
Stückschuld 73
Subsumtion 24, 28, 31, 32, 43, 45, 127, 128, 131, 134, 140, 148, 150, 165–167, 175–179, 181, 182, 186–192, 194, 197, 200, 201
Synallagma 35, 42, 69, 75, 76

Teleologische Reduktion 132, 184, 194

Übereignung 24, 26, 33, 54, 73, 78, 87, 90, 133, 137, 142, 163, 164, 167, 179, 191, 202
- gutgläubiger Erwerb 87, 101, 119, 120, 129, 133, 142, 167, 172, 174, 179, 184, 191, 202
Unerlaubte Handlung 34, 39, 78, 90, 91, 94, 96, 100, 101, 107, 119–127, 129, 137, 142, 144, 153, 161, 166, 167, 173, 177, 187, 189, 190
Ungerechtfertigte Bereicherung 23, 34, 78, 88, 90, 91, 93, 95, 96, 98, 99, 101, 118, 132, 133, 136, 138, 160, 161, 166, 172, 173, 196, 198, 203
Unmöglichkeit 38, 39, 41, 42, 46, 69–74, 83–86, 99, 100, 107, 109–114, 120, 121, 139, 158, 183

Verbraucherverträge 92, 170
Verkehrspflichten 123, 167, 186
Verrichtungsgehilfe 122, 124, 189
Versendungskauf 36, 146
Vertretenmüssen 30, 36, 112–114, 118, 144, 147, 180
Vindikation 23, 53, 78, 86–88, 94, 96, 98, 99, 107, 119, 133, 135–139, 152, 156, 157, 159, 160, 167, 195, 197, 201–203
Vorteilsausgleichung 180

Weiterfresserschäden 123
Widerruf 33, 42, 64, 69, 92, 133, 163, 172, 183

Zugang (Willenserklärung) 14, 15, 18–21, 25, 28, 29, 38, 50, 51, 53–55, 58, 59, 61, 67, 68, 81, 108, 181, 184, 188